Defesa na Concorrência no Mercosul

Defesa da Concorrência no Mercosul

– SOB UMA PERSPECTIVA DAS RELAÇÕES INTERNACIONAIS E DO DIREITO –

2012

Luís Rodolfo Cruz e Creuz

Advogado e Consultor
Sócio de Creuz e Villarreal Advogados Associados
Bacharel em Direito pela PUC/SP
Mestre em Relações Internacionais pelo Programa Santiago Dantas
    (UNESP/UNICAMP/PUC-SP)
Mestre em Direito e Integração da América Latina pelo PROLAM/USP

DEFESA DA CONCORRÊNCIA NO MERCOSUL

© ALMEDINA, 2013

Luís Rodolfo Cruz e Creuz

DIAGRAMAÇÃO: Edições Almedina, S.A.
DESIGN DE CAPA: FBA.
IMPRESSÃO: Digitalpage, Guarulhos

ISBN: 978-85-63182-22-7

Dados Internacionais de Catalogação na Publicação (CIP)
(Câmara Brasileira do Livro, SP, Brasil)

Defesa da Concorrência no Mercosul
Almedina, 2013 – (Coleção Monografias Jurídicas)

Luís Rodolfo Cruz e Creuz
ISBN 978-85-63182-22-7

1. Mercosul. 2. Concorrência. 3. Relações Internacionais. I. Creuz, Luís Rodolfo Cruz e

CDU 339.5+341.9+346.[6/9](075)(076)(8)=134.3

Este livro segue as regras do novo Acordo Ortográfico da Língua Portuguesa (1990).

Todos os direitos reservados. Nenhuma parte deste livro, protegido por copyright, pode ser reproduzida, armazenada ou transmitida de alguma forma ou por algum meio, seja eletrônico ou mecânico, inclusive fotocópia, gravação ou qualquer sistema de armazenagem de informações, sem a permissão expressa e por escrito da editora.

Fevereiro, 2013

EDITOR: ALMEDINA
Rua Maria Paula, 122, Cj. 207, Bela Vista
01319-001 – São Paulo, SP – Brasil
Tel./Fax: +55 11 3885-6624
editorial@almedina.com.br
www.almedina.com.br | www.grupoalmedina.net

À minha sempre e sempre querida amiga e companheira, Andrea Lasevitch, pelas horas tomadas, com a promessa de devolução em dobro (ou, agora, muito mais).

Ao meu querido filho, Dan Lasevitch Creuz, pela paz, alegria e felicidade que trouxe a este mundo!

"A successful regional integration is an omelet that cannot be made without breaking eggs".[1]

"Os sítios (lugares) têm uma alma que a economia racional ignora. No entanto, as mais adiantadas pesquisas em economia e em gestão indicam, hoje, que os valores, as estruturas cognitivas e os sistemas de representação dos atores têm papel fundamental no desempenho econômico. E isso sem sair do paradigma da chamada civilização da competição. É a vingança do irracional sobre o racional, das letras sobre os números, da cultura sobre a anticultura do economicamente puro etc. Tais "impurezas", excluídas pelo raciocínio econômico, reintroduzem parâmetros que desestabilizam em profundidade o pensamento único. As mesmas causas não produzem necessariamente os mesmos efeitos; disso resulta uma grande relatividade das leis econômicas"[2].

Hassan Zaoual

"It would clearly be desirable if the only actions performed were those in which what was gained was worth more than what was lost. But in choosing between social arrangements within the context of which individual decisions are made, we have to bear in mind that a change in the existing system which will lead to an improvement in some decisions may well lead to a worsening of others. Furthermore we have to take into account the costs involved in operating the various social arrangements (whether it be the working of a market or of a government department), as well as the costs involved in moving to a new system. In devising and choosing between social arrangements we should have regard for the total effect"[3].

"E tambem senti, estão, quanto é bella e doce a paz entre as nações, e quanto ella é facil, quando, fortes e seguras de si mesmas, livres e modestas, querendo contentar-se com o que possuem, defendendo o seu direito e venerando o das outras, podem as nações fiar-se das outras, e umas das outras ennobrecer-se"[4].

Olavo Bilac

---

[1] BANCO MUNDIAL. *Trade Blocs. World Bank Policy Research Report*. Estados Unidos da América: Oxford University Press, agosto de2000, pág. 125.

[2] ZAOUAL, Hassan. *Globalização e Diversidade Cultural*. Textos selecionados e traduzidos por Michel Thiollent. São Paulo: Cortez, 2003, pág. 102.

[3] Tradução livre: *"Seria claramente desejável se as únicas ações realizadas fossem aquelas nas quais o ganho gerado valesse mais do que a perda sofrida. Mas, ao se escolher entre arranjos sociais em um contexto no qual decisões individuais são tomadas, temos que ter em mente que uma mudança no sistema existente, a qual levará a uma melhora em algumas decisões, pode muito bem levar a uma piora em outras. Além disso, tem-se que levar em conta os custos envolvidos para operar os vários arranjos sociais (seja o trabalho de um mercado ou de um departamento de governo), bem como os custos envolvidos na mudança para um novo sistema. Ao se projetar e escolher entre arranjos sociais, devemos atentar para o efeito total"*. COASE, Ronald Harry. *The Problem of Social Cost. IN Journal of Law and Economics* – Outubro, 1960, pág. 23.

[4] BILAC, Olavo. *A Defesa Nacional (Discursos)*. Rio de Janeiro: Liga da Defesa Nacional, 1917, pág. 121.

LISTA DE QUADROS

1. Quadro 1 – Estado de Ratificações e Vigências de Tratados
   e Protocolos do Mercosul e Estados Associados 101

2. Quadro 2 – Legislações de Defesa da Concorrência 124

3. Quadro 3 – Autoridades de Defesa da Concorrência 129

4. Quadro 4 – Fluxograma do Protocolo de Fortaleza elaborador
   por Leonardo Arquimimo de Carvalho 209

5. Quadro 5 – Composição Geográfica e Econômica dos Grupos
   – Dados Estatísticos da OMC 379

6. Quadro 6 – Estrutura Institucional do Mercosul 389

7. Quadro 7 – Fluxograma do novo Acordo de Defesa da Concorrência
   do Mercosul, nos termos da MERCOSUL-CMC-DEC. Nº 43-10 390

LISTA DE SIGLAS E ABREVIATURAS

ALC — Área de Livre Comércio
ALCA — Área de Livre Comércio das Américas
CADE — Conselho Administrativo de Defesa Econômica
CCM — Comissão de Comércio do Mercosul
CDC — Comitê de Defesa da Concorrência do Mercosul
CEPAL — Comissão Econômica para a América Latina e o Caribe
CMC — Conselho de Mercado Comum – Mercosul
CNDC — Comisión Nacional de Defensa de la Competencia de Argentina
EUA — Estados Unidos da América
GATT — Acordo Geral de Tarifas e Comércio
GMC — Grupo Mercado Comum – Mercosul
GMM — Grupo de Monitoramento Macroeconômico
MC — Mercado Comum
MERCOSUL — Mercado Comum do Sul
MERCOSUR — Vide Mercosul
OCDE — Organização para a Cooperação e o Desenvolvimento Econômico
OI — Organização Internacional
OMC — Organização Mundial do Comércio
PDC — Protocolo de Defesa da Concorrência do Mercosul
PIB — Produto Interno Bruto
SBDC — Sistema Brasileiro de Defesa da Concorrência
SDE — Secretaria de Direito Econômico
SEAE — Secretaria de Acompanhamento Econômico
TADE — Tribunal Administrativo de Defesa Econômica
TEC — Tarifa Externa Comum
UE — União Econômica
UNASUL — União de Nações Sul-Americanas

PREFÁCIO

O livro de Luís Rodolfo Cruz e Creuz integra mais uma obra na linha de fronteira entre o direito, a economia e as relações internacionais, com foco na difícil e elusiva construção de um arcabouço institucional de defesa da concorrência no Mercosul. Constitui mais um exemplo da tendência de convergência destas matérias as quais exigem profissionais com formação muito mais interdisciplinar e híbrida do que no passado. Cada vez mais nem advogados e nem economistas podem, respectivamente, ignorar os princípios econômicos e jurídicos, sob o risco de irreparável perda de capacidade analítica no caso concreto.

Não sem uma certa estupefação escrevo este prefácio justamente no momento em que um o processo de impeachment do presidente paraguaio acabou de resultar, pelo menos por ora, na suspensão do Paraguai do Mercosul, em função do que está sendo entendido como uma "ruptura da ordem democrática".

Embora estas "fricções" de ordem política no relacionamento dentro do bloco sejam felizmente infrequentes, o mesmo não se pode afirmar sobre a estabilidade das regras de ordem econômica no Mercosul. As inúmeras exceções à tarifa externa comum tornou a lista da Nomenclatura Comum de Mercadorias – NCM- -reconhecidamente uma colcha de retalhos. Medidas de protecionismo explícito ou encoberto de e para países do bloco acontecem a toda hora. A utilização do expediente de "licenciamento não automático" na fronteira argentina tem criado prejuízos significativos a exportadores brasileiros. Do lado de cá, não se constata uma disposição inequívoca para rechaçar este tipo de medida, arriscando mesmo a incorporá-la na administração aduaneira nacional em evidente retrocesso de nossa política de comércio exterior.

Na defesa da concorrência as dificuldades de avanço são ainda mais evidentes. Não temos um órgão equivalente à Comissão de Concorrência Européia que tem a competência de analisar casos que afetem múltiplas jurisdições. A integração da esfera da defesa da concorrência por aqui se baseia no que Luís Rodolfo descreve como acordos de "cortesia positiva": cada país se compromete a eventualmente considerar os interesses dos outros membros do bloco em sua análise concorrencial de atos de concentração ou condutas, mas não há exatamente obrigações recíprocas a vincularem os países membros. De qualquer forma, até o momento mesmo a "cortesia" é limitada e não se tem notícia nem ao mesmo de cooperação analítica em atos de concentração ou condutas com efeitos sobre mais que um dos países do bloco.

Como bem destacado pelo autor, no entanto, seria de se esperar que o próprio processo de integração econômica do bloco levasse a um incremento de casos de interesse comum entre os países. O aumento dos fluxos comerciais aliado à maior facilidade de ampliar estes mesmos fluxos em razão da remoção de barreiras ao comércio deveria tornar mais provável que os mercados geográficos relevantes dos países envolvidos se tornassem mais próximos do tamanho do próprio bloco. E isto por si só suscitaria o interesse comum dos países em mais casos os quais contariam com algum compartilhamento de informações e análise. É, no mínimo, surpreendente que isto não tenha acontecido.

Seria isto um reflexo de uma falha generalizada do Mercosul em proporcionar o que seria o seu principal objetivo, integrar mercados, ou haveria uma falha de percepção das autoridades concorrenciais dos países sobre o real alcance das operações e condutas sob análise?

Este sentimento de frustração que parece revelar o Mercosul como peça de ficção não torna desnecessária a preocupação com a lógica econômico-jurídica que permeia ou pelo menos deveria permear os mecanismos de funcionamento do bloco. Na verdade, a falta de resultados concretos do processo de integração, incluindo a área de defesa da concorrência, torna urgente repensar a estratégia do Mercosul. No caso da área de concorrência, em particular, faz-se necessário um exercício de reflexão sobre o estágio de maturidade institucional de cada país na implementação de suas políticas.

O livro de Luís Rodolfo consegue situar o leitor sobre a situação institucional da defesa da concorrência do bloco, procurando costurar os pontos de contato e divergências entre as legislações e as práticas dos países. Este deveria se constituir inevitavelmente no ponto de partida de qualquer balanço sobre o que foi feito até agora e a agenda que se tem daqui por diante. Esta contribuição da obra me parece particularmente importante.

Luís Rodolfo também traça um histórico das tratativas do Mercosul com base no Protocolo de Fortaleza de 1996 e, mais recentemente, no Acordo de Defesa da Concorrência do Mercosul de 2010, que altera o arcabouço anterior. As intenções esboçadas no papel podem, a depender de como implementadas, ir além da mecânica mais estrita da "carta de cortesia", dando espaço considerável a um grande incremento da integração na política de concorrência. A não concretização deste resultado indica que a falha do processo de harmonização da defesa da concorrência é parte de uma

PREFÁCIO

falha mais geral do processo de integração econômica regional, o que constitui a minha avaliação pessoal sobre a indagação formulada mais acima.

Luís Rodolfo enfrenta a discussão acerca das políticas que podem se situar no entorno da política de concorrência e serem decisivas para o sucesso ou insucesso da integração. Assim, discute a inserção das políticas industriais de cada país que podem se constituir em fatores tanto de convergência quanto de divergência em um bloco econômico. A métrica fundamental aqui é o quanto a política industrial é voltada para reforçar o protecionismo, o que é contraproducente para a harmonização das políticas de concorrência; e quando é voltada para reforçar as vantagens comparativas de cada país e, por conseguinte, ampliar as complementaridades entre as várias economias.

O livro avança em uma avaliação de conteúdo mais econômico referente ao conceito de mercado relevante. Em sendo a unidade básica de análise do antitruste, o compartilhamento de uma visão comum sobre o mercado relevante entre as autoridades antitruste do bloco é essencial para integrar as políticas de concorrência.

Tanto a análise de política industrial quanto a mais delicada tarefa de apresentação da teoria e prática acerca do mercado relevante refletiram o compromisso do autor com a inevitável interdisciplinaridade da matéria, ilustrando a menção que fiz no início deste prefácio. Não a toa um economista como eu foi convidado para o prefácio de uma obra de um operador do direito.

Enfim, o livro de Luís Rodolfo Cruz e Creuz será referência para economistas e advogados das áreas de concorrência, integração e direito internacional. Em especial, acreditamos que o CADE, revigorado pela nova legislação que entrou em vigor em maio de 2012, contará com importante fonte de consulta para, primeiro, entender o estado atual da integração do Mercosul nesta área de defesa da concorrência e, segundo, melhor se posicionar em relação ao que esperar da aproximação com nossos irmãos latino-americanos.

César Mattos
Doutor em Economia.
Consultor do Câmara dos Deputados
Ex-Conselheiro do CADE

APRESENTAÇÃO

A obra que o leitor tem em mãos resulta de uma profunda pesquisa, sob a ótica das Relações Internacionais e do Direito, de todo um marco regulatório da defesa da concorrência, desde sua gênese, passando pelo relançamento do Mercosul, até passado recente. Sem a pretensão de esgotar o assunto e o tema, trabalhamos inicialmente na construção de um roteiro que pudesse tornar mais evidente a construção do processo regulatório da defesa da concorrência no Mercosul.

Os processos regionais integracionistas consideram o impacto da globalização, envolvem países integrantes de uma economia de mercado, e são um fenômeno importante com marcante influência social, política, econômica e jurídica, dado o impacto da circulação e movimentação global/local de fatores de produção e mão de obra. Nos modelos globais, a regulação tem buscado a preservação e garantia de existência das economias e dos mercados, inclusive perseguindo o equilíbrio e a estabilização das relações internacionais, com ênfase no controle e nas limitações ao poder econômico. No tocante às práticas de Defesa da Concorrência, diversos são os debates em função da regulação aplicável à repressão dos abusos e práticas desleais, dados os padrões mundialmente aceitos no comércio internacional.

O modelo de Direito da Concorrência implantado no Mercosul, até passado recente tinha como norte regulatório o "Protocolo de Defesa da Concorrência no Mercosul – Protocolo de Fortaleza" (PDC). É importante frisar que, apesar de o Protocolo de Fortaleza ter sido ratificado por alguns Estados Partes do Mercosul, pouquíssimo avanço foi identificado em muitos anos de vigência, seja por divergências políticas, seja por dificuldades de implantação, e ainda, por questões de conjuntura, em função de crises econômicas mundiais, que naturalmente repercutiram direta e indiretamente na América Latina.

Temos pesquisado o tema nos últimos anos, acompanhando as "idas e vindas" do debate e do marco regulatório. Neste sentido, nossa pesquisa demonstrou que mesmo com a evidente estagnação política do aprofundamento do processo de integração, a cooperação entre os Estados Partes do Mercosul parece ter existido e sido fomentada não de forma vertical, de cima para baixo, dada a estrutura do bloco, e sim, de forma inversa. Desde 2003, vemos que tem sido fomentada a tentativa de cooperação na aplicação de leis de concorrência (referimo-nos a acordo entre Argentina e Brasil), por meio das Autoridades de Defesa da Concorrência. Este esforço resulta de trabalho desenvolvido pelos agentes dos países, ainda que consideradas as limitações estruturais, na tentativa de criar marcos para a cooperação e para avanços na regulação do Protocolo de Fortaleza.

E neste sentido, o processo regulatório no âmbito do Mercosul, no tocante à Defesa da Concorrência, parece estar sendo construído de forma diversa daquela originalmente pensada ou estruturada por meio do PDC, que apresenta uma estrutura complexa, desde normas sobre condutas e práticas restritivas da concorrência, controle de atos e contratos, e um complexo procedimento de aplicação da norma até compromissos de cessação e sanções. O PDC fixava que os órgãos nacionais de aplicação eram responsáveis por iniciar o procedimento, de ofício ou mediante representação fundamentada de parte legitimamente interessada, com encaminhamento ao Comitê de Defesa da Concorrência, juntamente com avaliação técnica preliminar. Este comitê, após analise técnica preliminar, deveria proceder à instauração da investigação ou, *ad referendum* da Comissão de Comércio do MERCOSUL, ao arquivamento do processo.

Diversas e muito bem balizadas sempre foram as críticas ao PDC, em especial a este complicado modelo regulatório procedimental, especialmente se considerarmos que dois, dos quatro Estados- Partes, sequer possuíam uma instituição tida como "órgão nacional de aplicação" (Paraguai ainda não dispõe e Uruguai o criou em março de 2009). Da forma como instituído, o procedimento era complexo, de difícil e demorada operacionalização e criava instabilidades, ainda que existisse a possibilidade de aplicação de medidas preventivas.

No encerramento do ano de 2010, o Conselho do Mercado Comum (CMC), reconhecendo que a cooperação entre os Estados-Partes em matéria de concorrência pode contribuir para o efetivo cumprimento dos objetivos de livre comércio, publicou a decisão MERCOSUL/CMC/DEC. Nº 43/10, que aprova o texto do "Acordo de Defesa da Concorrência do MERCOSUL", e revoga as Decisões CMC Nº 18/96 e 02/97, a saber, o Protocolo de Fortaleza e um anexo sobre multas ao Protocolo. Com isso, ganha o bloco econômico regional um novo marco regulatório para a defesa da concorrência e uma nova orientação (estruturalmente diversa do marco anterior).

Esta nova regulação poderia, num primeiro momento, parecer trazer grande alteração para nossa pesquisa. Na prática ela consolida os marcos regulatórios nacionais, e nomeia os órgãos nacionais de aplicação, alterando substancialmente o modelo estrutural e institucional anterior do Protocolo de Fortaleza. A previsão de normas sobre condutas e práticas restritivas da concorrência, controle de atos e contratos, foi

APRESENTAÇÃO

retirada do modelo e o procedimento de aplicação da norma foi substituído por um modelo de consulta mais coerente e direto, com um capítulo especial para as atividades de coordenação das atividades de aplicação no que diz respeito a um caso específico, e outro capítulo dedicado às atividades conjuntas de assistência técnica para o desenvolvimento, adoção, implementação e cumprimento das leis e políticas de concorrência, inclusive por meio do compartilhamento de conhecimentos e informação.

O novo modelo abre espaço para a efetiva aplicação de duas normas, que já indicamos em nossos estudos como evidentes avanços da matéria no âmbito do Mercosul, que são as decisões MERCOSUL/CMC/DEC. Nº 04/04 e MERCOSUL/CMC/ /DEC. Nº 15/06. A primeira aprovou o "Entendimento sobre Cooperação entre as Autoridades de Defesa da Concorrência dos Estados Partes do Mercosul para Aplicação de suas Leis Nacionais de Concorrência", e a segunda o "Entendimento sobre Cooperação entre as Autoridades de Defesa de Concorrência dos Estados Partes do Mercosul para o Controle de Concentrações Econômicas de Âmbito Regional". Veja-se que ambas as normas já estão devidamente integradas [nos] ordenamentos de Brasil, Argentina e Uruguai.

Vemos que a construção da regulação da Defesa da Concorrência tem desenvolvido parâmetros e obrigações dos Estados Partes no tocante à cooperação, inclusive pela própria nova norma do CMC, a saber, o Acordo de Defesa da Concorrência do MERCOSUL instituído pela decisão MERCOSUL/CMC/DEC. Nº 43/10. De toda forma, a presente obra pretende, inclusive, trabalhar e analisar os impactos do novo modelo regulatório, considerando tal decisão no fluxo histórico evolutivo das normas de defesa da concorrência no Mercosul.

Este livro está dividido em duas grandes partes: 1. A Construção da Defesa da Concorrência no Mercosul (Relações Internacionais); e 2. A Geografia da Defesa da Concorrência no Mercosul (Direito). Cada parte apresenta capítulos próprios, com uma introdução de apresentação do tema e da estrutura utilizada.

A primeira parte, destacadamente com foco no estudo das relações internacionais, encontra-se dividida em 5 capítulos, considerando uma introdução ao tema e ao projeto que desenvolvemos, visando demonstrar a construção da regulação da Defesa da Concorrência no MERCOSUL, considerando o ponto de vista da teoria construtivista das Relações Internacionais. Superado o capítulo introdutório, o segundo capítulo trata de elementos teóricos das Relações Internacionais, com foco na corrente Construtivista, verificando os processos de integração regional e políticas regionais, assim como estes processos com foco nas Organizações Internacionais de Integração e Cooperação Regional. O terceiro capítulo dedica-se à análise teórica das Organizações Internacionais de Integração e Cooperação Regional Econômica, e como arremate é destacada a importância da Defesa da Concorrência no Mercosul, e de elementos que contribuíram para retardar ou quase frear, o desenvolvimento da regulação comunitária. O quarto capítulo trata da efetiva análise do estado da arte da Defesa da Concorrência no Mercosul (analisando também o marco regulatório interno de Argentina, Brasil, Paraguai, Uruguai e Venezuela), enquanto que o quinto capítulo é dedicado às nossas conclusões desta primeira parte, com a aplicação dos conceitos das Relações Internacionais para a compreensão integração regional e a construção da Defesa da Concorrência no Mercosul.

A segunda parte do presente trabalho, essencialmente com foco jurídico e econômico, está estruturada de forma a buscar compreender a relevância das chamadas Organizações Internacionais nos processos de integração e cooperação econômica e também das experiências regulatórias da defesa da concorrência, tanto do MERCOSUL quanto dos Estados Partes. Consideramos uma introdução a esta segunda parte no capítulo 6, visando colocar o leitor em perspectiva, adentrando no capítulo 7 com o tema da integração e cooperação econômica regional e suas implicações concorrenciais (movimentos de regionalismos) e inclusive apontamos, ao final do capítulo, determinados pontos que podem ter contribuído para a estagnação do marco regulatório estabelecido pelo Protocolo de Fortaleza. No Capítulo 8 trabalhamos o tema da defesa da concorrência propriamente dita, visando compreender suas justificativas, objetivos e premissas, juntamente com a análise de seus aspectos jurídicos, econômicos e regulatórios (analisando a regulação da defesa da concorrência de Brasil, Argentina, Uruguai, Paraguai e Venezuela e do Mercosul). O capítulo 9 tem como foco a questão da defesa da concorrência e a importância da correta definição do mercado relevante, como estudo de suas bases analíticas e metodologias (nos mesmos moldes analisando a regulação da defesa da concorrência de Brasil, Argentina, Uruguai, Paraguai e Venezuela e do Mercosul). Encerramos, no capítulo 10, nossas conclusões sobre esta segunda parte, com uma compreensão de um cenário evolutivo normativo promissor, com efetiva identificação da colaboração dos agentes reguladores, não somente a nível político de cúpulas, mas também de efetiva interação e cooperação entre as entidades de defesa da concorrência nacionais.

Percorrido este caminho, pretendemos esboçar ao final, sumariamente, nossas principais considerações acerca do estudo realizado, visando oferecer notas conclusivas ao leitor.

O trabalho que o leitor tem em mãos resulta das pesquisas do autor relacionadas ao tema da defesa da concorrência no Mercosul em estudos de mestrado em Relações Internacionais, no Programa de Pós-Graduação em Relações Internacionais San Tiago Dantas, do consórcio das Universidades UNESP/UNICAMP/PUC-SP, e também de outro mestrado em integração da América Latina, no Programa de Pós-Graduação em Integração da América Latina da Universidade de São Paulo – USP.

Seria reprovável a falta de qualquer agradecimento aos que contribuíram e participaram desta jornada durante mais de dois anos de pesquisas e estudos aprofundados sobre o tema. Naturalmente, o amadurecimento da obra e seu caminho no

APRESENTAÇÃO

tempo certamente deverá trazer e agregar outros tantos contribuintes relevantes que deverão ser igualmente agradecidos pelo autor.

Devo agradecer ao Professor Márcio Bobik Braga, por todo o suporte e orientações, e também por sempre buscar renovar o interesse na pesquisa, fomentando desafios, debates e novas possibilidades para meu projeto de pesquisa.

Igualmente devo agradecer ao Professor Andrei Koerner, pela paciência com o "Luís Jurídico", mas também por provocar o interesse pela pesquisa, criando desafios no campo das Relações Internacionais.

Aos Professores das disciplinas que cursei durante todo o curso de pós-graduação na Universidade de São Paulo – USP, Dr. Umberto Celli Junior, Dr. Márcio Bobik Braga, Dra. Maria Mónica Arroyo, Dr. Leonel Itaussu de Almeida Mello, Dra. Marilda Antonia de Oliveira Sotomayor, Gustavo Andrey de Almeida Lopes Fernandes, Dr. Calixto Salomão Filho, Dr. Fábio Nusdeo e Dr. José Marcelo Martins Proença, aos quais devo referência pela certeza de contribuição aos meus estudos.

Aos Professores das disciplinas que cursei durante todo o curso do Pós-Graduação em Relações Internacionais, Dr. Tullo Vigevani, Dr. Sebastião Velasco e Cruz, Dr. Reginaldo Mattar Nasser, Dra. Flavia de Campos Mello, Dr. Marco Aurélio Nogueira, Dr. Andrei Koerner, Dr. Reginaldo C. Corrêa de Moraes, Dr. Luiz Eduardo Waldemarin Wanderley, Dr. Henrique Altemani de Oliveira, e Dr. Luis Fernando Ayerbe, aos quais devo referência pelo ensinamentos e horizontes abertos no campo das Relações Internacionais.

Finalmente, devo agradecimento ao Programa de Pós Graduação em Integração da América Latina – PROLAM, e sua presidente Profa. Dra. Maria Cristina Cacciamali, e ao Programa de Pós-Graduação em Relações Internacionais San Tiago Dantas e seu coordenador Prof. Dr. Tullo Vigevani.

São Paulo, inverno de 2012
Luís Rodolfo Cruz e Creuz

I. Primeira parte
– Relações internacionais –

– A Construção da Defesa da Concorrência no Mercosul –

Capítulo 1
Introdução à construção da regulação

Os movimentos internacionais econômico-comerciais causados pelo crescente e cada vez mais intensificado processo de internacionalização dos mercados acabam por impactar tanto o local quanto o global. As ações e reações acabam por refletir não somente interesses econômicos, mas também jurídicos, sociais, políticos e culturais. Também é certo que as práticas e as inter-relações dos fluxos que permeiam as fronteiras dos Estados são crescentes, transformadoras, para o bem ou para o mal, e efetivas ou, em outras palavras, não são transitórias e sim, permanentes, até o momento em que, por alguma razão, surja uma nova ordem mundial.

Neste sentido, os processos de integração econômica regional podem ser compreendidos como conjuntos de interação dinâmica entre a liberação do comércio interno do bloco e respostas a tais movimentos globalizantes, nas suas mais diversas manifestações. Com isto, a eficaz harmonização dos marcos regulatórios dos países envolvidos, na busca da criação de um Mercado Comum, exige um amplo esforço na construção de interesses, identidades e cooperação para a coordenação das suas ações, com o intuito de evitar a destruição de seus mercados internos e o surgimento dos mais variados tipos de problemas.

Dada a amplitude das questões postas por esses processos, interessa-nos focar parte delas, direcionando o mote do presente estudo para a Defesa da Concorrência[5], assumindo que esta exerce importante papel, seja por permitir uma abordagem interdisciplinar[6], seja pelo reconhecimento de que, em uma economia de

---

[5] Na presente obra Direito Antitruste e Direito da Concorrência serão utilizados como sinônimos, aplicados indistintamente. Entendemos que o Direito da Concorrência contém o Direito Antitruste, reconhecendo ao primeiro um caráter mais amplo, sobre mercados, livre iniciativa, dirigismo estatal, tendo o segundo, em sua origem, vinculação direta ao combate de cartéis.

[6] A abordagem interdisciplinar justifica-se em função da *"complexidade dos problemas aos quais somos hoje em dia confrontados, para chegar a um conhecimento humano, se não em sua integridade, pelo menos numa*

mercado[7], a concorrência não é perfeita, muito menos ótima, no conceito teórico econômico.

Com a abertura dos mercados, especialmente no final da década de 1980 e início da década de 1990, a interação entre os Estados nacionais e os agentes transnacionais foi crescendo e ficando cada vez mais complexa, dado o crescente e rápido fluxo de bens e capitais[8]. A estes fatores podemos, também, associar a crescente necessidade de proteção dos mercados internos, em função das particularidades de cada economia doméstica, que muitas vezes não está preparada para a concorrência internacional, especialmente os países do Sul. Por outro lado, os movimentos econômicos internacionais forçam as fronteiras e os governos, no sentido de sempre ampliar a abertura para o comércio internacional[9].

Ao mesmo tempo que se expande o comércio, os países são levados a dialogar e interagir de forma mais intensa, seja por acordos e tratados de participação em blocos econômicos regionais, seja por meio de discussões mundiais no seio de Organizações Internacionais. Os debates envolvem a busca da minimização

---

perspectiva de convergência de nossos conhecimentos parcelares". Japiassu, Hilton. *Interdisciplinaridade e Patologia do Saber.* Rio de Janeiro: Imago Editora Ltda., 1976, pág. 62.

[7] Segundo Daniel Goldberg, sob a ótica jurídica, mercado pode ser definido como sendo *"um conjunto de instituições jurídicas que possibilitam que os consumidores, ainda que de forma individual, somem suas preferências para "comunicar" aos produtores qual quantidade (e qualidade) de determinado bem ou serviço que a sociedade demanda". IN* GOLDBERG, Daniel K. *Notas sobre a Nova Lei de Recuperação de Empresas e sua Racionalidade Econômica. In* Revista de Direito Bancário e do Mercado de Capitais. Editora Revista dos Tribunais – Ano 8 – nº 30 – outubro-dezembro de 2005, p. 96.

[8] O impacto decorrente da atuação das empresas transnacionais é mundialmente sentido, tornando crescente e rápido fluxo de bens e capitais, mas também alterando a dinâmica da atuação dos Estados nacionais, daí muitos autores atribuírem a estes processos a causa da suposta falência do Estado nação. Santin, ao tratar da atuação planetária das empresas transnacionais, aponta: *"dotadas de poder de intervenção global e beneficiadas pela mobilidade crescente dos processos de produção, essas empresas podem, facilmente, provocar a concorrência entre dois ou mais Estados ou entre duas ou mais regiões dentro de um mesmo Estado. Quando analisam as condições predeterminadas para localização do investimento, numa negociação visivelmente desigual, transformam as sociedades nacionais em dependências da sociedade global por imporem a estas sua política neoliberal".* SANTIN, Janaína Rigo. *As Novas Fontes de Poder no Mundo Globalizado e a Crise de Efetividade do Direito. In* Revista da Seção Judiciária do Rio de Janeiro nº 25 – Rio de Janeiro: JFRJ, 2009, pág. 82

[9] Durante muito tempo, inclusive, a própria academia fornecia lastro para este argumento, com base na teoria das vantagens comparativas. Esta teoria, formulada por David Ricardo em sua obra *The Principles of Political Economy and Taxation,* serviu para muitos como base da teoria do comércio internacional. Segundo tal teoria, seria vantajosa a especialização no comércio internacional nos casos em que as nações parceiras focassem e canalizassem seus recursos para a produção daqueles bens em que sua eficiência fosse relativamente maior. Valendo-se do conceito de vantagens comparativas, David Ricardo defende que cada país deveria se especializar naqueles produtos que pudesse produzir com maior eficiência, manufaturas ou produtos primários. Assim, os países poderiam beneficiar-se do comércio livre.

INTRODUÇÃO À CONSTRUÇÃO DA REGULAÇÃO

dos impactos das práticas dos agentes econômicos, com vistas ao equilíbrio nas relações econômicas ao redor do globo, nas esferas políticas, econômicas, sociais, culturais, inclusas as práticas de defesa comercial e concorrência.

Desta forma, dado o reconhecimento do fenômeno da globalização, em primeiro momento, pareceu surgir uma maior cobrança e responsabilidade atribuída aos Estados nacionais, enquanto representantes dos povos[10]. Em segundo momento, a mundialização dos negócios, ao transpor com grande facilidade fronteiras, impõe o dever de fiscalização e de controle do poder econômico transnacionalizado, que, em muitos casos, é conduzido por Organizações Internacionais de Integração e Cooperação Econômica, destacadamente para nosso presente estudo, o Mercosul.

A integração regional é um processo importante em face das desigualdades mundiais, sendo reconhecido como uma forma avançada integrante de política de desenvolvimento[11], podendo contribuir para uma melhor eficiência de negociações multilaterais em escala mundial, tornando, assim, útil e necessário o controle internacional do comércio, de forma a buscar o equilíbrio nas relações econômicas ao redor do globo e seus impactos regionais na América Latina. Pensar os modelos teóricos de Relações Internacionais sobre estes processos de integração pode auxiliar na busca por ferramentas para a análise da construção da cooperação jurídico-econômica internacional.

---

[10] Considerando as diferentes abordagens existentes sobre o tema, destacadamente o emprego das palavras e conceitos "mundialização" e "globalização", que muitas vezes são utilizados indistintamente, entendemos que será necessário fixar uma pontual diferenciação para o desenvolvimento do trabalho a que este projeto se destina. Podemos destacar, contudo, que uma primeira diferenciação encontrada em nossa leitura inicial aponta para a utilização do termo "globalização" quando se quer tratar de aspectos comerciais e econômicos, enquanto "mundialização" reserva-se para os aspectos que envolvem elementos culturais. Neste sentido, destacamos determinada bibliografia que deve servir de base para o início da pesquisa: CANCLINI, Néstor Garcia. *Culturas Híbridas: estratégias para entrar e sair da modernidade.* Trad. Heloisa Pezza Cintrão, Ana Regina Lessa. 4ª ed. São Paulo: EDUSP, 2003; PEREZ LINDO, Augusto. *A Era das Mutações: cenários e filosofias de mudanças no mundo.* Tradução de Francisco Cock Fontanella. Piracicaba: Editora Unimep, 2000; MATTELART, Armand. *Diversidade Cultura e Mundialização.* Tradução Marcos Marcionilo. São Paulo: Parábola, 2005; NUSDEO, Ana Maria de Oliveira. *Defesa da Concorrência e Globalização Econômica: o controle da concentração de empresas.* São Paulo: Malheiros Editores, 2002; SANTOS, Boaventura de Souza. *Introdução à ciência pós-moderna.* Rio de Janeiro: Graal Editora, 1989; SANTOS, Boaventura de Souza. *Pela mão de Alice: o social e o político na pós-modernidade.* 9ª ed. – São Paulo: Cortez, 2003; VIGEVANI, Tullo e WANDERLEY, Luiz Eduardo (coords.). Entre o local e o global: governos subnacionais e sociedade civil na integração regional. Edição especial Cedec/PUC-SP – CADERNOS CEDEC nº 71. São Paulo: 2002, 94 p.

[11] FURTADO, Celso. *Teoria e Política do Desenvolvimento Econômico.* 10ª ed. revisada pelo autor. São Paulo: Editora Paz e Terra, 2000, pág. 331.

Devemos percorrer a temática da Defesa da Concorrência, tendo como premissa a cooperação econômica e comercial, para a busca do avanço e consolidação de um processo inovador, dinâmico e equilibrado que contemple um acesso efetivo dos países de uma OI de Integração a mercados, promovendo uma inserção periférica na globalização[12]. Esta integração pode visar, ainda, o crescimento e o desenvolvimento econômico que supere as assimetrias mediante a complementação das economias dos países da América do Sul, assim como a promoção do bem-estar de todos os setores da população e a redução da pobreza.

Neste contexto, deve-se compreender o Mercosul, em sua visão externa e em seu relacionamento mundial, como uma OI dotada de personalidade jurídica, detentora de poder e cujo processo de formação visa exatamente fomentar tal realidade de integração na América Latina, especialmente considerando a segunda onda de processos de integração regional[13].

Vale indicar que o Mercosul não surgiu sem qualquer referencial, e sim foi criado num momento histórico, aproveitando as diversas experiências de integração regional efetivadas na América Latina. Ou seja, não se pode considerar o Mercosul isoladamente, sendo necessário verificar os locais, regiões, e também as ações e interações sociais dos agentes político-econômicos (e naturalmente omissões), pois as motivações e o compromisso para com o processo de integração são importantes. E aqui cabe apontar que no Mercosul, não somente problemas como crises mundiais afetam o processo, mas também a intensidade, o momento e a forma como os governos dos Estados-Partes[14] assumem e conduzem os compromissos[15].

---

[12] CARNEIRO, Ricardo. *Globalização e Integração Regional*. Cadernos do Desenvolvimento – vol 3 (5), dezembro de 2008, pág. 76.

[13] Neste sentido, ver DOMINGUES, José Maurício. *Regionalismos, Poder de Estado, e Desenvolvimento. Análise de Conjuntura OPSA nº 7 – junho de 2005*. Disponível no *website*: http://observatorio.iuperj. br/artigos_resenhas/Analise_conjuntura_junho.pdf.

[14] Tecnicamente, podemos apontar que a utilização do termo "Estados-Partes" aplica-se para tratados-contratos e o termo "Estados-Membros" para tratados de organizações. O Tratado de Assunção utiliza "Estados-Partes", assim como o Protocolo de Ouro Preto, o Protocolo de Ushuaia, o Protocolo de Brasília, dentre outros tantos normativos do Mercosul. Parece-nos que o preciosismo vale diretamente para a OMC, pois está muito clara a referência a seus integrantes como Membros, sendo que no tocante às demais organizações este preciosismo técnico não necessariamente tem sido aplicado. E este é o caso do Mercosul, que tem Estados como membros de uma Organização Internacional, mas estes são tratados como "Estados-Partes".

[15] VIEIRA, Luciane Klein e CHIAPPINI, Carolina Gomes. *Análise do Sistema de Aplicação das Normas Emanadas dos Órgãos do Mercosul nos Ordenamentos Jurídicos Internos dos Estados Partes. IN* Direito Público e Integração: Revista Jurídica. Ano I, nº 1. Justiça Federal. Seção Judiciária do Estado de Sergipe. Aracajú: Gráfica Editora J. Andrade Ltda., 2009, pág. 30.

INTRODUÇÃO À CONSTRUÇÃO DA REGULAÇÃO

Importante fixar uma noção utilizada na presente obra, qual seja, que em um processo integracionista regional, a busca pelo desenvolvimento econômico importa na coordenação macroeconômica[16] e, neste ponto, incluímos expressamente a inserção da regulação da concorrência do espaço considerado, visando, em última análise, buscar incentivos e institutos de cooperação. Isto em função das atuações dos agentes econômicos terem suplantado as fronteiras nacionais, marcadas hodiernamente por sua presença global, ainda que hipoteticamente, o que efetivamente fragiliza a atuação regulatória estatal individual[17]. Assim, com a internacionalização da atuação econômica doméstica, fica evidenciada a relação existente entre o interno e o externo dos Estados e que reflete nos eixos e fronteiras por meio de movimentos sociais e temas que os vinculam.

Esta situação sofreu, ainda, uma forte influência e um impacto muito grande no início dos anos 90, quando ganham impulso os processos de quebra de barreiras, privatizações, e liberalização econômica, com visível impacto em investimentos, empresas, governos, e comércio. Países e empresas efetivamente competem na esfera global, com foco no mercado internacional, muitas vezes em detrimento do local, com crescente fragilização das fronteiras[18]. Este movimento foi fortemente impulsionado pelo chamado "Consenso de Washington"[19].

---

[16] Vartanian e Braga apontam que *"o avanço em um processo de integração requer, a partir de um determinado momento, uma maior ênfase na coordenação de políticas e harmonização de determinadas condições macroeconômicas"*. Reconhecem, ainda, que *"a fixação de metas de convergência macroeconômica e o respectivo alcance das mesmas poderão contribuir significativamente para que o Mercosul obtenha os benefícios de uma área monetária ótima"*. VARTANIAN, Pedro Raffy; BRAGA, Márcio Bibik. *Considerações sobre a instabilidade macroeconômica no Mercosul no período recente e lições para a integração na região*, pág. 18. Disponível em http://www.usp.br/prolam/downloads/instabilidade.pdf. Acesso em 15/11/2009.

[17] Ora, se os agentes agem livremente no mercado e sua atuação é efetivamente global, com liberdade quase que total de deslocamento de recursos financeiros, dentre outros recursos possíveis, ainda que mais limitados, como mão de obra, a atuação regulatória do Estado, se não considerar variáveis ou elementos internacionais/globais, certamente deixará de fora de sua análise diversos e importantes pontos e elementos. Assim, poder-se-ia em colocação extrema, afirmar que a regulação estatal deixaria de ser um forte marco institucional para configurar um ponto de incerteza para os agentes de mercado. Verificado este ponto extremo, podemos reconhecer que com o desenvolvimento e constante crescimento e intensificação do comércio e dos negócios internacionais, o mercado acaba por necessitar de melhores e mais eficientes estruturas que fomentem a coordenação e a cooperação econômica.

[18] NUSDEO, Fábio. *Curso de Economia – Introdução ao Direito Econômico*. 2ª ed. revista. São Paulo: Editora Revista dos Tribunais, 2000, págs. 327 e 328.

[19] NAÍM, Moisés. *Ascensão e Queda do Consenso de Washington – o consenso de Washington ou a Confusão de Washington*. *In* Revista Brasileira de Comércio Exterior. Originalmente publicado na Revista Foreign Policy nº 118 (Spring 2000). Disponível no *website*: http://www.funcex.com.br/bases/64-Consenso%20de%20Wash-MN.PDF. Acesso em 15/11/2009

Um outro aspecto da globalização pode ser apontado com a possível verificação e identificação do surgimento de uma sociedade internacional "transnacionalizada". No sistema internacional, se por um lado o aprofundamento da globalização pode ter proporcionado a retomada do papel hegemônico dos Estados Unidos a partir de 1990, por outro, parece ter surgido oportunidades e espaços para novos atores na busca da constituição desta referida sociedade internacional transnacional[20]. E neste sentido, a participação isolada no plano global mostra-se uma possibilidade que vem sendo reduzida, em face dos diversos atores e possibilidades que surgem das relações regionais e/ou multilaterais. Os atores internacionais tornam-se cada vez mais interdependentes, ainda que com valores e pesos relativos.

Como grande desafio global, e que diariamente toma conta dos meios de comunicação[21], temos a busca por soluções globais cooperativas, por meio de entidades multilaterais, acordos bilaterais, ou ainda, de acordos regionais. Não que estes processos complexos (cooperação ou multilateralismo) sejam vistos por nós como necessidades impostas pela "realidade" de processos macrossociais, mas sim como processos necessários que devem ser compreendidos em função da complexidade deste fenômeno da globalização que impacta a cada vez mais complicada rede de influências, poder e governança global. E esta questão mundial envolve a tentativa de que ações e políticas tenham um diálogo convergente e cooperativo em função da interdependência cada vez maior de processos e economias. Significa dizer que as condições externas devem ser trabalhadas de forma interligada, visando igual fomento e sustentabilidade dos aparelhos produtivos locais[22]. Vemos, portanto, a atualidade e importância do tema de integração e cooperação econômica, especialmente para os países não desenvolvidos ou em desenvolvimento.

Não pretendemos aqui, naturalmente, estudar os tipos e formas de desenvolvimento, e sim, o ponto central de nosso estudo, qual seja, a regulação da Defesa da Concorrência frente a um ambiente globalizado, e mais especificamente, no Mercosul, um bloco econômico regional que reflete um processo de integração em construção.

---

[20] OLIVEIRA, Marcelo Fernandes de. *Mercosul: atores políticos e grupos de interesses brasileiros*. São Paulo: Editora Unesp, 2003, pág. 23.

[21] A título de exemplificação, podemos citar a Conferência de Copenhague, que teve seu desenvolvimento no final de 2009, visando buscar um acordo de amplitude global sobre o clima no planeta, e medidas ambientais que possam permitir a minimização dos impactos da ação do homem o planeta.

[22] ZAPATA, Francisco, *Estado, Sociedade e Integração Econômica: Livre Comércio e Reestruturação. In* Processos de Integração Regional e Sociedade – o sindicalismo na Argentina, Brasil, México e Venezuela. Hélioylberstajn, Iram Jácome Rodrigues, Maria Silvia Portella de Castro e Tullo Vigevani (orgs). Rio de Janeiro – Ed. Paz e Terra, 1996, pág. 314.

INTRODUÇÃO À CONSTRUÇÃO DA REGULAÇÃO

As Organizações Internacionais[23] são apontadas como entidades centralizadoras de debates, ou como instituidoras e reguladoras de soluções de controvérsias, ou até mesmo como fontes normativas e de direito, dada a possibilidade regulatória e coercitiva de uma Organização Internacional dotada de personalidade jurídica. E neste ponto interessa-nos o foco sobre o Mercosul enquanto uma Organização Internacional de Cooperação e Integração Regional Econômica[24], dotada de personalidade jurídica e cujo fim é a instituição de um mercado comum, no qual venha a ser possível a livre circulação de bens, serviços e fatores produtivos entre os Estados-Partes, com a adoção de uma política comercial comum na sua relação com terceiros Estados, ou agrupamentos de Estados, além da coordenação de posições em foros econômico-comerciais regionais e internacionais[25].

Os processos regionais integracionistas devem tomar como relevante o impacto da globalização, por ser, para aqueles países integrantes de uma economia de mercado, um fenômeno importante com marcante influência social, política, econômica e jurídica, dado o impacto da circulação e movimentação global/local de fatores de produção e mão de obra. E também deve ser lembrada a importância da resposta do local ao global. Com o passar do tempo, a soberania dos Estados acaba tendo relativizada sua rigidez em função de novos conceitos trazidos por movimentos e processos sociais, empresariais, comunicacionais, especialmente por sofrer a interferência cruzada dos atores transnacionais[26], nestes processos de internacionalização dos mercados e das empresas, aos quais

---

[23] Dinh et al. definem as Organizações Internacionais da seguinte forma: *"Uma organização internacional é uma associação de Estados, constituída por tratado, dotada de uma constituição e de órgãos comuns, e possuindo uma personalidade jurídica distinta da dos Estados membros"*. DINH, Nguyen Quoc et al. *Direito Internacional Público*.... 2ª ed. Lisboa: Calouste Gulbenkian, 2003, p. 592. Já Manuel Diez de Velasco Vallejo leciona: *"[son] asociaciones voluntaias de Estados establecidas por acuerdo internacional, dotadas de órganos permanentes, propios e independientes, encargados de gestionar unos intereses colectivos y capaces de expresar una voluntad jurídicamente distinta de la de sus miembros"*. VALLEJO, Manuel Diez Velasco. *Las organizaciones internacionales*. 10. ed. Madrid: Tecnos, 1997, p. 41.

[24] Julgamos importante, desde já, fornecer referência ao leitor sobre os Tratados Internacionais, firmados pelos Estados-Partes do Mercosul, inclusos os Protocolos ao Tratado de Assunção, os firmados pelo Mercosul com outros Estados ou Organizações Internacionais, depositados junto ao Governo do Paraguai, de acordo com o Art. 1 da Resolução GMC Nº 80/00. Os mesmos estão disponíveis em http://www.mre.gov.py/dependencias/tratados/mercosur/registro%20mercosur/mercosurprincipal.htm. Acesso em 20/09/2009.

[25] Nestes termos, vide o Tratado de Assunção – Tratado para a Constituição de um Mercado Comum entre a República Argentina, a República Federativa do Brasil, a República do Paraguai e a República Oriental do Uruguai. Disponível em http://www.mercosur.int/innovaportal/file/719/1/CMC_1991_TRATADO_ES_Asuncion.pdf. Acesso em 05/04/2009.

[26] WANDERLEY, Luiz Eduardo W. *São Paulo no Contexto da Globalização*. *IN* Lua Nova – Revista de Cultura e Política – 2006 – nº 69, pág. 179.

deve-se somar a internacionalização social, dada também a mobilidade social de mão de obra e culturas[27].

No Brasil, no início da década de 1990, o então Presidente da República Fernando Collor de Mello pretendeu alterar de forma dura e rápida a substituição de importações, cujo modelo de desenvolvimento então vigorava e que em função da fechada economia brasileira constituía uma estratégia de proteção à indústria doméstica. Visando uma atuação competitiva do país na economia internacional, já sob a influência dos ditames neoliberais decorrentes do "Consenso de Washington", buscou novas formas de inserção no plano mundial, que passou a ter relevância na agenda da política externa brasileira.

Esse movimento não foi apenas verificado no Brasil, mas em todo o mundo, com maior ou menor impacto, encontrando outros ecos na América Latina, que assistiu também no início da década de 1990 ao fim da Rodada Uruguai do Acordo Geral sobre Tarifas e Comércio (GATT)[28], que durou mais de nove anos (de 1986 a 1994), que culminou com a criação e instituição da Organização Mundial do Comércio – OMC[29], foro multilateral que abarcou diversos acordos relativos ao

---

[27] Segundo Paulo Roberto de Almeida: *"Os processos de integração regional – mais exatamente subregional – podem contribuir, pelo menos em parte, para o êxito dessa inserção internacional, com ganhos de produtividade e nos campos da governança e dos recursos humanos, uma vez que eles já constituem, a rigor, uma espécie de "mini-globalização", a que os países participantes se submetem voluntariamente, antes de se abrir aos circuitos mais amplos da globalização planetária. Eles o fazem, entretanto, desde que sua lógica formadora – ou seja, as modalidades e instrumentos mobilizados nos processos concretos de cooperação estreita entre os países – coincida, ou não divirja muito das tendências que já animam a economia global, na qual se inserem os países mais dinâmicos que, de modo não coordenado, determinam o seu curso na atualidade. Se, ao contrário, esses processos permitirem isolar os países da competição global, alimentando o caráter introvertido de políticas públicas do passado, eles terão falhado ao teste da modernidade global"*. ALMEIDA, Paulo Roberto de. *Integração regional e inserção internacional dos países da América do Sul: evolução histórica, dilemas atuais e perspectivas futuras.* Integrante do projeto *Uma Nova Agenda Econômica e Social para a América Latina,* Simon Schwartzman e Ignacio Walker (coord.), realizado pelo iFHC – Instituto Fernando Henrique Cardoso e pela CIEPLAN – Corporación de Estudios para Latinoamérica, 2008, pág. 4.

[28] Nota do autor: O Acordo Geral sobre Tarifas e Comércio (*General Agreement on Tariffs and Trade – GATT*) é uma Tratado Internacional e foi estabelecido em 1947 com a finalidade de harmonizar as políticas aduaneiras dos Estados signatários. Seu corpo é um conjunto de normas e concessões tarifárias, criado com a função de impulsionar a liberalização comercial, combater práticas protecionistas e regular, provisoriamente, as relações comerciais internacionais.

[29] Neste sentido, para um estudo aprofundado sobre o tema da Rodada Uruguai do GATT e a instituição e criação da OMC, na Rodada do Uruguai, vide: LAMPREIA, Luiz Felipe Palmeira. *Resultados da Rodada Uruguai: uma tentativa de síntese. IN*: Estudos Avançados. 1995, vol.9, n.23, págs. 247 a 260. Disponível em http://www.scielo.br/pdf/ea/v9n23/v9n23a16.pdf. Acesso em 19/07/2009. Outro pontual estudo também pode ser consultado: GUIMARÃES, Feliciano de Sá. *A Rodada Uruguai do GATT (1986-1994) e a Política Externa Brasileira: acordos assimétricos, coerção e coalizões.* Disponível em http://www.cedec.org.br/files_pdf/ARodadaUruguaidoGATTeapoliticaexternabrasileira.pdf. Acesso em 08/08/2009.

INTRODUÇÃO À CONSTRUÇÃO DA REGULAÇÃO

comércio de bens e temas relativos a agricultura; têxteis, importação, exportação, salvaguardas, dentre diversas outras matérias.

A competitividade está associada ao tema do desenvolvimento econômico. Contudo, dada a presença das mais variadas identidades e valores na construção da cultura de cada país, podemos ponderar que a manutenção dos padrões e a estabilidade social, juntamente com a manutenção dos pilares da segurança jurídica, são elementos que integram e que são necessários para o desenvolvimento econômico. Se considerarmos o modelo capitalista da acumulação de capital, atribui-se ao Estado a função de estabelecer as condições necessárias à ocorrência do fenômeno de desenvolvimento econômico, consistente, em seu núcleo, na possibilidade de acúmulo de capital e manutenção da propriedade privada. Neste diapasão, o Estado[30] é responsável pela preservação e garantia de existência do mercado, dada a presença e a existência de um sistema de trocas capitalistas e de acumulação de capital, identificando-se as condições necessárias para o desenvolvimento econômico nos termos contemporâneos[31].

Com isto, o papel que deve ser desempenhado pela prática da Defesa da Concorrência no âmbito do Mercosul, associada ao conhecimento das sistemáticas econômicas internacionais, deve visar, em uma economia capitalista de mercado, o equilíbrio e estabilização das relações internacionais, com ênfase no controle e nas limitações ao poder econômico. Caso contrário, poderíamos ter o surgimento de inúmeros problemas e crises ocorrendo no mercado, em função dos abusos e práticas desleais, dados os padrões mundialmente aceitos no comércio internacional, levando aos mais variados e graves problemas, tanto internos de cada Estado, quanto de ordem internacional.

O presente trabalho trata do estudo do modelo de Direito da Concorrência implantado no Mercosul, o que nos leva à análise das experiências regulatórias envolvendo a questão da Defesa da Concorrência na Argentina, Brasil, Paraguai, Uruguai (Estados-Partes que firmaram o Tratado de Assunção em 26 de março de 1991) e Venezuela (protocolo de adesão firmado no dia 04 de julho de

---

[30] Lembramos, neste caso a importância do estudo e análise das estruturas do Estado, inclusive da teoria geral do Estado, tendo em vista a necessária relação entre Estado e Direito. Sem adentrar no debate de construção do Estado e a construção da Sociedade, o Direito surge como pilar basilar da estrutura do Estado enquanto ente responsável pela manutenção da coesão e mobilização social, ao mesmo passo que responsável pelas instituições, tanto na esfera privada quanto pública. Esta relação cria uma efetiva interligação entre Estado e Direito. Nas palavras de Alysson Lenadro Mascaro, "*o direito nas sociedades capitalistas tem o papel de estruturar inúmeras relações sociais. Sem o direito, não seriam possíveis os contratos, nem os lucros daí advindos*". Mascaro, Alysson Leandro. *Introdução ao Estudo do Direito*, São Paulo: Quartier Latin, 2007, pág. 43.

[31] GRAU, Eros Roberto. *A Ordem Econômica na Constituição de 1988*, 10ª edição, São Paulo: Malheiros, 2005, pág. 28.

2006), sem adentrar na análise da questão os Estados-Associados (Bolívia, Chile, Colômbia, Equador, e Perú). Considerando as reconhecidas assimetrias e diferenças políticas, sociais, econômicas e culturais presentes nos referidos países, e as dimensões e prerrogativas do processo de integração do MERCOSUL[32], além das atuais exigências e práticas econômicas e empresariais, a análise e o estudo do tema ganham razão e motivo, e pretendem contribuir para a discussão sobre a importância da Defesa da Concorrência em um Bloco Econômico de Integração Regional.

Na primeira parte da obra, nosso estudo visa a identificar a atual situação regulatória do Mercosul, assim como a legislação interna dos países, em função da imposição de harmonização legislativa pelo Tratado de Assunção, para, do ponto de vista da teoria construtivista das Relações Internacionais, apontar elementos de desenvolvimento de interesses, identidades e cooperação na regulação da Defesa da Concorrência no âmbito comunitário do Mercosul, considerando o projeto de integração regional e sua forma de regulação.

É importante, desde já, rememorar que o Direito da Concorrência, antes de ser um campo de estudo das ciências jurídicas, é relevante para as ciências sociais como um todo, tendo em vista o impacto gerado por práticas desleais e prejudiciais realizadas por agentes econômicos em detrimento de concorrentes e da Sociedade (consumidores e o próprio Estado), produzindo consequências duradouras para os indivíduos. Temos para nós que a regulamentação da concorrência surgiu da necessidade de que a liberdade de acesso ao mercado, decorrente do liberalismo econômico, não se transformasse em uma licença em prejuízo do próprio mercado e da concorrência, sendo que, no início, o fundamento da repressão à concorrência desleal foi a proteção à liberdade subjetiva dos concorrentes. Hodiernamente, o legislador se preocupa com a proteção do próprio consumidor, e a proteção aos interesses concorrentes só se faz em função da coletividade. Assim, se na existência de mercado e Sociedade deve haver proteção da concorrência, e se um bloco econômico regional possui pretensões de

---

[32] Não é objetivo de nosso trabalho a análise comparativa dos modelos de Defesa da Concorrência estranhos ao Mercosul, tais como o direito antitruste norte-americano, japonês e/ou europeu. Mesmo que considerando ser o Mercosul um bloco econômico de integração regional, e existam experiências de integração e regulação da União Européia sobre a questão, o tema já foi pontual e criticamente desenvolvido de forma brilhante, sem prejuízo de outros tantos reconhecidos trabalhos e pesquisas, por: (i) VENTURA, Deisy. *Direito Comunitário do Mercosul*. Porto Alegre: Livraria do Advogado, 1997; (ii) VENTURA, Deisy. *As Assimetrias entre o Mercosul e a União Européia – os desafios de uma associação inter-regional*. Barueri, SP: Manole, 2003; (iii) LEAL, Rosemiro Pereira; OLIVEIRA, Allan Helber de; FRANÇA, Gustavo Gomes; e MIRANDA FILHO, Juventino Gomes. *Curso de Direito Econômico-Comunitário: teoria do direito e técnica processual nos blocos econômicos*. Porto Alegre: Síntese, 2001; e (iv) CUNHA, Ricardo Thomazinho. *Direito de Defesa da Concorrência: Mercosul e União Européia*. Barueri, SP: Manole, 2003.

INTRODUÇÃO À CONSTRUÇÃO DA REGULAÇÃO

um mercado comum, no qual dentre outros objetivos haja a livre circulação de bens e capitais, e ainda, com a existência de um mercado mundial decorrente do comércio multilateral, temos, então, que refletir sobre os impactos da mundialização e a forma como outros mercados organizados tratam o tema, e buscar uma linguagem comum para a questão, no âmbito do Mercosul.

Os aspectos econômicos e jurídicos envolvidos claramente influenciam as sociedades às quais estão ligados e subordinados, sendo importante buscar o fomento de eficiências não somente econômicas, mas sociais. Neste sentido, o direito pode ser compreendido como meio para atingir fins ou objetivos sociais, podendo vislumbrar a transformação do conflito entre agentes em uma relação social ampliada, em função de seus instrumentos concretos, normas e instituições. Ademais, a racionalidade apresentada em alguns modelos teóricos parece não ter correlação com a realidade, ou seja, os seres humanos não agem constantemente de forma maximizadora ou otimizadora de seus desejos e de suas necessidades, permitindo que um grande número de outras decisões ou escolhas tenham motivações fundamentadas em outros elementos ou fatores[33].

Pretende-se utilizar como teoria central o Construtivismo, e tratar a construção da Defesa da Concorrência no Mercosul e a evolução de sua regulação considerando entidades antitruste, atores e o meio social. Vale anotar que assumimos, para fins do presente trabalho, que as decisões econômicas não são tomadas apenas em função de comportamentos egoístas maximizadores e de utilidade, ou seja, nem sempre as escolhas são definidas com base apenas em interesses egoístas e sim, possuem outros elementos, tais como comprometimento social, vinculação geográfica, sentimentos de pertencimento, dentre tantos outros[34] (sem levar em conta, ainda, a própria questão da racionalidade limitada ou irracionalidade).

Assim, enquanto fato social, o Direito pode contribuir como elemento para o desenvolvimento do Mercosul, sendo que a Defesa da Concorrência pode ser utilizada como elemento contributivo na construção da integração de blocos econômicos regionais. Uma efetiva e eficaz regulação do tema deve integrar os

---

[33] Segundo Patrick Baert, "...*parece não fazer sentido afirmar que as práticas das pessoas são de forma geral racionais, no sentido da otimização ajustada ao ambiente. A visão de que existe uma, e apenas uma forma racional de agir é enganosa; além do que, a autorreflexão de segunda ordem aparece somente em circunstâncias particulares. As pessoas não verificam continuamente a racionalidade de suas ações, fazendo isto apenas quando confrontadas com consequências não intencionais..*". BAERT, Patrick. *Algumas limitações das explicações da escolha racional na Ciência Política e na Sociologia*. Revista Brasileira de Ciências Sociais. São Paulo, v. 12, n. 35, Oct. 1997. Disponível em http://www.scielo.br/scielo.php?script=sci_arttext&pid=S0102-69091997000300005&lng=en&nrm=iso. Acesso em 22.02/2010.

[34] SEN, Amartya Kumar. *Rational Fools: A Critique of the Behavioural Foundations of Economic Theory*. IN Choice, Welfare and Measurement. Havard University Press, 1997, págs. 84 a 106.

elementos normativos de um bloco regional, com controles e voltado a disciplinar condutas[35].

Neste trabalho admitimos que, para os processos integracionistas, o direito antitruste deve ter como objetivo a cooperação e o desenvolvimento regional. Tal afirmação decorre diretamente da larga experiência antitruste desenvolvida pela União Europeia[36], que não é estática e sim, extremamente dinâmica, repleta de conflitos, mas essencialmente cooperativa.

O desenvolvimento do presente trabalho envolve a compreensão da formação e importância das Organizações Internacionais de Integração Regional e Cooperação Econômica, especificamente o Mercosul, e da Integração Regional nas Relações Internacionais, focando o estudo na construção da integração mercosuliana, objetivando o desenvolvimento do marco da Defesa da Concorrência no Mercosul, por meio das experiências regulatórias.

No que diz respeito à estrutura, a primeira parte do presente trabalho encontra-se dividido em cinco capítulos, sendo o primeiro dedicado à introdução daquilo que optamos por denominar de a construção da regulação, e o último reservado às nossas considerações finais.

O segundo capítulo cuida de colher elementos teóricos das Relações Internacionais. Neste ponto pretendemos percorrer a chamada corrente Construtivista, que deverá fornecer suporte para nosso entendimento de que o Mercosul não é um processo de integração regional que encontra obstáculos, sejam políticos, sejam econômicos ou sociais, e sim, afirmar que este processo existe, é real e tem caminhado independentemente de tais obstáculos, ainda que sejam verificados períodos de estagnação.

O terceiro capítulo dedica-se à análise teórica das Organizações Internacionais de Integração e Cooperação Regional Econômica, agregando noções acerca dos processos integracionistas, características e elementos das Organizações Internacionais de Integração Econômica. Também nos ocupamos em pontuar a questão da compatibilidade do GATT/OMC com as OI's e destas com o Mercosul, finalizando o capítulo destacando a importância da Defesa da Concorrência no Mercosul, e de elementos que contribuíram para retardar ou quase frear, o desenvolvimento da regulação comunitária.

O quarto capítulo trata da efetiva análise do estado da arte da Defesa da Concorrência no Mercosul. Para tanto, também foi analisada e considerada o marco regulatório interno de Argentina, Brasil, Paraguai, Uruguai e Venezuela, consi-

---

[35] NUSDEO, Ana Maria de Oliveira. *Defesa da Concorrência e Globalização Econômica: o controle da concentração de empresas.* São Paulo: Malheiros Editores, 2002, pág. 278.

[36] GOMES, Carlos Jacques Vieira. *Os escopos Políticos do Direito Antitruste. In* GICO JUNIOR, Ivo Teixeira e BORGES, Antônio de Moura. *Intervenção do Estado no Domínio Econômico – temas atuais / coordenação Ivo Teixeira Gico Junior, Antônio de Moura Borges.* São Paulo: Lex Editora, 2006, pág. 139.

INTRODUÇÃO À CONSTRUÇÃO DA REGULAÇÃO

derando que esta última está em processo de adesão ao bloco. Foram considerados não somente a legislação nacional, mas também, normas jurídicas de cunho regulatório e outros arranjos de cooperação.

Por fim, o quinto capítulo é dedicado às nossas conclusões desta primeira parte, com a aplicação dos conceitos trazidos ao presente estudo para a compreensão integração regional, interesses, identidades e a colaboração entre os Estados signatários do bloco, para confrontar com o objeto do trabalho, a saber, a construção da Defesa da Concorrência no Mercosul.

Trabalhamos com a hipótese de que, juntamente com a importância do desenvolvimento e aprofundamento do marco regulatório da Defesa da Concorrência no Mercosul, as políticas antitruste integram as políticas industriais dos Estados-Partes agindo como elemento contributivo na construção da integração de mercados regionais. Neste ponto, é válido compreender que a construção de uma identidade e de uma cultura de Defesa da Concorrência no Mercosul envolve causas e elementos materiais, mas também ideias e valores, que na formação dos processos e políticas, acabam por torná-los relevantes.

Por outro lado, na construção destas identidades, os processos abarcam e adaptam, mas também podem transformar, os interesses em relação ao jogo e à política internacional, especialmente se forem considerados os diversos níveis possíveis da evolução da integração regional, e não somente um marco regulatório estático imposto pelos Estados-Partes à frente de uma Organização Internacional. E com estas questões nascem a importância da reflexão e da análise antitruste trabalharem para o fomento da integração regional, em vista das diversas possibilidades de percepção do lugar (*local*) frente ao global, repensando o espaço utilizado pelo ser humano e as formas de trabalho sob a perspectiva regulatória[37].

---

[37] IANNI, Octávio. *Globalização e Diversidade*. In Incertezas de Sustentabilidade na Globalização. Leila da Costa Ferreira e Eduardo Viola (orgs.). Campinas, SP: Editora da UNICAMP, 1996, pág. 93.

Capítulo 2
A integração e cooperação regional
nas relações internacionais

Nosso objetivo, no presente capítulo, é realizar uma revisão da corrente teórica Construtivista de análise de Relações Internacionais. Não pretendemos aqui ingressar ou desenvolver individualmente cada um dos marcos teóricos de RI, por fugir do escopo e dos limites de nosso objeto de estudo, e sim, devemos apresentar ao leitor conceitos centrados na teoria Construtivista, para estudar a Defesa da Concorrência na integração regional, em função de sua melhor aplicação, conforme verificado em nossas pesquisas.

A busca por formas de equilíbrio nas relações econômicas ao redor do globo e seus impactos regionais na América Latina, é constante nos fóruns e Organizações Internacionais de Integração e Cooperação Econômica em um mundo envolto e fortemente influenciado pelo fenômeno da globalização, e destacadamente o caso estudado, o Mercosul.

A integração regional é um processo importante em face das desigualdades mundiais, e pode contribuir para uma melhor eficiência de negociais multilaterais em escala mundial, tornando, assim, útil e necessário o controle internacional do comércio, de forma a buscar o equilíbrio nas relações econômicas ao redor do globo e seus impactos regionais na América Latina. Pensar os modelos teóricos de Relações Internacionais sobre estes processos de integração pode auxiliar na busca por ferramentas de análise da construção da cooperação internacional.

Identificamos que o processo de construção da integração regional, conduzida pelo modelo instituído pelo Mercosul, aproveitou, de alguma forma, a experiência latino-americana (seus avanços e retrocessos), com toda sua evolução histórica, desde o Tratado de Montevidéu, de 1960, que instituiu a Associação Latino-Americana de Livre-Comércio (ALALC), passando pelo novo Tratado de Montevidéu, de 1980, que instituiu a sucessora da ALALC, a Associação Latino--Americana de Integração (ALADI), e também da evolução do Grupo Andino, fruto da Carta de Cartagena de 1969, à Comunidade Andina de Nações (CAN), em 1996, dentre outras experiências.

Entendemos que a trajetória do Mercosul, não obstante os problemas também enfrentados na esfera global por diversas crises econômicas, é positiva e de determinada forma cumpriu a proposta de possibilitar uma resposta regional à globalização, aumentando a inserção internacional dos países membros do bloco[38]. Tal constatação pode ser, inclusive, resultado da formação do bloco que reuniu número menor de países em sua gênese, ao contrário das experiências anteriores implementadas na região.

2.1. Elementos Introdutórios

O tema "desenvolvimento" parece reiteradamente interessar debates envolvendo processos de integração regional, especialmente se considerarmos os processos sul-americanos, que dentre os mais diversos adotados, envolveu objetivos com foco na cooperação econômica e comercial, visando à promoção do crescimento e do desenvolvimento econômico que superasse as assimetrias mediante a complementação das economias dos países envolvidos, assim como a promoção do bem-estar de todos os setores da população e a redução da pobreza. Temos que a temática é comum e atual aos países da região, frente à questão da globalização, considerando que *"a vida internacional, cada dia mais intensa, não suprime a vida das nações, a vida das cidades, a vida dos lugarejos: ela se superpõe a todas elas e todos nós sentimos, nos recantos mais recônditos de nossos respectivos territórios, a repercussão de acontecimentos que se dão além de suas fronteiras"*[39]. A criação de um Mercado Comum envolve um contínuo processo de integração entre a liberação e o acompanhamento do comércio interno do bloco e a eficaz harmonização da regulação da concorrência. Neste sentido, temos o global e o local caminhando juntos. O espaço local convive com o global, interagindo e também influenciando um ao outro.

Devemos sempre ter em mente que nos relacionamentos externos, os Estados são obrigados, direta ou indiretamente, a tratar, na esfera política, com questões econômicas e jurídicas, que sempre terão reflexos sociais. Nestas negociações internacionais, os interesses diretos muitas vezes não são revelados, ou por motivos diversos, as questões são tratadas de forma que acabam por desviar o norte

---

[38] Neste sentido, vide: ALMEIDA, Paulo Roberto de. *Integração regional e inserção internacional dos países da América do Sul: evolução histórica, dilemas atuais e perspectivas futuras.* Integrante do projeto *Uma Nova Agenda Econômica e Social para a América Latina,* Simon Schwartzman e Ignacio Walker (coord.), realizado pelo iFHC – Instituto Fernando Henrique Cardoso e pela CIEPLAN – Corporación de Estudios para Latinoamérica, 2008, págs. 12 a 16.

[39] LA FONTAINE, H. & OTLET, P. *La vie internationale et l'effort pour son organisation,* In: *La Vie Internationale,* Bruxelles, vol. 1, nº 1, 1912. *apud.* MATTELART, Armand. *Diversidade Cultura e Mundialização.* Tradução Marcos Marcionilo. São Paulo: Parábola, 2005, pág. 29.

das tratativas. Neste sentido, surgem as Organizações Internacionais como elementos centralizadores de debates, ou como instituidores e reguladores de soluções de controvérsias, ou até mesmo como fontes normativas e de direito, dada a possibilidade regulatória e coercitiva de uma Organização Interacional dotada de personalidade jurídica.

Nas palavras de Luiz Eduardo W. Wanderley, a *"globalização significa os processos, em cujo andamento os Estados nacionais veem a sua soberania, sua identidade, suas redes de comunicação, suas chances de poder e suas orientações sofrerem a interferência cruzada dos atores transnacionais"*[40]. Lembramos, ainda, apontamento de Ianni, *"o planeta Terra já não é mais apenas um ente astronômico, mas também histórico. O que parecia, ou era, uma abstração, logo se impõe a muitos como realidade nova, pouco conhecida, com a qual há que conviver. O planeta Terra torna-se o território da humanidade"*[41]. Ora, devemos, então, reconhecer este campo ampliado e ao mesmo tempo permeável das relações internacionais na esfera global, no qual podemos ter três níveis de relações, a saber, as relações supranacionais, as relações transnacionais e as relações interestatais. Nesta esteira, as teorias interagem com estes níveis de relações, considerando o foco de cada uma, enquanto presentes e coexistentes. As relações interestatais encontram um mundo fragmentado, mas fortemente marcado por relações de poder e manifestações hegemônicas, e não por outra razão, podemos tê-las como base para a análise realista. Já as relações transnacionais, tidas muitas vezes por seu enfoque econômico, marcam o mercado mundial, e o comércio entre os diversos países, com visível interferência nas economias domésticas.

Os diversos discursos e ideologias que integram a construção destes marcos teóricos acabam por representar um complexo conjunto, juntamente com a necessidade de que sejam realizados "cortes da realidade", visando apreender elementos para a construção destes modelos[42]. Ademais, a construção de tais modelos pode envolver informações contraditórias, ou ainda, informações que acabam sendo simplificadas para a elaboração de concepções científicas. Pretendemos, adiante, percorrer a corrente chamada de Construtivista de Relações Internacionais.

---

[40] WANDERLEY, Luiz Eduardo W. *São Paulo no Contexto da Globalização. IN* Lua Nova – Revista de Cultura e Política – nº 69 – 2006, pág. 179.

[41] IANNI, Octávio. *Globalização e Diversidade. IN* Incertezas de Sustentabilidade na Globalização. Leila da Costa Ferreira e Eduardo Viola (orgs.). Campinas, SP: Editora da UNICAMP, 1996, pág. 93.

[42] Segundo Faria: *"Modelos teóricos são construções lógicas desenvolvidas para dar conta, analiticamente, de problemas, questões e conjunturas específicas. Por isso, eles precisam de reformas, ajustamentos, adaptações, complementações e cortes que mantenham sua validade explicativa e seu rigor analítico".* FARIA, José Eduardo. *Sociologia Jurídica. Direito e Conjuntura.* Série GV-Law. São Paulo: Saraiva, 2008, pág. 114.

2.2. O Pós-Guerra Fria e o Livre Comércio

Durante muitos anos, no período conhecido como o da Guerra-Fria, os Estados Unidos da América (EUA) e a Rússia buscaram atuar, não somente no plano estratégico-militar, mas também no plano estratégico-político. Isto se deu de forma a exercer influência, sempre com vistas à sua ampliação, nos mais diversificados espaços geográficos ao redor do globo. Assim se deu na Europa, com a divisão da Alemanha no pós-guerra, e com a implementação da "cortina de ferro", mas também com a implementação do Plano Marshall, que foi um projeto de recuperação econômica dos países envolvidos na Segunda Guerra Mundial[43]. E assim se deu em outras localidades, inclusive no continente americano.

Neste sentido, os EUA trabalharam na tentativa de desenvolvimento e alargamento desta zona de influência na América, inclusive, fomentando e apoiando iniciativas de integração regional, com vistas ao desenvolvimento e, claro, enraizamento, das economias capitalistas de mercado. Neste ponto, lançaram mão de discursos e práticas para não somente manter aliados e Estados sob sua influência direta, mas também para tentar perpetuar esta relação, na maioria das vezes, até de dependência[44].

Mas após a década de oitenta, com o ressurgimento do regionalismo na política mundial[45], outros movimentos começaram também a ser verificados no continente americano, inclusive com discursos contestatórios em relação à influência norte-americana. O contexto político também colaborava para esta movimen-

---

[43] Sobre o Plano Marshall: *"Ao retornar de uma reunião de ministros de relações exteriores realizada em Moscou, em 1947, o Secretário de Estado norte-americano George Marshall estava definitivamente convencido da seriedade dos problemas europeus. Imediatamente, solicitou a George Kennan a formulação de um programa de recuperação da Europa, cuja primeira versão completa ficou pronta em 23 de maio de 1947. Em junho de 1947, Marshall apresentou o plano publicamente numa palestra em Harvard. ... A consecução dos objetivos norte-americanos dependia sobremaneira de mudanças na linha básica da política externa dos EUA com o continente europeu. A recuperação da Europa, até então fragmentada sob a forma de diversos projetos de recuperação nacional individualizados, deveria ser unificada. Era claro para o Secretário de Estado George Marshall "que não se podia tratar o problema de cada uma das nações isoladamente, mas que havia um problema europeu a ser resolvido" (MUNHOZ, 2004a, p. 546) caso se desejasse reverter o quadro de crise social, política e econômica generalizada. Em 3 de abril de 1948, o presidente Harry Truman sancionou o "Foreign Assitance Act" e oficializou o Plano Marshall (assim denominado em homenagem ao então Secretário de Estado George Marshall)"*. IN WERNER, Alice Helga e COMBAT, Flávio Alves. *História "Viva" e História "Objetivada": George F. Kennan e o Plano Marshall.*, *In* HISTÓRIA SOCIAL – Campinas – SP nº 13, 2007, págs. 183 a 185.

[44] Sobre a Teoria da Dependência, vide: FURTADO, Celso. *Teoria e Política do Desenvolvimento Econômico.* 10ª ed. revisada pelo autor. São Paulo: Editora Paz e Terra, 2000, e também, MACHADO, Luiz Toledo. *A Teoria da Dependência na América Latina. IN:* Estudos Avançados, São Paulo, v. 13, n. 35, Janeiro/Abril – 1999. Disponível em http://www.scielo.br/pdf/ea/v13n35/v13n35a18.pdf. Acesso em 02/07/2010.

[45] Neste sentido, ver: HURRELL, Andrew. *O Ressurgimento do Regionalismo na Política Mundial. In* Contexto Internacional. Rio de Janeiro, vol 17, nº 1, jan/jun 95.

A INTEGRAÇÃO E COOPERAÇÃO REGIONAL NAS RELAÇÕES INTERNACIONAIS

tação, considerando os processos redemocratizantes que estavam ocorrendo, especialmente na América do Sul, e que também influenciaram, como já visto, as motivações de integração regional. Para Hurrell, *"os fatores implicados no crescimento do regionalismo são numerosos, incluindo dimensões econômicas, sociais, políticas, culturais ou históricas"*[46], e o continente americano está repleto destes fatores, e de forma bastante assimétrica.

No caso da América do Sul, devemos, também, compreender que o quadro e contexto político interferem no processo de integração regional, causando oscilações e desequilíbrio regional sócio econômico. Isto acaba ocorrendo em função da incidência de conflitos políticos sobre as relações tanto internas quanto externas, sinalizando inclusive, alterações em práticas e na política externa. Assim, a suposta igualdade entre os membros, tida como igualdade horizontal, acaba por ser abalada, interferindo, portanto, na estabilidade do bloco econômico e de suas instituições.

A construção histórica aloca aos modelos determinadas necessidades, dentre elas, o de resolver conflitos e novas situações. Em face dos processos de integração regional, sejam estes decorrentes de uma primeira onda integracionista, com lastro no discurso de necessidade de desenvolvimento regional, seja de uma segunda e recente onda integracionista, esta frente aos fortes efeitos dos processos de globalização do capital, teóricos acabam por buscar encontrar respostas para tais fenômenos. Neste sentido, em 1999, Huntington já visualiza uma nova dimensão do poder global, frente aos acontecimentos das décadas de 80 e 90, com o colapso da URSS, que efetivamente alteraram a ordem mundial, haja vista o franco declínio dos países "tidos" como socialistas, ou de economias planificadas[47].

Ademais, o desmonte da URSS também provocou alterações geopolíticas na *eurásia*, haja vista a modificação dos centros de poder, bem como com a consolidação recente da União Europeia. Neste sentido, importante reforçar igualmente o esvaziamento do debate com as correntes marxistas em RI, também,

---

[46] HURRELL, Andrew. *op. cit.*, pág. 25.

[47] Sobre este período, lembramos posicionamento de Fukuyama, quando pontuou sobre o "fim da história", a saber: *"A ideia de que existe um "fim da história" era compartilhada pelos marxistas, que acreditavam, como eu, em evolução a longo prazo da sociedade humana. A diferença é que eles achavam que o fim da história seria a vitória da utopia comunista. Depois da queda do Muro de Berlim quase ninguém ainda acredita nisso. Minha tese é que, diferentemente do que pensavam os marxistas, o ponto final da história é a democracia liberal. Não considero plausível imaginar que estávamos no rumo de uma forma mais elevada de civilização. Podemos retroceder ao fascismo, à monarquia ou ao caos puro e simples. Nunca vamos ter, contudo, um modelo de sociedade melhor do que a democracia orientada pela economia de mercado".* FUKUYAMA, Francis. *A História Acabou, sim.* Entrevista – Revista VEJA – Edição 1880 – 17 de novembro de 2004. Disponível em http://veja.abril.uol.com.br/171104/entrevista.html. Acesso em 13 de julho de 2009.

mas não somente, tendo em vista que a *"desintegração do bloco socialista e a implosão da União Soviética acabaram criando no pós-Guerra Fria um contexto geopolítico que guarda enormes semelhanças com aquele existente na primeira metade deste século"*[48]. Este período referido por Leonel Itaussu remete ao período anterior à Segunda Guerra mundial, ao apontar evoluções e modificações no plano global das esferas e influências de poder.

Naturalmente refletindo sobre centros de poder, o autor visualiza três hipóteses de relações de poder, reconhecendo os EUA como potência sobrevivente à Guerra Fria, sendo um sistema unipolar, um sistema bipolar e um multipolar. Contudo, o autor reconhece, à época, um sistema unimultipolar, dada a presença de uma única superpotência e várias outras grandes ao redor do globo[49]. Em suas reflexões, Huntington aloca ao lado do que denomina "xerife solitário", um sistema no qual se faz necessária a distribuição de responsabilidades de forma regional, com o supra indicado sistema multipolar, sendo o foco, ainda, centralizado nas dinâmicas de segurança. Afirma que *"à medida que se configura um sistema multipolar, o substituto adequado para um xerife global é um policiamento comunitário, com as grandes potências regionais encarregando-se da manutenção da ordem em suas regiões"*[50].

Com suas raízes no liberalismo utópico, e no idealismo wilsoniano, e seus conceitos de democracia e paz, o Estado Liberal, pareceu dominar o cenário internacional na década de 90, focando o bem estar material e preconizando a retirada do Estado da grande gestão social e de mercado. Defendia-se, desta forma, o esvaziamento das funções do Estado, sendo que o bem estar, e não a segurança, deveria ser a preocupação central do Estado. Segundo Jakobsen:

"livre-comércio, essa foi a denominação dada às transações entre os países, particularmente a partir do século 18, sob a égide do liberalismo econômico. A teoria era de que a produção seria potencializada pela divisão internacional do trabalho a partir da especialização de cada país, a qual também representaria a respectiva vantagem comparativa no comércio. Assim, não faria sentido interpor barreiras à circulação de mercadorias, pois os países se desenvolveriam vendendo ou trocando produtos de acordo com sua especialização"[51].

O Liberalismo, desde suas raízes nos modelos de interdependência, segue a veia da construção mundial baseada na "evolução" das relações internacionais,

---

[48] MELLO, Leonel Itaussu Almeida. *A Geopolítica do Poder Terrestre Revisitada. IN* Lua Nova – Revista de Cultura e Política – nº 34 – 1994, pág. 64.

[49] HUNTINGTON, Samuel P. *A Superpotência solitária*. Foreign Affairs – Edição Brasileira – Publicação da Gazeta Mercantil – Sexta-feira, 12 de março de 1999, pág. 23.

[50] HUNTINGTON, Samuel P. *op. cit.*, pág. 27.

[51] JAKOBSEN, Kjeld. *Livre Comércio X Comércio Justo*. In: Revista Teoria e Debate / nº 65 – fevereiro/março de 2006. Disponível em http://www2.fpa.org.br/portal/modules/news/article.php?storyid=3310 . Acesso em 13/07/2009.

buscando a construção de instituições sempre mais eficientes, com vistas ao crescimento do bem-estar das sociedades, sendo a paz resultante destes processos. Os pensadores liberais vinculam a corrente àquelas políticas de liberalização e internacionalização econômica que devem enfraquecer e reduzir o Estado. A necessária abertura econômica de países em escala global, ou seja, mercados liberais, para a teoria liberal, ocupou ponto central. Segundo Jackson e Sørensen, para o liberalismo, *"em um mundo de capitalismo industrial avançado, os benefícios do ganho absoluto derivados da abertura econômica são tantos que os Estados liberais tentam cooperar para evitar o incentivo à busca de ganhos relativos"*[52]. Mas naturalmente outros atores que não os estatais devem ser reconhecidos, o que não prontifica os Estados ao defendido desenvolvimento e fomento do bem-estar de forma simples e incontestável, dado que os objetivos são maximizadores e egoístas.

O Mercado Comum do Sul (Mercosul), que surge como símbolo da redemocratização de seus países-membros, influenciado pelos ideais liberais de livre-comércio e de abertura de mercados nacionais. Interessante destacar o acompanhamento dos processos globais de busca de mercados e, com certeza, sob grande impacto do fenômeno da globalização, sendo o processo de integração, no caso do Mercosul, utilizado como alavanca para o processo de desenvolvimento.

A barganha propriamente dita, em um mundo voltado para maximização e perpetuação do modo de produção capitalista, com foco apenas em preferências dos atores, parece não responder aos anseios e reclamos daqueles visivelmente não incluídos nos processos globalizantes. Ainda segundo Jakobsen, *"o livre mercado não ampliou a participação dos países mais pobres no comércio mundial"*, muito menos ofereceu um maior equilíbrio entre os bens levados ao comércio internacional, aumentando a distância valorativa entre produtos primários e produtos industrializados. Segundo o autor:

"A maioria dos países que hoje são industrializados e desenvolvidos implementou um certo padrão de participação no comércio mundial. Este, normalmente, se iniciou com a exportação de produtos primários, sobretudo agrícolas, seguida pela de produtos têxteis e, posteriormente, de bens industriais de maior valor agregado, como os bens de capital e bens de consumo durável. Periodicamente eram introduzidas medidas protecionistas para controlar a remessa de divisas e favorecer a substituição de importações"[53].

O problema do modelo liberal estaria baseado na crença fiel na necessidade de desregulamentação. Segundo Fukuyama, *"por décadas, seguimos um modelo que propunha a máxima desregulamentação dos mecanismos financeiros e a crença de que os*

---

[52] JACKSON, Robert, e SØRENSEN, GEORG. *Introdução às Relações Internacionais*. Tradução Bárbara Duarte; Revisão Técnica, Arthur Ituassu. Rio de Janeiro: Jorge Zahar Ed., 2007, pág. 188.

[53] JAKOBSEN, Kjeld. *op. cit.*

mercados iriam se ajustar automaticamente a qualquer situação"[54]. Assim, o Estado mínimo apresentava já em meados da década de 90 sinais de que não poderia sobreviver em um mundo ainda centralizado na regulação estatal enquanto os agentes econômicos atuavam de forma transnacional.

No tocante ao poder exercido no plano mundial, e os impactos da globalização sobre a política e a cultura, não há como não registrar a verificação também de movimentos contrários, influenciados por diversos aspectos da luta social contra a denominada globalização hegemônica. Isto porque os sistemas e regimes mais influentes, e que influenciam de maneira mais sólida os meios de comunicação, acabam por influenciar ainda mais os processos, e acentuam os impactos da globalização. Mas, por outro lado, acaba, também, por difundir a comunicação, uma maior cobertura global dos acontecimentos, debates, tendências e "caminhos", difusão esta ainda mais acentuada com o advento da *internet* e todo o mundo virtual de comunicação. E, o impacto de tudo o quando colamos acima, acaba por possibilitar a propagação e a construção de ideias, ideologias e valores no âmbito global.

2.3. A Perspectiva Construtivista

A perspectiva construtivista considera seu enfoque em agentes e estruturas e seus correspondentes decisórios, especialmente nos centros de interesses e identidades. A teoria construtivista desenvolveu-se durante a década de 1990, visivelmente popularizada com o artigo *"Anarchy is What Make of It"*, de Alexander E. Wendt. A divulgação de suas ideias e aprofundamento de seus ensinamentos deu-se em seguida, com a publicação de seu livro *"Social Theory of International Politics"*. Destacamos, introdutoriamente, o fato de que o contexto e a estrutura social, dentro da perspectiva construtivista, não se prende exclusivamente ao debate de ideias envolvendo a interação entre atores e identidades, também, e principalmente, ao conteúdo de questões materiais, de identidades, interesses e poder.

No debate sobre agentes e estruturas, enquanto para muitos realistas clássicos e liberais, tem-se antecedência ontológica voltada aos agentes, realistas estruturais e marxistas atribuem antecedência ontológica às estruturas. Neste diapasão, o construtivismo aparece como quase que uma ponte de diálogo entre tais extremos, atribuindo ao diálogo uma versão que poderia servir como um meio termo entre as abordagens que até então circulavam no *mainstream* dos debates acadêmicos em Relações Internacionais. Emanuel Adler argumenta

---

[54] FUKUYAMA, Francis. *O liberalismo é o caminho*. Entrevista – Revista VEJA – Edição 2108 – 15 de abril de 2009. Disponível em http://veja.abril.uol.com.br/150409/entrevista.shtml. Acesso em 13 de julho de 2009.

A INTEGRAÇÃO E COOPERAÇÃO REGIONAL NAS RELAÇÕES INTERNACIONAIS

"que o meio termo entre abordagens racionalista e interpretativista relativista não é ocupado por uma versão interpretativista do racionalismo ou por alguma variante do "refletivismo"como descrito por Keohane, assim como não o é por toda sorte de teorias críticas retratadas de modo impreciso por Mearsheimer (1994/5), mas, na realidade, pelo construtivismo"[55].

Importa esta primeira premissa tendo em vista que a observação de quem constrange e quem limita, ou seja, se os agentes constrangem e limitam a estrutura ou vice-versa, dado o enfoque histórico outorgado à questão nas ciências sociais, de modo geral. Assim, importa, para o início do debate ou a pesquisa acadêmica, a solução da questão da antecedência ontológica, visando decifrar quem exatamente precede quem, ou em outras palavras, se a estrutura precede aos agentes ou se os agentes vieram antes das estruturas.

Poderemos perceber adiante, em nosso estudo, que analisar a realidade de agentes e estruturas leva-nos a uma melhor compreensão da importância dos agentes num determinado processo internacional ou regional, assim como a forma como eles são limitados pelas estruturas. De forma mais objetiva, este debate agente-estrutura consiste em *"estabelecer, por um lado, o grau de influência que sobre os processos importantes na realidade internacional exerce a livre atuação dos agentes, e, por outro lado, em que medida a liberdade de ação destes sobre limitações das estruturas, tanto materiais como normativas e axiomáticas, presentes na realidade internacional"*[56]. Desta feita, a relação entre agentes e estruturas assume, para a perspectiva construtivista, grande relevância, dado que o comportamento dos agentes constrói e molda a atuação dos demais agentes no plano internacional e impacta nas estruturas[57].

---

[55] ADLER, Emanuel. *O Construtivismo no Estudo das Relações Internacionais. In* Lua Nova – Revista de Cultura e Política – nº 47 – 1999, pág. 205.

[56] ROCHA, Antonio Jorge Ramalho. *A Construção do Mundo: teorias e relações internacionais.* Tese de Doutorado – Faculdade de Filosofia, Letras e Ciências Humanas. Universidade de São Paulo – USP – São Paulo – USP, 2002, pág. 184.

[57] Vale ressaltar apontamento de Colin Wight: *"According to Porpora, the four most common uses of the term structure are: 1. Patterns of aggregate behaviour that are stable over time. 2. Law-like regularities that govern the behaviour of social facts. 3. Collective rules and resources that structure behaviour. 4. Systems of human relationships among social positions. To these I would add: 5. Relations of difference that constitute and define the properties of elements".* WIGHT, Colin. *Agents, Strucures and International Relations. Politics as Ontology.* Cambrige Studies in International Relations. Cambridge University Press: Cambridge, 2008, pág. 127.

Tradução Livre do Autor: *"De acordo com Porpora, os quatro usos mais comuns do termo estrutura são: 1. Padrões de comportamento agregado que são estáveis ao longo do tempo. 2. Regularidades estabelecidas em Lei que regem o comportamento dos fatos sociais. 3. Regras coletivas e os recursos que estruturam o comportamento.*

Resta clara, portanto, a idéia, para a perspectiva construtivista das Relações Internacionais, que agente e estrutura são mutuamente constituídos, sendo importante verificar, o impacto de uma ação sobre ambos, que nas palavras de Hopf, temos *"as important from a constructivist perspective is how an action does or does not reproduce both the actor and the structure"*[58]. Ora, se agente e estrutura são mutuamente constituídos, logo, não pode ser identificada e/ou atribuída antecedência ontológica a nenhum dos dois, no entanto, pode-se afirmar que a construção de ambos, necessariamente, resulta de um processo interligado e interdependente.

Interligado enquanto necessariamente co-construídos, e interdependentes pois se verifica uma intersecção entre suas características, elementos, fundamentos e até razões de existência. Justifiquemo-nos. As raízes culturais, políticas, econômicas, sociais, jurídicas e geográficas, dentre outras variáveis, são parte integrante tanto de agentes quanto de estruturas, sendo valores determinantes e importantes tanto para a distinção quanto para outros eventuais aproveitamentos, como em nosso caso, fatores implícitos relativos a processos de integração regional. Neste sentido é que entendemos a afirmação de Hopf, quando aponta que *"meaningful behavior, or action, is possible only within an intersubjective social context"*[59]. E continua destacando que o construtivismo *"assumes that the selves, or identities, of states are a variable: they likely depend on historical, political and social context"*[60].

Neste mesmo diapasão temos a lição de Alexander Wendt, para quem *"agents are inseparable from social structures in the sense that their action is possible only in virtue of those structures, and social structures cannot have casual significance except insofar as they are instantiated by agents. Social action, then, is "co-determined" by the properties of both agents and social structures"*[61]. Ou seja, importa para as Relações Inter-

---

4. *Sistemas de relações humanas entre as posições sociais. A estes eu acrescentaria: 5. Relações de diferença que constitui e define as propriedades dos elementos"*.

[58] HOPF, Ted. *The Promise of Constructivism in International Relations Theory*. International Security, Vol. 23, No. 1 (Summer, 1998), págs. 172.
Tradução Livre do Autor: *"importante a partir de uma perspectiva construtivista é como uma ação reproduzir ou não tanto o ator e quanto a estrutura"*.

[59] HOPF, Ted. *op. cit.*, pag. 174.
Tradução Livre do Autor: *"comportamento significativo, ou ação, só é possível dentro de um contexto social intersubjetivo"*.

[60] HOPF, Ted. *op. cit..*, pag. 176.
Tradução Livre do Autor: *"pressupõe que os agentes, ou identidades, dos estados são uma variável: eles provavelmente dependem do contexto histórico, político e social"*.

[61] WENDT, Alexander E. *The Agent-Structure Problem in International Relations Theory*. International Organization, 41, 3, summer 1987, pag. 365.
Tradução Livre do Autor: *"agentes são inseparáveis das estruturas sociais no sentido de que sua ação só é possível em virtude das estruturas e as estruturas sociais não podem ter um significado casual, exceto na medida em que eles são instanciados pelos agentes. A ação social é, então, "co-determinada" pelas propriedades de ambos agentes e estruturas sociais"*.

A INTEGRAÇÃO E COOPERAÇÃO REGIONAL NAS RELAÇÕES INTERNACIONAIS

nacionais o comportamento de atores quando inseridos em um dado contexto social, agindo, interagindo e relacionando-se diretamente com as estruturas[62]. As ações, portanto, perpetradas por estes agentes, encontram lugar e razão de ser em função destas estruturas sociais que, em contrapartida, são moldadas e molda os agentes com as quais se relacionam.

O contexto e a estrutura social, dentro da perspectiva construtivista, não se prende apenas ao debate de ideias envolvendo a interação entre atores e estruturas, mas também, e principalmente, ao conteúdo de questões materiais, de identidades, de interesses e de poder. Neste diapasão, saliente-se a importância das identidades (que são socialmente construídas), do poder e dos interesses dos agentes ser extremamente significativos para a explicação do fenômeno e das Relações Internacionais, atribuídos pelos atores a essas forças. Neste sentido, segundo Wendt, o poder é constituído essencial e principalmente por ideias e contextos culturais[63].

Neste ponto é importante frisar que o construtivismo não separa indivíduo e sociedade, sendo aqui igualmente aplicado o conceito de co-constituição, haja vista a impossibilidade de se separar a pluralidade dos indivíduos que compõe dada sociedade dela mesma. Soma-se a esta questão, juntamente com a premissa de negativa de antecedência ontológica aos agentes e à estrutura, a premissa de que, nas palavras de Nogueira e Messari, *"o mundo não é predeterminado, mas sim construído à medida que os atores agem, ou seja, que o mundo é uma construção social. É a interação entre os atores, isto é, os processos de comunicação entre os agentes, que constrói os interesses e as preferências destes agentes"*[64]. Surge, portanto, a questão das identidades e interesses dos agentes como elemento informador e formador do mundo.

A questão de identidades assume particular importância quando relacionada a interesses nas políticas e relações internacionais, dado que os agentes nacionais e subnacionais, dada a presença do já destacado fenômeno da globalização, cada vez mais estão explorando características e funcionalidades baseadas em um extraordinário dinamismo, tendo em vista a cada vez mais crescente e ágil mobilidade dos mais diversos fatores, dentre eles, destacamos os fatores financeiro-econômicos, de produção e de comunicação. Para Ted Hopf, as identidades possuem três distintas funções em uma dada sociedade, a saber: *"they tell you and others who you are and they tell you who others are. In telling you who you are, identities*

---

[62] Sobre maiores desenvolvimentos sobre a questão de antecedência ontológica agente/estrutura, destacamos estudo de Alexander Wendt: WENDT, Alexander E. *The Agent-Structure Problem in International Relations Theory*. International Organization, 41, 3, summer 1987.

[63] Vide WENDT, *Alexander E. The Agent-Structure Problem in International Relations Theory*. International Organization, 41, 3, summer 1987.

[64] NOGUEIRA, João Pontes e MESSARI, Nizar. *Teoria das Relações Internacionais: correntes e debates*. 3ª reimpressão. Rio de Janeiro: Elsevier, 2005, pág. 166.

strongly imply a particular set of interests or preferences with respect to choices of action in particular domains, and with respect to particular actors[65].

Destacamos pontual definição de Adler, para quem o *"construtivismo é a perspectiva segundo a qual o modo pelo qual o mundo material forma a, e é formado pela, ação e interação humana depende de interpretações normativas e epistêmicas dinâmicas do mundo material"*[66]. Adler, portanto, reforça e pontua a necessária inter-relação entre agente e estrutura como elemento central da perspectiva construtivista. Vemos, ainda, uma clara maximização do ponto "estrutura", pois aqui o conceito é empregado para referir o mundo material, e não apenas determinada estrutura social, como ponto relacional com os agentes, que perpetuam a ação humana.

Ora, confrontando a definição de Adler com o supra indicado pensamento de Hopf, verificamos que se a *interação humana depende de dinâmicas do mundo material*, e se estas dinâmicas são definitivamente influenciadas pelas identidades e interesses dos atores, temos que a perspectiva construtivista necessariamente deve transitar e dialogar com campos sociais visando uma interpretação das Relações Internacionais de forma não somente *reagente*, mas também *pró-ativa* e *numa dinâmica auto modeladora*. Auto modeladora no sentido de que sob a influência dos interesses, em sua gênese, individuais, mas que são transplantados ao coletivo, acaba por conduzir, no curso da histórica a verdadeiras acomodações e sedimentações da *bagagem* e da *herança cultural* dos atores nas raízes das estruturas.

A análise do construtivismo requer, portanto, agentes, estrutura, interesses e identidades para que exista uma relação externa com o global, com o mundo. Juntamente com as *causas materiais, as ideias e os valores atuam diretamente no desenvolvimento do conhecimento em relações internacionais*. E para a construção destas identidades, temos que o conceito mais flexível de identidade apresentado por Alexander Wendt permite aos agentes transformarem as identidades, adaptando-se aos processos e às efetivas necessidades da política internacional.

Desta forma, a perspectiva construtivista apresenta uma abordagem focada em questões de poder, assim como as outras correntes teóricas, mas centrada em questões de interesses e identidades de atores, desde a esfera estatal até suas interações no âmbito internacional, considerando a esfera de perspectiva. Colamos lição de Barnett, para quem *"The social construction of reality concerns not only*

---

[65] Hopf, Ted. *op. cit.*, pág. 175.
Tradução Livre do Autor: *"eles dizem para você e outros quem você é dizem a você quem os outros são. Em dizendo quem você é, identidades fortemente implica um determinado conjunto de interesses ou preferências no que diz respeito às escolhas de ação em determinados domínios, e no que diz respeito aos atores particular".*
[66] Adler, Emanuel. *op. cit.*, pág. 205.

how we see the world but also how we see ourselves, define our interests, and determine what constitutes acceptable action"[67].

Vale aqui destacar a importância do aspecto global dos conceitos de atores e estruturas, haja vista a presença do fenômeno da já indicada globalização. Logo, não podemos compreender tudo o que foi exposto acima sem refletir acerca da *zona de impacto*, ou seja, na esfera desta interação agente/estrutura na qual são sentidos os impactos da variável central da perspectiva construtivista, qual seja, os interesses[68]. E desde já apontamos nosso entendimento de que a cada momento este impacto torna-se cada vez mais amplo e global, não estando restrito a determinadas culturas, sociedades e/ou Estados. Segundo José Maria Gómez,

> *"a extensão espacial das relações de poder, através das novas infraestruturas de controle e comunicação, significa que os lugares e os exercícios de poder (por meio de decisões, ações ou omissões dos agentes) tornam-se crescentemente distantes dos sujeitos e dos lugares que experimentam suas consequências. Daí que não possa gerar os mesmos impactos socioeconômicos, políticos, culturais e ecológicos nos diferentes países, nem suscite as mesmas respostas, até porque ela também abre a possibilidade da tomada de consciência e de formas de contestação em todas as esferas, por parte dos Estados, movimentos sociais e cidadãos, na procura de resistir ou administrar seus impactos"*[69].

Temos, portanto, um claro confronto entre agentes, estruturas, identidades e interesses, com os quais os Estados estão necessariamente relacionados, tendo em vista que estruturas e agentes integram, por definição, os componentes do Estado, haja vista que as estruturas sociais são criadas tanto pelo Estado quanto por práticas sociais. Aqui, corroboramos com a lição de Hopf, quando conclui que *"states have more agency under constructivism, but that agency is not any sense unconstrained. To the contrary, choices are rigorously constrained by the webs of understanding of the practices, identities, and interests of other actors that prevail in particular historical*

---

[67] BARNETT, Michael. *Social Constructivism. In* The Globalization of World Politics John Baylis e Steve Smith (orgs.). Oxford, OUP, 2001, pág. 259.
Tradução Livre do Autor: *"A construção social da realidade diz respeito não apenas como vemos o mundo, mas também a forma como vemos nós mesmos, definimos os nossos interesses, e determinamos o que constitui uma ação aceitável".*

[68] Ted Hopf destaca que *"by making interests a central variable, constructivism explores not only how particular interests come to be, but also why many interests do not".* HOPF, Ted. *The Promise of Constructivism in International Relations Theory.* International Security, Vol. 23, No. 1 (Summer, 1998), pág. 176.
Tradução Livre do Autor: *"em fazendo dos interesses uma variável central, o construtivismo explora não apenas como interesses particulares se tornam, mas também porque muitos outros interesses não".*

[69] GÓMES, José Maria. *Política e Democracia em Tempos de Globalização.* Petrópolis, RJ, Vozes ; Buenos Aires: CLACSO: Rio de Janeiro: LPP – Laboratório de Políticas Públicas, 2000, pág. 132.

contexts"[70]. É, portanto, o reconhecimento de que ações e escolhas individuais possuem limitações estruturais assim como a ação social.

A ação social, em questão, é naturalmente maior e mais complexa que a ação singular, a ação individual, tanto no tocante a motivações quanto no que diz respeito a suas realizações e consequências. Para Wight, *"social action can be considered to be human actions involving, or oriented towards, other humans and performed in accordance with social forms such as conventions, social norms, rules, institutions, social groups and organizations"*[71]. Aqui cabe frisar a destacada indicação de Wight em relação às organizações sociais, que compreendem as Organizações Internacionais, objeto de estudo do próximo capítulo.

Verificamos, portanto, que a perspectiva construtivista pode fornecer base para se pensar processos de integração, consoante os dois tópicos anteriormente estudados. Lembramos apontamento de Celestino del Arenal, no tocante à questão das teorias de integração e os primeiros estudos neste campo, a saber:

> *"Quizá el rasgo más relevante en los últimos estudios sobre las organizaciones internacionales es que cada vez se manifiesta más claramente la tendencia a superar el enfoque puramente institucional y jurídico, característico de los primeros estudios en este campo, para centrarse en su estructura de poder, en las funciones reales que las determinan y en propio proceso decisional"*[72].

Em Relações Internacionais, um conceito fortemente enraizado é o conceito de anarquia. Segundo este conceito, inexiste autoridade acima do Estado-nação, ou seja, não se verifica uma autoridade superior, suprema e que esteja fixada de forma legítima, criando e colocando regras, interpretando e impondo-as, podendo inclusive fixar e aplicar penas por seu descumprimento. Mas, sob a ótica construtivista, diversos autores apontam para outras respostas quanto à questão da autoridade suprema, ou supranacional. Segundo Hopf:

---

[70] HOPF, Ted. *op. cit.*, pág. 177.
Tradução Livre do Autor: *"Estados têm mais agência sob o construtivismo, mas a agência não é em sentido irrestrito. Ao contrário, as escolhas são rigorosamente limitadas pelas teias da compreensão das práticas, identidades e interesses de outros atores que prevalecem em determinados contextos históricos".*
[71] WIGHT, Colin. *Agents, Strucures and International Relations. Politics as Ontology.* Cambrige Studies in International Relations. Cambridge University Press: Cambridge, 2008, pág. 200.
Tradução Livre do Autor: *"ação social pode ser considerada como ações humanas que envolvem, ou orientadas por, outros seres humanos e realizadas em conformidade com as formas sociais, tais como convenções, normas sociais, regras, instituições, grupos e organizações".*
[72] ARENAL, Celestino del. *Introducción a las Relaciones Internacionales.* Coleccion de ciencias sociales – serie de relaciones internacionales. 3ª edicion revisada y ampliada – 5ª reimpressión. Editorial Tecnos: Madrid, Espanha, 2003, pág. 272.

"Actors develop their relations with, and understandings of, others through the media of norms and practices. In the absence of norms, exercises of power, or actions, would be devoid of meaning. Constitutive norms define an identity by specifying the actions that will cause others to recognize that identity and respond to it appropriately. Since structure is meaningless without some intersubjective set of norms and practices, anarchy, mainstream international relations theory's most crucial structural component, is meaningless. Neither anarchy, that is, the absence of any authority above the state, nor the distribution of capabilities, can "socialize" states to the desiderata of the international system's structure absent some set of meaningful norms and practices".[73]

Assim, podemos incorporar o conceito de identidades e interesses para buscar verificar, sob a perspectiva construtivista, onde poderiam estar alocados incentivos para eventual regulação supranacional, considerando a questão dada e proposta referente aos processos de integração. Para tanto, valemo-nos do seguinte apontamento de Hopf: *"a constructivist approach might begin by investigating how states understand their interests within a particular issue area. The distribution of identities and interests of the relevant states would help account for whether cooperation is possible"*[74]. Contudo, Ted Hopf destaca que a assunção de interesses exógenos podem ser um obstáculo ao desenvolvimento de uma teoria de cooperação[75].

Nestas questões de construções sociais, interações entre agentes e estruturas e seus processos decisórios envolvendo identidades e interesses, temos a perspectiva construtivista como uma forma de ampliar o debate e buscar um diálogo ainda mais aberto com outras questões sociais. Neste ponto, destaca Adler que *"o construtivismo amplia nossa compreensão da relação entre o conhecimento científico e desfechos das relações internacionais com o argumento que as relações internacionais em*

---

[73] HOPF, Ted. *op. cit.*, pág. 173.
Tradução Livre do Autor: *"Atores desenvolver as suas relações com, e compreensão para com, os outros através dos meios de normas e práticas. Na ausência de normas, exercícios de poder, ou ações, seria desprovida de sentido. Normas constitutivas definem uma identidade especificando as ações que farão com que os outros reconheçam que aquela identidade e respondam a ela de forma adequada. Desde que a estrutura não tem sentido sem algum arranjo intersubjetivo de normas e práticas, a anarquia, o componente mais importante do mainstream das teorias das relações internacionais não tem sentido. Nem anarquia, isto é, a ausência de qualquer autoridade sobre o Estado, nem a distribuição dos recursos, pode "socializar" estados para a desejada ausência de estrutura do sistema internacional de algum conjunto de normas e práticas significativas".*
[74] HOPF, Ted. *op. cit.*, pág. 189.
Tradução Livre do Autor: *"uma abordagem construtivista pode começar a investigar como os estados compreendem os seus interesses dentro de uma área temática específica. A distribuição de identidades e interesses dos importantes Estados ajudaria a esclarecer se a cooperação é possível".*
[75] HOPF, Ted. *ibidem.*

geral, sejam cooperativas ou conflituosas, são moldadas e socialmente construídas por todos esses tipos de conhecimentos, científicos e outros"[76].

Na construção internacional, importa, portanto, a ampliação desta base de conhecimento para que sejam pensadas as efetivas circunstâncias nas quais os Estados, participantes de um processo de integração regional, se internalizam, "abrindo mão" de parcela de sua soberania. Mas este processo de internalização não pode ser isoladamente considerado como uma ação estatal sem sentido, ou desprovida de suas próprias razões. Deve ser identificada, no processo de internacionalização, uma ligação com as funções estatais próprias, ou que lhe sejam relacionadas, em função da parcela de soberania "transferida" ao agente internacional (no caso o Mercosul), assim como também deve ser refletida a capacidade deste agente em punir os participantes (atores internacionais) do processo de integração regional que infringirem o acordo firmado.

2.4. A Integração Regional, o Marco Teórico e as Relações Internacionais

O planejamento econômico tornou-se nos últimos tempos, uma ferramenta a serviço do discurso desenvolvimentista. Devemos pensar e refletir sobre os elementos deste planejamento, tanto para recuperação de determinadas economias como para diminuir disparidades entre regiões. Ainda mais se estivermos defronte a um processo de integração regional nos moldes do Mercosul. E esta necessidade envolve as mais diferentes esferas de poder, seja político, social, econômico, dentre outras manifestações, enquanto este ainda é tido como o principal instrumento de operacionalização do poder. Não obstante, ao considerar os aspectos de democratização na América Latina, devemos ter em mente a importância na análise da relação Estado e sociedade dos elementos que compõem o processo de integração que estamos considerando. Vale lembrar apontamento de Ana Maria Stuart: *"Se considerarmos que a democracia é uma construção histórica inacabada, o grande desafio na América Latina foi e continua sendo a questão da desigualdade social"*[77].

Assim, a abordagem construtivista nos permite pensar estes processos de integração e blocos regionais de forma histórica e socialmente construída. Com o fenômeno da globalização, verificamos a marcante internacionalização do capital, bem como a integração dos países nos fluxos internacionais de mercadorias, investimentos, pessoas e informações. Neste contexto, as fronteiras que separavam as economias tornam-se frágeis sob o aspecto econômico e de circulação

---

[76] ADLER, Emanuel. *op. cit.*, pág. 233.

[77] STUART, Ana Maria. *O que muda na América Latina? IN:* Revista Teoria e Debate, nº 65 – fevereiro/março de 2006. Disponível em http://www2.fpa.org.br/portal/modules/news/article.php?storyid=3311, acesso em 10/03/2010.

A INTEGRAÇÃO E COOPERAÇÃO REGIONAL NAS RELAÇÕES INTERNACIONAIS

de pessoas e capitais, integrando diferentes localidades na economia mundial de mercado, alterando a forma de compreensão e interação dos espaços geográficos. Com isto, as ações geopolítico-econômicas no passo da história acabam por estabelecer novos parâmetros de hegemonia de poder. Reforça este argumento a formação de blocos econômicos como a Mercado Comum Europeu, o Mercosul, a Comunidade Andina (CAN), o Mercado Comum Centro Americano (MCCA), a Comunidade Caribenha (Caricom), a Área de Livre Comércio das Américas (Nafta) dentre outros, que visivelmente representam o esforço de regionalização no mundo contemporâneo.

Neste cenário devemos inserir, especificamente, as transformações do território e sua utilização. Destacamos entendimento de Daniel M. Huertas, para quem

"a atual fase do capitalismo mundial também exige abordagens analíticas complexas, relacionando sistemas de produção igualmente complexos com uma busca frenética por otimização de custos e pelo consequente aumento das margens de lucro em nível global. As transformações espaciais provêm da intervenção simultânea de redes de influência operando simultaneamente em uma multiplicidade de escalas, desde a escala local até a mundial (Santos, 2002). Foco direcionado para o mercado externo, investimentos em infraestrutura e eficiência no escoamento da produção são alguns dos imperativos impostos e a economia globalizada reclama condições territoriais indispensáveis para a sua produção e regulação (Santos e Silveira, 2001)"[78].

Temos, portanto, o território no centro dos processos de decisão política e empresarial, especialmente se forem considerados os processos de integração regional. Aqui, lembramos que em muitos momentos, o primeiro impacto sensível da integração é a visão da possibilidade dos Estados-Partes alcançarem um bom padrão de inserção internacional, e ainda, ao fazerem parte de um bloco econômico, terem a possibilidade de conseguir maior força nas relações comerciais internacionais. Ou seja, em tese, o comércio entre os países constituintes de um bloco econômico aumenta e gera crescimento econômico para eles.

Mas a realidade da atual busca por um bom padrão de inserção internacional parece ter novos contornos. Nos dizeres de Ana Maria Stuart: *"A projeção da América do Sul no cenário mundial também se destaca porque emerge com estratégias convergentes de inserção internacional autônoma pela via do fortalecimento dos processos de integração já existentes – Mercosul e Comunidade Andina de Nações – e pela formação da Comunidade Sul-Americana de Nações. Sem ignorar as dificuldades ... e as demoras na implementação de uma institucionalidade mais democrática ..., houve uma nítida mudança de projeto do Mercosul que hoje responde a uma lógica multidimensional: política, econô-*

---

[78] HUERTAS, Daniel Monteiro. *Da Fachada Atlântica à Imensidão Amazônica. Fronteira agrícola e integração territorial.* Fapesp; Belém: Banco da Amazônia; São Paulo: Annablume, 2009, pág. 22.

mica, social e cultural. Dessa forma, a agenda da integração não está mais centrada no livre comércio, como era nos 90, mas nela constam iniciativas de planejamento nas áreas produtiva, energética e de infra-estrutura, contemplando políticas públicas de combate às assimetrias"[79]. Em outras palavras, o processo de integração verificado na América do Sul transborda a anterior referência de "união de forças" para o plano internacional, sendo permeado pelas possibilidades e alternativas de "união de forças" para o plano intrarregional na busca da redução das reconhecidas assimetrias, presentes e evidentes no espaço geográfico em questão. Este pensamento de que a integração é estratégica no âmbito regional reforça-se nos dizeres de Magnoli, César e Yang, para quem *a integração com países de seu entorno constitui caso, por excelência, de potencial de ganhos recíprocos em termos de economia de escala e de projeção política coletiva"[80].

As ações voltadas a manter a força local do território ou reagir a movimentos hegemônicos, não são contraditórias em relação aos processos de integração regional e/ou de participação em foros e centros multilaterais. Segundo Monica Arroyo, "o interesse associativo destas iniciativas visando o fortalecimento da base regional não é contraditório ou excludente, com a tendência à globalização, já que ambas decorrem da necessidade cada vez mais presente da criação de mercados ampliados. Pelo contrário, são complementares ao colidir na busca de uma inserção em um contexto mais amplo, tanto regional quanto mundial"[81]. Desta feita, temos como possível o "pensar global" e o "pensar regional", mas deve ai ser incluído também o "pensar local", atinente aos espaços geográficos.

Conceitos sólidos, rígidos e imutáveis parecem não serem adequados ao atual processo de globalização e com a atual distribuição de interesses e poder ao redor do globo. Igualmente, devemos atentar para o fato de que "Estado e soberania são conceitos que foram construídos socialmente, em uma determinada época histórica"[82], ou seja, "são conceitos dinâmicos, e não estáticos: é compreensível que eles evoluam acompanhando as mudanças estruturais dos sistemas políticos e econômicos internacionais"[83].

---

[79] STUART, Ana Maria. *op. cit.*

[80] MAGNOLI, Demétrio, CÉSAR, Luís Fernando Paneli, e YANG, Philip. *Em Busca do Interesse Nacional, In* Revista Política Externa. Vol. 9, nº 1, junho-julho de agosto 2000, São Paulo: Editora Paz e Terra, 2000, pág. 42.

[81] ARROYO, Monica. *Mercosul: novo território ou ampliação de velhas tendências.* In Globalização e Espaço Latino-americano. Francisco Capuano Scarlato, Milton Santos, Maria Adélia A. de Souza e Monica Arroyo (orgs.). 3ª ed. – São Paulo: Editora HUCITEC e Associação Nacional de Pós-graduação e Pesquisa em Planejamento Urbano Regional (ANPUR), 1997, pág. 123.

[82] MELLO, Válerie de Campos. *Globalização, Regionalismo e Ordem Internacional.* IN Revista Brasileira de Política Internacional, volume 42, nº 1. Brasília: Instituto Brasileiro de Relações Internacionais, 1999, pág. 177. Disponível em http://www.scielo.br/scielo.php?script=sci_arttext&pid=S0034-73291999000100007&lng=pt&nrm=iso Acesso em 13 de julho de 2009.

[83] MELLO, Válerie de Campos. *ibidem.*

A INTEGRAÇÃO E COOPERAÇÃO REGIONAL NAS RELAÇÕES INTERNACIONAIS

Mas rememoremos a importância de reconhecimento das diferenças e divergências frente ao reconhecimento da chamada disputa de poder, tendo em vista o processo assimétrico de globalização, e as lutas dos povos e Estados por melhor inserção internacional. Este reconhecimento é importante, tendo em vista que os Estados a cada dia são envoltos e diretamente afetados por fatores internacionais e movimentos globais, cujas consequências impactam tanto a esfera interna pública quanto a privada. Mas, a globalização não ocorre de forma homogênea, oferecendo oportunidades equitativas, e sim, apresenta-se *"de maneira desigual e heterogênea, marginalizando uma boa parte da população mundial que não é integrada na economia global. Se, por um lado, ela homogeneiza práticas econômicas, sociais e culturais, por outro lado, ela fratura e dualiza entre os segmentos integrados e globalizados e os excluídos"*[84].

O estudo de processos de integração é, e deve ser, permeado por diversos aspectos sociais, econômicos, políticos, culturais, jurídicos, etc. As características peculiares e individuais de cada processo estão diretamente vinculadas a seus aspectos culturais e políticos mais profundos, mas igualmente podem manifestar-se em variados níveis e esferas. Celestino del Arenal destaca que

"el fenómeno de la integración, de la formación de una comunidad política por unión de dos o más unidades políticas, puede situarse a distintos niveles. A nivel nacional, entre las diversas comunidades que constituyen una comunidad nacional; a nivel regional, entre diversas unidades estatales, y a nivel mundial, entre todas las unidades que configuran el sistema internacional. Por otro lado, en cada uno de estos niveles es posible considerar diversas formas de integración. En todo caso, lo que caracteriza la integración es la existencia de condiciones que permiten, sin el recurso a la guerra, avanzar en el camino de la superación de las diferencias, tensiones y conflictos entre las diversas unidades políticas"[85].

Ademais, além de não serem novos os processo de regionalismos, também não são poucos[86], e envolvem compreensões diversas sobre varias dimensões. Segundo Hurrell, *"os fatores implicados no crescimento do regionalismo são numerosos, incluindo dimensões econômicas, sociais, políticas, culturais ou históricas"*[87], cabendo ao pesquisador efetuar o "recorte" daquilo que pretende extrair da realidade, pois a tentativa de alcançar a totalidade certamente tornará o trabalho inalcan-

---

[84] MELLO, Válerie de Campos. *ibidem*.

[85] ARENAL, Celestino del. *op. cit.*, pág. 259.

[86] Nestes termos, indicamos como fonte para conhecimento de dados estatísticos: Composição Geográfica e Econômica dos Grupos – Dados Estatísticos da OMC, em ORGANIZAÇÃO MUNDIAL DO COMÉRCIO – OMC. *Estatísticas do Comércio Internacional 2009*. Disponível em: http://www.wto.org/english/res_e/statis_e/its2009_e/its09_metadata_e.pdf. Acesso em 08/12/2009.

[87] HURRELL, Andrew. *O Ressurgimento do Regionalismo na Política Mundial. In* Contexto Internacional. Rio de Janeiro, vol 17, nº 1, jan/jun 95, pág. 25.

çável. *"os debates contemporâneos lembram-nos que não existem regiões "naturais" e que as definições de "região" e os indicadores da "qualidade de ser região variam de acordo com o problema particular ou a questão que está se pesquisando"*[88], sendo que estas regiões possuem fronteiras que atualmente, pessoas, bens, produtos, comércio e serviços já não querem respeitar.

A valoração das questões sócio-culturais, portanto, assume destaque quando refletimos sobre o impacto da globalização no seio das estruturas e frente aos agentes, sendo que podem ser identificadas zonas de conflito e atrito. Neste sentido, a perspectiva construtivista parece-nos oferecer grande ajuda e instrumental valioso de pesquisa. Lembramos apontamento de Juan Gabriel Tokatlian, para quem

"uma avaliação abrangente do estado das relações internacionais nos leva a refletir sobre os processos, as dinâmicas, as instituições que as caracterizam. Sobre o primeiro, corresponde destacar a globalização. No que diz respeito ao segundo, é fundamental referirmos à democracia. E em termos do terceiro, é aconselhável ponderar a questão dos regimes internacionais. Esta combinação de processos, dinâmicas e instituições nos remete ao campo dos interesses, valores e princípios"[89].

Neste ponto, parece-nos que a perspectiva construtivista oferece uma ótica interessante para pensar a questão regulatória, não apenas observando os aspectos legais e institucionais, consoante o alerta anteriormente transcrito de Celestino del Arenal, mas sim através do debate entre agentes/estrutura e identidades e interesses, traduzido pela busca da identificação de centros decisórios e de poder no âmbito das Relações Internacionais. Assim, *"a tendência em direção à integração regional aliada ao estabelecimento de mecanismos intergovernamentais de cooperação em matéria de política externa, como é o caso da União Europeia, pode vir a constituir uma fonte importante de estabilidade para a ordem internacional"*[90]. Ora, e nesta construção temos a possível transformação de políticas e interesses, segundo o senso comum da colaboração. Segundo Stuart,

"a explicação dessa transformação na hipótese das visões teóricas tradicionais é que a interação não modifica a natureza egoísta dos interesses dos Estados nacionais, e que as instituições são meros instrumentos dos Estados para viabilizar a cooperação. Os construtivistas contestam esses enfoques sustentando que a ação coletiva gera interesses próprios,

---

[88] HURRELL, Andrew. *ibidem.*
[89] TOKATLIAN, Juan Gabriel. *O Cone Sul e suas Relações Internacionais: um Espaço de Cooperação para a América do Sul. In*: Política Externa: Ed. Paz e Terra, vol. 17, nº 1, jun/jul/ago 2008, pág. 55.
[90] MELLO, Válerie de Campos. *op. cit.*, pág. 177.

interesses novos, e como resultado dessa interação o sistema se transforma, assim como se transforma a identidade dos atores que passam a partilhar valores comuns"[91].

Nossa afirmação encontra lastro e amparo evidente na afirmação de Hurrell e Woods, quando os autores apresentam sua versão para a definição de globalização, nitidamente conferindo aos agentes e à estrutura social uma maior relevância, consoante os interesses que lhes são próprios. Transcrevemos a definição dos referidos autores:

"Our definition of globalisation requires us to examine the political forces which shape its emergence and impact, and, in doing so, to reconsider the sources and nature of inequality among states. We need to replace the liberal Kantian image of progressive enmeshment with the more complex idea of coercive socialisation, involving both a range of external pressures (both state-based and market-based) and a variety of transmission mechanisms between the external and the domestic"[92].

Lembramos que Hurrell e Woods destacam uma importante *dupla mão* no conceito e aplicação do fenômeno da globalização, tendo em vista que os autores entendem que a globalização afeta diretamente as desigualdades ao redor do planeta, mas também, estas mesmas desigualdades afetam e moldam o processo de globalização.

Para interagirmos e transitarmos de forma tranquila nestes mares, devemos ter em mente a emergência de ações pró-ativas lastreadas na necessidade e na mutabilidade do mundo em que vivemos. E este é o desafio que nos cabe. Para Furtado, *"o desafio que se coloca no umbral do século XXI é nada menos do que mudar o curso da civilização, deslocar o seu eixo da lógica dos meios a serviço da acumulação num certo horizonte de tempo para uma lógica dos fins em função do bem-estar social, do exercício da liberdade e da cooperação entre os povos"*[93].

Não obstante, o estudo e a análise das Relações Internacionais estão sujeitos, assim como outros campos das ciências humanas, a uma acumulação de variáveis

---

[91] STUART, Ana Maria. *Regionalismo e Democracia: uma construção possível.* IN CEBRI Tese. Rio de Janeiro: Centro Brasileiro de Relações Internacionais, 2003, pág. 8. Disponível em http://www.cebri.org.br/pdf/213_PDF.pdf. Acesso em 13 de julho de 2009.

[92] HURRELL, Andrew e WOODS, Ngaire. *Globalisation and Inequality. In* Millenium – Journal Of International Studies. Vol. 24, nº 3, Winter 1995, pág. 457.
Tradução Livre do Autor: *"Nossa definição de globalização nos obriga a examinar as forças políticas que moldam o seu surgimento e impacto, e, ao fazê-lo, a reconsiderar as origens e a natureza da desigualdade entre os estados. Precisamos substituir a imagem liberal kantiana de aglutinação progressiva com a idéia mais complexa de socialização coercitiva, envolvendo uma gama de pressões externas (ambos baseados no estado e baseada no mercado) e uma variedade de mecanismos de transmissão entre o externo e o interno".*

[93] FURTADO, Celso. *O Capitalismo Global.* 7ª ed. São Paulo: Paz e Terra, 1998, pág. 64.

e necessidades de recortes teóricos que podem influenciar os resultados de tal sorte que não se deve afirmar "verdades universais" lastreadas em construções teóricas. Segundo Aron, *"o estudo empírico das relações internacionais visa precisamente determinar a percepção histórica que orienta o comportamento dos atores coletivos, as decisões dos responsáveis por esse comportamento. A teoria põe em evidência a diversidade dos temas dos conflitos entre os atores coletivos e dos seus objetivos"*[94]. Assim, a busca volta-se ao modelo de interpretação da realidade, através do qual pretendemos apontar nossas reflexões.

Assim, o modelo construtivista, privilegiando a forma como identidades e interesses são socialmente construídos, coloca em evidência o papel das organizações internacionais, pois permite alterar conceitos como de identidades e interesses locais, nacionais, regionais e internacionais, para construir e alterar a perspectiva de Estados e outros atores. Neste sentido, dado o ambiente supranacional, fixado pela construção de Estados com possível delegação de parcela de suas atribuições, ou com a permissão e outorga de parcela de suas faculdades soberanas, as políticas estatais podem ser trabalhadas e definidas segundo normas internacionais, fixadas e produzidas por instituições e organizações internacionais. Ora, desta forma, a perspectiva construtivista pode contribuir com elementos para compreender a constituição e o funcionamento de instituições e regimes internacionais, em face dos mais notórios e influentes processos de integração regional.

2.5. Processos de Integração Regional e Políticas Regionais

A história dos processos de integração frente ao fenômeno da globalização pode ser analisada sob uma ótica histórica, como sendo um processo antigo, dada a presença eventual de determinados elementos que podem ser identificados em casos específicos. Contudo, novamente parece-nos que o fenômeno, verificado o atual contexto histórico, possui traços e aplicações demasiadamente fortes para não destacarmos. Segundo Fábio Nusdeo, *"antes mesmo de o movimento de globalização ganhar terreno, assistiu-se a partir da década de 50 a uma tendência de integração de economias vizinhas, formando espécies de regiões econômicas, dentro das quais já se implantava algum tipo de globalização, geograficamente limitada"*[95]. E estes processos de integração podem assumir diversas formas e/ou estágios, considerando seus elementos próprios.

---

[94] ARON, Raymond. *Que é uma Teoria das Relações Internacionais. IN* Estudos Políticos, 2ª edição. Brasília: UNB, 1985, pág. 384.

[95] NUSDEO, Fábio. *Curso de Economia – Introdução ao Direito Econômico.* 2ª ed. revista. São Paulo: Editora Revista dos Tribunais, 2000, págs. 331 e 332.

O crescente interesse por processos de integração econômica, visivelmente, pode ser atribuído a efeitos diretos advindos do fenômeno da globalização. Neste sentido, cumpre ainda indicar os movimentos, não apenas de forças dos Estados, mas também de grupos de interesse, que buscam ações, intervenções e espaços para diálogos e debates no seio das Organizações Internacionais (OIs). Este movimento é positivo, na medida em que possibilita a canalização de energias e a centralização de temas e focos de interesse. Com isso surge a importância das OIs, que podem interferir, agir e atuar com vistas a equacionar tensões, conflitos e demais situações que podem surgir na interação de Estados nacionais e agentes transnacionais.

Os processos de integração regional influenciam e são influenciados pelas políticas dos Estados, especialmente considerando a segunda onda de processos de integração regional (segunda onda de regionalismos, nas palavras de José Maurício Domingues[96]), que já se desenvolveu marcada pelos efeitos da globalização. Bernal-Meza e Alberto Masera, analisando a segunda onda de integração regional, seus reflexos e aspectos politico-econômicos, destacam que tais novos processos implicam em mudanças qualitativas e quantitativas tanto em relação aos processos e tentativas anteriores quanto a novas estratégias de desenvolvimento local e regional, face aos espaços integrados dada a presença do fenômeno da globalização. Destacam os autores que *"los objetivos del regionalismo aparecen hoy más vinculados a la inserción en los mercados internacionales, y a una articulación externa de los países de la región con los centros dinámicos de la economía mundial, que al logro de una transformación real de las estructuras socio-económicas aún poco competitivas, heterogéneas y fragmentadas; porque, en definitiva, la inserción, por más exitosa que sea, no puede suplir la ausencia de una verdadera estrategia de desarrollo"*[97]. Inclusive, importa frisar que estamos trabalhando, especificamente, com o dito segundo momento do regionalismo e suas implicações, obviamente sem desacreditar e/ou sem deixar de reconhecer o mérito dos trabalhos seminais e dos primeiros movimentos de integração regional na esfera global[98].

---

[96] Neste sentido, ver DOMINGUES, José Maurício. *Regionalismos, Poder de Estado, e Desenvolvimento. Análise de Conjuntura OPSA nº 7 – junho de 2005.* Disponível no *website*: http://observatorio.iuperj. br/artigos_resenhas/Analise_conjuntura_junho.pdf. Acesso em 02/02/2010.

[97] BERNAL-MEZA, Raúl e MASERA, Gustavo Alberto. *El Retorno del Regionalismo. Aspectos Políticos y Económicos em Los Procesos de Integración Internacional. In* Cadernos PROLAM/USP/Cadernos do Programa de Pós Graduação em Integração da América Latina da Universidade de São Paulo – PROLAM/USP. Ano VII. Volume I – 2008, pág. 194.

[98] Segundo José Maurício Domingues: *"A primeira onda de regionalismo iniciou-se no pós-Segunda Guerra Mundial e teve fôlego principalmente até os anos 1970. Na América Latina, essa onda é marcada pelo surgimento de várias organizações regionais importantes. Entre elas, vale destacar as seguintes: a Organização dos Estados Americanos (OEA), de 1948; a Associação Latino-Americana de Livre Comércio (Alalc), de 1960; o Pacto Andino, de 1969; o Sistema Econômico Latino-Americano (Sela), de 1975; e a Associação Latino-Americana de*

DEFESA NA CONCORRÊNCIA NO MERCOSUL

Assumimos que o processo decisório se desenvolve por meio de um *continuum* que influencia e é influenciado, em um amplo espectro, pelas políticas públicas, e com isso podemos pensar na percepção, pelos próprios agentes, do grau de importância que os processos de integração regional. Segundo Sônia Fleury "*é preciso sair do nível mais abstrato de separação entre política e economia para tomar em conta as mediações que se dão entre elas, bem como as formas institucionais de representação política e de organização do aparato estatal, tendo em conta o conjunto de forças políticas que interatuam com estas estruturas (e que não podem ser reduzidas a uma perspectiva de polarização classista)*"[99].

As ações e interações sociais dos agentes econômicos, bem como daqueles formuladores de política externa, na busca pela consecução de seus objetivos e realização de seus anseios, envolvem coerência de discurso, compatibilidade com os anseios históricos da sociedade e trabalho incansável na manutenção dos valo-

---

Desenvolvimento da Integração (Aladi, que substitui a Alalc), enfim fundada em 1980. A criação da Comissão Econômica para a América Latina (Cepal), no âmbito da Organização das Nações Unidas (ONU), em 1948, enquadra-se até certo ponto nesse movimento, e se empenha em reforçá-lo. Do ponto de vista econômico, na América Latina as organizações criadas nesse período se mostraram pouco eficazes e a integração econômica regional pouco avançou. De todo modo, essa primeira onda foi enfraquecida pela crise econômica global nos anos 1970 e por um aumento subseqüente do protecionismo em alguns países, desde sempre um problema para os processos de integração; a isso se somaram as estratégias, sobretudo norte-americanas e britânicas, de promoção de uma perspectiva neoliberal de desregulamentação dos mercados, perante a qual blocos regionais se mostravam como um empecilho. Somente nos anos 1990 o regionalismo é retomado em larga escala, em todo o mundo. A nova onda de regionalismo produziu alguns processos de integração regional e implicou, nas Américas, em alguns passos importantes, que avançaram mais que aqueles dados no período anterior, sobretudo do ponto de vista econômico. Além do Acordo de Livre Comércio da América do Norte (Nafta), firmado em 1989, vale destacar nesse período a criação do Mercado Comum do Cone Sul (Mercosul), em 1991, e da Comunidade Andina (Can), em 1997. A criação do Clube do Rio, em 1986, pode ser situada também nesse novo impulso em direção ao regionalismo. Embora sua data de formação seja anterior de alguns anos àquele movimento mais amplo e o organismo tenha um caráter mais frouxo, seu desenvolvimento e fortalecimento se encaixam dentro da segunda onda de regionalismo. Mais recentemente, a Comunidade Sul-Americana de Nações (2004), projeto importante do governo Lula, buscou ampliar o escopo do processo de regionalização em curso. O desenvolvimento econômico e social tem sido meta crucial visada por esses processos, embora em alguns casos (como aquele que se refere à relação entre Brasil e Argentina) a questão da segurança e confiança regionais tenha sido um forte elemento motivador inicial. Vale notar ainda que, ao lado desses processos estatais, há hoje um crescente intercâmbio entre coletividades societárias – incluindo empresas e empresários de diversos portes, universidades e forças armadas, movimentos sociais (sindicatos, especialmente) e organizações não governamentais, etc. -, o qual se desdobrou das atividades basicamente governamentais que deram início ao processo de integração (Camargo, 1993; Grandi e Bizzozero, 1999). Isso pode ser aproveitado para aprofundar o processo de integração em direções mais produtivas e inovadoras, como veremos mais adiante". DOMINGUES, José Maurício. *Regionalismos, Poder de Estado, e Desenvolvimento. Análise de Conjuntura OPSA nº 7 – junho de 2005.* Disponível no website: http://observatorio.iuperj.br/artigos_resenhas/Analise_conjuntura_junho.pdf, págs. 02 e 03..

[99] FLEURY, Sônia. *A Natureza do Estado Capitalista e das Políticas Públicas. In: Estado sem Cidadão – Seguridade Social na América Latina.* Rio de Janeiro: Editora Fiocruz, 1995, pág. 42.

A INTEGRAÇÃO E COOPERAÇÃO REGIONAL NAS RELAÇÕES INTERNACIONAIS

res e princípios defendidos pelo Estado (enquanto guardião e representante da sociedade e seus interesses últimos), bem como na defesa dos interesses internacionais do país. Nas palavras de Cardoso, *"na política externa, por consequência, a atitude progressista requer ações que quebrem barreiras e impedimentos internacionais acaso existentes, para favorecer o desenvolvimento econômico-social e a democratização de cada país"*[100]. E aqui, a própria atividade de formação e formulação da política externa deve considerar a identidade nacional e os interesses nacionais[101], existentes ou em construção. Vale lembrar que a formação e as informações dos interesses que atuam na esfera nacional, e que deverão contribuir para a formação da agenda dos interesses regionais, globais e externos de um país, são influenciadas, e fortemente determinadas, por valores sociais presentes na construção da cultura de cada país. Segundo Ernani Contipelli, *"os valores sociais são determinados pelo momento histórico da sociedade, ou seja, modificam-se de acordo com a realidade social, que constitui seu campo de referência, sua fonte primária de alimentação"*[102]. Estes valores sociais, da mesma forma, permearão e integrarão o *continuum* do processo decisório social.

Reconhecer a diversidade cultural, reconhecer as diversidades, assimetrias e distinções político-sócio-econômicas, não obstante outros fatores, é reconhecer a possibilidade de existência de distintas formas associativas, processos e políticas. Segundo Furtado: *"As formas sociais constituem uma esfera da invenção cultural em que é particularmente difícil estabelecer a linha demarcatória entre fins e meios. A invenção de novos tipos de associação entre membros de uma sociedade e a institucionalização das relações (de cooperação ou conflitivas) entre indivíduos e grupos são a expressão da capacidade criadora do homem em uma de suas formas mais nobres"*[103]. Neste sentido, esta diversidade cultural relaciona-se diretamente com os agentes, que atuarão e terão suas limitações impostas pela estrutura social. Este relacionamento poderá aprofundar as situações cooperativas ou aumentar aquelas conflitivas e deve, necessariamente, ser considerado em um processo de integração regional.

Assim, os movimentos que permearam as fronteiras do Estado rígido decorrem também dos processos regionais implementados. E para nós, a opção pela

---

[100] CARDOSO, Fernando Henrique. *A Arte da Política: a história que vivi.* Coordenação editorial: Ricardo A. Setti. Rio de Janeiro: Editora Civilização Brasileira, 2006, pág. 602.

[101] Quanto ao desenvolvimento da identidade brasileira, sua construção na esfera nacional e ampliação para a formação da política externa e atuação internacional do Brasil, ver LAFER, Celso. *A Identidade Internacional do Brasil e a Política Externa Brasileira. Passado, presente e futuro.* São Paulo: Perspectiva, 2001.

[102] CONTIPELLI, Ernani. *O Direito Condicionando Condutas.* In Revista Tributária e de Finanças Públicas. Ano 12 – nº 59 – nov/dez/ 2004, São Paulo – Editora Revista dos Tribunais, 2004, pág. 13.

[103] FURTADO, Celso. *Em Busca de Novo Modelo: reflexões sobre a crise contemporânea.* São Paulo: Paz e Terra, 2002, pág. 62.

DEFESA NA CONCORRÊNCIA NO MERCOSUL

regionalização parece entrar na luta frente aos efeitos advindos da acentuação do processo de globalização firmado no transcorrer do século XX, que acabou minando as bases do sistema de Vestfália, reconhecido como o *"sistema internacional clássico ... que reconheceu o Estado como poder supremo ou soberano dentro de suas fronteiras"*[104]. O desmonte dos princípios fixados em Vestfália, colocaram em xeque a noção de que o Estado, dada sua existência e dada sua soberania fixada em determinado território, tem garantias de exercício de poder sobre a população geograficamente estabelecida, e de forma absoluta, sobre dado território.

Não se pode deixar de considerar os efeitos da globalização sobre o conceito de Estado Nação, frente ao contexto regional e os processos de integração. Ora, a disputa do poder faz surgir o confronto entre o local e o global, como muito discutido pela doutrina[105], mas também coloca em perspectiva a internacionalização dos processos e agentes sociais em confronto com a soberania nacional. Segundo Brian Hocking,

"vistos de outra ampla perspectiva, contudo, esses desenvolvimentos são mais precisamente um aspecto da modificação da tradicional política internacional, refletindo um ambiente nacional e internacional mais complexo. Nesse contexto, as regiões, juntamente com as cidades e com outros atores governamentais e coadjuvantes, assumem seu papel em meio a um cenário político "multicamadas" cada vez mais intricado. Em vez de se colocar em oposição ao centro, atitude muito menos representativa do declínio do Estado-Nação em um tipo de competição da qual nenhum dos adversários sairá vencedor, a internacionalização das regiões representa o surgimento de processos políticos nos quais os atores subnacionais são capazes de representar vários papéis diferentes. Alguns criarão tensões junto ao centro, pois os níveis subnacional, nacional e internacional da atividade política estão entrelaçados, e os interesses diferem; outros surgirão em mutualismo de interesses entre o centro e a região, na busca de objetivos relacionados ao ambiente internacional"[106].

Com isso, vale pontuar breve distinção entre o conceito de integração regional e regionalismo. O regionalismo pode ser visto como um programa ou como uma política de Estado, enquanto a integração regional consubstancia-se efetivamente em um processo do qual Estados lançam mão de suas autonomias abso-

---

[104] ZACHER, Mark W. *Os pilares em ruína do templo de Vestfália: implicações para a governança e a ordem internacional". In:* James Rosenau e Ernst-Otto Czempiel (orgs.). Governança sem governo: ordem e transformação na política mundial. Brasília, Editora UnB, 2000, p. 84.

[105] Dentre as discussões, indicamos pontual e importante estudo: VIGEVANI, Tullo e WANDERLEY, Luiz Eduardo (coords.). *Entre o local e o global: governos subnacionais e sociedade civil na integração regional.* Edição especial Cedec/PUC-SP – CADERNOS CEDEC nº 71. São Paulo: 2002.

[106] HOCKING, Brian. *Regionalismo: uma perspectiva das relações internacionais. In* A Dimensão Subnacional e as Relações Internacionais. Tullo Vigevani et al (orgs) São Paulo: EDUC, Fundação Editora da UNESP; Bauru, SP: EDUSC, 2004, pág. 104.

A INTEGRAÇÃO E COOPERAÇÃO REGIONAL NAS RELAÇÕES INTERNACIONAIS

lutas para a formação de um bloco econômico regional. Logo, o regionalismo integra o campo das políticas públicas, que pode envolver a instituição de um projeto que tenha por fim a integração regional ou até a instituição de um Mercado Comum (que é o caso do Mercosul).

Outro ponto levantado por Stuart refere-se à distinção entre regionalismo e regionalização, reconhecendo o primeiro como uma efetiva política de atuação e o segundo um processo. Enquanto processo, a regionalização apresenta movimento contrário à integração regional. Para Stuart, o *"regionalismo em si é um programa de integração, e nesse sentido se diferencia do conceito de regionalização, que é um processo de fora para dentro"*[107]. Ou seja, a regionalização é um processo diverso, enquanto o regionalismo efetivamente refletiria as bases de uma construção social. Segue Stuart apontando que o regionalismo é *"uma opção de construção de um projeto regional, e a ideia de coesão econômica e social deve estar vinculada à ideia de integração e de regionalismo. Portanto, é uma questão vinculada a essa ideia da democracia como processo que tende a conjugar liberdade e igualdade, respeito das autonomias e busca de coesão econômica e social"*[108]. Reforça-se, assim, a importância de uma reflexão que conjugue o processo e suas estruturas com os agentes e atores, tanto no plano regional, quanto no internacional.

Lembramos distinção feita por Karina L. Pasquariello Mariano e Marcelo Passini Mariano, considerando os processos de integração regional frente às ações, ainda que globais, de cooperação internacional. Segundo os autores:

"a integração regional é mais ampla que a cooperação internacional, porque pode resultar em novas unidades ou entidades políticas, ou ainda em uma mudança nas últimas (Matlary, 1994). É a representação dessa alteração, ao criar algo novo em que pode haver uma transferência formal ou informal de poder decisório para sua estrutura institucional. A integração regional, portanto, não se restringe à esfera governamental ou à cooperação intergovernamental; atinge a sociedade como um todo, gerando interações que fogem ao controle estatal entre grupos de interesse e representantes das sociedades"[109].

Neste projeto regional, não se pode excluir os aspectos sociais, políticos e econômicos a que a relação entre Sociedade e Estado está sujeita em fase da internacionalização de mercados, pois seria reduzir o tema e o debate a níveis que não

---

[107] STUART, Ana Maria. *Regionalismo e Democracia: uma construção possível*. In CEBRI Tese. Rio de Janeiro: Centro Brasileiro de Relações Internacionais, 2003, pág. 10. Disponível em http://www.cebri.org.br/pdf/213_PDF.pdf . Acesso em 13 de julho de 2009.

[108] STUART, Ana Maria. *ibidem*.

[109] MARIANO, Karina L. Pasquariello e MARIANO, Marcelo Passini. *Governos Subnacionais e integração regional: considerações teóricas. In* Governos Subnacionais e sociedade civil: integração regional e Mercosul. Luiz Eduardo Wanderley e Tullo Vigevani (orgs). São Paulo: EDUC; Fundação Editora da Unesp; Fapesp, 2005, pág. 144.

DEFESA NA CONCORRÊNCIA NO MERCOSUL

condizem com a realidade, *"desconsiderando a dinâmica de reprodução do capital ao nível transnacional e as implicações deste processo na reprodução da dominação"*[110]. A realidade do comércio internacional reforça este apontamento, quando se verifica que *"a realidade econômica passou a ter influência fundamental na elaboração e na aplicação da lei. O legislador e o aplicador da lei não podem desconhecer a realidade econômica em que vivem e que pretendem normatizar e direcionar"*[111]. E a realidade econômica também não pode ser dissociada do espectro social, e muito menos ser distanciada da formação e aplicação do direito. Segundo Leopoldino da Fonseca, *"a norma jurídica destinada a reger as relações de mercado tem por finalidade proporcionar o mais perfeito grau de seu funcionamento, de tal sorte a garantir a eficiência alocativa, a eficiência produtiva, a eficiência dinâmica e a eficiência distributiva"*[112]. Com isso, o Direito deve perseguir, sim, a eficiência. Mas não aquela eficiência sob uma ótica eminentemente maximizadora dos resultados financeiros e/ou econômicos.

Os desequilíbrios presentes no âmbito regional, naturalmente acabam por resultar em efetivas barreiras ao desenvolvimento regional, dada a forte assimetria e diferentes vontades e interesses sociais. Segundo Bouzid Izerrougene, *"os desequilíbrios nas dimensões econômicas em termos de mercado, investimento e tecnologia se revelam como fortes obstáculos à integração, mostrando o caráter insuficiente de acordos meramente comerciais. A ausência de uma vontade política baseada nas concessões recíprocas e no interesse em promover e estender as oportunidades de desenvolvimento para os parceiros menos competitivos, aliada à falta de um quadro institucional na altura de zelar sobre o respeito dos acordos são os principais obstáculos à formação do Mercosul. A experiência da União Europeia constitui-se numa prova de que a redução das disparidades regionais é uma condição necessária ao êxito da integração"*[113]. Obviamente, o forte trabalho para a redução de assimetrias globais e regionais, bem como a efetiva implementação de políticas econômico-sociais devem trabalhar no sentido de contribuir para o desenvolvimento local e regional, em prol da já apontada liberdade e equidade, elementos, ao nosso ver, essenciais para o sucesso da prática integracionista regional[114].

---

[110] FLEURY, Sônia. *op. cit.*, pág. 42.

[111] LEOPOLDINO DA FONSECA, João Bosco. *Direito Econômico*. Rio de Janeiro: Editora Forense, 2004, pág. 58.

[112] LEOPOLDINO DA FONSECA, João Bosco. *op. cit.* pág. 66.

[113] IZERROUGENE, Bouzid. *Os Obstáculos à Integração de Economias Desiguais. O Caso do Mercosul.* In Cadernos PROLAM/USP/Cadernos do Programa de Pós Graduação em Integração da América Latina da Universidade de São Paulo – PROLAM/USP. Ano 7 – vol. 2 – 2007, pág. 160.

[114] Cumpre indicar que não estamos fazendo referência ou não consideramos o termo "bem comum", considerando os problemas que podem advir do emprego desta terminologia no âmbito relacional internacional. Neste sentido: *"A determinação do bem-comum, uma vez compreendido como a procura das condições de um sociedade política ideal, é ainda mais problemáticas quando aferida na área da sociedade internacional. Se toda coletividade, seja sociedade ou comunidade, necessita, para sua própria*

Reforçamos que os pensamentos e ideologias, bem como as ações e trabalhos evolvendo a busca pela efetiva redução das assimetrias globais, regionais e locais, são elementos de processos de longo prazo e longa duração, que não podem ser considerados estaticamente, sob risco e pena de que todo o trabalho seja em vão. Neste sentido, lembremos o alerta de Luiz Eduardo W. Wanderley de uma eventual superação da questão social, que seja abrangente e efetiva, *"se localiza num tempo longo de dificílima previsão. A própria "globalização"não nos permite uma previsibilidade segura de até aonde as mudanças irão"*[115].

2.6. Processos de Integração Regional e as Organizações Internacionais de Integração e Cooperação Regional

Com o desenrolar do século XX, e com a sempre crescente influência do fenômeno da globalização (dada a redução dos espaços globais), é importante pensar o aspecto regional. O regionalismo pode ser apontado como uma esfera da globalização, mas é fortemente influenciado por fatores de defesa, estes tidos como uma alternativa para países não desenvolvidos ou com menor poder global[116] agirem e interagirem frente a países desenvolvidos. Ou seja, o regionalismo muitas vezes é compreendido e utilizado como um instrumento da luta pelo poder global ou por melhores condições frente a disputas de poder na esfera internacional.

---

sobrevivência, da associação de seus membros em torno de um bem (ou conjunto de bens) que beneficie a todas e não apenas a cada um em particular, este "bonum commune" exige solidariedade de todos em proveito da coletividade, aumentada e aperfeiçoada a capacidade produtiva de cada um. A capacidade operacional do conjunto, com suas tarefas e finalidades, segundo o entendimento tomista, conduz a um efetivo bem-estar de todos. Mas só alcança sua perfeição material, intelectual e moral, se não lesado o direito de cada um em sua dignidade, o que constitui o núcleo do bem global da natureza humana. Esta a lição perene se Santo Tomás de Aquino. Assim, nos dias de hoje, ao ser analisada a difícil questão das relações entre autoridade e poder, sobretudo num mundo dividido entre Estados de diferentes ideologias, de convicções jurídicas antagônicas, separados pela riqueza e pela tecnologia, o problema essencial do bem-comum, sobretudo o internacional, parece acidental ou supérfluo em face da heterogeneidade de um mundo desigual diante de um mínimo objetivo de universalidade. As necessidades competitivas diante da infraestrutura inferior do Terceiro Mundo não se acomodam com as exigências do bem-comum. É uma perigosa quimera pretender uma sociedade internacional perfeita". LITRENTO, Oliveiros. *A Ordem Internacional Contemporânea – um estudo da soberania em mudança*. Porto Alegre: Sergio Antonio Fabris Editor, 1991, pág. 59.

[115] WANDERLEY, Luiz Eduardo W. *A questão social no contexto da globalização: o caso latino-americano e o caribenho. In* Desigualdade e a Questão Social. Mariangela Belfiore-Wanderley, Lúcia Bógus, Maria Carmelita Yazbek (org). 3ª ed. rev. e ampliada – São Paulo: EDUC, 2008, pág. 155.

[116] Poder global considerado aquele próprio da disputa mundial que envolve o tema da hegemonia e das relações internacionais. Tal debate envolve diversas denominações dada a aplicação de determinados conceitos e estruturas, podendo ser o debate "Norte/Sul", ou debate dos "países desenvolvidos, subdesenvolvidos e/ou em desenvolvimento".

DEFESA NA CONCORRÊNCIA NO MERCOSUL

Considerando tal questão, nos parece que os aspectos econômicos podem ter uma influência no plano regional, pelo fato de que o "regional" pode estar mais perto da Sociedade Civil do que o "global". Assim, os processos de integração regionais acabam por impulsionar as comunidades integrantes em busca de complementaridade e aumento de suas potencialidades. Estes processos regionais, por outro lado, trabalham e devem trabalhar na redução das assimetrias conhecidas e presentes na Sociedade Civil, especialmente aquelas sócioeconômicas.

As mobilidades e a integração e inter-relação dos mais diversos agentes no plano global, acabam por impactar economias domésticas, ao modificar estruturas e padrões de mercados fechados ao comércio internacional, seja por motivações político-sociais, seja por ainda adotarem o regime de substituição de importações. Com isso, a liberalização e abertura econômica, com a redução de barreiras tarifárias e alfandegárias, sob as experiências advindas do Acordo Geral sobre Tarifas e Comércio – GATT, e agora da Organização Mundial do Comércio – OMC, percorreram debates técnicos, políticos e práticos de liberalização de comércio nacional e internacional, visivelmente marcados por disputas e "jogos" de poder.

Estes processos de integração econômica recebem diretamente impactos em função de movimentos, ações e influências alheias ao controle do Estado ou da Sociedade, acentuados, ainda, pela velocidade do fluxo de informações, pelo capital, pelo comércio e por fatores de produção ao redor do mundo. As Organizações Internacionais, muitas vezes, levam tais questões tanto para debate, quanto para defesa, tentando canalizar energias e centralizar temas e focos de interesse, com o objetivo de tentar equacionar tensões, conflitos e demais situações que podem surgir na interação entre Estados nacionais e agentes transnacionais. Com esta necessidade de equacionamento comum de problemas, como aqueles decorrentes dos fluxos de fatores de produção e de capitais, de mercadorias e serviços, no interior de blocos participantes de processos de integração econômica, bem como suas relações com outros países e blocos ao redor do mundo, ressalta-se, ao nosso ver, a importância dos processos de integração regional e das Organizações Internacionais de Integração e Cooperação Regional.

Devemos lembrar, ainda, que as negociações multilaterais não são excludentes, muito menos impedem a integração e cooperação regional. No caso do Mercosul, por exemplo, sua criação deve-se ao permissivo constante no artigo 24 do GATT, que, por meio da ALADI, permitiu ao Brasil, Argentina, Paraguai e Uruguai formarem o bloco. Segundo Leandro Araújo, o Mercosul "*foi negociado no âmbito da ALADI por meio do Acordo de Complementação Econômica nº 18 (ACE-18). Atualmente, a ALADI é foro para a negociação de inúmeros acordos de integração de seus*

A INTEGRAÇÃO E COOPERAÇÃO REGIONAL NAS RELAÇÕES INTERNACIONAIS

Estados-membros, tendo também a tarefa de elaborar uma base de informações e dados comerciais e econômicos"[117].

Tanto os foros multilaterais, quanto os regionais buscam a questão de poder mas, em grande parte, a solução e a equação de questões comerciais, por razões óbvias, apresentam impactos nas esferas político-econômicas. Lembra Jorge Fontoura que apenas *"países amigos praticam comércio e não há conflitos comerciais sem comércio ou potencialidade comercial. Logo, a expressão "guerra comercial", tão cara aos meios jornalísticos e, pour cause, congressuais, é forma indevida de tratar-se uma disputa comercial, por mais árdua que seja. Isso o que pode contaminar o caráter amistoso que de forma ordinária deve conformar as relações internacionais"*[118]. Desta forma, o aspecto de negociação e de cooperação deve prevalecer, ainda que disputas acirradas e contenciosos possam surgir no curso da história, decorrentes de medidas protecionistas.

Neste sentido, colamos apontamento de Paulo Haddad, o qual indica que *"observa-se não mais um conflito entre mercados livres e desregulamentados, de um lado, e sistemas de planejamento de médio e longo prazos de outro, mas a sua integração e complementação nos processos de decisão públicos e privados"*[119]. Ou seja, a integração é uma realidade e os processos decisórios devem ser pensados de maneira complementar, considerando que o isolamento não nos parece mais uma opção em face da integração e esta sim agiganta-se, como uma grande realidade. Haddad ainda destaca que o Poder Público *"poderá alterar, por meio de mecanismos de intervenção indireta (política fiscal e financeira, regulamentações etc.), os custos e os preços relativos que se formam nos mercados e, assim, estimular ou desestimular indicativamente a produção e o consumo dos bens e serviços, de acordo com sua contribuição positiva ou negativa para o processo de desenvolvimento sustentável"*[120].

Neste plano de negociações políticas, participam os Estados, lastreados no ainda fortemente enraizado conceito jurídico de Estado-nação, como negociadores e principais atores internacionais. Mas deve ser considerada a existência de debates e de atuação efetiva de diversos agentes não estatais em atuações globais, e em fóruns multilaterais. Como já destacamos, no plano nacional, a interação e

---

[117] ARAÚJO, Leandro R. *Associação Latino-Americana de Integração (ALADI). In* Blocos Econômicos e integração da América Latina, África e Ásia. Araminta de Azevedo Mercadante, Umberto Celi Junior e Leandro Rocha de Araújo (coord.) Curitiba: Juruá, 2008, pág. 114.

[118] FONTOURA, Jorge. *Os contenciosos comerciais e a agenda brasileira. In* Pontes • Volume 4 • Número 5 • novembro de 2008. Disponível no *website* http://ictsd.net/i/news/pontes/32912/. Acesso em 09/11/2008.

[119] HADDAD, Paulo Roberto. *Um Novo Paradigma para a Dinâmica Capitalista. IN* Revista Jurídica Consulex nº 354 – 15/10/2011.

[120] HADDAD, Paulo Roberto. *Ibidem.*

a interligação entre a Sociedade Civil e o Estado acabam por levar à efetivação da identidade nacional com vistas à atuação internacional e global.

2.7. Notas conclusivas do capítulo

Com o início do novo século, novas perspectivas e novos desafios foram lançados, especialmente no confronto da esfera político-econômica com a esfera jurídico-social. Estes desafios incorporaram ao discurso, à agenda e aos fóruns mundiais de debates e negociações, elementos que antes não interessavam ou possuíam peso e expressão inferiores.

Não podemos considerar isoladamente os fluxos ou o poder de Estados no plano internacional como algo dado, ou ainda, tentar alocar aos antigos formatos de comércio internacional a responsabilidade pelos processos globalizantes. A internacionalização é um processo que decorre de forma coletiva, por meio de diversas empresas, em diversos estágios evolutivos, que acabam por exercer suas atividades transplantando os limites do mercado nacional de origem, transpondo fronteiras ao buscar a exploração do mercado internacional.

Considerando eixos temáticos específicos, a criação de blocos econômicos de países pode levar ao fortalecimento da região frente a essa nova realidade. Posto que a adoção comunitária de uma política, resultante da aproximação política dos Estados participantes, pode conferir maior articulação e eficiência à implementação dos objetivos do bloco, *"a própria política comunitária retroalimenta o processo de integração política, uma vez que cria e aprofunda vínculos entre os Estados que a adotam"*[121]. Ora, assim, somos levados a refletir, não apenas em termos de disputa de poder, ou modelos que busquem compreender a atuação dos agentes em suas relações internacionais, mas em confrontos de realidades que estão sempre em mútua constituição.

Esta forma de observar a realidade, e buscar entender a realidade não pode de maneira alguma estar deslocada ou desvinculada da construção, dos meios e modos desta mesma realidade[122]. Partindo deste conceito, a *"integração é concebida como resultante das ações que, dentro do sistema de Estados, buscam institucionalizar práticas e expectativas comuns que garantam a cooperação para organizar as demandas econô-*

---

[121] ANDRADE, Ricardo Barreto de. *Da Integração Energética à Integração Política: a Adoção de uma Política Energética Comum como Eixo da Integração Sul-Americana. IN* Cadernos PROLAM/USP/Cadernos do Programa de Pós Graduação em Integração da América Latina da Universidade de São Paulo – PROLAM/USP. Ano VIII Volume I – 2009, pág. 155.

[122] ROCHA, Antonio Jorge Ramalho. *A Construção do Mundo: teorias e relações internacionais.* Tese de Doutorado – Faculdade de Filosofia, Letras e Ciências Humanas. Universidade de São Paulo – USP – São Paulo – USP, 2002, pág. 179.

A INTEGRAÇÃO E COOPERAÇÃO REGIONAL NAS RELAÇÕES INTERNACIONAIS

mico-sociais e políticas das diferentes instâncias representativas dos poderes dos Estados"[123]. Desta ótica, o processo de integração acaba, de uma forma ou de outra, por contar com a contribuição de agentes que, em determinada medida, são limitados pelas estruturas que vão sendo criadas, e em contrapartida, direta e indiretamente manifestam e exercem influência sobre os processos relevantes do bloco no contexto da realidade internacional.

Mas os processos de integração regional não estão dissociados de suas raízes econômicas. Nas palavras de Celso Furtado, *"a integração econômica é, no essencial, um esforço visando a maximizar as economias de escala de produção, em função da tecnologia disponível, sem reduzir as economias de aglomeração, ou compensando adequadamente os efeitos negativos dessa redução sobre determinadas coletividades. ... Assim, a teoria da integração constitui uma etapa superior da teoria do desenvolvimento e a política de integração, uma forma avançada de política de desenvolvimento"*[124]. Ainda que Furtado reconheça que a integração, quando não devidamente coordenada e considerando determinadas variáveis, pode *tornar ainda mais difícil a superação do subdesenvolvimento*[125], ele também destaca benefícios e possibilidades advindas do processo de integração regional.

Se no plano global as atividades das grandes empresas não mais se situam nos mercados nacionais, em função de terem transposto fronteiras com suas atividades, alguma reação no plano internacional deve desenvolver-se, ainda que oriunda de reclamos "locais". A atividade empresarial transnacional não mais está vinculada aos grandes centros e metrópoles, pois percorre o planeta atrás de oportunidades e novas realidades de ganhos, não reclamando, muitas vezes, mais a proteção de seu Estado originário, e está alheia a Organizações Internacionais multilaterais, assim como a uniões e blocos internacionais. O poder nacional foi, portanto, deslocado para a arena internacional.

Não obstante, pontuamos que tais fluxos e processos, acusados de serem causas da globalização assimétrica, refletem apenas a realidade das grandes empresas multi e transnacionais. Mas dificilmente conseguem atingir este nível de sofisticação em seus negócios as empresas nacionais médias e/ou de pequeno porte[126].

---

[123] STUART, Ana Maria. *Regionalismo e Democracia: uma construção possível*. In CEBRI Tese. Rio de Janeiro: Centro Brasileiro de Relações Internacionais, 2003, pág. 5. Disponível em http://www.cebri.org.br/pdf/213_PDF.pdf . Acesso em 13 de julho de 2009.

[124] FURTADO, Celso. *Teoria e Política do Desenvolvimento Econômico*. 10ª ed. revisada pelo autor. São Paulo: Editora Paz e Terra, 2000, pág. 331.

[125] FURTADO, Celso. *op. cit.*, pág. 332.

[126] A realidade e a forma de atuação igualmente são distintas, mas o referido nível de sofisticação não pode ser comparado. Enquanto a empresa local batalha por seu espaço local, a empresa transnacional já possui recursos próprios que lhe facultam movimentos inconcebíveis aos pequenos e médicos empresários. Santin destaca esta nova realidade: *"A empresa modifica-se em relação à estrutura*

Não estamos aqui professando a defesa incondicional dos pequenos e médios empresários. Preconizamos, sim, a defesa do mercado como um todo, pois não é função ou atribuição do Direito da Concorrência a defesa irrestrita do empresariado nacional, ou a distinção entre grandes e pequenos empreendimentos[127]. Mas não se pode esquecer, que *"as características do direito são, enfim, indissociáveis às da instituição política que o produz"*[128], e que os destinatários das normas, no caso deste estudo, são todos aqueles que integram determinada sociedade, participando ou não do mercado. Ou seja, a norma antitruste tem sua função social.

No caso do Mercosul, devemos considerar, além deste aspecto social, a forte assimetria presente na região, sendo que o bloco tem como princípio garantir aos seus membros e aos agentes econômicos condições equitativas, sendo que as assimetrias verificadas determinaram tensões. Alternativas devem ser pensadas para que os entraves conhecidos sejam superados ou, ao menos, minimizados. Entendemos que é possível encontrar espaço para o desenvolvimento e aprofundamento da cooperação, enquanto alternativa para entraves políticos. Ressalte-se, então, a importante lição de Wendt que salienta que *"the effort to design institutions that would steer the evolution of international society in certain directions would no doubt itself have unintended consequences, not least because the international system is an anarchy and so suffers all he problems of "heterocephaly". But at least in a reflexive system there is a possibility of design and collective rationality that does not exist in a reified system"*[129].

---

física e à (re) distribuição pelo planeta. Novas e pequenas indústrias dinâmicas substituem as velhas e grandes que não se adaptam mais às novas circunstâncias e se estabelecem em diversas localidades do planeta, no intuito de auferir as maiores vantagens no setor de sua responsabilidade no processo produtivo". SANTIN, Janaína Rigo. *As Novas Fontes de Poder no Mundo Globalizado e a Crise de Efetividade do Direito. In* Revista da Seção Judiciária do Rio de Janeiro nº 25 – Rio de Janeiro: JFRJ, 2009, pág. 83.

[127] Lembramos apontamento de Amâncio e Souza e Costa da Silva: *"Atualmente, a maioria das economias emergentes não possui as condições necessárias para se beneficiar dos níveis atuais de inserção externa sem sofrer com os efeitos desestabilizadores dos fluxos de capitais. Para tanto é necessário, entre outras coisas, que o país possua um núcleo de desenvolvimento científico-tecnológico consistente e integrado ao setor produtivo, os fundamentos macroeconômicos consolidados e um sistema financeiro doméstico forte o suficiente para absorver um fluxo excessivo de capitais. A economia brasileira, como a maioria das economias emergentes, necessita de recurso para dar vazão a projetos que visam atender as metas traçadas por seu governo nos âmbitos social, econômico e institucional. Com efeito, a intervenção estatal torna-se fundamental para obter um ambiente mais estável e seguro a fim de garantir a estabilidade macroeconômica, melhorar o crescimento e a distribuição da renda na economia".* In AMÂNCIO E SOUZA, Ranidson Gleyck e SILVA, Guilherme Jonas Costa da. *Controle de capitais e o direito à propriedade no Brasil: reflexões acerca da garantia constitucional à propriedade privada e do interesse nacional.* Revista de Direito Bancário e do Mercado de Capitais. Editora Revista dos Tribunais – Ano 11 – nº 40 – abril – junho de 2008, p. 122.

[128] KOERNER, Andrei. *Direito e Regulação: uma apresentação do debate no Réseau Européen Droit et Société. In*: BIB – Revista Brasileira de Informação Bibliográfica em Ciências Sociais. São Paulo. Nº 58, 2005.

[129] WENDT, Alexander. *Social Theory of International Politics.* Cambrige Studies in International Relations. 11ª impressão. Cambridge University Press: Cambridge, 2008, pág. 376.

A INTEGRAÇÃO E COOPERAÇÃO REGIONAL NAS RELAÇÕES INTERNACIONAIS

Desta feita, o desenho de alternativas e propostas para a redução de assimetrias, ou de desenvolvimento e aprofundamento do processo de integração, deve considerar a possibilidade de que sejam verificadas consequências não intencionais.

Como veremos adiante neste estudo, efetivamente foi possível verificar que agentes participaram da construção de estruturas e da regulação da Defesa da Concorrência. Esta regulação construída não pode se considerada apenas como um atributo normativo decorrente dos fluxos da estrutura do bloco econômico. Parece-nos, sim, ter sido endogenamente gerada em função da liberdade de atuação dos referidos agentes, limitada pelas estruturas normativas e institucionais.

Vale o reforço de que *"o continente sul-americano sempre foi, continua e permanecerá sendo importante para o Brasil"*[130]. Neste sentido, o Brasil está inserido no contexto geográfico da América do Sul, e é um dado que não se pode alterar. As dificuldades verificadas para que seja possível alcançar uma cooperação ampliada nesta parte do continente *"em grande parte tem sido resultado da própria falta de vontade política de seus membros como um todo, e não apenas de voluntarismos de um ou outro"*[131]. Em contrapartida, *"ao lado das divergências, políticas de cooperação foram implementadas, em regimes políticos diferentes, mas com finalidades que seguiam na mesma direção de propiciar melhores condições aos países sul-americanos em determinados tópicos"*[132], o que nos leva a destacar a possibilidade de fomento de ações e medidas que estimulem e/ou levem a comportamentos cooperativos por parte dos partícipes do Mercosul.

Ainda uma final pontuação conclusiva deste capítulo. Na esteira da compreensão de que os processos são contínuos na relação agente /estrutura, acabando os agentes por influenciarem as estruturas e estas por limitarem a liberdade utópica de atuação daqueles, devemos compreender que o processo decisório se desenvolve por meio de um *continuum*, sem que possamos nitidamente distinguir uma ou mais modalidades de políticas da categoria ampla de políticas públicas.

Partilhamos o entendimento de Sanchez, Silva, Cardoso e Spécie, ao assumir dois importantes pressupostos em suas análises, a saber: *"(i) as políticas interna, externa e internacional compõem um continuum de processo decisório e (ii) a política externa*

Tradução Livre do Autor: *"o esforço para conceber instituições que possam dirigir a evolução da sociedade internacional em determinadas direções, sem dúvida têm consequências não intencionais, não porque o sistema internacional é uma anarquia e assim sofre todos os problemas que ele de "heterocephaly". Mas porque em um sistema reflexivo existe a possibilidade de desenho e de racionalidade coletiva que não existe em um sistema reificado".* Nota do autor. Reificação pode ser entendida como o processo de perda da realidade e dinamismo da realidade humana ou social, passando a apresentar aspectos fixos de um ser inorgânico.

[130] MIYAMOTO, Shiguenoli. *O Brasil e a América Latina: Opções Políticas e Integração Regional. In* Cadernos PROLAM/USP / Cadernos do Programa de Pós Graduação em Integração da América Latina da Universidade de São Paulo – PROLAM/USP. Ano VIII Volume I – 2009, pág. 90.

[131] MIYAMOTO, Shiguenoli. *op. cit.*, pág. 91.

[132] MIYAMOTO, Shiguenoli. *op. cit.*, pág. 97.

não se diferencia das demais políticas públicas. Esses pressupostos apoiam um ao outro de forma a permitir a reconcepção do processo decisório da política externa sob os referenciais da política pública"[133]. Desta feita, políticas industriais, política de Defesa da Concorrência, política externa integram a categoria de efetivas políticas públicas[134], que refletirá, julgamos, no entendimento mais claro de que por meio do referido *continuum* as influências e limites existentes na relação agentes/estruturas operam na construção da cooperação e interesses, sob uma perspectiva construtivista das Relações Internacionais.

---

[133] SANCHEZ, Michelle Ratton; SILVA, Elaini C. G. da; CARDOSO, Evorah L. e SPECIE, Priscila. *Política Externa como Política Pública: uma análise pela regulamentação constitucional brasileira (1967-1988)*. Revista de Sociologia e Política. Curitiba, nº 27, nov. 2006, pág 125.

[134] Não obstante reconhecimento de entendimentos contrários respeitáveis e de peso. Neste sentido, vide págs 125 a 128, especialmente nota de rodapé 2, de: SANCHEZ, Michelle Ratton; SILVA, Elaini C. G. da; CARDOSO, Evorah L. e SPECIE, Priscila. *Política Externa como Política Pública: uma análise pela regulamentação constitucional brasileira (1967-1988)*. Revista de Sociologia e Política. Curitiba, nº 27, nov. 2006.

Capítulo 3
Organizações internacionais de integração
e cooperação regional econômica

Ingressamos neste capítulo de nosso trabalho com o propósito de buscar compreender o posicionamento internacional das Organizações Internacionais de Integração Econômica. Percorreremos o conceito de Organização Internacional, associado aos elementos de integração regional e de cooperação econômica, em função dos diversos movimentos globais observáveis neste sentido. Tal estudo deve analisar a teoria geral das organizações internacionais, para ao final, pontuar de forma específica a experiência do Mercado Comum do Sul – Mercosul, enquanto fenômeno de integração da América Latina[135].

A compreensão dos conceitos adiante trabalhados certamente auxilia o aprofundamento do debate, considerando a importância de um processo de integração regional, ou de um bloco econômico regional, frente às negociações internacionais, reconhecidamente assimétricas, tanto do ponto de vista de equilíbrios de forças e poder, quando do ponto de vista jurídico-econômico.

3.1. Notas Introdutórias

Os processos de integração econômica envolvem a contínua interação entre a liberação e o acompanhamento do comércio interno do bloco e a eficaz harmonização dos marcos regulatórios dos países envolvidos[136]. A abertura de mer-

---

[135] Em complemento, importante lembrar que a natureza e personalidade jurídica hoje atribuída ao Mercosul decorrem do Protocolo de Ouro Preto – Protocolo adicional ao Tratado de Assunção sobre a Estrutura Institucional do Mercosul – e não do Tratado de Assunção. Segundo o Artigo 34 do Protocolo de Outo Preto, o Mercosul tem personalidade jurídica de Direito Internacional. Disponível em http://www.mercosur.int/innovaportal/file/655/1/CMC_1994_PROTOCOLO%20 OURO%20PRETO_ES.pdf . Acesso em 16/09/2009.

[136] Segundo Francisco Zapata, "o *desafio colocado pela abertura ao mercado internacional é a convergência das condições de produção nacionais com as que prevalecem no resto do mundo, e em especial nos países industriais*

DEFESA NA CONCORRÊNCIA NO MERCOSUL

cados, a globalização, o crescente e rápido fluxo de capitais, associados à crescente e dupla necessidade dos Estados de proteger seus mercados internos e, ao mesmo tempo, dialogar e interagir com outros países, seja por acordos bilaterais, por participação em blocos econômicos regionais, ou ainda, em discussões mundiais no seio de Organizações Internacionais, dados processos de negociação multilaterais são elementos que justificam a proteção da Sociedade, enquanto participante dos mercados.

A proliferação dos processos de integração regional é um fato incontestável[137], mas suas motivações podem não necessariamente ter o mesmo lastro. Segundo Pires, "*o desejo de integração entre os países menos desenvolvidos deveu-se mais ao espírito de imitação das experiências levadas a cabo pelos demais países mais desenvolvidos, do que devido à conscientização da real necessidade de se integrar*"[138]. Evidentemente que não advogamos apenas a tese de imitação, mas compreendemos que ela é um elemento que deve ser considerado, e neste sentido, os processos, mais recentes ou mais antigos, acabaram por criar um arcabouço de experiências normativas e regulatórias que dão os contornos dos modelos atualmente praticados.

Não apenas de forças dos Estados, mas também de grupos de interesse que buscam ações, intervenções e espaços para diálogos e debates no seio das Organizações Internacionais[139]. Este movimento é saudável e possibilita a canalização de energias e a centralização de temas e focos de interesse, possibilitando às OI interferirem, agirem e atuarem com vistas a equacionar tensões, conflitos

---

avançados. Aqui está o cerne da questão da competitividade e da adaptação a condições externas por parte dos aparelhos produtivos locais". ZAPATA, Francisco, *Estado, Sociedade e Integração Econômica: Livre Comércio e Reestruturação*. In Processos de Integração Regional e Sociedade – o sindicalismo na Argentina, Brasil, Mexico e Venezuela. Hélioylberstajn, Iram Jácome Rodrigues, Maria Silvia Portella de Castro e Tullo Vigevani (orgs). Rio de Janeiro – Ed. Paz e Terra, 1996, pág. 314.

[137] Nestes termos, indicamos como fonte para conhecimento de dados estatísticos: Composição Geográfica e Econômica dos Grupos – Dados Estatísticos da OMC, EM ORGANIZAÇÃO MUNDIAL DO COMÉRCIO – OMC. *Estatísticas do Comércio Internacional 2009*. Disponível em: http://www.wto.org/english/res_e/statis_e/its2009_e/its09_metadata_e.pdf. Acesso em 08/12/2009. Vide Quadro 5 – Anexo ao presente trabalho.

[138] PIRES, Adilson Rodrigues. *A Integração Econômica e o Dilema entre Mundialismo e Regionalismo. In* Dimensão Jurídica do Tributo: homenagem ao professor Dejalma de Campos. Edvaldo Brito e Roberto Rosas (coords). São Paulo: Meio Jurídico, 2003, pág. 24.

[139] Nas palavras de Roberto Luiz Silva, "*a globalização não ocorre apenas em razão da intensa circulação de bens, capitais, informações e de tecnologia pelas fronteiras nacionais, com a consequente criação de um mercado mundial, mas também em função da universalização dos padrões culturais e da necessidade de equacionamento comum de problemas que afetam a totalidade do planeta, como o combate à degradação do meio ambiente, a proteção dos direitos humanos, o desarmamento nuclear e o crescimento populacional*". SILVA, Roberto Luiz. *Direito Comunitário e de Integração*. Porto Alegre: Síntese, 1999, pág. 28.

OI DE INTEGRAÇÃO E COOPERAÇÃO REGIONAL ECONÔMICA

e demais situações que podem surgir na interação de Estados nacionais e agentes transnacionais[140].

Os processos de abertura econômica, especialmente aqueles ocorridos durante e após a década de 1990, em decorrência da ampliação dos mercados, fluxo internacional de capitais e mão de obra, decorrentes do processo denominado globalização, acabaram por impulsionar uma nova onda integracionista. Nas palavras de Mancuso e Oliveira: *"Esses eventos de natureza econômica – a abertura comercial efetivamente realizada e a perspectiva de uma abertura ainda maior, via integração hemisférica – tiveram importância crucial para despertar um grande processo de organização e mobilização política do empresariado"*[141].

O desenvolvimento do comércio internacional traz consigo o aumento da concorrência entre empresas, pois a atuação delas ultrapassa fronteiras, navegando entre os mais diversos regimes aduaneiros, levando ao choque entre a grande multinacional e as indústrias locais, nacionais e/ou regionais. Segundo Furtado, *"o fogo cruzado da concorrência entre empresas e da luta de classes engendrou um complexo sistema de arbitragem e uma miríade de leis e normas cuja simples atualização requer intensa atividade política"*[142]. E os Estados alocam aos processos de integração regional o debate e o desenvolvimento da referida atividade política, construindo uma resposta tão complexa quanto a internacionalização dos mercados.

É certo que a velocidade e a massificação dos efeitos da globalização hoje são intensos o suficiente para em curtíssimo espaço de tempo atravessarem o planeta, causando devastação ou trazendo bonança, dependendo da natureza do evento. Fábio Nusdeo nos apresenta de forma pontal o fenômeno, em sua história recente, a saber:

"Em vista destes e de outros fatores, assiste-se, desde meados da década de 80 no Primeiro Mundo e a partir dos primeiros anos de 90 na América Latina, a um processo de queda de barreiras e de liberalização geral do comércio exterior, não apenas no campo estritamente mercantil, mas igualmente no movimento de recursos financeiros, transferências de tecnologia, investimentos e outros. À medida que esta tendência se generalizada, e passa a abarcar um grande número de nações, ela ganha o nome de globalização, para significar que os critérios de eficiência na produção, na comercialização, nos investimentos, em toda a eco-

---

[140] Tais como aqueles decorrentes dos fluxos de fatores de produção e de capitais, mercadorias e serviços, no interior de blocos participantes de processos de integração econômica, bem como suas relações com outros países e blocos ao redor do globo.

[141] MANCUSO, Wagner Pralon e OLIVEIRA, Amâncio Jorge de. *Abertura Econômica, Empresariado e Política: Os planos Doméstico e Internacional. IN* Lua Nova – Revista de Cultura e Política – nº 69 – 2006, pág. 149.

[142] FURTADO, Celso. *Em Busca de Novo Modelo: reflexões sobre a crise contemporânea.* São Paulo: Paz e Terra, 2002, pág. 64.

DEFESA NA CONCORRÊNCIA NO MERCOSUL

nomia, enfim, são fixados em nível mundial e não mais nacional ou local. As empresas se transnacionalizam, perdendo as amarras ou vínculos com o país de onde se originam"[143].

Marcelo Fernandes de Oliveira aponta para um outro aspecto da globalização, quando verifica e identifica o surgimento de uma sociedade internacional transnacionalizada. Em suas palavras,

"o desenvolvimento das diversas dimensões da globalização multidimensional e a articulação entre elas, ao mesmo tempo em que proporcionaram a retomada do papel hegemônico dos Estados Unidos no sistema internacional a partir da década de 1990, aumentaram também ainda mais o espaço para as atividades de novos atores, que já vinham ascendendo mundialmente, atuando na direção da busca pela constituição de uma sociedade internacional transnacional"[144].

Por outro lado, a participação isolada no plano global mostra-se uma possibilidade que vem sendo reduzida, em face dos diversos atores e possibilidades que surgem das relações regionais e/ou multilaterais. Os atores internacionais tornam-se cada vez mais interdependentes, ainda que com valores e pesos relativos.

Recentemente verificamos que, no início do seu mandado como presidente dos Estados Unidos, Barack Obama realizou um ciclo de viagens e visitas, visando exatamente estabelecer contatos e relações na esfera global. Na Europa, participou de reunião do denominado G-20, e como apontado por David Sanger, *"o verdadeiro significado da reunião foi Obama ter acolhido China, Índia, Brasil e outras nações numa posição mais central para a definição dos rumos da economia mundial, ainda que com isso complique ainda mais o processo decisório"*[145]. Neste sentido, a complexidade deste fenômeno da globalização impacta a cada vez mais complicada rede de influências, poder e governança global.

3.2. Processos de Integração Econômica Regional

Os processos de integração regional[146], notadamente os econômicos, possuem determinadas diferenciações e características, dado o grau de comprometimento

---

[143] NUSDEO, Fábio. *Curso de Economia – Introdução ao Direito Econômico.* 2ª ed. revista. São Paulo: Editora Revista dos Tribunais, 2000, págs. 327 e 328.

[144] OLIVEIRA, Marcelo Fernandes de. *Mercosul: atores políticos e grupos de interesses brasileiros.* São Paulo: Editora Unesp, 2003, pág. 23.

[145] SANGER, David. *Viagem delineia grande estratégia de Obama.* Folha de São Paulo, 08 de abril de 2009.

[146] Vale destacar nossa sintonia com a lição de Ana Maria Stuart, para quem o regionalismo é um programa de integração, diferenciando-se do conceito de regionalização, que entende ser um processo de fora para dentro. Aponta Stuart que o Regionalismo é uma opção de construção de um projeto regional, tendo na idéia de coesão econômica e social a vinculação à idéia de integração. Neste sentido, vide: STUART, Ana Maria. *Regionalismo e democracia – uma construção possível –* Tese

OI DE INTEGRAÇÃO E COOPERAÇÃO REGIONAL ECONÔMICA

das partes envolvidas, por um lado e, por outro, a vontade dos integrantes do processo em trazer menor ou maior grau de interferência externa em questões nacionais. Assim, julgamos importante pontuar determinados conceitos inerentes aos processos de integração, consoante balizada doutrina, para depois adentrarmos nas Organizações Internacionais de Integração e Cooperação Regional e Econômicas.

Enquanto processo verificado no plano social, a integração econômica regional envolve a necessidade de construção institucional e de políticas públicas, não somente no plano econômico, mas também no plano social e político. Neste sentido, Ana Maria Stuart aponta para a necessidade de interações múltiplas, de diversas formas e intensidades, perante os mais variados atores, visando a institucionalização das práticas e expectativas comuns, que possam garantir a cooperação na gestão, organização e administração de demandas econômico-sociais, assim como de políticas das mais variadas instâncias representativas dos poderes dos Estados participantes[147].

O processo de integração regional usualmente tem início em sua vertente econômica, influenciando e disseminando suas raízes em por outros campos, tais como o social e o político. Logo, tais processos são socialmente construídos. Segundo Medeiros Fernandes, que apresenta uma definição pontual com a qual nos filiamos, a integração regional surge primeiramente como uma

"integração econômica, processo-motor das outras formas de interação (social e política), correspondente à formação de blocos de Estados, que, atendendo a determinados padrões (estabilidade política e econômica, especialmente) e semelhanças, se vinculam através de tratados fundacionais e se comprometem a, progressivamente, liberar mercados, pela eliminação de restrições alfandegárias e não tarifárias à circulação de bens, serviços e fatores de produção, coordenação de políticas macroeconômicas, fixação de uma tarifa externa comum, harmonização legislativa, com vistas ao desenvolvimento conjunto pelo compartilhamento dos esforços e conjuntos"[148].

Segundo Bela Balassa, os processos de integração econômica pode se revestir de diversas formas, sempre com diferentes graus e níveis de integração, sendo expressos da seguinte forma: zona de livre comércio, união aduaneira, mercado

---

de Doutorado – Faculdade de Filosofia, Letras e Ciências Humanas. Universidade de São Paulo – USP – São Paulo – USP, 2002.

[147] STUART, Ana Maria. *Regionalismo e democracia – uma construção possível* – Tese de Doutorado – Faculdade de Filosofia, Letras e Ciências Humanas. Universidade de São Paulo – USP – São Paulo – USP, 2002.

[148] FERNANDES, Luciana de Medeiros. *Soberania & Processos de Integração. O novo conceito de soberania em face da globalização (uma abordagem especial quanto às realidades de integração regional).* 2ª ed. revista e atualizada. Curitiba: Juruá Editora, 2007, pág. 161.

comum, união econômica e integração econômica total[149]. Balassa define estes níveis da seguinte forma, consoante suas características individuais, a saber:

"Numa zona de comércio livre os direitos (e as restrições quantitativas) entre os países participantes são abolidos, mas cada país mantém as suas pautas próprias em relação aos países não membros. O estabelecimento de uma união aduaneira implica, além da supressão das discriminações no que se refere aos movimentos de mercadorias no interior da união, a igualização dos direitos em relação ao comércio com países não membros. Num mercado comum atinge-se uma forma mais elevada de integração econômica, em que são abolidas não só as restrições comerciais mas também as restrições aos movimentos de factores produtivos. Uma união econômica distingue-se de um mercado comum por associar a supressão de restrições aos movimentos de mercadorias e factores com um certo grau de harmonização das políticas econômicas nacionais, de forma a abolir as discriminações resultantes das disparidades existentes entre essas políticas. Finalmente, a integração econômica total pressupõe a unificação das políticas monetárias, fiscais, sociais e anticíclicas, e exige o estabelecimento de uma autoridade supranacional cujas decisões são obrigatórias para os Estados membros"[150].

Sintetizando esta classificação, teremos: (i) Área de Livre Comércio (ALC): representa a eliminação de barreiras alfandegárias e não alfandegárias; (ii) União Aduaneira (UA): equivale à ALC com a adição de política comum em relação aos países não membros, por meio de uma tarifa externa comum (TEC), além da harmonização de medidas de política comercial internacional; (iii) Mercado Comum (MC): equivale à UA, com observação de acréscimo de livre circulação do trabalho e capital; (iv) União Econômica (UE): representa a harmonização da política econômica nacional entre os membros, a fim de que haja a expansão do MC; e (v) Integração Econômica Total: é a efetivação da união das economias nacionais e criação de uma autoridade supranacional – nesse estágio, inclusive, criando-se uma moeda única e um Banco Central Comum[151].

---

[149] BALASSA, Bela. *Teoria da Integração Econômica*. Tradução de Maria Filipa Gonçalves e Maria Elsa Ferreira. Lisboa: Livraria Clássica Editora, 1972, págs. 12 e 13.

[150] BALASSA, Bela. *op. cit.*, pág. 13.

[151] Este último item não é originário de Balassa, mas é apontado pela doutrina como um estágio ainda superior aos apresentados. Neste sentido, no tocante à Integração Econômica Total, Umberto Celi Junior, que utiliza a terminologia União Econômica e Monetária, aponta: *"Além disso, esses programas de liberalização dos intercâmbios devem ser antecedidos ou, pelo menos, executados paralelamente a um cuidadoso programa de política industrial de cada um dos países desenvolvidos, que procure avaliar as perdas e os ganhos de seus setores econômicos e sociais e corrigir, quando necessário, as eventuais distorções e assimetrias".* CELLI JUNIOR, Umberto. *Teria Geral da Integração: Em busca de um modelo alternativo*. IN Blocos Econômicos e Integração da América Latina, África, e Ásia. Araminta de Azevedo Mercadante, Umberto Celli Junior e Leandro Rocha de Araújo (coord.). Curitiba: Juruá, 2008, pág. 22.

OI DE INTEGRAÇÃO E COOPERAÇÃO REGIONAL ECONÔMICA

O crescente interesse por processos de integração econômica pode ser considerado como uma reação aos efeitos diretos advindos do fenômeno da globalização. Este interesse também é moldado pelo fluxo e ocorrência de crises, tanto locais como globais, que alteram o centro do poder econômico, que diretamente está ligado ao poder político, em função do modelo de economia de mercado vigente.

No centro do conceito de integração temos a sua natureza política. Isto porque tais processos estão relacionados, em dado momento e contexto histórico, a motivações políticas, econômicas e sociais, mas seja pela sua complexidade seja pela sua estruturação, o fenômeno tem natureza política nuclear, pois o seu desenvolvimento e aprofundamento dependem da continuidade da vontade política dos Estados participantes.

E esta vontade política, está permeada pela realidade econômica da Sociedade, considerando a inter-relação existente. Assim, o direcionamento político de ações de um Estado em um determinado processo de integração econômica regional pode significar a busca por alternativas no plano local para as disputas de poder internacionais, por meio da construção de instituições democráticas, com vistas ao desenvolvimento econômico e social. Neste sentido, *"uma integração deve acrescentar ganhos econômicos e melhora no bem-estar social dos povos integrados. O objetivo principal é que as pessoas sintam que estão tendo mais vantagens dentro do que fora de um processo de integração"*[152].

Com isso, a integração regional é um processo que se demonstra importante em face das desigualdades mundiais, e pode contribuir para uma melhor eficiência de negociações multilaterais em escala mundial, tornando, assim, útil e necessário o controle internacional do comércio, de forma a buscar o equilíbrio nas relações econômicas ao redor do globo e seus impactos regionais na América Latina. Pires identifica, também, este propósito, ao apontar que a *"tendência universal, hoje, é no sentido da formação de blocos econômicos regionais, que assegurem aos países organizarem-se com o fim de acumular poder de negociação e capacidade competitiva"*.[153]. Busca-se, também, melhorias no processo produtivo no interior dos blocos econômicos formados, com o intuito de incremento da produção e, consequentemente, o fortalecimento regional da Sociedade como um todo (ganhos sociais de bem-estar).

Mas não se deve "cristalizar" ou "mitificar" o conceito ou os benefícios advindos da integração, especialmente no fator "tempo", pois tais processos são longos e independentes de quaisquer fatores ou elementos exatos ou matemáticos,

---

[152] MENEZES, Alfredo da Mota; PENNA FILHO, Pio. *Integração Regional: Blocos Econômicos nas Relações Internacionais*. Rio de Janeiro: Elsevier, 2006, pág. 5.
[153] PIRES, Adilson Rodrigues. *op. cit.*, pág. 30.

enquanto processos essencialmente de natureza social. Para tanto, é necessária a construção da integração, por meio de ações (politicamente motivadas), que quebrem barreiras entre os países e fortaleçam a possibilidade de crescimento e desenvolvimento econômico, considerando a realidade mundial, na qual *"não é possível que países de uma mesma região continuem a se ignorar no plano comercial e histórico"*[154], considerando a possibilidade de que a união de várias economias poderia *"dar ao grupo mais força de barganha nas negociações no comércio internacional"*[155].

Nessa esteira, a referida maior força de barganha no cenário internacional e a estratégia de inserção internacional estariam em sintonia com a necessidade de melhores estratégias dos Estados para o desenvolvimento, considerando o atual nível (e crescente) de competição global e as disputas existentes no plano econômico e no plano político. Tal cenário torna cada dia mais complexos os planos, as metas e as formas de se pensar o planejamento de um país com vistas a seu crescimento e desenvolvimento [156].

Ademais, os processos de integração regionais econômicos em uma primeira fase, eram fortemente influenciados pelo modelo de substituição de importações, com a busca por mão de obra e/ou matérias-primas de países onde esses fatores de produção eram mais baratos. Em um segundo momento, também conhecido pela segunda fase integracionista ou novo regionalismo, o modelo passou não ser exclusivamente aquele de substituição de importações, tanto em função da distribuição em escala global do fluxo de capitais, quanto pela pressão pela abertura econômica dos países não desenvolvidos (modelo este fortemente influenciado pelo ideário neoliberal, propagado (e imposto) como decorrência do Consenso de Washington).

Assim, este segundo momento é marcado pelo desenvolvimento e propagação das inovações tecnológicas e métodos de produção avançados (que exigem altos gastos dos centros econômicos e mão de obra altamente qualificada) e pela sempre crescente importância da necessidade de desenvolvimento e aprimora-

---

[154] MENEZES, Alfredo da Mota; *op. cit.*, pág. 5.

[155] MENEZES, Alfredo da Mota; PENNA FILHO, Pio. *Ibidem.*

[156] Segundo Cardoso Jr., Acioly e Matijascic, *"O momento histórico em que se encontra a competição global por poder e dinheiro, associado às condições políticas internas de um país – tanto em nível de desenvolvimento de suas forças produtivas quanto de grau de engajamento de sua economia no circuito financeiro internacional – mostram como é complexo o caminho para o desenvolvimento. ... Em suma, o elemento central evocado pelas experiências de desenvolvimento parece ser uma característica chave nos casos de sucesso: a insistência de alguns países em perseguir um caminho próprio, a despeito de um turbilhão de doutrinas e modelos abstratos que ignoram a história e os tornam todos iguais"*. CARDOSO, JURIOR, José Celso; ACIOLY, Luciana; e MATIJASCIC, Milko. *À Guisa de Conclusão: soberania nacional e desenvolvimento – qualificando o debate. IN* Trajetórias recentes de desenvolvimento: estudos de experiências internacionais selecionadas / organizadores: José Celso Cardoso Jr., Luciana Acioly, Milko Matijascic. – Livro 2 – Brasília: IPEA, 2009, pág. 513.

OI DE INTEGRAÇÃO E COOPERAÇÃO REGIONAL ECONÔMICA

mento dos mercados consumidores (para manutenção do modelo de economia de mercado).

Segundo estes padrões praticados pelas indústrias, hoje transnacionais, as reduções de custos envolvem desenvolvimento de novas tecnologias, ligadas a sistemas organizacionais alterados e otimizados, visando a manutenção, no comércio internacional, da competitividade. Assim, a produção e a distribuição de produtos implicam custos que devem ser minimizados, e o comércio entre países integrantes de um bloco regional pode trazer benefícios[157].

Considerando a preponderância dos fatores econômicos no plano global, parece que tornaram-se elementos essenciais e relevantes nas análises de relações internacionais, pois interferem diretamente e influenciam as formulações estratégicas dos Estados. E, com isso, a integração econômica regional acaba norteada pela busca de respostas ao comércio internacional, gerando uma maior interdependência econômica nos países integrantes do bloco, que, no caso do Mercosul, nasce como um modelo intergovernamental visando a coordenação política na região (e que também deveria envolver uma efetiva coordenação macroeconômica).

Neste momento, como elemento integrador e coordenador, as Organizações Internacionais figuram como instrumentos políticos que materializam e instrumentalizam os processos de integração econômica regional, e que podem agir diretamente na interação de Estados nacionais e agentes transnacionais, especialmente no caso de nosso estudo, para a construção da Defesa da Concorrência no Mercosul.

3.3. Organizações Internacionais de Integração Econômica – características e elementos

O surgimento das Organizações Internacionais decorre de acordos e tratados de cooperação internacional firmados bilateral ou multilateralmente entre os Esta-

---

[157] A estes momentos devem ser agregadas as políticas adotadas pelos Estados, como estratégia de inserção internacional. Para Mário Ferreira Presser: *"No processo anterior de internacionalização, era notória a locação de atividades intensivas em mão-de-obra e/ou em matérias-primas em países onde esses fatores de produção eram mais baratos. No atual processo, surgem duas novas tendências: (a) a crescente importância das indústrias intensivas em informação (knowledge intensive) e dos métodos manufatureiros avançados, dependentes de mão-de-obra altamente qualificada e de infraestruturas tecnológica e comercial avançadas; e (b) a crescente importância dos sinais fornecidos pelos mercados e da proximidade dos mercados finais, resultando numa maior distribuição das atividades das empresas entre países e numa concentração regional de aglomerações industriais especializadas. A especialização regional depende dos determinantes locais da competitividade: tanto dos determinantes específicos, associados a um setor ou a um fator de produção, quanto dos gerais, associados às economias externas (infraestrutura, qualificação da mão de obra, fornecedores de insumos, etc). ... É a qualidade da combinação das políticas locais e/ou regionais nesses países com as forças da globalização que pode levar à melhoria da sua inserção internacional".* PRESSER, Mário Ferreira. *Globalização e Regionalização: Notas sobre o Mercosul.* Indicadores Econômicos FEE, V.23, n.3, p. 87-99, nov. 1995, pág. 89.

dos nacionais. Em sua origem, temos nos termos fixados na Convenção de Viena sobre o Direito dos Tratados (artigo 2º, alínea *i*) que as Organizações Internacionais são organizações intergovernamentais[158], que dependem da conjugação formal de vontade de Estados nacionais, materializada através da assinatura de Tratados Internacionais, segundo normas e padrões clássicos do Direito Internacional. Segundo o Artigo 5º da Convenção[159], aplica-se a todo tratado que seja o instrumento constitutivo de uma organização internacional e a todo tratado adotado no âmbito de uma organização internacional, sem prejuízo de quaisquer normas relevantes da organização.

A formação e existência de uma Organização Internacional é decorrente de ato formal, levado a cabo por manifestação formal expressa dos Estados nacionais membros e integrantes da mesma.

Não existe consenso ou uma noção unanimemente aceita sobre o conceito de Organização Internacional. Dos conceitos apresentados, existem, contudo, características comuns que permitem determinadas conceituações. Assim, as Organizações Internacionais podem ser compreendidas de maneiras diversas, dada a sua finalidade e objetivos. Trazemos apontamentos de Neil Montgomery, que destaca algumas variantes dos diversos entendimentos, e para quem:

"No plano jurídico, a expressão organizaçao internacional comporta vários sentidos. Para Ridruejo, há dois sentidos. O primeiro, seria a própria maneira como a sociedade internacional está organizada, sociedade esta, como sabemos, que tem evoluído gradativamente ao longo dos últimos séculos e hoje é basante heterogênea, pois, além dos Estados, conta com a participação de diversos sujeitos de direito internacional, como as próprias organizações internacionais. O segundo, diz respeito à noção de organização internacional propriamente dita. .... Por sua vez, poderíamos também dizer que, em sentido amplo, a expressão organização internacional refere-se a todas as associações e coletividades regidas pelo direito público ou pelo direito privado que atuam no plano internacional, incluindo-se, assim, tanto as organizações internacionais intergovernamentais (definidas a seguir), quanto as organizações internacionais não governamentais (ONGs), que são associações

---

[158] *"Artigo 2 – Expressões Empregadas – 1. Para os fins da presente Convenção: ... i) "organização internacional" significa uma organização intergovernamental"* – Convenção de Viena sobre o Direito dos Tratados, de 26 de maio de 1969, cuja entrada em vigor internacional se deu em 27 de janeiro de 1980. A referida Convenção está disponível no *website* http://www2.mre.gov.br/dai/dtrat.htm, acesso em 15/07/2008.

[159] *"Artigo 5 – Tratados Constitutivos de Organizações Internacionais e Tratados Adotados no Âmbito de uma Organização Internacional – A presente Convenção aplica-se a todo tratado que seja o instrumento constitutivo de uma organização internacional e a todo tratado adotado no âmbito de uma organização internacional, sem prejuízo de quaisquer normas relevantes da organização"*- Convenção de Viena sobre o Direito dos Tratados, de 26 de maio de 1969, cuja entrada em vigor internacional se deu em 27 de janeiro de 1980. A referida Convenção está disponível no *website* http://www2.mre.gov.br/dai/dtrat.htm, acesso em 15/07/2008.

OI DE INTEGRAÇÃO E COOPERAÇÃO REGIONAL ECONÔMICA

civis sem fins lucrativos, regidas pelo direito privado interno e compostas por pessoas físicas e jurídicas"[160].

Assim, as Organizações Internacionais são criadas por um ato de vontade coletivo dos Estados participantes, tendo como objetivo primeiro o de atender algumas necessidades destes frente à comunidade internacional. Além do critério de associação voluntária entre Estados, visando à instituição de uma efetiva sociedade criada a partir de um tratado internacional, as OIs têm como fim a busca de identificação de interesses comuns entre seus membros, lançando mão, para tanto, de permanente fomento de medidas e ações cooperativas. Temos, ainda, a independência da OI em função da instituição da personalidade jurídica, o que lhe atribui o caráter de sujeito de direito internacional. Vemos aqui um elemento importante para nós que é a cooperação entre os Estados. Ou seja, não será criada ou não sobreviverá ao constante relacionamento a OI que não fomentar ou perseguir a cooperação entre seus membros (e também em relação a outras OI's e/ou Estados).

Não obstante os elementos externos, as Organizações Internacionais também possuem uma estrutura interna ou orgânica. Segundo Carlos Roberto Husek, as OI's são associações voluntárias de determinados sujeitos de Direito Internacional, cuja constituição se dá por um ato internacional e sua realização, condução e consecução de objetivos "*se realiza em um ente de aspecto estável, que possui um ordenamento jurídico interno próprio por meio do qual realiza as finalidades comuns de seus membros mediante funções particulares e o exercício de poderes que lhe foram conferidos*"[161].

Vemos nesta definição o reforço da característica das Organizações Internacionais de coexistência de dois regramentos, quais sejam, as regras externas ao seu corpo, regidas pelo Direito Internacional, e as regras internas, lastreadas em norma de Direito Internacional [162] para lhe dar eficácia e validade, mas que é distinta e tem seu desenvolvimento, aplicação e regência *interna corporis*, bem como

---

[160] MONTGOMERY, Neil. *As Organizações Internacionais como Sujeitos de Direito Internacional. IN* Blocos Econômicos e Integração da América Latina, África, e Ásia. Araminta de Azevedo Mercadante, Umberto Celli Junior e Leandro Rocha de Araújo (coord.). Curitiba: Juruá, 2008, págs. 42 e 43.

[161] HUSEK, Carlos Roberto. *Curso de Direito Internacional Público*. 3ª ed. São Paulo: Ltr, 2000, pág. 110

[162] Destacadamente a Convenção de Viena sobre o Direito dos Tratados, de 26 de maio de 1969, cuja entrada em vigor internacional se deu em 27 de janeiro de 1980. A referida Convenção está disponível no *website* http://www2.mre.gov.br/dai/dtrat.htm, acesso em 15/07/2008. No Brasil, a Convenção de Viena sobre o Direito dos Tratados, concluída em 23 de maio de 1969, com reserva aos Artigos 25 e 66, foi recentemente internalizada e introduzida no ordenamento jurídico brasileiro por meio do Decreto nº 7.030, de 14 de dezembro de 2009. Disponível em http://www.planalto. gov.br/ccivil_03/_Ato2007-2010/2009/Decreto/D7030.htm. Acesso em 15 de dezembro de 2009.

nas relações regionais às quais os Estados e outros agentes se sujeitam, teremos a aplicação do Direito Comunitário Internacional[163].

De toda a sorte, não obstante a construção, ideias e pensamentos de Husek e de Montgomery, nos parece que este último autor acolhe determinada definição apresentada por Paul Reuter e com a qual nos filiamos; pela qual uma organização internacional é

"toda entidade criada por um tratado internacional, composta exclusiva ou preponderantemente por Estados (daí a possibilidade de uma organização ter como membros outros sujeitos de direito internacional), capaz de manifestar, de maneira permanente, através de seus órgãos, vontade jurídica distinta da de seus membros (e, portanto, com personalidade jurídica própria), estando diretamente regida pelo direito internacional"[164].

Comungamos da definição de Paul Reuter, sendo que podemos acrescentar, para eventual maior detalhamento, que a manifestação de vontade jurídica é distinta e totalmente independente da de seus membros, traduzindo, efetivamente, o caráter social da organização, que será verificado por meio de sua estrutura instituída.

Adotamos esta definição em função, principalmente, de nossa opção pela perspectiva construtivista. Extraímos do conceito adotado de organização internacional seu aspecto essencialmente jurídico, considerando sua criação por meio de um tratado internacional. Igualmente, verificamos a aceitação de que a OI é composta preponderantemente por Estados, tendo como outros membros outros agentes que não exclusivamente os clássicos sujeitos de direito internacional, mas também está em constante e crescente construção, refletindo a inter-relação entre agentes e estruturas.

Estes elementos levam não somente à consolidação da OI, mas também ao fortalecimento de sua capacidade de manifestação, de maneira permanente, através de seus órgãos, criando vontade jurídica distinta da de seus membros (ainda que naturalmente reflita a vontade e os interesses da maioria dos membros), estando diretamente regida pelo Direito Internacional e, no plano regional, por normas de Direito Comunitário. Com isso, ampliam-se seus instrumentos e a capacidade de atuação da Organização Internacional, tendo como contrapartida a possibilidade de estreitamento do relacionamento entre os Estados-Partes, inclusive com a gradual convergência de projetos, identidades e interesses.

---

[163] Segundo Finkelstein, o Direito Comunitário congrega *"matéria autônoma, subordinada a princípios derivados do Direito Internacional Público, influenciado por princípios derivados do Direito Internacional Privado, Direito Comercial e Direito Administrativo, entre outros"*. FINKELSTEIN, Cláudio. *O Processo de Formação de Mercados de Blocos*. São Paulo: IOB – Thomson, 2003, pág. 145.

[164] MONTGOMERY, Neil. *ibidem*.

OI DE INTEGRAÇÃO E COOPERAÇÃO REGIONAL ECONÔMICA

Julgamos interessante, ainda, apresentar algumas conceituações de Organizações Internacionais de autores estrangeiros, verificando, inclusive, a compatibilidade do supra exposto.

Manuel Diez de Velasco Vallejo definindo as Organizações Internacionais professora como sendo *"associaciones voluntaias de Estados establecidas por acuerdo internacional, dotadas de órganos permanentes, propios e independientes, encargados de gestionar unos intereses colectivos y capaces de expresar uma voluntad jurídicamente distinta de la de sus miembros"*[165]. Como apontado acima, verificamos na definição de Vallejo, a presença de três elementos, a saber: (i) ato multilateral; (ii) estrutura orgânica; e (iii) personalidade jurídica.

Para Nguyen Quoc Dinh, Patrick Daillier e Alain Pellet, as Organizações Internacionais podem ser definidas da seguinte forma, a saber: *"uma organização internacional é uma associação de Estados, constituída por tratado, dotada de uma constituição e de órgãos comuns, e possuindo uma personalidade jurídica distinta da dos Estados membros"*[166].

Segundo Maklouf López, as OI's podem ser definidas de forma ampla como *"aquellas entidades jurídicas secundarias, o sujetos con personalidad jurídica internacional, creada por los sujetos primarios con personalidad jurídica internacional que son los Estados, los cuales han consentido libre e soberanamente em la creación de esta entidad, la cual tiene voluntad propia que se representa a través de os órganos propios y permanentes, los cuales componen su estructura"*[167].

Em suma, consoante os ensinamentos *supra*, verificamos que as Organizações Internacionais possuem três características básicas e comuns, sendo assim destacadas, a saber:

(i) Ato Multilateral e Internacional – Uma Organização Internacional congrega diversos interesses de Estados nacionais independentes e soberanos. Assim, a criação e instituição de uma Organização Internacional envolve determinada rodada de negociações, visando a elaboração e confecção de um tratado internacional que será o seu ato constitutivo, ou ainda como resultado de uma Resolução ou de uma Conferência Internacional;

---

[165] VALLEJO, Manuel Diez Velasco. *Las Organizaciones Internacionales.* 10ª ed.. Madri: Tecnos Ed., 1997, pág. 41.

[166] DINH, Nguyen Quoc, DAILLIER, Patrick e PELLET, Alain. *Direito Internacional Público. Formação do direito, sujeitos, Relações diplomáticas e consulares, Responsabilidade, Resolução de conflitos, Manutenção da paz, Espaços internacionais, Relações econômicas, Ambiente.* Tradução de Vítor Marques Coelho. 2ª ed. – Lisboa: Fundação Calouste Gulbenkian, 2003, pág. 592.

[167] LÓPEZ, Ana Maria Maklouf. *Derecho Diplomático, Consular Y de Las Organizaciones Internacionales.* 1ª edição – novembro de 2009 – Chile: Legal Publishing Chile, 2009, pág. 213.

Estrutura e Duração – Salvo disposição expressa contrária no ato constitutivo, as Organizações Internacionais, assim como seus Estados nacionais membros, são criadas com o claro objetivo de ter prazo de duração indeterminado, com a adoção de organismos e de uma estrutura interna;

Institucionalização (personalidade jurídica independente e distinta) – como terceira característica básica e presente nas Organizações Internacionais, a institucionalização pressupõe e impõe-lhes a necessidade de que possuam personalidade jurídica, devendo ser independente e distinta dos Estados nacionais membros, presentes, atuais e/ou futuros, ainda que esta personalidade não seja reconhecida no ato constitutivo, como foi o caso do Mercosul, que teve a sua reconhecida no artigo 34 do Protocolo Adicional ao Tratado de Assunção– Protocolo de Ouro Preto.

Um ponto interessante a ser brevemente discutido refere-se à questão do conceito de soberania, em confronto com a independência e o campo de atuação das Organizações Internacionais. Isto porque os Estados relativizam o conceito clássico de soberania, outorgando parte de seu poder soberano para a Organização Internacional, para que esta, através de sua estrutura orgânica, atue na esfera internacional, de forma distinta e autônoma à vontade dos Estados participantes/filiados.

Para compreendermos a questão da soberania, obviamente isso envolve o conceito de Estado. Poderíamos aqui trazer contribuições sobre a concepção do Estado nacional e suas mais diversas correntes, como definidas por Maquiavel, Hegel, Kant, Marx, Engels, Weber, Rousseau, o que fugiria do escopo de nosso trabalho e proposta. Para mantermos uma ideia que poderíamos ter como comum, e aplicada hodiernamente, é possível congregar as idéias de Maquiavel alocadas na obra "O Príncipe", para quem o Estado reflete o domínio do império sobre os homens. Agregamos a esta ideia os conceitos de território, população, representatividade internacional e representatividade e delegação de poderes na esfera interna. Assim, teríamos o Estado como sendo um Sujeito de Direito Internacional, que em dado território congrega uma determinada reunião de homens (população), que delegam à figura jurídica criada, poderes de representatividade internacional e de ação e controle no espaço interno.

O conceito de soberania igualmente advém de passado recente. Nas palavras de Fernando de Magalhães Furlan[168], "*a idéia de união entre os povos data dos primórdios do cristianismo. Somente 15 séculos mais tarde, com o Tratado de Westfália, é que*

---

[168] Fernando de Magalhães Furlan é Conselheiro do Cade – Conselho Administrativo de Defesa Econômica, com mandato de 2008/(atual).

OI DE INTEGRAÇÃO E COOPERAÇÃO REGIONAL ECONÔMICA

o direito internacional concebeu a noção de Estados Independentes"[169]. Assim como na definição de Estado, o conceito de soberania envolve diversas correntes e teorias, com as quais é possível dialogar e transitar, sendo que para nosso estudo buscamos uma breve referência sobre seu conceito[170]. Um conceito usualmente aceito por autores envolvendo a definição de soberania coloca como sendo a situação na qual o Estado detém monopólio de normas e força, dentro de determinado território, congregando uma Sociedade (população), sendo este conceito ligado à estrutura do Estado nacional. Carlos Roberto Husek, sobre suas características, coloca que a soberania, *"antes de ser um atributo do Estado, absoluto e inatingível, é circunstancial, só atuando a falta de pressões externas legítimas, como aquelas decorrentes dos tratados ratificados do Direito Comunitário e Internacional"*[171]. Pontualmente, Celso Ribeiro Bastos define a noção de soberania, fixando que *"esta se constituiria na supremacia de poder dentro da ordem interna e no fato de, perante a ordem externa, só encontrar Estados de igual poder"*[172].

Aplicando ao conceito de soberania os reflexos atuais sobre a globalização e a crescente influência de Organizações Internacionais, blocos econômicos, países e demais atores em escala mundial, Bastos sentencia:

> *"Há, portanto, uma forte falta de correspondência entre os postulados de um direito constitucional clássico e as realidades do mundo moderno. E de outra parte é sabido que os Estados, ainda que de fraca expressão, lutam pela sua autonomia e pela sua soberania, porque esta é a forma de assegurarem a sua liberdade no contexto internacional. O desafio consiste precisamente em saber como, sem deixar de respeitar os interesses desses pequenos Estados, poderiam eles continuar a gozar dos benefícios que a soberania lhes confere, sem deixar de outra parte de atentar às necessidades de uma atuação mais intensa das organizações internacionais, do que muito depende a sobrevivência da própria humanidade"*[173].

No tocante à institucionalização, a manifestação de adesão à Organização Internacional justifica e é o lastro da vontade do Estado na aceitação de regras e normativos daquela, logo, trata-se de vincular e sujeitar o Estado. Mas é importante a sintonia entre a ordem instituída e a ordem interna dos Estados-Partes.

---

[169] FURLAN, Fernando de Magalhães. *Integração e Soberania: o Brasil e o Mercosul*. São Paulo: Aduaneiras, 2004, pág. 19.

[170] Nota dos autores: Para um aprofundamento da questão, recomendamos leitura de estudos de (i) Fernando de Magalhães Furlan. *Integração e Soberania: o Brasil e o Mercosul*. São Paulo: Aduaneiras, 2004, págs. 17 a 72; e (ii) André Lipp Pinto Basto Lupi. *Soberania, OMC e Mercosul*. São Paulo, Aduaneiras, 2001, págs. 21 a 124.

[171] HUSEK, Carlos Roberto. *op. cit.*, pág. 108.

[172] BASTOS, Celso Ribeiro. *Curso de Direito Constitucional*. 19ª ed. atualizada. São Paulo: Saraiva, 1998, pág. 18.

[173] BASTOS, Celso Ribeiro. *op. cit.*, pág. 19.

DEFESA NA CONCORRÊNCIA NO MERCOSUL

Neste sentido, resgatamos apontamentos de Nguyen Quoc Dinh, Patrick Daillier e Alain Pellet, para os quais a funcionalidade das OI's *"deve encontrar uma tradução jurídica simultaneamente na ordem jurídica internacional e nas ordens jurídicas nacionais, com vista a garantir o exercício dos seus direitos e o respeito do direito internacional"*[174].

Cumpre-nos, ainda, apresentar critérios comuns de classificação das Organizações Internacionais. Neste aspecto, a doutrina existem diversas formas de estudo e classificação das Organizações Internacionais, sendo as mais comuns a classificação quanto à sua finalidade e quanto à sua composição.

Quanto à finalidade, as Organizações Internacionais podem ser classificadas como: a) gerais (p.ex. ONU – OEA); ou b) específicas (p.ex. OPEP – OIT – UNESCO). Por decorrência lógica, aquelas cujas finalidades são gerais são as Organizações Internacionais que não restringem seu campo de atuação, atuando nos mais diversos campos possíveis, consoante conveniência e determinação dos seus órgãos e da manifestação perante os mesmos dos Estados-Membros. Já as Organizações Internacionais específicas são aquelas cujos objetivos são delineados e trabalhados, não podendo as mesmas atuarem fora destes campos. Contudo, eventualmente uma Organização Internacional com fim específico pode ampliar sua atuação e seus objetivos. Segundo Siste, *"eventualmente, durante a existência desse tipo de Organização, poderão ser incorporados outros objetivos que não aqueles, previstos inicialmente, mas que surgem em decorrência de desdobramentos na execução de seus objetivos iniciais"*[175].

No tocante ao segundo critério de classificação, qual seja, quanto à composição, temos: a) universal (busca maior número de signatários, de forma indiscriminada (p.ex. ONU); ou b) regional (p.ex. OEA – MERCOSUL – UE). Aqui, quando a Organização Internacional tem caráter internacional, estará constantemente buscando congregar o maior número possível de Estados nacionais membros, de diversas partes do planeta, e conforme destacado por Siste, *"independentemente da situação geográfica em que se encontram, das convicções políticas, religiosas, culturais, por perseguirem objetivos que interessam a toda a coletividade internacional"*[176]. Por outro lado, será de composição regional a Organização Internacional que por interesses variados, congregue membros que comungam dos mesmos interesses, decorrentes de determinados critérios e condições, especialmente aqueles geográficos, econômicos, sociais, culturais, políticos, dentre outros possíveis.

Critérios de classificação acima apontados individualizam nosso objeto de estudo, ou seja, o Mercosul como uma OI de integração econômica regional, em

---

[174] DINH, Nguyen Quoc, DAILLIER, Patrick e PELLET, Alain. *op. cit.*, pág. 608.
[175] SISTE, Elias. *Teoria Geral das Organizações Internacionais de Integração e Cooperação Econômica.* *In* Blocos Econômicos e Integração da América Latina, África, e Ásia. Araminta de Azevedo Mercadante, Umberto Celli Junior e Leandro Rocha de Araújo (coord.). Curitiba: Juruá, 2008, pág. 109..
[176] SISTE, Elias. *op. cit.*, págs. 109 e 110.

função de sua finalidade específica e sua composição regional. Outros critérios, trazidos por abordagens diversas, ainda que possam apresentar importantes e relevantes formas de estudo, não apresentam relevância para o presente estudo, de modo a alterar o foco da pesquisa.

3.4. Compatibilidade do GATT/OMC com as Organizações Internacionais de Integração e Cooperação Econômica

Inicialmente, lembramos as experiências advindas do Acordo Geral sobre Tarifas e Comércio – GATT, incorporada à Organização Mundial do Comércio – OMC. A OMC[177] pode ser definida como uma organização de coordenação de regras do comércio internacional, tendo ainda como função direta e prática a supervisão da aplicação do arcabouço das regras instituídas pelo GATT, em 1947, com todas as suas modificações e acréscimos, oriundos do saldo das negociações passadas decorrentes dos debates técnicos, políticos e práticos de liberalização de comércio nacional e internacional, além da conhecida Rodada do Uruguai.

O Acordo Geral sobre Tarifas e Comércio (*General Agreement on Tariffs and Trade* – GATT) é um Tratado Internacional, estabelecido em 1947, com a finalidade de buscar a harmonização das políticas aduaneiras dos Estados signatários do Tratado. Já a Organização Mundial do Comércio (*World Trade Organization*) – OMC tem sua gênese no Acordo Geral de Tarifas e Comércio (GATT), que foi criado após a Segunda Guerra Mundial, em conjunto com outras instituições multilaterais dedicadas à cooperação econômica internacional.

Dado o contexto histórico em que estamos inseridos, e em virtude da atual conjuntura do Direito Internacional, frente às mudanças ocorridas no cenário global, dado o fenômeno da globalização, e, ainda, em decorrência da complexidade das relações entre os Estados nacionais, podemos verificar diversos esforços

---

[177] Nota do autor: Igualmente importante apresentar algumas linhas sobre a OMC. A Organização Mundial do Comércio – OMC tem sua gênese no Acordo Geral de Tarifas e Comércio (GATT), que foi criado após a Segunda Guerra Mundial, em conjunto com outras instituições multilaterais dedicadas à cooperação econômica internacional. O GATT foi o único instrumento multilateral a tratar do comércio internacional de 1948 até 1995, como o estabelecimento da omc. Após uma série de negociações frustradas, na Rodada do Uruguai foi criada a omc, de caráter permanente, substituindo o GATT. As negociações na omc são feitas em Rodadas, hoje, ocorre a Rodada de Doha (Agenda de Desenvolvimento de Doha – Doha Development Agenda) iniciada em 2001. Oficialmente, a omc entrou em funcionamento em 1º. de Janeiro de 1995, tendo como funções: gestão de acordos que compõem o sistema multilateral de comércio, coordenação e gestão de fórum para comércio internacional (firmar acordos internacionais), supervisão da adoção dos acordos e implementação destes acordos pelos membros da organização, com o acompanhamento das políticas comerciais nacionais. Uma importante função da omc é o Sistema de Resolução de Controvérsias da omc, mecanismo criado para solucionar os conflitos gerados pela aplicação dos acordos sobre o comércio internacional entre os membros da OMC.

DEFESA NA CONCORRÊNCIA NO MERCOSUL

de compreensão da sociedade internacional, além de movimentos de cooperação e integração, conforme já observamos. Temos, com a criação do GATT, em 1947, hoje incorporado pela OMC, o surgimento de um arcabouço jurídico voltado para a organização de coordenação e cooperação das relações multilaterais internacionais.

O GATT tem como princípios básicos, a cláusula da Nação Mais Favorecida – NMF e o princípio do tratamento nacional e o princípio da não discriminação. O sistema instituído pelo GATT, e aproveitado pela OMC admitiu exceções ao tratamento da Nação Mais Favorecida – NMF, estabelecendo uma base legal para a coexistência dos acordos regionais já anteriormente existentes e outros futuramente firmados. Assim, o sistema multilateral internacional de comércio permite, mediante autorização legal dos normativos internos, tanto do GATT quanto da OMC, a participação de membros do GATT/OMC em Acordos de Livre Comércio ou de União Aduaneiras – contudo, tal exceção (NMF) relaciona-se apenas à área de livre comércio e união aduaneira, sem estender-se contudo aos estágios mais avançados de integração econômica regional.

No Brasil, o Decreto nº 313, de 30 de julho de 1948 autorizou o Poder Executivo a aplicar, provisoriamente, o Acordo Geral sobre Tarifas Aduaneiras e Comércio, tendo o texto em português como um de seus anexos. Temos, assim, a cláusula da Nação Mais Favorecida – NMF válida e eficaz para o Brasil, sendo oriunda de cláusula de Direito Internacional, aplicável e vigente para outros países signatários do acordo. A cláusula da Nação Mais Favorecida – NMF estabelece que

"qualquer vantagem, favor, imunidade ou privilégio concedido por uma parte contratante em relação a um produto originário de ou destinado a qualquer outro país, será imediata e incondicionalmente estendido ao produtor similar, originário do território de cada uma das outras partes contratantes ou ao mesmo destinado. Este dispositivo se refere aos direitos aduaneiros e encargos de toda a natureza que gravem a importação ou a exportação, ou a elas se relacionem, aos que recaiam sobre as transferências internacionais de fundos para pagamento de importações e exportações, digam respeito ao método de arrecadação desses direitos e encargos ou ao conjunto de regulamentos ou formalidades estabelecidos em conexão com a importação e exportação bem como aos assuntos incluídos nos §§ 1 e 2 do art. III".[178]

---

[178] Decreto nº 313, de 30 de julho de 1948 – Acordo Geral sobre Tarifas e Comércio (*General Agreement on Tariffs and Trade* – GATT): *"ARTIGO I – TRATAMENTO GERAL DE NAÇÃO MAIS FAVORECIDA – 1. Qualquer vantagem, favor, imunidade ou privilégio concedido por uma parte contratante em relação a um produto originário de ou destinado a qualquer outro país, será imediata e incondicionalmente estendido ao produtor similar, originário do território de cada uma das outras partes contratantes ou ao mesmo destinado. Êste dispositivo se refere aos direitos aduaneiros e encargos de toda a natureza que gravem a importação ou a exportação, ou a elas se relacionem, aos que recaiam sobre as transferências internacionais de fundos para pagamento de importações e exportações, digam respeito ao método de arrecadação desses direitos e encargos ou ao conjunto de regulamentos ou formalidades estabelecidos em conexão com a importação e exportação*

OI DE INTEGRAÇÃO E COOPERAÇÃO REGIONAL ECONÔMICA

Nesses termos, a cláusula da Nação Mais Favorecida – NMF, fixada pelo artigo I do GATT, estabelece que toda Parte-Contratante deve dispensar às demais Partes-Contratantes tratamento não menos favorável àquele dispensado aos produtos de qualquer outro país. Ou seja, o acordo obriga a extensão de qualquer concessão comercial a todas as Partes-Contratantes, valendo como base do sistema inaugurado com o GATT, pois promove a liberalização do comércio de forma generalizada – natureza multilateral do sistema – e em bases igualitárias – todos gozarão da liberalização na mesma medida. Importante ressaltar que esta cláusula inova e cria um novo paradigma no comércio internacional e que facilita a sua expansão, dado que se abandonam requisitos de reciprocidade até então praticados, no momento em que as partes signatárias do GATT optaram por inserí-la no Acordo de forma incondicional.

Devemos compreender que a finalidade do princípio da não discriminação, nos termos indicados e fixados pelo GATT, é proteger o livre comércio, materializado na cláusula da Nação Mais Favorecida – NMF, refletindo a preocupação dos Estados nacionais, signatários do GATT, de que é necessário abolir as discriminações decorrentes da concessão de preferências comerciais que geralmente prejudicam os países subdesenvolvidos e de menor representatividade econômica e comercial. Por outro lado, temos o artigo XXIV do GATT[179], que é a principal

---

bem como aos assuntos incluidos nos §§ 1 e 2 do art. III". O referido Decreto está disponível em http://www2.mre.gov.br/dai/m_313_1948.htm, acesso em 17/07/2008

[179] Decreto nº 313, de 30 de julho de 1948 – Acordo Geral sobre Tarifas e Comércio (*General Agreement on Tariffs and Trade* – GATT): *"ARTIGO XXIV – APLICAÇÃO TERRITORIAL – TRÁFEGO FRONTEIRIÇO E UNIÕES ADUANEIRAS – 1. Os direitos e obrigações resultantes do presente Acôrdo serão considerados como em vigor entre todos os territórios que constituem cada um território aduaneiro distinto e para os quais o presente Acôrdo foi aceito, na conformidade do Artigo XXVI ou esteja sendo aplicado em virtude do Protocolo de Aplicação Provisória. 2. As disposições do presente Acôrdo não deverão ser interpretadas como obstáculo: a) às vantagens concedidas por uma Parte Contratante a países limítrofes, para facilitar o tráfego de fronteira; b) à formação de uma união aduaneira ou à conclusão de um acôrdo provisório necessário à realização de uma união aduaneira sob reserva, por um lado, de que os direitos de Alfândega e outras regulamentações das trocas comerciais impostas por uma união ou um acôrdo dessa natureza, ou as margens de preferência mantidas por tais convenções no que diz respeito às relações comerciais com as Partes Contratantes não sejam, no conjunto, mais elevados ou mais rigorosos do que eram em média os direitos e as regulamentações aplicáveis às trocas comerciais ou às margens de preferência em vigor antes da formação dessa união alfandegária ou à conclusão dêsse acôrdo nos territórios que constituem a união e, por outro lado que qualquer acôrdo provisório dessa natureza comporte um plano e um programa definidos para a realização, em prazo razoável, de tal união aduaneira. 3. (a) Qualquer Parte Contratante que se proponha fazer parte de uma união aduaneira consultará as Partes Contratantes e lhes fornecerá, em relação à união projetada, tôdas as informações pertinentes que as habilitem a elaborar os relatórios e as recomendações que julgarem úteis às Partes Contratantes. b) Parte Contratante alguma deverá pôr ou manter em vigor um acôrdo provisório, conforme as disposições do § 2-b) do presente artigo se, depois de haver estudado o plano e o programa propostos no acôrdo, as Partes Contratantes não julgarem êsse acôrdo suscetível de alcançar, em um prazo razoável a formação da união aduaneira projetada.*

exceção à cláusula da Nação Mais Favorecida – NMF, pois afasta o princípio da não discriminação possibilitando a criação de acordos regionais: zonas de livre comércio, uniões aduaneiras, ou similares. Assim, de forma sistêmica e integrada, não existe conflito entre o disposto no Artigo I e no Artigo XXIV do GATT, viabilizando-se, portanto, a possibilidade de instituição de zonas de livre-comércio e de uniões aduaneiras, criadas através de acordos regionais.

Contudo, os demais Acordos Regionais de Comércio não estariam previstos e/ou autorizados pelo GATT e, eventualmente, poderiam ser classificados como discriminatórios ao comércio internacional, ferindo claramente a cláusula da Nação Mais Favorecida – NMF, fixada pelo artigo I do GATT.

Verificando a plena possibilidade de coexistência entre a NMF e as normas da OMC, Finkelstein destaca:

"O GATT, como é sabido, foi um acordo comercial plurilateral que visava reduzir ou eliminar as barreiras ao comércio mundial, fossem elas tarifárias ou não tarifárias e, na análise de processos integracionistas, este ainda é seu paradigma. O princípio fundamental do GATT, que ainda hoje subsiste, sob a égide da OMC, é cláusula da Nação Mais Favorecida (NMF). De acordo com a Cláusula NMF, nenhum Estado-Membro pode tratar o comércio com qualquer outro país, seja ele parte do GATT ou não de forma preferencial, sem estender incondicionalmente a outro Estado-Membro, os mesmos benefícios. Poderíamos então assumir que, de acordo com o GATT, os acordos regionais de integração se constituem em exceção à regra ... tais acordos regionais, a despeito de serem considerados exceções, não se constituem em contradição aos princípios da NMF, vez que são previstos e regulamentados

c) O Plano e o programa não poderão ser modificados, de maneira sensível, sem consulta às Partes Contratantes. 4. Para os fins da aplicação do presente artigo, entende-se por território aduaneiro qualquer território para o qual são mantidas tarifas aduaneiras distintas ou outras regulamentações aplicáveis às trocas comerciais, em relação a outros territórios, para uma parte substancial do comércio do território em questão. Entende-se por «união aduaneira» a substituição, por um só territorio aduaneiro de dois ou mais territórios aduaneiros de tal maneira que tôdas as tarifas aduaneiras outras regulamentações restritivas das trocas comerciais entre os territórios dos membros da união sejam eliminados de maneira substancial e que, da mesma forma, tarifas e outras regulamentações sensivelmente semelhantes sejam aplicadas por cada Membro da União ao comércio com territórios nela não compreendidos. 5. Considerando as circunstâncias excepcionais que resultam da constituição dos novos Estados independentes da Índia e do Paquistão, e reconhecendo que os mesmos formaram, por muito tempo, uma unidade econômica, convêm as Partes Contratantes em que as disposições do presente Acôrdo não impedem a êsses países de concluir acôrdos particulares relativos a seu comércio mútuo, aguardando que suas relações comerciais recíprocas sejam estabelecidas em bases definitivas. 6. As Partes Contratantes tomarão tôdas as medidas razoáveis que estejam a seu alcance para assegurar a observância das disposições do presente Acôrdo pelas autoridades governamentais ou administrativas, regionais ou locais, dentro do seu território" O referido Decreto está disponível em http://www2.mre.gov.br/dai/m_313_1948.htm, acesso em 17/07/2008.

OI DE INTEGRAÇÃO E COOPERAÇÃO REGIONAL ECONÔMICA

e seus resultados, na prática, não contradizem o espírito que o antigo GATT buscava preservar, ou seja, a ampliação do comércio mundial"[180].

Uma outra exceção à cláusula da Nação Mais Favorecida – NMF é a chamada Cláusula de Habilitação (*enabling clause*), prevista no parágrafo 2º, item "c" da Decisão de 28 de novembro de 1979, L/4903, relativa ao tratamento diferenciado e mais favorável, à reciprocidade e à participação mais ativa dos países em desenvolvimento. Nas palavras de Guido Soares:

"A denominada "cláusula de habilitação", na verdade, é um princípio geral que tornou legal, no quadro do GATT (onde vigora o princípio da cláusula de nação mais favorecida, no Art. I do Acordo Geral), a possibilidade de um tratamento preferencial em favor de Estados em vias de desenvolvimento, que passaram a, legitimamente, poder usufruir de um subsistema de preferências comerciais outorgadas pelos países industrializados a seu favor, ou outorgadas entre eles mesmos, como um elemento permanente do sistema jurídico do GATT. Sua redação mais simples e direta consta do Art. 1 da citada Decisão, nos seguintes termos: "Não obstante as disposições do artigo primeiro do Acordo Geral, as Partes Contratantes podem acordar um tratamento diferenciado e mais favorável aos países em vias de desenvolvimento, sem acordá-lo a outras partes contratantes". Denomina-se "de habilitação", "porque seus dispositivos não impõem uma obrigação de acordar um tratamento diferenciado e mais favorável, mas permitem às partes contratantes tomar tais medidas(15)" (cf. O. Long, op. cit., p. 122). Conforme bem acentuam os Profs Guy Feuer e Hervé Cassan, o regime coberto pela clausula de habilitação "comporta limites: de um lado, a outorga de preferências não constitui uma obrigação jurídica, mas uma simples faculdade para as partes contratantes desenvolvidas (leia-se: industrializadas); de outro, a cláusula não se aplica às preferências especiais tais como as que decorrem da Convenção de Lomé, se bem que uma nota anexa à Declaração permita incluir nela categorias de tratamentos preferenciais não previstas pela própria cláusula" (in Droit International du Développement, Paris, Dalloz, 1985, p. 526-7, em tradução livre)"[181].

Em suma, a Cláusula de Habilitação (*enabling clause*) fixa um contexto favorável para que acordos regionais internacionais possam ser adotados por países em desenvolvimento. Essa cláusula prevê um claro tratamento preferencial em

---

[180] FINKELSTEIN, Cláudio. *A Organização Muncial do Comércio e a Integração Regional*. In Revista do Instituto de Pesquisas e Estudos – Divisão Jurídica nº 19 – de agosto a novembro de 1997 – Instituição Toledo de Ensino – Faculdade de Direito de Bauru. Bauru/SP, 1997, págs. 56 e 57.

[181] SOARES, Guido F. S. *A Compatibilização da ALADI e do MERCOSUL com o GATT*. Disponível no *website* http://www.mre.gov.br/index.php?Itemid=58&id=325&option=com_content&task=view. Acesso em 18/07/2008.

benefício dos países em via de desenvolvimento, sem que tenham que se basear na cláusula da Nação Mais Favorecida – NMF.

Não obstante essa permissão da Cláusula de Habilitação (*enabling clause*) e a permissão do Artigo XXIV do GATT, notadamente para zonas de livre comércio e as uniões aduaneiras, as demais possibilidades de integração e Organizações Internacionais de Cooperação e Integração Econômica, conforme já estudadas anteriormente, ficam com suas validade, eficácia e seu tratamento prejudicados, levando o problema, atualmente aos aproveitamentos e desenvolvimentos decorrentes do GATT 47 e do GATT 94, recebidos e recepcionados pela OMC. Isto não impede que o sistema multilateral internacional enfrente pressões e perceba problemas. Verificamos, neste sentido, um número crescente de Acordos Regionais Internacionais de Comércio nitidamente discriminatórios, que concedem vantagens apenas a seus membros, em detrimento do disposto na cláusula da Nação Mais Favorecida – NMF. De toda a sorte, a solução não está presente e ainda depende do caminhar das rodadas de negociações na OMC, especialmente, na atualidade a Rodada de Doha.

3.5. O conceito de Organização Internacional de Integração e Cooperação Econômica e sua aplicação ao Mercosul

Em função do tópico precedente, verificamos que a integração econômica regional insere-se dentro do quadro de um sistema multilateral internacional do comércio, baseado nos normativos fixados pelo GATT, que, posteriormente, com a Rodada do Uruguai, em 1994, converteu-se na OMC. Mas este contexto é derivado de determinada construção histórica, especialmente do pós Segunda Guerra Mundial. Segundo Celso Lafer, após a alteração dos centros de polaridade até então existentes, a regulamentação do comércio internacional assume relevância na resolução de eventuais disputas, inclusive reconhecendo serem *administráveis por processos regionais de integração*, a saber:

> *"se o sistema internacional se transformou e hoje se caracteriza por polaridades indefinidas, uma vez que os países não mais se dividem em blocos ideológicos Leste/Oeste, tendo igualmente diminuído os conflitos de concepção sobre a organização da ordem mundial que separavam, através da polaridade Norte/Sul, os países desenvolvidos e em desenvolvimento, isto não quer dizer que não existam vários e novos problemas políticos e de segurança, eventualmente administráveis por processos regionais de integração, que buscam a paz pelo comércio"*[182].

E dada esta conjuntura, o quase que obrigatório relacionamento internacional dos Estados, com suas interações, disputas e arranjos, depende de ações pró-

---

[182] LAFER, Celso. *A OMC e a regulamentação do comércio internacional: uma visão brasileira*. Porto Alegre: Livraria do Advogado, 1998, págs. 52 e 53.

OI DE INTEGRAÇÃO E COOPERAÇÃO REGIONAL ECONÔMICA

ativas lastreadas na necessidade e na mutabilidade do mundo em que vivemos. E para congregar valores e para fomentar em um primeiro momento a união de forças no Cone Sul, verificamos o surgimento do Mercosul.

O Mercado Comum do Sul – Mercosul – foi formado pela República Argentina, pela República Federativa do Brasil, pela República do Paraguai e pela República Oriental do Uruguai, mediante a assinatura, em 26 de março de 1991, do Tratado de Assunção[183], fundado na reciprocidade de direitos e obrigações entre os Estados-Partes, e com o sério compromisso de harmonizar suas legislações internas com vistas a fortalecer o processo de integração.

No preâmbulo do Tratado de Assunção[184], as partes signatárias estabeleceram e esculpiram princípios e conceitos norteadores de suas ações e manifestações, visando o fomento e crescimento do bloco regional, buscando a ampliação das dimensões dos respectivos mercados nacionais por meio da integração[185], aproveitando de forma mais eficaz os *"recursos disponíveis, a preservação do meio ambiente, o melhoramento das interconexões físicas, a coordenação de políticas macroeconômicas e a*

---

[183] Tratado de Assunção – Tratado de Constituição de um Mercado Comum firmado entre a República Argentina, a República Federativa do Brasil, a República do Paraguai e a República Oriental do Uruguai. Disponível em http://www.mercosur.int/innovaportal/file/655/1/CMC_1991_TRATADO_ES_Asuncion.pdf . Acesso em 10 de novembro de 2009.

[184] Tratado de Assunção – Preâmbulo: *"A República Argentina, a República Federativa do Brasil, a República do Paraguai e a República Oriental do Uruguai, doravante denominados "Estados Partes"; Considerando que a ampliação das atuais dimensões de seus mercados nacionais, através da integração, constitui condição fundamental para acelerar seus processos de desenvolvimento econômico com justiça social; Entendendo que esse objetivo deve ser alcançado mediante o aproveitamento mais eficaz dos recursos disponíveis, a preservação do meio ambiente, o melhoramento das interconexões físicas, a coordenação de políticas macroeconômicas e a complementação dos diferentes setores da economia, com base nos princípios de gradualidade, flexibilidade e equilíbrio; Tendo em conta a evolução dos acontecimentos internacionais, em especial a consolidação de grandes espaços econômicos, e a importância de lograr uma adequada inserção internacional para seus países; Expressando que este processo de integração constitui uma resposta adequada a tais acontecimentos; Conscientes de que o presente Tratado deve ser considerado como um novo avanço no esforço tendente ao desenvolvimento progressivo da integração da América Latina, conforme o objetivo do Tratado de Montevidéu de 1980; Convencidos da necessidade de promover o desenvolvimento científico e tecnológico dos Estados Partes e de modernizar suas economias para ampliar a oferta e a qualidade dos bens de serviço disponíveis, a fim de melhorar as condições de vida de seus habitantes; Reafirmando sua vontade política de deixar estabelecidas as bases para uma união cada vez mais estreita entre seus povos, com a finalidade de alcançar os objetivos supramencionados Acordam: ..."*. (grifos nossos). Tratado de Assunção – Tratado de Constituição de um Mercado Comum firmado entre a República Argentina, a República Federativa do Brasil, a República do Paraguai e a República Oriental do Uruguai. Disponível em http://www.mercosur.int/innovaportal/file/655/1/CMC_1991_TRATADO_ES_Asuncion.pdf . Acesso em 10 de novembro de 2009.

[185] Reconhecendo, ainda, tal fator como condição fundamental para acelerar seus processos de desenvolvimento econômico com justiça social.

DEFESA NA CONCORRÊNCIA NO MERCOSUL

*complementação dos diferentes setores da economia, com base nos princípios de graduali-
dade, flexibilidade e equilíbrio"*[186].

No início da década de 1990, dado o contexto internacional da época, e em
função de movimentos internacionais pró-Consenso de Washington, ou seja,
fortemente carregados por influência neoliberal, os Estados-Partes reconhecem,
na assinatura do Tratado de Assunção, *"a evolução dos acontecimentos internacionais, em especial a consolidação de grandes espaços econômicos, e a importância de lograr
uma adequada inserção internacional para seus países"*[187], afirmando taxativamente o
entendimento de que o processo de integração a ser desenvolvido pelo Mercosul
é resposta adequada a tais acontecimentos.

O caminho para tornar efetivamente o Mercosul em [como] uma Organização Internacional de Integração e Cooperação Econômica, com vistas a fomentar
o comércio internacional, diretamente para o desenvolvimento das economias
locais e regionais, e indiretamente para a crescimento do comércio internacional
em sua esfera global, acaba por ganhar evidência e relevância, do ponto de vista
de agentes internacionais, quando é reconhecida por atribuição a personalidade
jurídica do Mercosul por meio do Protocolo de Ouro Preto – Protocolo adicional
ao Tratado de Assunção sobre a Estrutura Institucional do Mercosul. Nos termos
do Artigo 34 do Protocolo de Outo Preto, o Mercosul passaria, a partir daquele
momento, a ter personalidade jurídica de Direito Internacional[188].

3.6. A importância da Defesa da Concorrência no Mercosul

Considerando os pontos até aqui estudados, e dada a presença de rápidas e constantes transformações no plano global, podemos apontar que, em uma economia
de mercado, os atores e agentes econômicos tendem a constantemente buscar
novas oportunidades, novos mercados, novas tendências e novas aberturas, cujas
ações muitas vezes encontram combate com as forças dos Estados nacionais isoladamente considerados. Os efeitos advindos do fenômeno da globalização acabam por acentuar esta tendência.

---

[186] Tratado de Assunção – Tratado de Constituição de um Mercado Comum firmado entre a República Argentina, a República Federativa do Brasil, a República do Paraguai e a República Oriental
do Uruguai. Disponível em http://www.mercosur.int/innovaportal/file/655/1/cMC_1991_TRATA-
DO_ES_Asuncion.pdf . Acesso em 10 de novembro de 2009.

[187] Tratado de Assunção – Tratado de Constituição de um Mercado Comum firmado entre a República Argentina, a República Federativa do Brasil, a República do Paraguai e a República Oriental
do Uruguai. Disponível em http://www.mercosur.int/innovaportal/file/655/1/CMC_1991_TRA-
TADO_ES_Asuncion.pdf . Acesso em 10/10/2009.

[188] Protocolo de Ouro Preto – Protocolo adicional ao Tratado de Assunção sobre a Estrutura
Institucional do Mercosul. Disponível em http://www.mercosur.int/innovaportal/file/655/1/
CMC_1994_PROTOCOLO%20OURO%20PRETO_ES.pdf . Acesso em 16/09/2009

OI DE INTEGRAÇÃO E COOPERAÇÃO REGIONAL ECONÔMICA

No tocante à Defesa da Concorrência, o Mercosul reforça a pretensão de efetivamente se consolidar como uma Organização Internacional de Integração e Cooperação Econômica. A preocupação com o Comércio Internacional foi evidenciada quando da assinatura do Protocolo de Fortaleza – Protocolo de Defesa da Concorrência do Mercosul. No preâmbulo do Protocolo[189], assim como no já apontado Tratado de Assunção, as partes signatárias também buscaram estabelecer e pontuar princípios e conceitos norteadores de suas ações e manifestações, reconhecendo a importância de se assegurarem condições adequadas de concorrência, dada a livre circulação de bens e serviços entre os Estados-Partes, bem como de se assegurarem iguais condições de livre concorrência ao exercício das atividades econômicas nos territórios de cada membro do Mercosul.

Os Estados signatários do Protocolo de Fortaleza reconheceram, também, que *"o crescimento equilibrado e harmônico das relações comerciais intrazonais, assim como o aumento da competitividade das empresas estabelecidas nos Estados Partes, dependerão em grande medida da consolidação de um ambiente concorrencial no espaço integrado do Mercosul"[190]*, e logo, afirmaram a urgente necessidade de criação de um espaço e de um marco regulatório composto por diretrizes capazes de orientar os Estados-Partes e os agentes de mercado para a importância da Defesa da Concorrência no Mercosul, por julgarem-na um *"instrumento capaz de assegurar o livre acesso ao mercado e a distribuição equilibrada dos benefícios do processo de integração econômica"[191]*.

---

[189] Protocolo de Fortaleza – Preâmbulo: *"A República Argentina, a República Federativa do Brasil, a República do Paraguai e a República Oriental do Uruguai, doravante denominados Estados Partes, Considerando: que a livre circulação de bens e serviços entre os Estados Partes torna imprescindível assegurar condições adequadas de concorrência, capazes de contribuir para a consolidação da União Aduaneira; que os Estados Partes devem assegurar ao exercício das atividades econômicas em seus territórios iguais condições de livre concorrência; que o crescimento equilibrado e harmônico das relações comerciais intrazonais, assim como o aumento da competitividade das empresas estabelecidas nos Estados Partes, dependerão em grande medida da consolidação de um ambiente concorrencial no espaço integrado do MERCOSUL; a necessidade urgente de se estabelecerem as diretrizes que orientarão os Estados Partes e as empresas neles sediadas na defesa da concorrência no MERCOSUL como instrumento capaz de assegurar o livre acesso ao mercado e a distribuição equilibrada dos benefícios do processo de integração econômica, Acordam..."*. (grifos nossos). Protocolo de Fortaleza – Protocolo de Defesa da Concorrência do Mercosul firmado entre a República Argentina, a República Federativa do Brasil, a República do Paraguai e a República Oriental do Uruguai. Disponível em http://www.mre.gov.py/dependencias/tratados/mercosur/registro%20mercosur/ Acuerdos/1996/portugues/19%20Protocolo%20de%20Defensa%20de%20la%20Competencia%20 del%20MERCOSUR.pdf . Acesso em 10 de novembro de 2009.

[190] Protocolo de Fortaleza – Protocolo de Defesa da Concorrência do Mercosul. Disponível em http://www.mre.gov.py/dependencias/tratados/mercosur/registro%20mercosur/Acuerdos/1996/ portugues/19%20Protocolo%20de%20Defensa%20de%20la%20Competencia%20del%20MER-COSUR.pdf . Acesso em 10 de novembro de 2009.

[191] Protocolo de Fortaleza – Protocolo de Defesa da Concorrência do Mercosul. Disponível em http://www.mre.gov.py/dependencias/tratados/mercosur/registro%20mercosur/Acuerdos/1996/

Visando individualizar o atual estado de Ratificações e Vigências dos Tratados e Protocolos do Mercosul indicados e marcos regulatórios básicos para a realização do presente estudo, salientamos referência ao Quadro 1, considerando os documentos formadores e instituidores do Mercosul, bem como aqueles relacionados à Defesa da Concorrência. O quadro individualiza as normas consideradas e o estado de sua ratificação e internalização, ou não, no Estado-Parte, no tocante aos ordenamentos jurídicos internos.

De toda forma, ainda que com o marco regulatório dado, o Mercosul se desenvolveu com aspirações de formação de um efetivo Mercado Comum, sempre avançando sem que as etapas tenham sido completadas. Enquanto era desenvolvida a Área de Livre Comércio com a negociação entre as partes da eliminação de barreiras alfandegárias e não alfandegárias, já se tratava e avançava para uma União Aduaneira, também com a negociação de uma tarifa externa comum (TEC). Mas não houve efetiva harmonização de medidas de política comercial internacional.

Em outras palavras, o Mercosul, em sua primeira década (das negociações finais em 1990 a 2000), buscou efetivamente consolidar e criar condições para atuar como uma OI de cooperação econômica, inclusive por meio de desenvolvimento de estruturas e instrumentos gerais para atuar no sentido da coordenação dos interesses dos Estados-Partes. Porém, por fatores internos (falta de convergência política, crises econômicas e altas inflacionárias internas, dentre outros) e externos (crises econômicas mundiais e movimentos de oposição do país que buscava manter a região em sua área de influência hegemônica, a saber, os EUA) esse movimento inicial não teve a continuidade esperada ou desejada[192]. E mais, desde 2000 o avanço tem sido muito lento, com profundos obstáculos, tanto internos quanto externos, que minam o processo de desenvolvimento político-social do Mercosul.

---

portugues/19%20Protocolo%20de%20Defensa%20de%20la%20Competencia%20del%20MERCOSUR.pdf . Acesso em 10 de novembro de 2009.

[192] Lembramos que em grande parte das ocorrências, dado o desenvolvimento ou surgimento de uma crise, que venha a afetar diretamente um ou mais Estados nacionais, como reação quase que imediata vem o protecionismo nacional, seja por meio de barreiras diretas (aumento de alíquotas de impostos), seja por barreiras indiretas (regulações internas de mercado, inclusive, porque não, alteração de políticas industriais, da qual a política da Defesa da Concorrência é integrante). Segundo Pires, *"a história do comércio em todo o mundo, com maior intensidade nas últimas décadas, tem registrado a alternância entre a relativa liberdade de trocas e a proteção do mercado interno mediante a elevação das alíquotas do imposto de importação. O crescimento do comércio mundial pode ser apontado como o principal responsável por essa oscilação, que alterna a supremacia da liberdade quase absoluta, já que a liberdade absoluta é utopia, e a intervenção, declarada ou velada, no comércio internacional de bens"*. PIRES, Adilson Rodrigues. *A Integração Econômica e o Dilema entre Mundialismo e Regionalismo. In* Dimensão Jurídica do Tributo: homenagem ao professor Dejalma de Campos. Edvaldo Brito e Roberto Rosas (coords). São Paulo: Meio Jurídico, 2003, pág. 29.

Estado de ratificações e vigências de tratados e protocolos do Mercosul e estados associados*

Nome do Documento	Decisão	DATAS DOS DEPÓSITOS DE RATIFICAÇÕES					Entrada em Vigor
		Argentina	Brasil	Paraguai	Uruguai	Venezuela	
Tratado para a Constituição de um Mercado Comum (Tratado de Assunção) - ANEXOS I, II, III, IV y V. Firmado: Assunção, 26 de março de 1991	---	L: 23.981 15-AGO-91 D: 30-OCT-91	DTO. LEG. 197 25-SET-91 D: 30-OCT-91	L: 9/91 15-JUL-91 D: 6-AGO-91	L: 16.196 22-JUL-91 D: 6-AGO-91	Pendente	30 d D 3º I.R. 29 -NOV-.91
Protocolo de Brasília para a Solução de Controvérsias Firmado: Brasília, 17 de dezembro de 1991	DEC. Nº 01/91	L. 24.102 17-JUL-92 D: 28- DIC-92	DTO. LEG. 88 1-DIC-92 D: 28-DIC-92	L: 18/92 2-JUL-92 D: 16-JUL-92	L. 16.348 1-ABR-93 D: 22-ABR-93	--	NÃO VIGENTE (Revogado pelo Protocolo de Olivos)
Protocolo Adicional ao Tratado de Assunção sobre la Estrutura Institucional do MERCOSUR (Protocolo de Ouro Preto). Firmado: Ouro Preto, 17 de dezembro de 1994	---	L: 24560 D: 15-NOV-95	DTO. LEG. 188 15-DIC-95 D: 16-FEB-96	L: 596 15-JUN-95 D: 12-SET-95	L: 16 712 1-SET-95 D: 15-NOV- 95	Pendente	30 d D 3º I.R. ARG-PAR-URU 15-DIC-95 BRA 16-FEB-96
Protocolo de Defesa da Concorrência do MERCOSUR. **Firmado: Fortaleza, 17 de dezembro de 1996**	DEC. nº 18/96	**Pendente**	**DTO. LEG. 6 15-FEB-00 D: 9-AGO-00**	**L: 1143 15-OCT-97 D: 31-OCT-97**	**Pendente**	---	30 d D 2º I.R. BRA-PAR 8-SET-00 **NÃO VIGENTE (Revogado pela DEC. Nº 43/10)**

Anexo ao Protocolo de Defesa da Concorrência do MERCOSUR. (Conforme o Art. 3º é parte integrante do Protocolo de Defesa da Concorrência do MERCOSUR de 1996) **Firmado: Rio de Janeiro, 10 de dezembro de 1998**	DEC. nº 02/97	Pendente	DTO. LEG. 6 15-FEB-00 D: 9-AGO-00	Pendente	Pendente	---	30 d D 2º I.R. NÃO VIGENTE (Revogado pela DEC. Nº 43/10)
Protocolo de Olivos para la Solução de Controvérsias no MERCOSUR. **Firmado: Buenos Aires, 18 de fevereiro de 2002**	---	L: 25663 D: 29-ENE-03	DTO. LEG. 712 14-OCT-03 D: 2-DIC-03	L: 2070 3-FEB-03 D: 20-FEB-03	L: 17.629 11-ABR-03 D: 11-JUL-03	---	30 d D del 4º I.R. 01-ENE-04
Acordo sobre o Regulamento do Protocolo de Defesa da Concorrência do MERCOSUR. **Firmado: Brasília, 5 de dezembro de 2002**	---	Pendente	Pendente	N: 5-OCT-06	Pendente	---	NÃO VIGENTE (Revogado pela Diretriz CCM/DIR. Nº 15/11)
Acordo de Defesa da Concorrência do MERCOSUR. **Firmado: Foz de Iguaçu, 16 de dezembro de 2010**	DEC. Nº 43/10	N: 10-JUN-11	Pendente	Pendente	Pendente	---	30 dias da última notificação entre as Partes . NÃO VIGENTE

* Legenda: – 30 d D 2º IR: 30 dias depois do Deposito do 2º Instrumento de Ratificação – L: Lei – DTO.LEG.: Decreto Legislativo – IR: Instrumento de Ratificação – N: Notificação – D: Depósito – EP: Estado Parte – EA: Estado Associado – ARG: Argentina – BRA: Brasil – PAR: Paraguai – URU: Uruguai – VEN: Venezuela – BOL: Bolívia – CHI: Chile.

OI DE INTEGRAÇÃO E COOPERAÇÃO REGIONAL ECONÔMICA

O desenvolvimento do Mercosul acabou por colidir, desta forma, com problemas internos e externos, tanto com a modificação de frentes negociadoras no âmbito da política externa, considerando as tratativas envolvendo a ALCA, quanto por questões macroeconômicas, que alteraram o cenário financeiro mundial na década de 1990. Mesmo perseguindo o caminho cooperativo, as fortes assimetrias dos membros do bloco acabaram interferindo em seu desenvolvimento, e *"os anos que se seguiram mostraram que, apesar da vontade e da necessidade de colaboração, em instituições mais amplas, os interesses particulares de cada país nunca deixaram de ser explicitados e se converteram em fator desagregador"*[193]. Em outras palavras, não obstante os problemas externos ao Mercosul, as questões internas e a debilidade institucional, igualmente, interfeririam fortemente para que o processo de integração regional fosse gradualmente padecendo de credibilidade[194].

A estagnação do processo de integração comprometeu, ainda que momentaneamente, o avanço e o aprofundamento das relações do bloco. Segundo Mello, *"após a passagem para a fase de união aduaneira, a integração no Mercosul permaneceu, de forma geral, estacionada em um mesmo patamar, marcada por dificuldades crescentes para avançar no processo de aprofundamento e por atritos constantes entre seus membros"*[195]. Com isto, Mello identifica três pontos que culminaram com a prática adotada pelos membros do Mercosul de manter uma maior flexibilidade na condução de políticas macroeconômicas, fator que não deixou, por sua vez, de fomentar o conflito entre os participantes do bloco. Estes três fatores seriam:

(i) a complexidade da agenda interna do próprio bloco;

---

[193] MIYAMOTO, Shiguenoli. *O Brasil e a América Latina: Opções Políticas e Integração Regional. IN* Cadernos PROLAM/USP/ Cadernos do Programa de Pós Graduação em Integração da América Latina da Universidade de São Paulo – PROLAM/USP. Ano VIII Volume I – 2009, pág. 101.

[194] Segundo estudo de Ana Maria Stuart: *"A debilidade institucional do modelo regional do Mercosul é responsável pela decrescente credibilidade do processo. Instituições intergovernamentais e supranacionais, representando interesses dos Estados e das sociedades, funcionariam como arenas para dirimir as diferenças e conflitos, e principalmente como gestoras de políticas públicas comuns que facilitassem a realização da vocação de constituir um Mercado Comum do Sul. Faz parte da realidade dos países membros do Mercosul a marcada desigualdade de desenvolvimento entre as sub-regiões que os compõem. Tanto o Brasil como a Argentina sofrem de graves distorções que afetam o funcionamento do sistema federativo em ambos os países. O desenvolvimento de políticas ativas de coesão econômico-social permitiriam uma distribuição equitativa dos benefícios e custos do processo. Não é possível pensar em mercado comum regional entre atores que apresentam grandes assimetrias em seus índices de desenvolvimento econômico e humano. Os argumentos a favor da coesão regional registram opiniões que transitam do âmbito dos princípios – uma questão de justiça – até razões pragmáticas como as distorções na competitividade que afetam as relações de mercado".* IN STUART, Ana Maria. *Regionalismo e democracia – uma construção possível* – Tese de Doutorado – Faculdade de Filosofia, Letras e Ciências Humanas. Universidade de São Paulo – USP – São Paulo – USP, 2002, pág. 208.

[195] MELLO, Flávia de Campos. *Política Externa Brasileira e os Blocos Internacionais.* São Paulo em Perspectiva: São Paulo, v. 16, n. 1, 2002, pág. 40.

(ii) as orientações de políticas econômicas dos principais membros não convergiam, tornando assim, menor a inclinação dos membros do bloco para a assunção de compromissos na esfera de políticas macroeconômicas que pudessem cercear a liberdade de tomada de decisões individuais;

(iii) e naturalmente, a vulnerabilidade externa da região, agravada pela alta instabilidade dos mercados financeiros internacionais, especialmente em 1997 e 1998.

De outra maneira, desde os primeiros compromissos, datados do Tratado de Assunção, diversos pontos e momentos podem ser escolhidos para apontar situações nas quais os membros do Mercosul caminharam para um aprofundamento das relações e do processo integracionista, enquanto em outros distintos momentos, trabalharam em favor do alargamento do mesmo processo, como, por exemplo, tal como dito, na época das negociações da ALCA, quando visivelmente se buscou o reforço dos laços no Cone Sul para fazer frente aos movimentos norte-americanos.

Não obstante esses problemas verificados no processo de criação e aparente desenvolvimento parcial do Mercosul, podemos apontar desdobramentos que parecem contribuir, como forças positivas. A discussão que se segue no próximo capítulo é pertinente para compreendermos qual a teoria de RI que poderia permitir explicar um processo como o do Mercosul. Nossa opção, como já afirmado anteriormente, será a da perspectiva construtivista, em função da verificação, nos próximos capítulos, de que não é a imposição de uma estrutura como a do Mercosul que por sí só influencia o processo como todo, e sim, o fato de que *"agentes e estruturas constituem-se simultaneamente, em função de normas e em um contexto normativo"*[196], marcado pela forte assimetria e por desigualdades regionais, mas que têm na vertente da integração regional uma opção próxima e concreta de possibilidade de superação de tais obstáculos.

Vale reforçar, ainda, a importância de que o processo de integração proposto, e em desenvolvimento, deva ter sólidos princípios equitativos norteadores juntamente com a prática de suas instituições que compõe sua estrutura. Neste sentido, Fantozzi, analisando o Direito Comunitário Europeu, já apontava que o desenvolvimento do Mercado Comum Europeu *"ha comportato, per gli organi comunitari, la necessità di assicurarne il corretto funzionamento, ossia di creare e garantire, nell'ambito di tale spazio economico comune, condizioni analoghe a quelle di un mercato interno, di modo che i cittadini e le imprese degli Stati membri vengano a trovarsi in posizione di sos-*

---

[196] ROCHA, Antonio Jorge Ramalho. *A Construção do Mundo: teorias e relações internacionais.* Tese de Doutorado – Faculdade de Filosofia, Letras e Ciências Humanas. Universidade de São Paulo – USP – São Paulo – USP, 2002, pág. 178

OI DE INTEGRAÇÃO E COOPERAÇÃO REGIONAL ECONÔMICA

tanziale uguaglianza"[197]. Vemos que a necessidade/obrigação de que para o efetivo desenvolvimento de um processo de integração econômica regional, é vital que este espaço seja pensado e tenha condições análogas ao de um mercado interno de um Estado, mas considerando ainda, o tratamento dado aos agentes de mercado, lastreado em princípios de igualdade e equidade.

Em suma, o Mercosul não é apenas um processo de integração regional que encontra obstáculos, sejam políticos, sejam econômicos ou sociais, mas um processo que existe, é real e tem caminhado independentemente de tais obstáculos, ainda que sejam verificados períodos de estagnação.

---

[197] FANTOZZI, Augusto. *Il Principio Comunitario di non Discriminazione nell'imposizioner sul reddito.* *In* Dimensão Jurídica do Tributo: homenagem ao professor Dejalma de Campos. Edvaldo Brito e Roberto Rosas (coords). São Paulo: Meio Jurídico, 2003, pág. 129.
Tradução livre do Autor: *"Levou, aos órgãos comunitários, a necessidade de assegurar o seu correto funcionamento, ou seja, de criar e garantir, no espaço econômico comum, condições semelhantes às de um mercado interno, para que os cidadãos e empresas dos Estados Estados-Membros possam estar em condições de igualdade substancial".*

Capítulo 4
A construção da defesa da concorrência no mercosul

Na esteira dos tópicos abortados na primeira parte, propomos, neste capítulo, a realização de uma efetiva e pontual identificação do marco regulatório.

Como já foi indicado, trabalhamos com a hipótese de que, juntamente com a importância do desenvolvimento e aprofundamento do marco regulatório da Defesa da Concorrência no Mercosul, as políticas antitruste integram as políticas industriais dos Estados-Partes agindo como elemento contributivo na construção da integração de mercados regionais. Com isso, compreendemos que políticas industriais, política de Defesa da Concorrência, política externa integram a categoria de efetivas políticas públicas. Isso permitirá o entendimento mais claro de que por meio do referido *continuum* as influências e limites existentes na relação agentes/estruturas operam na construção da cooperação, interesses e identidades, sob uma perspectiva construtivista das Relações Internacionais.

Neste capítulo devemos nos concentrar na situação regulatória e verificar a experiência integracionista do Mercosul. Primeiramente, a investigação terá o intuito de apontar o "Estado da Arte" da legislação antitruste no Mercosul, passando em seguida à análise da existência ou não de regulação da Defesa da Concorrência no ordenamento jurídico interno dos Estados-Partes do bloco, na tentativa de compreender o atual marco regulatório.

Assim, este capítulo deverá tratar do estudo do modelo de Direito da Concorrência implantado no Mercosul, levando-nos à posterior análise das experiências regulatórias envolvendo a questão da Defesa da Concorrência na Argentina, Brasil, Paraguai, Uruguai (Estados-Partes que firmaram o Tratado de Assunção em 26 de março de 1991) e Venezuela (protocolo de adesão firmado no dia 04 de julho de 2006), sem adentrar na análise da questão nos Estados-Associados (Bolívia, Chile, Colômbia, Equador, e Perú).

DEFESA NA CONCORRÊNCIA NO MERCOSUL

Iniciaremos com o atual momento da regulação do Direito da Concorrência no Mercosul, qual seja, o Acordo de Defesa da Concorrência do MERCOSUL, aprovado pela Decisão MERCOSUL/CMC/DEC. Nº 43/10, do Conselho do Mercado Comum.

Até o final do ano de 2010, estava vigente o "Protocolo de Defesa da Concorrência no Mercosul – Protocolo de Fortaleza", de 17/12/1996. Lembramos que, apesar de o Protocolo de Fortaleza ter sido ratificado por alguns Estados-Partes do Mercosul, pouquíssimo avanço foi identificado em muitos anos de vigência, seja por divergências políticas, seja por dificuldades de implantação, e ainda, por questões de conjuntura, em função de crises econômicas mundiais, que naturalmente repercutiram direta e indiretamente na América Latina.

Neste sentido, nossa pesquisa demonstrou que mesmo com a evidente estagnação política do aprofundamento do processo de integração, identificamos que a cooperação entre os Estados-Partes do Mercosul parece ter sido fomentada não de forma vertical, de cima para baixo, dada a estrutura do bloco, e sim, de forma inversa. Desde 2003, vemos que tem sido fomentada a tentativa de cooperação na aplicação de leis de concorrência (referimo-nos a acordo entre Argentina e Brasil), por meio das Autoridades de Defesa da Concorrência. Este esforço resulta de trabalho desenvolvido pelos agentes dos países, ainda que consideradas as limitações estruturais, na tentativa de criar marcos para a cooperação e para avanços na regulação do Protocolo de Fortaleza, que entendemos culminar com a aprovação do Acordo de Defesa da Concorrência do MERCOSUL (MERCOSUL/CMC/DEC. Nº 43/10) no final do ano de 2010.

4.1. Histórico da Regulação e o "Estado da Arte" do Antitruste no Mercosul

Dado um processo de integração regional, com vistas ao estabelecimento de um Mercado Comum, é elemento essencial que exista coerência na prática legislativa entre os Estados-Partes. Sem tal elemento, a instituição do Mercado Comum pode ser comprometida. Ademais, tal prática igualmente exige que sejam estabelecidas metas e políticas mínimas comuns, por meio de uma agenda comum de harmonização legislativa.

Neste sentido, o Tratado de Assunção fixa a relevância do compromisso de harmonização de suas legislações internas, visando o desenvolvimento e o fortalecimento do processo de integração[198]. Igualmente, o compromisso de harmo-

---

[198] Tratado de Assunção – Tratado de Constituição de um Mercado Comum: *"CAPÍTULO I – Propósitos, Princípios e Instrumentos – ARTIGO 1 – ... Este Mercado comum implica: A livre circulação de bens, serviços e fatores produtivos entre os países, através, entre outros, da eliminação dos direitos alfandegários e restrições não tarifárias à circulação de mercadorias e de qualquer outra medida de efeito equivalente; O estabelecimento de uma tarifa externa comum e a adoção de uma política comercial comum e relação a terceiros Estados ou agrupamentos de Estados e a coordenação de posições em foros econômico-comerciais regionais e*

A CONSTRUÇÃO DA DEFESA DA CONCORRÊNCIA NO MERCOSUL

nização legislativa foi reforçado e aprofundado pelo Protocolo de Ouro Preto, que também impõe a questão como elemento requerido ao avanço do processo de integração[199], autorizando, inclusive, quando necessário que o Conselho do Mercado Comum solicite à Comissão Parlamentar Conjunta o exame de temas prioritários, visando acelerar a pronta entrada em vigor das normas emanadas dos órgãos do Mercosul.

Contudo, no tocante a esta harmonia, não encontramos no atual marco regulatório do Mercosul normas sobre concorrência comercial de forma equilibrada entre os Estados-Partes, o que leva visivelmente ao não cumprimento do disposto no artigo 4º do Tratado de Assunção[200], que determina que os Estados-Partes devem coordenar suas respectivas políticas nacionais com o objetivo de elaborar normas comuns sobre concorrência comercial.

Vale aqui destacar que diretamente os Estados-Partes do Mercosul reconheceram ser a Defesa da Concorrência e a defesa comercial elementos da política nacional, nos termos do referido artigo 4º do Tratado de Assunção. Isto implica reconhecer que devem os Estados, no curso do processo de integração, trabalhar para harmonizar também suas políticas industriais, considerando a Defesa da Concorrência comum um elemento destas.

Contextualizando, como marco regulatório no Mercosul, verificamos a gênese da regulação da Defesa da Concorrência no ano de 1992[201]. Em 27 de junho de

internacionais; A coordenação de políticas macroeconômicas e setoriais entre os Estados Partes – de comércio exterior, agrícola, industrial, fiscal, monetária, cambial e de capitais, de outras que se acordem –, a fim de assegurar condições adequadas de concorrência entre os Estados Partes, e O compromisso dos Estados Partes de harmonizar suas legislações, nas áreas pertinentes, para lograr o fortalecimento do processo de integração". (grifos nossos) Disponível em http://www.mercosur.int/innovaportal/file/655/1/CMC_1991_TRATADO_ES_Asuncion.pdf. Acesso em 10/10/2009.

[199] Protocolo de Ouro Preto – Protocolo adicional ao Tratado de Assunção sobre a Estrutura Institucional do Mercosul: "Artigo 25 – A Comissão Parlamentar Conjunta procurará acelerar os procedimentos internos correspondentes nos Estados Partes para a pronta entrada em vigor das normas emanadas dos órgãos do Mercosul previstos no Artigo 2 deste Protocolo. Da mesma forma, coadjuvará na harmonização de legislações, tal como requerido pelo avanço do processo de integração. Quando necessário, o Conselho do Mercado Comum solicitará à Comissão Parlamentar Conjunta o exame de temas prioritários". (grifos nossos) Disponível em http://www.mercosur.int/innovaportal/file/655/1/CMC_1994_PROTOCOLO%20OURO%20PRETO_ES.pdf. Acesso em 16/09/2009.

[200] Tratado de Assunção: "Artigo 4º – Nas relações com terceiros países, os Estados Partes assegurarão condições eqüitativas de comércio. Para tal fim, aplicarão suas legislações nacionais, para inibir importações cujos preços estejam influenciados por subsídios, dumping qualquer outra prática desleal. Paralelamente, os Estados Partes coordenarão suas respectivas políticas nacionais com o objetivo de elaborar normas comuns sobre concorrência comercial". (Grifo nosso) Disponível em http://www.mercosur.int/innovaportal/file/655/1/CMC_1991_TRATADO_ES_Asuncion.pdf. Acesso em 10/10/ 2009.

[201] Segundo Hector N. Di Biase, "a defesa da concorrência no Mercosul tem sido tratada em seu grupo de trabalho nº 10, no Comitê Técnico sobre defesa da concorrência nº 5, e nas reuniões conjuntas do Comitê Técnico

1992, o Conselho do Mercado Comum aprovou a Decisão MERCOSUL/GMC/ /DEC. Nº 01/92, que refletia um cronograma de medidas que deveriam ser adotadas antes de 31 de dezembro de 1994, a fim de assegurar o pleno cumprimento dos objetivos estabelecidos no Tratado de Assunção para o período de transição. Trata-se de norma que estabeleceu compromissos programáticos, dentre outros assuntos, também sobre a Defesa da Concorrência. Esta normativa alocou ao Subgrupo de Trabalho nº 10, responsável pela coordenação de políticas macroeconômicas, a tarefa, com prazos, para trabalhar o tema da harmonização das legislações sobre Defesa da Concorrência no Mercosul e estabeleceu que o tema da regulação fosse tratado por uma Comissão *Ad Hoc.*

Foi com a Decisão MERCOSUL/CMC/Nº 21/94 que se buscou estabelecer e aprovar as pautas básicas sobre Defesa da Concorrência no Mercosul[202]. Na edição da normativa, os Estados-Partes consideravam que é necessário contar com parâmetros comuns para a Defesa da Concorrência no Mercosul, de modo a possibilitar ação coordenada dos Estados-Partes para coibir as práticas contrárias à livre concorrência, reforçando assim a importância da adoção de políticas nacionais comuns para os membros do bloco econômico.

Ainda, a Decisão MERCOSUL/CMC/Nº 21/94 teve por fundamento os trabalhos da Comissão de Defesa da Concorrência do Subgrupo de Trabalho Nº 10, que desenvolveu critérios que visavam a adoção de um instrumento que cobrisse os demais aspectos da Defesa da Concorrência no MERCOSUL, em função de vários aspectos relacionados já estarem incorporados a diversos outros instrumentos já aprovados no âmbito do MERCOSUL.

Segundo o mesmo normativo, foi fixado prazo para que até o dia 31 de março de 1995 os Estados-Partes apresentassem à Comissão de Comércio do Mercosul informações detalhadas sobre a compatibilidade de suas respectivas legislações nacionais, ou projetos que estivessem em tramitação. Essas informações deveriam ser trabalhadas perante a Comissão de Comércio, devendo a mesma submeter ao Grupo Mercado Comum, até o dia 30 de junho de 1995, proposta de Estatuto de Defesa da Concorrência do MERCOSUL.

Por conta da Decisão MERCOSUL/CMC/Nº 21/94, "*os Estados participantes deveriam apresentar uma informação detalhada à Comissão de Comércio do Mercosul, criada pelo Protocolo de Ouro Preto, e essa, por sua vez, ditou a Diretiva 145, criando o Comitê Técnico nº 5 e dando instruções para se redigir um Protocolo de defesa da*

---

nº 5 com o grupo ad hoc de assuntos institucionais". Di Biase, Hector N. *IN Regime Jurídico da Concorrência.* Disponível em http://www.cjf.jus.br/revista/numero2/artigo11.htm. Acesso em 02/07/2010.

[202] Esta decisão normativa teve como fundamentos o Tratado de Assunção e as Decisões Nº 13/93, Nº 3/94, Nº 9/94 e Nº 10/94, e a Decisão Nº 20/94 (Políticas Públicas) do Conselho do Mercado Comum.

A CONSTRUÇÃO DA DEFESA DA CONCORRÊNCIA NO MERCOSUL

concorrência"[203]. Neste âmbito, o relacionamento dos Estados-Partes iniciava-se no Comitê Técnico nº 5[204], criado em 15/02/1995 e vinculado à Comissão de Comércio do Mercosul – CCM – que deveria submeter as questões ao Grupo Mercado Comum – GMC, que por sua vez apresentaria para decisão ao Conselho do Mercado Comum – CMC, órgão máximo do bloco. Estas normas buscaram refletir equilibradamente os interesses de todos os sócios e devem ser consideradas um conjunto integral destas vontades.

Dos trabalhos do Comitê Técnico nº 5 resultou a proposta da norma voltada para a Defesa da Concorrência no Mercosul[205]. Assim, o Conselho do Mercado Comum, reunido na cidade de Fortaleza, no Brasil, em 17 de dezembro de 1996 decidiu, por meio da Decisão MERCOSUL/CMC/DEC. Nº 18/96[206], aprovar o "Protocolo de Defesa da Concorrência do Mercosul", conhecido por Protocolo

---

[203] DI BIASE, Hector N. *IN Regime Jurídico da Concorrência*. Disponível em http://www.cjf.jus.br/revista/numero2/artigo11.htm. Acesso em 02/07/2010.

[204] O Comitê Técnico nº 5, vinculado à Comissão de Comércio do Mercosul – CCM, tem como antecedente o Grupo de Trabalho SGT Nº 10/ Comissão de Defesa da Concorrência, que existiu no período de 1991 a 1994.

[205] Segundo notícia histórica de Di Biase, "*O Comitê Técnico nº 5 se reuniu cinco vezes no ano de 1995, em reunião de comitê, e cinco vezes mais no ano de 1996; neste último já de forma conjunta com o grupo ad hoc de assuntos institucionais. Nesse Comitê, o Brasil, já na segunda reunião, negociou um projeto de Protocolo, em maio do ano de 1995. Sua quinta reunião com o grupo ad hoc de assuntos institucionais terminou em Brasília, em 14 de novembro de 1996. Nesse momento, na Ata Conjunta nº 5/96, o Comitê Técnico aprovou, por consenso, uma ata de defesa da concorrência, destacando-se um ineficaz avanço conseguido na temática. Não obstante, a delegação da Argentina estabeleceu que a ata não pode ser considerada como projeto comum de defesa da concorrência, pois não inclui uma seção referente à ajuda do Estado, apesar de a mesma constituir uma distorção da igualdade de condições para competir. A Argentina continuará aplicando sua legislação nacional em matéria de direitos anti-dumping e compensatórios ao comércio intrazona. A delegação brasileira considerou cumprido o mandato outorgado ao Comitê 5, considerou que o tema "ajuda de Estado" não está previsto na Decisão 21/94, mas está a cargo de um outro comitê, o Comitê Técnico nº 4, e inclusive assinalou a delegação brasileira que o projeto acordado no Comitê Técnico nº 5, levado à Comissão de Comércio originalmente, não continha disposições a respeito de ajuda do Estado. A delegação do Paraguai considerou que o texto é completo com relação às necessidades normativas de uma legislação anti-trust, ainda que incompleto quanto às medidas de interesse central de instaurar o mecanismo de defesa da concorrência na união aduaneira, pois requer a incorporação ao Protocolo da avaliação e do controle dos efeitos distorcedores produzidos pelas ajudas de Estado. A delegação uruguaia considerou que o texto definitivo do Protocolo deve necessariamente contemplar um tema de fundamental importância, como a ajuda do Estado, mecanismo indispensável para disciplinar as condutas dos Estados susceptíveis de afetar o livre jogo da concorrência no mercado regional. As três delegações – da Argentina, do Paraguai e do Uruguai – julgaram adequado levar ao conhecimento da Comissão de Comércio do Mercosul as divergências referentes ao conteúdo do Estatuto, para que a Comissão adote as medidas que estime oportunas*". DI BIASE, Hector N. *op. cit.*

[206] Protocolo de Defesa da Concorrência do Mercosul – Protocolo de Fortaleza – PDC – Decisão MERCOSUL/CMC/DEC. Nº 18/96. Disponível em http://www.mercosur.int/msweb/portal%20intermediario/Normas/normas_web/Decisiones/PT/Dec_018_096_Protocolo%20Defesa%20Concorrência_Ata%202_96.PDF. Acesso em 05/07/2010.

de Fortaleza[207]. O escopo da normativa, como o próprio nome apontava, tinha por objeto a Defesa da Concorrência no âmbito do Mercosul.

O Protocolo de Defesa da Concorrência do Mercosul – PDC, não obstante o objetivo principal de cooperação técnica entre as Autoridades Antitruste dos Estados-Partes do Mercosul, também estabeleceu procedimentos de cooperação entre essas Autoridades, criando o Comitê de Defesa da Concorrência do Mercosul – CDC. A norma partiu do reconhecimento, pelos Estados-Partes, de que o estabelecimento de condições adequadas de concorrência é imperativo para a livre circulação de bens e serviços entre os Estados-Partes, assim como é importante, para o cumprimento dos objetivos de livre comércio estabelecidos no Tratado de Assunção, que o Mercosul conte com um marco regulatório que preserve e promova a livre concorrência. Neste ponto, os Estados-Partes reconheceram a necessidade urgente de que fossem estabelecidas diretrizes para a Defesa da Concorrência, julgando que a mesma seria instrumento capaz de assegurar o livre acesso ao mercado e a distribuição equilibrada dos benefícios do processo de integração econômica representado pelo bloco.

Em seu primeiro capítulo, o PDC estabelecia seu objeto e âmbito de aplicação. Vale destacar, desde já, que a norma exclui da aplicação do Protocolo aqueles atos praticados no respectivo território por pessoa física ou jurídica de direito público ou privado ou outra entidade nele domiciliada e cujos efeitos sobre a concorrência a ele se restrinjam[208]. Esta exceção constitui, em nosso entendimento, perigosa rota de fuga ou alternativa para a construção de complexas estruturas e operações visando elidir a aplicação do PDC.

Ademais, entendemos que, por se tratar de um bloco econômico de integração regional, tal regra não tem razão de ser, além de contrariar os ditames de formação de um efetivo Mercado Comum, que o Mercosul almeja ser. Como vimos no segundo capítulo, a integração regional no estágio de um Mercado Comum implica a eliminação de barreiras alfandegárias e não alfandegárias, com a adição de política comum em relação aos países não membros, por meio de uma tarifa externa comum (TEC), além da harmonização de medidas de política comercial internacional e da livre circulação do trabalho e capital. Ora, a exce-

---

[207] A Decisão MERCOSUL/CMC/DEC. Nº 18/96 teve fundamento no Tratado de Assunção, o Protocolo de Ouro Preto, a Decisão 21/94 do Conselho do Mercado Comum, a Resolução 129/94 do Grupo Mercado Comum e a Diretiva 1/95 da Comissão de Comércio do Mercosul.

[208] Protocolo de Defesa da Concorrência do Mercosul – Protocolo de Fortaleza – PDC – Decisão MERCOSUL/CMC/DEC. Nº 18/96. *"Art. 3º É da competência exclusiva de cada Estado Parte a regulação dos atos praticados no respectivo território por pessoa física ou jurídica de direito público ou privado ou outra entidade nele domiciliada e cujos efeitos sobre a concorrência a ele se restrinjam"*. Disponível em http://www.mercosur.int/msweb/portal%20intermediario/Normas/normas_web/Decisiones/PT/ Dec_018_096_Protocolo%20Defesa%20Concorrência_Ata%202_96.PDF . Acesso em 05/07/2010

A CONSTRUÇÃO DA DEFESA DA CONCORRÊNCIA NO MERCOSUL

ção deixaria de fora parcela do mercado que por ser um Mercado Comum não poderia ser excluída.

De toda forma, as regras do Protocolo aplicavam-se aos atos praticados por pessoas físicas ou jurídicas de direito público ou privado ou outras entidades que tivessem por objeto produzir ou que produzam efeitos sobre a concorrência no âmbito do Mercosul e que afetem o comércio entre os Estados-Partes. Devem ser incluídas no rol das pessoas jurídicas as empresas que exercem monopólio estatal, na medida em que as regras do Protocolo não impedissem o desempenho regular de atribuição legal[209].

O Protocolo de Fortaleza seguia estabelecendo parâmetros de sua aplicação, sendo que o segundo capítulo tratava das condutas e práticas restritivas da concorrência, excluindo do objeto da norma aquelas situações que representem a simples conquista de mercado resultante de processo natural fundado na maior eficiência de agente econômico em relação a seus competidores, afirmando que tais eventos não são caracterizados ofensas à concorrência (art. 5º do PDC). O terceiro capítulo do PDC tratava do controle de atos e contratos, com vistas a prevenir os seus possíveis efeitos anticompetitivos no âmbito do Mercosul.

Segundo o quarto capítulo do PDC, era instituído o Comitê de Defesa da Concorrência do Mercosul – CDC, sendo que a sistemática adotada estabelecia que os órgãos nacionais seriam responsáveis pela instauração de procedimentos, pela investigação de práticas anticoncorrenciais e pela consequente elaboração de parecer técnico a respeito.

Os procedimentos de aplicação do PDC eram fixados e estabelecidos a partir do art. 10º de forma pontual, impondo à Comissão de Comércio do Mercosul a responsabilidade de análise do parecer ou das conclusões do Comitê de Defesa da Concorrência. A Comissão deveria se pronunciar mediante a adoção de Diretiva, definindo quais as sanções a serem aplicadas à parte infratora ou as medidas cabíveis ao caso. Essas medidas deveriam ser aplicadas pelo órgão nacional de aplicação do Estado Parte em cujo território estivesse domiciliada a parte infratora[210].

---

[209] Protocolo de Defesa da Concorrência do Mercosul – Protocolo de Fortaleza – PDC – Decisão MERCOSUL/CMC/DEC. Nº 18/96. *"Art 2º As regras deste Protocolo aplicam-se aos atos praticados por pessoas físicas ou jurídicas de direito público ou privado ou outras entidades que tenham por objeto produzir ou que produzam efeitos sobre a concorrência no âmbito do MERCOSUL e que afetem o comércio entre os Estados Partes. Parágrafo Único. Incluem-se entre as pessoas jurídicas a que se refere o caput deste artigo as empresas que exercem monopólio estatal, na medida em que as regras deste Protocolo não impeçam o desempenho regular de atribuição legal".* Disponível em http://www.mercosur.int/msweb/portal%20intermediario/Normas/normas_web/Decisiones/PT/Dec_018_096_Protocolo%20Defesa%20Concorrência_Ata%20 2_96.PDF . Acesso em 05/07/2010.

[210] Protocolo de Defesa da Concorrência do Mercosul – Protocolo de Fortaleza – PDC – Decisão MERCOSUL/CMC/DEC. Nº 18/96. *"Art 20º A Comissão de Comércio do MERCOSUL, levando em consideração o parecer ou as conclusões do Comitê de Defesa da Concorrência, se pronunciará mediante a adoção*

DEFESA NA CONCORRÊNCIA NO MERCOSUL

Contudo, não sendo alcançado consenso, a Comissão de Comércio do Mercosul deveria encaminhar as diferentes alternativas propostas ao Grupo Mercado Comum, que deverá se pronunciar sobre a matéria mediante a adoção de Resolução[211]. Se ainda assim não houvesse consenso perante o Grupo Mercado Comum, seria facultado ao Estado-Parte interessado a apresentação de recurso diretamente por meio de comunicado à Secretaria Administrativa, valendo-se do procedimento previsto no Capitulo IV do Protocolo de Brasília para a Solução de as Controvérsias[212], qual seja, o Procedimento Arbitral instituído a partir de seu art. 7º.

Vale lembrar contexto histórico da adoção do Protocolo de Brasília para a Solução de Controvérsias. Isto porque este normativo data de 17 de dezembro de 1991, tendo o Protocolo de Defesa da Concorrência do Mercosul sido firmado em 17 de dezembro de 1996. Contudo, por meio do art. 55 do Protocolo de Olivos para a Solução de Controvérsias no Mercosul, firmado em 18 de fevereiro de 2002[213], ocorreu a derrogação total do Protocolo de Brasília para a Solução de Controvérsias, que havia sido aprovado pela Decisão CMC 17/98.

Em 18 de junho de 1997, os Estados-Partes resolveram firmar um anexo ao "Protocolo de Defesa da Concorrência do Mercosul", visando estabelecer os critérios de quantificação do valor das multas previstas no referido Protocolo. Trata-se da Decisão MERCOSUL/CMC/DEC Nº 2/97, que já foi tomada em conta do Protocolo de Defesa da Concorrência do Mercosul, aprovado pela Decisão CMC Nº 18/96.

---

de Diretiva, definindo as sanções a serem aplicadas à parte infratora ou as medidas cabíveis ao caso. §1º As sanções serão aplicadas pelo órgão nacional de aplicação do Estado Parte em cujo território estiver domiciliada a parte infratora. §2º Se não for alcançado o consenso, a Comissão de Comércio do MERCOSUL encaminhara as diferentes alternativas propostas ao Grupo Mercado Comum". Disponível em http://www.mercosur. int/msweb/portal%20intermediario/Normas/normas_web/Decisiones/PT/Dec_018_096_Protocolo%20Defesa%20Concorrência_Ata%202_96.PDF . Acesso em 05/07/2010.

[211] Protocolo de Defesa da Concorrência do Mercosul – Protocolo de Fortaleza – PDC – Decisão MERCOSUL/CMC/DEC. Nº 18/96. *"Art. 21º O Grupo Mercado Comum se pronunciará sobre a matéria mediante a adoção de Resolução. Parágrafo Único – Se o Grupo Mercado Comum não alcançar o consenso, o Estado Parte interessado poderá recorrer diretamente ao procedimento previsto no Capitulo IV do Protocolo de Brasília para a Solução de as Controvérsias".* Disponível em http://www.mercosur.int/msweb/portal%20intermediario/Normas/normas_web/Decisiones/PT/Dec_018_096_Protocolo%20Defesa%20Concorrência_Ata%202_96.PDF . Acesso em 05/07/2010.

[212] Protocolo de Brasília para a Solução de Controvérsias. Disponível em http://www.mre.gov.py/dependencias/tratados/mercosur/registro%20mercosur/Acuerdos/1991/portugués/2.Protocolo%20de%20Brasilia.pdf. Acesso em 05/07/2010.

[213] Protocolo de Olivos para a Solução de Controvérsias no Mercosul. Disponível em http://www.mre.gov.py/dependencias/tratados/mercosur/registro%20mercosur/Acuerdos/2002/portugués/51.%20Protocolo%20de%20Olivos.pdf. Acesso em 05/07/2010.

A CONSTRUÇÃO DA DEFESA DA CONCORRÊNCIA NO MERCOSUL

Contudo, apesar das divergências verificadas no processo de formulação do Protocolo de Fortaleza, tanto no seio do Comitê Técnico nº 5, quando nas reuniões da Comissão de Comércio do Mercosul, e apesar da aprovação do mesmo no ano de 1996, a norma não foi efetivamente internalizada nos ordenamentos jurídicos nacionais. O Paraguai o fez quase que imediatamente, seguido pelo Brasil, no ano de 2000. Até dezembro de 2010, Argentina e Paraguai ainda não haviam depositado os instrumentos de ratificação da Decisão MERCOSUL/CMC/DEC. Nº 18/96, a saber, o "Protocolo de Defesa da Concorrência do Mercosul".

Assim, tanto no âmbito legislativo interno dos Estados-Partes, quanto nas instâncias do Mercosul, seguiu-se um longo período de inatividade. Tal situação, não obstante os impasses gerados pela própria necessidade de internalização da norma aos ordenamentos jurídicos pátrios, foi também especialmente fomentada pelas crises econômicas mundiais, que naturalmente repercutiram direta e indiretamente na América Latina, tais como a crise Asiática (1997) que atingiu também Rússia e Brasil (1998), culminando com a crise do *subprime* (2007). Durante o período, o foco, a atenção e as prioridades dos Estados efetivamente foram alteradas, ficando para segundo plano a regulamentação da matéria. Ademais, muitas trazem consigo o retorno do protecionismo, pois *"ante crisis profundas, los desconciertos conducen a evocar precedentes históricos, sea para interpretarlas o para encarar soluciones. En relación al impacto en el comercio mundial, dos precedentes son mencionados"*[214].

Visando a diminuição dos impactos destes desequilíbrios globais, os Estados--Partes uniram-se novamente com vistas a reforçar o projeto de constituir um Mercado Comum, tratando em determinadas normativas efetivamente as medidas como sendo de "Relançamento do Mercosul". No ano de 2000, o Conselho do Mercado Comum, reunido em Buenos Aires, publicou diversas decisões neste sentido, interessando-nos especialmente a Decisão MERCOSUL/CMC/DEC. Nº 28/00[215], que reconhecida que para o bom funcionamento do Mercado Comum é indispensável tratar de forma inter-relacionada os aspectos relativos à defesa comercial intrazona e a Defesa da Concorrência. Nesta Decisão, em seu art. 4, restou decidido encomendar ao Grupo Mercado Comum – GMC que instruísse à Comissão de Comércio do Mercosul – CCM para analisar o aperfeiçoamento das disciplinas e mecanismos da defesa da concorrência no Mercosul.

---

[214] PEÑA, Félix. *Lecciones históricas para la crisis del comercio global. IN* Diario El Cronista – 11 de fevereiro de 2009. Disponível em http://www.felixpena.com.ar/index.php?contenido=wpaper s&wpagno=documentos/2009-02-11-lecciones-historicas-crisis-global. Acesso em 28/11/2009.
[215] A Decisão MERCOSUL/CMC/DEC. Nº 28/00 teve por fundamento o Tratado de Assunção, o Protocolo de Ouro Preto e as Decisões 9/95, 18/96 e 11/97 do Conselho do Mercado Comum.

DEFESA NA CONCORRÊNCIA NO MERCOSUL

Este trabalho foi levado adiante e já em março de 2003 foi estabelecida a diretiva MERCOSUL/CCM/DIR. Nº 01/03[216], aprovou o "Regulamento do Protocolo de Defesa da Concorrência do Mercosul"[217], fazendo parte, inclusive, da diretriz da Comissão de Comércio do Mercosul. A norma foi o reconhecimento, pelos Estados-Partes, de que era necessário regulamentar o Protocolo de Defesa da Concorrência do Mercosul, dando continuidade aos trabalhos de 1996.

Segundo a diretiva MERCOSUL/CCM/DIR. Nº 01/03, o Comitê de Defesa da Concorrência (CDC), na qualidade de órgão intergovernamental da Comissão de Comércio do Mercosul, foi alocado como encarregado de aplicar o Protocolo de Defesa da Concorrência do Mercosul (PDC)[218]. O Comitê de Defesa da Concorrência é composto pelos órgãos nacionais de aplicação do PDC de cada Estado Parte, os quais são representados por um membro titular e dois membros alternos[219]. A primeira parte do Regulamento trata, ainda, da Composição e das Reuniões do Comitê, bem como de seus sistemas de tomada de decisões, que serão por consenso dos Estados Partes que tenham ratificado o PDC[220]. A segunda parte regula de forma pontual e detalhada a aplicação do Protocolo, sendo que para efeitos de determinação do âmbito de aplicação do PDC, deve ser considerada, concomitantemente, a afetação do comércio entre os Estados Partes e a afetação dos mercados relevantes de bens ou serviços no âmbito do Mercosul[221].

---

[216] MERCOSUL/CCM/DIR. Nº 01/03 – Comissão de Comércio do Mercosul http://200.40.51.218/SAM/GestDoc/PubWeb.nsf/Normativa?ReadForm&lang=ESP&id=5CF360370F6D6DEB03257 5B500598E83&lang=ESP . Acesso em 10/03/2010,

[217] A diretiva MERCOSUL/CCM/DIR. Nº 01/03 está baseada no Tratado de Assunção, o Protocolo de Ouro Preto e a Decisão Nº 18/96 do Conselho Mercado Comum.

[218] Regulamento do Protocolo de Defesa da Concorrência do Mercosul – MERCOSUL/CCM/DIR. Nº 01/03: *"ARTIGO 1 – O Comitê de Defesa da Concorrência (CDC) é o órgão intergovernamental da Comissão de Comércio do MERCOSUL encarregado de aplicar o Protocolo de Defesa da Concorrência do MERCOSUL (PDC)".*

[219] Regulamento do Protocolo de Defesa da Concorrência do Mercosul – MERCOSUL/CCM/DIR. Nº 01/03: *"ARTIGO 2 – O Comitê de Defesa da Concorrência é composto pelos órgãos nacionais de aplicação (ONA) do PDC de cada Estado Parte, os quais serão representados por um membro titular e dois membros alternos. Parágrafo único – A presença do membro titular nas reuniões do CDC não exclui a dos membros alternos".*

[220] Regulamento do Protocolo de Defesa da Concorrência do Mercosul – MERCOSUL/CCM/DIR. Nº 01/03: *"ARTIGO 7 – O CDC tomará suas decisões por consenso dos Estados Partes que tenham ratificado o PDC".*

[221] Regulamento do Protocolo de Defesa da Concorrência do Mercosul – MERCOSUL/CCM/DIR. Nº 01/03: *"ARTIGO 10 – Para efeitos de determinação do âmbito de aplicação do PDC, considerar-se-á, concomitantemente, a afetação do comércio entre os Estados Partes e a afetação dos mercados relevantes de bens ou serviços no âmbito do MERCOSUL. Parágrafo único – Entende-se por "bens ou serviços no âmbito do MERCOSUL" o conjunto de bens e serviços que são produzidos ou comercializados no território de um ou mais Estados Partes do MERCOSUL".*

A CONSTRUÇÃO DA DEFESA DA CONCORRÊNCIA NO MERCOSUL

Segundo negociado pelos Estados-Partes, e constante do Regulamento do Protocolo de Defesa da Concorrência do Mercosul, foram estabelecidas, no capítulo II da normativa, determinadas circunstâncias que devem ser avaliadas quando da análise de condutas e práticas restritivas da concorrência, sendo que o art. 11 determina que deverão ser consideradas, entre outras, a) a participação no mercado relevante das empresas participantes; b) o grau em que o bem ou serviço de que se trate é substituível por outros, quer seja de origem nacional, regional ou estrangeira; as condições de tal substituição e o tempo requerido para a mesma; c) o grau em que as restrições normativas limitam o acesso de produtos ou ofertantes no mercado de que se trate; e d) o grau em que o presumível responsável possa influir unilateralmente na formação de preços ou restringir o abastecimento ou demanda no mercado e o grau em que seus competidores possam neutralizar tal poder[222].

A diretiva MERCOSUL/CCM/DIR. Nº 01/03 estabelece, ainda, a competência dos órgãos nacionais de cada Estado-Parte na aplicação do PDC, a aplicação procedimental do PDC, as regras para o compromisso de cessação e as sanções para o caso de descumprimento da ordem de cessação da prática infringente. O procedimento de aplicação tem seu início perante os órgãos nacionais que, de ofício ou por representação fundada de parte legitimamente interessada, devem submeter, dentro dos 60 dias depois de iniciada, ao Comitê de Defesa da Concorrência do Mercosul, a reclamação, juntamente com uma avaliação técnica preliminar. Segue-se o procedimento nos termos detalhadamente regulados pelos artigos 13 a 30 do Regulamento do PDC.

Por fim, cabe apontar que não foi objeto da diretiva MERCOSUL/CCM/DIR. Nº 01/03 a regulamentação do *Capítulo III – Do Controle de Atos e Contratos"* do Protocolo de Fortaleza. Segundo o art. 7º do PDC[223], os Estados-Partes deveriam

---

[222] Regulamento do Protocolo de Defesa da Concorrência do Mercosul – MERCOSUL/CCM/DIR. Nº 01/03: *"CAPÍTULO II. – DAS CONDUTAS E PRÁTICAS RESTRITIVAS – DA CONCORRÊNCIA – ARTIGO 11 – A fim de estabelecer o abuso de posição dominante em um mercado relevante de bens ou serviços no âmbito do MERCOSUL, deverão ser consideradas, entre outras, as seguintes circunstâncias: a) a participação no mercado relevante das empresas participantes; b) o grau em que o bem ou serviço de que se trate é substituível por outros, quer seja de origem nacional, regional ou estrangeira; as condições de tal substituição e o tempo requerido para a mesma; c) o grau em que as restrições normativas limitam o acesso de produtos ou ofertantes no mercado de que se trate; e d) o grau em que o presumível responsável possa influir unilateralmente na formação de preços ou restringir o abastecimento ou demanda no mercado e o grau em que seus competidores possam neutralizar tal poder".*

[223] Protocolo de Defesa da Concorrência do Mercosul – Protocolo de Fortaleza – PDC – Decisão MERCOSUL/CMC/DEC. Nº 18/96. *"Capítulo III – DO CONTROLE DE ATOS E CONTRATOS – Art. 7º Os Estados Partes adotarão, para fins de incorporação à normativa do MERCOSUL e dentro do prazo de 2 anos, normas comuns para o controle dos atos e contratos, sob qualquer forma manifestados, que possam limitar ou de qualquer forma prejudicar a livre concorrência ou resultar na dominação de mercado regional*

DEFESA NA CONCORRÊNCIA NO MERCOSUL

ter adotado, para fins de incorporação à normativa do Mercosul, dentro do prazo de 2 anos (ou seja, até 1998), normas comuns para o controle dos atos e contratos, com vistas a prevenir os seus possíveis efeitos anticompetitivos no âmbito do Mercosul. Esta omissão não representa esquecimento dos membros do Mercosul, e sim, reflete um ponto de divergência na aplicação do controle dos atos e contratos, inclusive aqueles que resultam em concentração econômica, entre as legislações argentina e brasileira. Apontaremos, ao final deste capítulo, a experiência cooperativa que pode resultar na superação deste impasse legislativo, contribuindo para o aprofundamento do marco regulatório.

Em dezembro de 2010, o Conselho do Mercado Comum (CMC), reconhecendo que a cooperação entre os Estados-Partes em matéria de concorrência contribui para o cumprimento dos objetivos de livre comércio, publicou a decisão MERCOSUL/CMC/DEC. Nº 43/10[224], que aprovou o texto do Acordo de Defesa da Concorrência do Mercosul, e revogou as Decisões CMC Nº 18/96 e 02/97, a saber, o Protocolo de Fortaleza e um anexo sobre multas.

A nova regulação consolida os marcos regulatórios nacionais e nomeia os órgãos de aplicação, alterando substancialmente o modelo anteriormente previsto pelo Protocolo de Fortaleza. Suprimiu-se a previsão de normas sobre condutas e práticas restritivas da concorrência, controle de atos e contratos, tendo sido o procedimento de aplicação substituído por um modelo de consulta mais coerente e direto, contendo um capítulo especial sobre a coordenação das atividades de aplicação em um caso específico, e outro capítulo dedicado às atividades conjuntas de assistência técnica para o desenvolvimento, a adoção, a implementação e o cumprimento das leis e políticas de concorrência, inclusive por meio da partilha de conhecimentos e informação.

4.2. A questão da harmonização legislativa

No plano global, podem ser reconhecidas algumas iniciativas de harmonização legislativa, especialmente em função dos processos de integração, mas também em decorrência de tratados e acordos multilaterais. Segundo Faria, *"uma parte significativa do direito positivo do Estado ... vem sendo submetida a processos de convergência e harmonização legislativa, em cujo âmbito os interesses regionais ou "comunitários"*

---

relevante de bens e serviços, inclusive aqueles que resultem em concentração econômica, com vistas a prevenir os seus possíveis efeitos anticompetitivos no âmbito do Mercosul". Disponível em http://www.mercosur. int/msweb/portal%20intermediario/Normas/normas_web/Decisiones/PT/Dec_018_096_Protocolo%20Defesa%20Concorrência_Ata%202_96.PDF . Acesso em 05/07/2010.

[224] MERCOSUL/CMC/DEC. Nº 43/10 – Conselho do Mercado Comum http://200.40.51.218/SAM/GestDoc/PubWeb.nsf/Normativa?ReadForm&lang=ESP&id=62B73ED5C26FE5E3032578800058DA26 . Acesso em 10/03/2011.

A CONSTRUÇÃO DA DEFESA DA CONCORRÊNCIA NO MERCOSUL

cada vez mais se sobrepõem aos interesses nacionais"[225]. Ora este reconhecimento se deve aos fluxos e movimentos econômicos globais, o comércio internacional e a integração econômica dos Estados.

Cumpre-nos, apresentar a questão envolvendo a harmonização das legislações dos países integrantes do Mercosul. Nos referimos, neste ponto, à harmonização regional, em contrapartida às soluções globais e/ou multilaterais já tentadas (p.ex. GATT), ou em andamento ou funcionamento (p.ex. ONU, OMC). A discussão em escala planetária, por razões naturais, envolve uma gama muito maior de agentes, interesses e forças que a discussão regional, o que acaba por tornar o projeto ainda mais ambicioso e complexo, logo, mais trabalhoso e difícil de ser concretizado. Neste sentido, para a regulação internacional harmonizada, Gerhard Wegner já apontava que *"no que concerne à discussão da globalização, uma solução de harmonização é, por razões práticas, inconcebível num futuro próximo"*[226], ou seja, pensar neste projeto, a curto prazo, no plano global, não pode envolver pretensões a curto ou médio prazo.

No tocante ao conceito de harmonização legislativa, apontamos que o propósito precípuo deve ser a eliminação ou minimização de distorções existentes entre os ordenamentos jurídicos existentes e vigentes dos Estados-Partes do Mercosul, inclusive mediante a adoção de políticas e técnicas legislativas.

Vale apontar, ainda, que estamos nos referindo à harmonização legislativa, decorrente de processo de integração jurídico-econômica entre os Estados-Partes. Tal ponto é evidentemente distinto da uniformidade jurídica, que é própria de sistemas jurídicos unos, e portanto, não é objeto de análise, estudo, normatização e/ou prática do Direito Comunitário. Enquanto a uniformidade jurídica pressupõe um sistema unificado, uno e uníssono, envolvendo dependência jurídica entre as partes relacionadas, a uniformização pressupõe o reconhecimento de autonomia normativa atribuída aos diversos Estados-Partes do processo de integração, com movimentos conjuntos no sentido de operar a harmonização em campos, setores ou domínios específicos. Assim, a harmonização acaba por permitir a aproximação dos ordenamentos jurídicos, enquanto a uniformização não, por pressupor um direito uno e do qual os Estados-Partes são dependentes e sem autonomia.

Não obstante a diferença conceitual, existe também a diferença de aplicação destes conceitos. Casella, analisando a questão da harmonização, aponta que *"o processo é, teórica como conceitualmente, mais fácil que tentativas de unificação de direito,*

---

[225] Faria, José Eduardo. *Sociologia Jurídica. Direito e Conjuntura*. Série GV-Law. São Paulo: Saraiva, 2008, pág. 60.

[226] Wegner, Gerhard. *Instituições Nacionais em Concorrência*. Tradução Prof. Urbano Carvelli. Porto Alegre: Sergio Antonio Fabris Editores, 2007, pág. 77.

DEFESA NA CONCORRÊNCIA NO MERCOSUL

na medida em que circunscreve a atuação de alguns dispositivos de diferentes direitos nacionais, de natureza conflitual, sem afetar o bojo dos sistemas nacionais, de caráter material, mas seu alcance, por vezes, padecerá das limitações decorrentes de sua própria extensão"[227]. Ou seja, efetivamente trata-se de um processo típico de Direito Comunitário, enquanto as tentativas de uniformização jurídica acabam por encontrar negociações, tratativas e formulações, em grande parte das vezes, muito mais difíceis e culturalmente passíveis de confrontos e conflitos.

Assim, cumpre-nos, ainda, apontar para a determinação instituída pelos normativos estruturais do Mercosul, qual seja, a harmonização das legislações internas dos Estados-Partes do bloco econômico. Trata-se de imposição estabelecida pelo Tratado de Assunção, no qual foi fixado o compromisso dos Estados-Partes de buscar e efetivar a harmonização de suas legislações internas[228]. Neste mesmo sentido, o Protocolo de Ouro Preto também impõe a harmonização de legislações como elemento requerido ao avanço do processo de integração[229].

Tal medida, segundo entendimento dos Estados-Partes, quando da negociação do processo de integração regional, no início da década de 1990, e refletivo nos normativos acima indicados, teria como objetivo a integração da base nor-

---

[227] CASELLA, Paulo Borba. *Modalidades de harmonização, unificação e uniformização do direito: o Brasil e as convenções interamericanas de direito internacional privado. IN* Integração Jurídica Interamericana: as convenções interamericanas de direito internacional privado (CIDIPs) e o direito brasileiro. Nádia Araújo e Paulo Borba Casella (coords.). São Paulo: Ltr, 1998, pág. 78.

[228] Tratado de Assunção – Tratado de Constituição de um Mercado Comum: *"CAPÍTULO I – Propósitos, Princípios e Instrumentos – ARTIGO 1 – ... Este Mercado comum implica: A livre circulação de bens, serviços e fatores produtivos entre os países, através, entre outros, da eliminação dos direitos alfandegários e restrições não tarifárias à circulação de mercadorias e de qualquer outra medida de efeito equivalente; O estabelecimento de uma tarifa externa comum e a adoção de uma política comercial comum e relação a terceiros Estados ou agrupamentos de Estados e a coordenação de posições em foros econômico-comerciais regionais e internacionais; A coordenação de políticas macroeconômicas e setoriais entre os Estados Partes – de comércio exterior, agrícola, industrial, fiscal, monetária, cambial e de capitais, de outras que se acordem –, a fim de assegurar condições adequadas de concorrência entre os Estados Partes, e O compromisso dos Estados Partes de harmonizar suas legislações, nas áreas pertinentes, para lograr o fortalecimento do processo de integração".* (grifos nossos) Disponível em http://www.mercosur.int/innovaportal/file/655/1/CMC_1991_TRATADO_ES_Asuncion.pdf. Acesso em 10/10/ 2009.

[229] Protocolo de Ouro Preto – Protocolo adicional ao Tratado de Assunção sobre a Estrutura Institucional do Mercosul: *"Artigo 25 – A Comissão Parlamentar Conjunta procurará acelerar os procedimentos internos correspondentes nos Estados Partes para a pronta entrada em vigor das normas emanadas dos órgãos do Mercosul previstos no Artigo 2 deste Protocolo. Da mesma forma, coadjuvará na harmonização de legislações, tal como requerido pelo avanço do processo de integração. Quando necessário, o Conselho do Mercado Comum solicitará à Comissão Parlamentar Conjunta o exame de temas prioritários".* (grifos nossos) Disponível em http://www.mercosur.int/innovaportal/file/655/1/CMC_1994_PROTOCOLO%20OURO%20PRETO_ES.pdf. Acesso em 16/09/2009.

A CONSTRUÇÃO DA DEFESA DA CONCORRÊNCIA NO MERCOSUL

mativa dos países, com vistas ao desenvolvimento e o fortalecimento do processo de integração.

Mas esta harmonização, antes de se tornar realidade e ser efetiva para os membros de um bloco de integração regional econômica como o Mercosul, deve passar pelo crivo das negociações e de todo o processo de formação de opiniões e de votação de normas, segundo a estrutura dos seus membros. De acordo com esta sistemática, em primeiro lugar, o caminho normativo tem um desenrolar naturalmente lento, por envolver representantes e procedimentos diplomáticos de países distintos, com seus protocolos e estruturas próprias, e, em segundo lugar, envolve diretamente culturas diversas, com princípios não exatamente simétricos e/ou uníssonos, e com entendimentos doutrinários igualmente não semelhantes no tocante à matéria a ser discutida.

Com isso, em teoria torna-se certamente complicada a imediata ou rápida harmonização das legislações internas dos Estados-Partes do Mercosul. E a prática reflete esta previsão. O "Protocolo de Defesa da Concorrência no Mercosul – Protocolo de Fortaleza", datado de 17 de dezembro de 1996, até a presente data, segundo apresentamos no Quadro 1 do presente trabalho, apenas foi ratificado pelo Brasil e pelo Paraguai, e pendente de ratificação por parte da Argentina e do Uruguai. De igual problema padeceu o "Regulamento do Protocolo de Defesa da Concorrência do MERCOSUL", de março de 2003, oficializado pela diretiva MERCOSUL/CCM/DIR. Nº 01/03.

Se tais normas até o momento ainda não foram internalizadas por todos Estados-Partes do Mercosul, pior parece ser a questão da harmonização legislativa que deveria ser conduzida pelos países, com vistas a fomentar o quadro institucional e regulatório do bloco econômico. Vimos, inclusive, que o Paraguai não editou sequer uma legislação básica de Defesa da Concorrência, quando, como signatário do Protocolo de Fortaleza, assim deveria ter procedido.

Não houve, portanto, avanço neste sentido, o que certamente deveria levar a uma estagnação do processo e marco regulatório antitruste no Mercosul, considerando que os quatro Estados-Partes não conseguiram sintonia diplomática e também não alcançaram unidade em seus discursos e políticas, na esfera pública e segundo os trâmites diplomáticos clássicos, se assim podemos dizer.

Mas a necessidade e a prática parecem ter impulsionado a Defesa da Concorrência para outros horizontes que não a verticalizada imposição regulatória, usualmente negociada pelos Estados-Partes, acordada e votada em sede da Organização Internacional, por meio de sua Assembléia Geral, e posta em vigor para os órgãos internos de sua estrutura organizacional, verticalmente colocados abaixo de seu órgão máximo. É dizer, a conformação de interesses e identidades coletivas parece ter servido para impulsionar o processo não vertical de construção da regulação da Defesa da Concorrência no Mercosul, con-

DEFESA NA CONCORRÊNCIA NO MERCOSUL

duzido pelos agentes envolvidos, nos moldes e segundo as limitações impostas pelas estruturas.

Vale lembrar, contudo, que segundo o Protocolo de Ouro Preto, as normas emanadas dos órgãos do Mercosul são obrigatórias para os Estados-Partes e, quando necessário, deverão ser incorporadas aos ordenamentos jurídicos nacionais mediante os procedimentos previstos pela legislação de cada país[230].

Importante analisarmos algumas questões do Protocolo de Ouro Preto, que estão relacionadas à aplicação das normas emanadas dos órgãos do Mercosul. Existe no Protocolo um capítulo específico que trata desta questão, o *"Capítulo IV – Aplicação Interna das Normas Emanadas dos Órgãos do Mercosul"*.

Segundo esta parte destacada do Protocolo, os Estados-Partes signatários do documento comprometeram-se a adotar todas as medidas necessárias para assegurar, em seus respectivos territórios, o cumprimento das normas emanadas dos órgãos do Mercosul, devendo informar à Secretaria Administrativa do Mercosul as medidas adotadas para esse fim[231]. Vemos, portanto, que foi intenção das partes a busca pelo direcionamento e alocação das normas comunitárias, ainda que o Mercosul seja um processo de integração diretamente intergovernamental, ou seja, não criou, num primeiro momento, um órgão supranacional legislativo e/ou executivo.

Outro ponto de destaque no Capitulo IV do Protocolo de Ouro Preto está relacionado à tentativa de solução para o problema de vigência das normas emanadas dos órgãos do Mercosul. Os Estados-Partes, na tentativa de garantir a vigência simultânea das normas emanadas dos órgãos do Mercosul, estipularam uma determinada sistemática, por meio da qual, i) quando aprovada dada norma, os Estados-Partes devem adotar medidas necessárias para a sua incorporação ao ordenamento jurídico nacional; ii) após a informação para a Secretaria Administrativa de que todos os Estados-Partes comunicaram a incorporação aos respectivos ordenamentos jurídicos internos, deve a Secretaria Administrativa do Mercosul retornar e comunicar o fato a cada Estado-Parte; iii) após tal fato, as

---

[230] Protocolo Adicional ao Tratado de Assunção sobre a Estrutura Institucional do Mercosul – Protocolo de Ouro Preto. *"Artigo 42 – As normas emanadas dos órgãos do Mercosul previstos no Artigo 2 deste Protocolo terão caráter obrigatório e deverão, quando necessário, ser incorporadas aos ordenamentos jurídicos nacionais mediante os procedimentos previstos pela legislação de cada país"*. Disponível em http://www. mercosur.int/innovaportal/file/724/1/CMC_1994_PROTOCOLO%20OURO%20PRETO_PT.pdf

[231] Protocolo Adicional ao Tratado de Assunção sobre a Estrutura Institucional do Mercosul – Protocolo de Ouro Preto. *"Artigo 38 Os Estados Partes comprometem-se a adotar todas as medidas necessárias para assegurar, em seus respectivos territórios, o cumprimento das normas emanadas dos órgãos do Mercosul previstos no artigo 2 deste Protocolo. Parágrafo único – Os Estados Partes informarão à Secretaria Administrativa do Mercosul as medidas adotadas para esse fim"*. Disponível em http://www.mercosur. int/innovaportal/file/724/1/CMC_1994_PROTOCOLO%20OURO%20PRETO_PT.pdf

normas devem entrar em vigor simultaneamente nos Estados-Partes 30 dias após a data da comunicação efetuada pela Secretaria Administrativa do Mercosul[232]. Contudo, essa sistemática apresenta claramente um problema. A tentativa de solução para o problema de vigência das normas emanadas dos órgãos do Mercosul falha ao não impor prazos ou responsabilização do Estado-Parte que não diligenciar de forma eficiente. Outro problema está relacionado à necessidade de total adesão para que a norma entre em vigor simultaneamente nos Estados-Partes, ou seja, este fato apenas ocorre após a informação para a Secretaria Administrativa de que todos os Estados-Partes comunicaram a incorporação aos respectivos ordenamentos jurídicos internos.

4.3. Experiências Nacionais de Regulação da Defesa da Concorrência

Após compreender a construção e o atual estado do marco regulatório da Defesa da Concorrência no Mercosul, entendemos ser importante brevemente indicar o "estado da arte" dos marcos regulatórios nacionais relacionados à Defesa da Concorrência. Pretendemos, desta forma, analisar de forma individualizada cada um dos Estados-Partes do Mercosul, considerando dois pontos diretamente relacionados, a saber, se existe ou não regulação nacional de Defesa da Concorrência, e se houve a preocupação ou o trabalho de harmonização legislativa, dada a presença de norma no âmbito comunitário, desde 1996, qual seja, o PDC.

Em função da pesquisa realizada por nós, foram preparados dois quadros, alocando em cada um as informações básicas, permitindo ao leitor, assim, uma identificação ágil, do quadro normativo encontrado, assim como da estrutura verificada em cada um dos países. Mesmo não sendo membro definitivo na qualidade de Estado-Parte, a regulação da Venezuela foi levantada em função de existir movimento pontual no sentido de que está pendente de ratificação a associação desse país.

O Quadro 2, abaixo fixado, é uma tabulação de nossa pesquisa, relacionando a cada país a sua legislação de Defesa da Concorrência. O objeto de nossa pesquisa

---

[232] Protocolo Adicional ao Tratado de Assunção sobre a Estrutura Institucional do Mercosul – Protocolo de Ouro Preto. *"Artigo 40 – A fim de garantir a vigência simultânea nos Estados Partes das normas emanadas dos orgãos do Mercosul previstos no Artigo 2 deste Protocolo, deverá ser observado o seguinte procedimento: i) Uma vez aprovada a norma, os Estados Partes adotarão as medidas necessárias para a sua incorporação ao ordenamento jurídico nacional e comunicarão as mesmas à Secretaria Administrativa do Mercosul; ii) Quando todos os Estados Partes tiverem informado sua incorporação aos respectivos ordenamentos jurídicos internos, a Secretaria Administrativa do Mercosul comunicará o fato a cada Estado Parte; iii) As normas entrarão em vigor simultaneamente nos Estados Partes 30 dias após a data da comunicação efetuada pela Secretaria Administrativa do Mercosul, nos termos do item anterior. Com esse objetivo, os Estados Partes, dentro do prazo acima, darão publicidade do início da vigência das referidas normas por intermédio de seus respectivos diários oficiais"*. Disponível em http://www.mercosur.int/innovaportal/file/724/1/CMC_1994_PROTOCOLO%20OURO%20PRETO_PT.pdf.

está restrito às legislações dos Estados-Partes integrantes do Mercosul, tendo, contudo, nosso levantamento envolvido também os Estados-Associados, que não serão individualmente comentados. De toda forma, registramos aqui neste quadro, também, as normas internas de Bolívia, Chile, Colômbia, Equador, e Perú, de modo a instigar e contribuir futuras pesquisas.

QUADRO 2*
Legislações de defesa da concorrência

PAÍS/GRUPO	LEGISLAÇÕES DE DEFESA DA CONCORRÊNCIA
ARGENTINA	Ley nº 25.156, de 25.08.1999 – Ley de Defensa de La Competencia. http://www.mecon.gov.ar/cndc/archivos/defensa_de_la-competencia.pdf Decreto nº 89/2001 – Aprova a Regulamentação daLey nº 25.156 http://infoleg.mecon.gov.ar/infolegInternet/anexos/65000-69999/65959/norma.htm
BRASIL	Lei nº 12.529 de 30 de novembro de 2011 – Lei de Defesa da Concorrência – Estrutura o Sistema Brasileiro de Defesa da Concorrência; dispõe sobre a prevenção e repressão às infrações contra a ordem econômica; altera a Lei no 8.137, de 27 de dezembro de 1990, o Decreto-Lei no 3.689, de 3 de outubro de 1941 – Código de Processo Penal, e a Lei no 7.347, de 24 de julho de 1985; revoga dispositivos da Lei no 8.884, de 11 de junho de 1994, e a Lei no 9.781, de 19 de janeiro de 1999; e dá outras providências. http://www.planalto.gov.br/ccivil_03/_Ato2011-2014/2011/Lei/L12529.htm Lei nº 8.884, de 11.06.1994, alterada pela Lei nº/ 9.069 de 29.06.1995 (norma revogada – exceto os artigos 86 (altera o art. 312 do Código de Processo Penal) e 87 (altera o art. 39 do Código de Defesa do Consumidor). Lei de Defesa da Concorrência, prevenção e a repressão às infrações contra a ordem econômica. http://www.planalto.gov.br/ccivil_03/leis/L8884.htm Lei nº 9.021, de 30.03.95 – Implementação do CADE como Autarquia http://www.planalto.gov.br/CCIVIL/LEIS/L9021.htm PROJETO DE LEI Nº 3.937-D DE 2004 – Reforma do Sistema Brasileiro de Defesa da Concorrência http://www.camara.gov.br/proposicoesWeb/fichadetramitacao?idProposicao=260404

* Quadro elaborado por *Luís Rodolfo Cruz e Creuz* – 2011.

A CONSTRUÇÃO DA DEFESA DA CONCORRÊNCIA NO MERCOSUL

	Resolução nº 45, de 28 de março de 2007 – Regimento Interno do Conselho Administrativo de Defesa Econômica – CADE http://www.cade.gov.br/upload/Resolução%20nº%2045,%20de%20 28%20de%20março%20de%202007.pdf

Entendimento de Cooperacão entre Fiscalía Nacional Económica do Chile e o Cade, SDE e SEAE http://www.cade.gov.br/upload/Acordo_Brasil_Chile_pt.pdf |
| PARAGUAI | Não existe Lei ou Decreto especificamente regulando a Defesa da Concorrência.

Constituição Nacional – Art. 107 – regula a liberdade de concorrência http://www.senado.gov.py/leyes/ups/leyes/3911Constitucion%20 junio%20de%201992.doc

Existe em tramitação, um Projeto de Lei de Defesa da Concorrência. |
| URUGUAI | Ley nº 18.159, de 20 de julho de 2007 http://www.mef.gub.uy/competencia/documentos/ley18159.pdf

Decreto nº 404/007, de 29 de outubro de 2007 http://www.mef.gub.uy/competencia/documentos/dec_404_007.pdf |
| VENEZUELA | Ley nº 34.880, de 13.12.1991 – Ley para promover y proteger el ejercicio de la libre competencia. http://www.gobiernoenlinea.ve/legislacion-view/sharedfiles/117.pdf

Reglamento nº 1, de 21.01.93 http://www.gobiernoenlinea.ve/legislacion-view/sharedfiles/reglamenton1promoveprotegerejerciciolibrecompetencia.pdf

Reglamento nº 2, de 21.05.96 http://www.gobiernoenlinea.ve/legislacion-view/sharedfiles/reglamenton2leypromoverprotegerejerciciolibrecompetencia.pdf |
| BOLÍVIA | Não existe Lei ou Decreto especificamente regulando a Defesa da Concorrência.

Portal del Gobierno de Bolivia – http://www.bolivia.gov.bo

Existem, contudo, diversas normas de cunho econômico-social fixadas na Constituição Federal, aprovada em 25.01.2009 e promulgada em 07.02.2009, especialmente os artigos 312, 314 e 315. http://www.justicia.gob.bo/index.php/normas/doc_download/35-nueva-constitucion-politica-del-estado ou http://www.consumidor.gob.bo/pdf/cpe.pdf |

CHILE	Decreto Ley nº 211 de 1973 http://www.fne.gob.cl/wp-content/uploads/2011/03/DL_211.zip Ley N°20.169 – Regula a Concorrência Desleal http://www.fne.gob.cl/marco-normativo/otras-leyes/ley-n%c2%b0-20-169-regula-la-competencia-desleal/ Acordo de Assistência Técnica entre as Autoridades de Defesa da Concorrência do Chile e do Equador – 17 de setembro de 2009 http://www.fne.gob.cl/wp-content/uploads/2011/03/acoop_2009_ecuador.pdf Acuerdo de Cooperación entre la FNE y el Consejo de Defensa Económica (CADE), la Secretaria de Derecho Económico del Ministerio de Justicia (SDE) y la Secretaría de Supervisión Económica del Ministerio de Hacienda (SEAE) de la República Federativa de Brasil, relativo a la aplicación de sus respectivas leyes de competencia http://www.fne.gob.cl/wp-content/uploads/2011/05/accoop_2008_brasil_esp.pdf VERSÃO EM PORTUGUÊS – Entendimento de Cooperacão entre Fiscalía Nacional Económica do Chile e o Cade, SDE e SEAE http://www.cade.gov.br/upload/Acordo_Brasil_Chile_pt.pdf
PERÚ	Decreto Legislativo nº 1034, de 24 de junho de 2008 – Ley de Represión de Conductas Anticompetitivas http://www.indecopi.gob.pe/repositorioaps/0/2/par/leyesclc/dl1034.pdf Ley nº 26.876, de 19 de novembro de 1997 – Ley Antimonopolio y Antioligopolio del Sector Eléctrico. http://www.indecopi.gob.pe/repositorioaps/0/2/par/leyesclc/ley26876.pdf Decreto Supremo nº 017-98-ITINCI – 16 de outubro de 1998 – Reglamento de la Ley Antimonopolio y Antioligopolio en el Sector Eléctrico. http://www.indecopi.gob.pe/repositorioaps/0/2/par/leyesclc/ds017-98.pdf Decreto Supremo nº 087-2002-EF, de 01 de junho de 2002 – Disposiciones Reglamentarias de la Ley No 26876, Ley Antimonopolio y Antioligopolio en el Sector Eléctrico, respecto a operaciones de concentración en el sector eléctrico (que se produzcan como consecuencia de los procesos de promoción de la inversión privada a cargo de la Agencia de Promoción de la Inversión – PROINVERSIÓN). http://www.indecopi.gob.pe/repositorioaps/0/2/par/leyesclc/ds087-2002-ef.pdf

A CONSTRUÇÃO DA DEFESA DA CONCORRÊNCIA NO MERCOSUL

	Decreto Ley nº 25.868 de 06.11.1992 – Organización del Indecopi. http://www.congreso.gob.pe/ntley/Imagenes/Leyes/25868.pdf Decreto Legislativo nº 807, de 16.04.96 – Facultades, normas y organización del Indecopi http://www.indecopi.gob.pe/repositorioaps/0/6/par/normalizacion/dl807.pdf
EQUADOR	Constitución Política de la República http://www.presidencia.gob.ec/index.php?option=com_remository&Itemid=90&func=download&id=2&chk=2b586389c40c6676daea5cbee170843c&no_html=1 Decreto nº 1614, de 14 de março de 2009 – Registro Oficial – No. 558 27/03/2009 – Normas para la aplicación de la Decisión nº 608 – Comunidad Andina de Naciones http://www.sigob.gob.ec/decretos/decretos.aspx?id=2007 Acordo de Assistência Técnica entre as Autoridades de Defesa da Concorrência do Chile e do Equador – 17 de setembro de 2009 http://www.fne.gob.cl/wp-content/uploads/2011/03/acoop_2009_ecuador.pdf
COLOMBIA	Constituição Federal – Artigo 333 http://wsp.presidencia.gov.co/Normativa/Documents/Constitucion-Politica-Colombia.pdf Ley nº 155 de 24.12.1959 – Prácticas comerciales restrictivas. Decreto nº 1.302 de 01.06.1964 – Regulamenta a Ley nº 155 Decreto nº 2.153 de 30.12.1992 – Reestructura la Superintendencia Decreto nº 2.513 de 21.07.2005 – Reglamenta la Ley 155 de 1959 sobre prácticas restrictivas de la competencia. http://www.presidencia.gov.co/prensa_new/decretoslinea/2005/julio/21/dec2513210705.pdf Ley nº 1.340 de 24.07.2009 – Normas en Materia de Protección de la Competencia http://web.presidencia.gov.co/leyes/2009/julio/ley134024072009.pdf
MERCOSUR	MERCOSUL/CMC/DEC. Nº 43/10 – ACORDO DE DEFESA DA CONCORRÊNCIA DO MERCOSUL Firmado: Foz do Iguaçu, 16 de dezembro de 2010 http://gd.mercosur.int/SAM/GestDoc/pubweb.nsf/Normativa?ReadForm&lang=ESP&id=62B73ED5C26FE5E3032578800058DA26

DEC. Nº 18/96 – Protocolo de Defensa da Concorrência do MERCOSUR. Firmado: Fortaleza, 17 de diciembre de 1996 http://www.mre.gov.py/dependencias/tratados/mercosur/registro%20mercosur/Acuerdos/1996/portugues/19%20Protocolo%20de%20Defensa%20de%20la%20Competencia%20del%20MERCOSUR.pdf

DEC. Nº 02/97 – Anexo al Protocolo de Defensa de la Competencia del MERCOSUR. Firmado: Rïo de Janeiro, 10 de diciembre de 1998 http://www.mre.gov.py/dependencias/tratados/mercosur/registro%20mercosur/Acuerdos/1998/portugues/20%20Anexo%20al%20Protocolo%20de%20Defensa%20de%20la%20Competencia%20del%20MERCOSUR.pdf

Acordo sobre o Regulamento do Protocolo de Defesa da Competencia del MERCOSUR. Firmado: Brasilia, 5 de diciembre de 2002 http://www.mre.gov.py/dependencias/tratados/mercosur/registro%20mercosur/Acuerdos/2002/portugués/63.%20Acuerdo%20Reglamento%20Protocolo%20Defensa%20Competencia%20MSUR.pdf

Decisão nº 21/94-CMC – Defesa da Concorrência. Pautas Geral de Harmonização http://www.mercosur.int/msweb/portal%20intermediario/Normas/normas_web/Decisiones/PT/CMC_DEC_1994-021_PT_Defesa%20da%20Concorrência.PDF

Decisão nº 18/96 – Protocolo de Defensa de la Competencia del Mercosur 17.12.1996 http://www.mercosur.int/msweb/portal%20intermediario/Normas/normas_web/Decisiones/PT/Dec_018_096_Protocolo%20Defesa%20Concorrência_Ata%202_96.PDF

Decisão 015/2006 – Entendimento sobre Cooperação entre as Autoridades de Defesa da Concorrência dos Estados Partes para o Controle de Concentrações Econômicas de Âmbito Regional http://200.40.51.218/SAM%5CGestDoc%5CPubWeb.nsf/CD7513BCBD47A84C0325768E007189FA/$File/DEC_015-2006_PT_EntendCoopAutoDefConc.pdf

Decisão 004/2004 – Entendimento sobre Cooperação entre as Autoridades de Defesa da Concorrência dos Estados Partes do Mercosul para a Aplicação de suas Leis Nacionais de Concorrência http://200.40.51.218/SAM%5CGestDoc%5CPubWeb.nsf/4A3EA1CD11A360D40325768E0071AB47/$File/DEC_004-2004_PT_Entend.%20Coop%20Autoridades%20Def.Concor..pdf

Na sequência da pesquisa realizada, o Quadro 3 individualiza as autoridades de Defesa da Concorrência dos mesmos países, também considerando a totalidade da pesquisa realizada (inclusos os Estados-Associados).

QUADRO 3*
Autoridades de defesa da concorrência

PAÍS	AUTORIDADES DE DEFESA DA CONCORRÊNCIA
ARGENTINA	Comisión Nacional de Defensa de la Competencia www.mecon.gov.ar/cndc
BRASIL	Conselho Administrativo de Defesa Econômica CADE www.cade.gov.br Secretaria de Acompanhamento Económico, Ministério da Fazenda http://www.seae.fazenda.gov.br
PARAGUAI	Subsecretaría de Comercio – Ministerio de Industria y Comercio www.mic.gov.py Não existe Secretaria ou Órgão Técnico de Defesa da Concorrência.
URUGUAI	Comisión de Promoción y Defensa de la Competencia – Ministerio de Economía y Finanzas http://www.mef.gub.uy/competencia.php
VENEZUELA	Superintendencia para la Promoción y Protección de la Libre Competencia http://www.procompetencia.gob.ve
BOLÍVIA	Não existe Secretaria ou Órgão Técnico de Defesa da Concorrência.
CHILE	Fiscalía Nacional Económica http://www.fne.cl/ Tribunal de Defensa de la Libre Competencia http://www.tdlc.cl
PERÚ	Comisión de Libre Competencia del Indecopi Instituto Nacional de Defensa de la Competencia y de la Protección de Propiedad Intelectual http://www.indecopi.gob.pe Tribunal de Defensa de la Competencia y de la Propiedad Intelectual http://www.indecopi.gob.pe/0/modulos/JER/JER_Interna.aspx?ARE=0&PFL=0&JER=675

* Quadro elaborado por *Luís Rodolfo Cruz e Creuz* – 2011.

EQUADOR	Ministerio de Industrias y Productividad – Subsecretaria de la Competencia y Defensa del Consumidor http://www.mipro.gob.ec/index.php?option=com_content&view=article&id=150&Itemid=27
COLOMBIA	Superintendencia de Industria y Comercio, Ministerio de Industria y Comercio. http://www.sic.gov.co
MERCOSUL	COMISSÃO DE COMÉRCIO DO MERCOSUL – Comitê Técnico – CT nº 5: Defesa da Concorrência http://www.mercosur.int/buscarenmarco.jsp?url=http%3A/ /200.40.51.218/SAM/GestDoc/PubWeb.nsf/Busqueda%3FOpenA gent%26TextoBusqueda%3DCT%26modulo%3DEstructura%26 ModuloBusqueda%3DEstructura%26IncluirHistorico%3Dtrue% 26Form%3DOrgano%26lang%3DESP%20

4.3.1. Brasil

A Constituição brasileira vigente determina, dentre os diversos princípios insculpidos no art. 170, que a ordem econômica é fundada na valorização do trabalho humano e na livre iniciativa, com fim de assegurar a todos existência digna, tendo por base ditames da justiça social, e princípios tais como da propriedade privada, da livre concorrência, da defesa do consumidor da redução das desigualdades regionais e sociais, sendo assegurado a todos o livre exercício de qualquer atividade econômica, independentemente de autorização de órgãos públicos, salvo nos casos expressamente previstos em lei[233].

Cumpre lembrar, conforme instituído no plano constitucional, que o Brasil é um Estado Democrático de Direito e tendo como fundamentos, dentre outros, a dignidade da pessoa humana e os valores sociais do trabalho e da livre inicia-

---

[233] Constituição Federal do Brasil. *"TÍTULO VII – Da Ordem Econômica e Financeira – CAPÍTULO I – OS PRINCÍPIOS GERAIS DA ATIVIDADE ECONÔMICA. Art. 170. A ordem econômica, fundada na valorização do trabalho humano e na livre iniciativa, tem por fim assegurar a todos existência digna, conforme os ditames da justiça social, observados os seguintes princípios: I – soberania nacional; II – propriedade privada; III – função social da propriedade; IV – livre concorrência; V – defesa do consumidor; VI – defesa do meio ambiente, inclusive mediante tratamento diferenciado conforme o impacto ambiental dos produtos e serviços e de seus processos de elaboração e prestação; VII – redução das desigualdades regionais e sociais; VIII – busca do pleno emprego; IX – tratamento favorecido para as empresas de pequeno porte constituídas sob as leis brasileiras e que tenham sua sede e administração no País. Parágrafo único. É assegurado a todos o livre exercício de qualquer atividade econômica, independentemente de autorização de órgãos públicos, salvo nos casos previstos em lei".* Disponível em http://www.planalto.gov.br/ccivil_03/Constituicao/_ConstituiçaoCompilado.htm. Acesso em 01/12/2009.

tiva[234]. Ademais, tais fundamentos visam construir uma sociedade livre, justa e solidária, na busca pelo efetivo desenvolvimento nacional associado à erradicação da pobreza e a marginalização e redução das desigualdades sociais e regionais, promovendo, assim, o bem comum, a *res publica*[235].

A Carta Magna brasileira, em seu art. 173, § 4º[236], é categórica ao determinar que a lei reprimirá o abuso do poder econômico que vise à dominação dos mercados, à eliminação da concorrência e ao aumento arbitrário dos lucros. Importante, ainda, destacar o fixado no § 5º, também do art. 173[237], que estabelece que a lei, sem prejuízo da responsabilidade individual dos dirigentes da pessoa jurídica, deve estabelecer a responsabilidade desta, sujeitando-a às punições compatíveis com sua natureza, nos atos praticados contra a ordem econômica e financeira e contra a economia popular.

Com o advento da Lei nº 8.884 de 11 de junho de 1994[238], o *Conselho Administrativo de Defesa Econômica – CADE* foi transformado em Autarquia Federal, tendo seus poderes ampliados, sendo definidas com maior precisão as práticas consideradas ofensivas a livre concorrência, além de ter introduzido o controle obrigatório dos atos de fusão e aquisição de empresas. Além disso, redefiniu o

---

[234] Constituição Federal da República Federativa do Brasil de 1998: *"Art. 1º A República Federativa do Brasil, formada pela união indissolúvel dos Estados e Municípios e do Distrito Federal, constitui-se em Estado Democrático de Direito e tem como fundamentos: I – a soberania; II – a cidadania; III – a dignidade da pessoa humana; IV – os valores sociais do trabalho e da livre iniciativa; V – o pluralismo político. Parágrafo único. Todo o poder emana do povo, que o exerce por meio de representantes eleitos ou diretamente, nos termos desta Constituição".* Disponível em http://www.planalto.gov.br/ccivil_03/Constituicao/_ConstituiçaoCompilado.htm. Acesso em 03/12/2009.

[235] Constituição Federal da República Federativa do Brasil de 1998: *"Art. 3º Constituem objetivos fundamentais da República Federativa do Brasil: I – construir uma sociedade livre, justa e solidária; II – garantir o desenvolvimento nacional; III – erradicar a pobreza e a marginalização e reduzir as desigualdades sociais e regionais; IV – promover o bem de todos, sem preconceitos de origem, raça, sexo, cor, idade e quaisquer outras formas de discriminação".* Disponível em http://www.planalto.gov.br/ccivil_03/Constituicao/_ConstituiçaoCompilado.htm. Acesso em 03/12/2009.

[236] Constituição Federal do Brasil. *"Art. 173. ... § 4º – A lei reprimirá o abuso do poder econômico que vise à dominação dos mercados, à eliminação da concorrência e ao aumento arbitrário dos lucros".* Disponível em http://www.planalto.gov.br/ccivil_03/Constituicao/_ConstituiçaoCompilado.htm. Acesso em 01/12/2009.

[237] Constituição Federal do Brasil. *"Art. 173. ... § 5º – A lei, sem prejuízo da responsabilidade individual dos dirigentes da pessoa jurídica, estabelecerá a responsabilidade desta, sujeitando-a às punições compatíveis com sua natureza, nos atos praticados contra a ordem econômica e financeira e contra a economia popular".* Disponível em http://www.planalto.gov.br/ccivil_03/Constituicao/_ConstituiçaoCompilado.htm. Acesso em 01/12/2009.

[238] Lei nº 8.884 de 11 de junho de 1994 – Transforma o Conselho Administrativo de Defesa Econômica (Cade) em Autarquia, dispõe sobre a prevenção e a repressão às infrações contra a ordem econômica e dá outras providências. Disponível em http://www.planalto.gov.br/ccivil_03/leis/L8884.htm. Acesso em 01/12/2009.

escopo de atuação tanto da Secretaria de Direito Econômico (SDE) como da Secretaria de Acompanhamento Econômico (SEAE), estabelecendo para ambas um papel de auxiliares do CADE em temas de Defesa da Concorrência. A Lei nº 8.884/94 estabeleceu o desenho institucional que vigorou até o início de 2012 no Brasil e constituiu até então a base de todo o Sistema Brasileiro de Defesa da Concorrência[239].

Analisando ainda a norma anterior, Arnoldo Wald apontava que *"o direito concorrencial, protegido na Lei 8.884/94, tutela o interesse público o bom funcionamento do mercado de forma a concretizar os princípios constitucionais da livre iniciativa e da livre concorrência, bem como da coibição do abuso de poder econômico"*[240]. A nova norma brasileira[241] manteve esta orientação, na qual a coletividade é a titular dos bens jurídicos protegidos pela Lei, e sendo orientada pelos ditames constitucionais de liberdade de iniciativa, livre concorrência, função social da propriedade, defesa dos consumidores e repressão ao abuso do poder econômico.

O diploma distribuía funções na área a três autoridades diferentes, independentes entre si: (i) o Conselho Administrativo de Defesa Econômica – CADE – (www.cade.gov.br); (ii) a Secretaria de Direito Econômico, do Ministério da Justiça – SDE (www.mj.gov.br/sde); (iii) e a Secretaria de Acompanhamento Econômico, do Ministério da Fazenda – SEAE (www.seae.fazenda.gov.br). Este modelo institucional foi alterado pela nova regulamentação como abaixo indicado.

Nos termos da Lei nº 8.884/94 o CADE tinha como competência legal zelar pela manutenção da livre concorrência e pela repressão de abusos no mercado nacional, decidindo casos de Atos de Concentração, Processos Administrativos, Consultas e Averiguações Preliminares. O conselho tinha como composição sete

---

[239] Isto em função da nova Lei que revogou expressamente a Lei nº 8.884/94, exceto os artigos 86 (altera o art. 312 do Código de Processo Penal) e 87 (altera o art. 39 do Código de Defesa do Consumidor), e reestruturou todo o Sistema Brasileiro de Defesa da Concorrência. Trata-se da Lei nº 12.529 de 30 de novembro de 2011 – Lei de Defesa da Concorrência – Estrutura o Sistema Brasileiro de Defesa da Concorrência; dispõe sobre a prevenção e repressão às infrações contra a ordem econômica; altera a Lei no 8.137, de 27 de dezembro de 1990, o Decreto-Lei no 3.689, de 3 de outubro de 1941 – Código de Processo Penal, e a Lei no 7.347, de 24 de julho de 1985; revoga dispositivos da Lei no 8.884, de 11 de junho de 1994, e a Lei no 9.781, de 19 de janeiro de 1999; e dá outras providências. Disponível em http://www.planalto.gov.br/ccivil_03/_Ato2011-2014/2011/Lei/L12529.htm. Acesso em 02/12/2011.

[240] WALD, Arnoldo. *Sociedade Limitada. Necessidade de aprovação do quotista na transferência de quotas. Direito de bloqueio. Direito do sócio remanescente de não subscrever o acordo de quotistas com o adquirente de quotas do outro sócio. Quebra da affectio societatis e conflito de interesses. Cabimento de medida cautelar preparatória perante o Poder Judiciário antes de instaurado o juízo arbitral. Foro Competente. (Pareceres). IN* Revista de Direito Bancário e do Mercado de Capitais. Ano 8, n. 27, Editora RT – janeiro-março de 2005, p. 152.

[241] Referimo-nos à Lei nº 12.529 de 30 de novembro de 2011.

membros indicados pelo Presidente da República e confirmados pelo Plenário do Senado Federal após sabatina na Comissão de Assuntos Econômicos do Senado. O presidente do CADE e os seis conselheiros tinham mandato de dois anos, sendo permitida uma recondução. No espírito da Lei nº 8.884/94, o CADE mantinha, a princípio, três papéis: (i) Preventivo; (ii) Repressivo; e (iii) Educativo. O papel preventivo corresponde basicamente à análise dos atos de concentração, ou seja, à análise das fusões, incorporações e associações de qualquer espécie entre agentes econômicos. Este papel está previsto nos artigos 54 e seguintes da então vigente Lei nº 8.884/94. O papel repressivo corresponde à análise das condutas anticoncorrenciais. Essas condutas anticoncorrenciais estão previstas nos artigos 20 e seguintes da Lei nº 8.884/94. Neste caso, o CADE visava reprimir práticas que infrinjam a ordem econômica, tais como: cartéis, vendas casadas, preços predatórios, acordos de exclusividade, dentre outras. Já o papel pedagógico do CADE – difundir a cultura da concorrência – está presente no artigo 7º, XVIII, da Lei nº 8.884/94. Para o cumprimento deste papel é essencial a parceria com instituições, tais como universidades, institutos de pesquisa, associações, órgãos do governo. O CADE desenvolve este papel através da realização de seminários, cursos, palestras, e com a edição da Revista de Direito Econômico, do Relatório Anual e de Cartilhas envolvendo temas específicos.

A SDE compunha a estrutura administrativa do Ministério da Justiça e tinha dentre suas funções a de instaurar e instruir processos administrativos relativos a condutas anticoncorrenciais, realizar instruções e emitir pareceres sobre atos de concentração. Já à SEAE, órgão da estrutura do Ministério da Fazenda, cabia realizar instrução e emitir pareceres em casos de Atos de Concentração; propor instauração de processos administrativos e fornecer suporte econômico à SDE e ao CADE.

O Sistema Brasileiro de Defesa da Concorrência é agora regulado pela Lei nº 12.529 de 30 de novembro de 2011[242], que revogou expressamente a Lei nº 8.884/94, exceto os artigos 86 (altera o art. 312 do Código de Processo Penal) e 87 (altera o art. 39 do Código de Defesa do Consumidor)[243]. A *vacatio legis* da

---

[242] Lei nº 12.529 de 30 de novembro de 2011 – Lei de Defesa da Concorrência – Estrutura o Sistema Brasileiro de Defesa da Concorrência; dispõe sobre a prevenção e repressão às infrações contra a ordem econômica; altera a Lei no 8.137, de 27 de dezembro de 1990, o Decreto-Lei no 3.689, de 3 de outubro de 1941 – Código de Processo Penal, e a Lei no 7.347, de 24 de julho de 1985; revoga dispositivos da Lei no 8.884, de 11 de junho de 1994, e a Lei no 9.781, de 19 de janeiro de 1999; e dá outras providências. Disponível em http://www.planalto.gov.br/ccivil_03/_Ato2011-2014/2011/Lei/L12529.htm . Acesso em 02/12/2011

[243] A nova norma foi aprovada na Câmara dos Deputados em 05 de outubro de 2011. Trata-se Lei oriunda do PROJETO DE LEI Nº 3.937-D DE 2004, que estrutura o Sistema Brasileiro de Defesa da Concorrência; dispõe sobre a prevenção e repressão às infrações contra a ordem econômica;

norma fixada pelo art. 128 da Lei[244] é de 180 (cento e oitenta) dias após a data de sua publicação, que ocorreu em 01 de dezembro de 2011, ou seja, tem sua plena vigência a partir do dia 29 de maio de 2012.

A atual estrutura do SBDC é formada pela SEAE e pelo CADE, sendo que o CADE é uma entidade judicante com jurisdição em todo o território nacional, que se constitui em autarquia federal, vinculada ao Ministério da Justiça. O modelo estrutural não conta mais com a Secretaria de Direito Econômico do Ministério da Justiça – SDE. Segundo o Art. 5º da Lei[245], o CADE é constituído pelos seguintes órgãos: I – Tribunal Administrativo de Defesa Econômica; II – Superintendência-Geral; e III – Departamento de Estudos Econômicos. Com esta nova configuração, a elaboração de estudos e pareceres econômicos (papel antes reservado à SEAE em Atos de Concentração) é de competência do Departamento de Estudos Econômicos – DEE, e a antiga competência da SDE passa a ser desempenhada pela Superintendência-Geral – SG (com poderes mais amplos).

O Tribunal Administrativo de Defesa Econômica – TADE é um órgão judicante, e tem como membros um Presidente e 06 (seis) Conselheiros, nomeados pelo Presidente da República, depois de aprovados pelo Senado Federal, com mandato tanto do Presidente e quanto dos Conselheiros é de 4 (quatro) anos, não coincidentes, vedada a recondução[246]. A Superintendência-Geral tem como atribuição a investigação e instrução de processos administrativos e atos de concentração, dentre outras, contando com 1 (um) Superintendente-Geral e 2 (dois) Superintendentes-Adjuntos, sendo o Superintendente-Geral, nomeado pelo Presidente da República, depois de aprovado pelo Senado Federal tem mandato de

---

altera a Lei nº 8.137, de 27 de dezembro de 1990, o Decreto-Lei nº 3.689, de 3 de outubro de 1.941 – Código de Processo Penal, e a Lei nº 7.347, de 24 de julho de 1985; revoga as Leis nºs 8.884, de 11 de junho de 1994, e 9.781, de 19 de janeiro de 1999; e dá outras providências.

Para conhecimento e detalhamento deste histórico legislativo: http://www.camara.gov.br/proposicoesWeb/fichadetramitacao?idProposicao=260404.

[244] Lei nº 12.529 de 30 de novembro de 2011 – *"Art. 128. Esta Lei entra em vigor após decorridos 180 (cento e oitenta) dias de sua publicação oficial"*. Disponível em http://www.planalto.gov.br/ccivil_03/_Ato2011-2014/2011/Lei/L12529.htm . Acesso em 02/12/2011.

[245] Lei nº 12.529 de 30 de novembro de 2011 – *"Seção I – Da Estrutura Organizacional do Cade – Art. 5º O Cade é constituído pelos seguintes órgãos: I – Tribunal Administrativo de Defesa Econômica; II – Superintendência-Geral; e III – Departamento de Estudos Econômicos"*. Disponível em http://www.planalto.gov.br/ccivil_03/_Ato2011-2014/2011/Lei/L12529.htm . Acesso em 02/12/2011.

[246] Lei nº 12.529 de 30 de novembro de 2011 – *"Seção II – Do Tribunal Administrativo de Defesa Econômica – Art. 6º O Tribunal Administrativo, órgão judicante, tem como membros um Presidente e seis Conselheiros escolhidos dentre cidadãos com mais de 30 (trinta) anos de idade, de notório saber jurídico ou econômico e reputação ilibada, nomeados pelo Presidente da República, depois de aprovados pelo Senado Federal. § 1º O mandato do Presidente e dos Conselheiros é de 4 (quatro) anos, não coincidentes, vedada a recondução"*. Disponível em http://www.planalto.gov.br/ccivil_03/_Ato2011-2014/2011/Lei/L12529.htm . Acesso em 02/12/2011

2 (dois) anos, permitida a recondução para um único período subsequente e os Superintendentes-Adjuntos são indicados pelo Superintendente-Geral [247].

Segundo a norma vigente, os atos de concentração econômica devem ser submetidos ao CADE pelas partes envolvidas na operação observando os seguintes critérios, cumulativamente: um dos grupos envolvidos na operação tenha faturamento bruto anual ou volume de negócios total no País, no ano anterior à operação, equivalente ou superior a R$ 400.000.000,00 (quatrocentos milhões de reais); e um outro grupo envolvido na operação tenha faturamento bruto anual ou volume de negócios total no País, no ano anterior à operação, equivalente ou superior a R$ 30.000.000,00 (trinta milhões de reais)[248].

A Lei nº 12.529/2011 segue a orientação regulatória anterior e regula atos que constituem infração da ordem econômica. Tais atos envolvem todos aqueles que, sob qualquer forma manifestados, tenham por objeto ou possam produzir os seguintes efeitos, ainda que não sejam alcançados: I – limitar, falsear ou de qualquer forma prejudicar a livre concorrência ou a livre iniciativa; II – dominar mercado relevante de bens ou serviços; III – aumentar arbitrariamente os lucros; e IV – exercer de forma abusiva posição dominante[249].

---

[247] Lei nº 12.529 de 30 de novembro de 2011 – "Seção III – Da Superintendência-Geral – Art. 12. O Cade terá em sua estrutura uma Superintendência-Geral, com 1 (um) Superintendente-Geral e 2 (dois) Superintendentes-Adjuntos, cujas atribuições específicas serão definidas em Resolução. § 1º O Superintendente-Geral será escolhido dentre cidadãos com mais de 30 (trinta) anos de idade, notório saber jurídico ou econômico e reputação ilibada, nomeado pelo Presidente da República, depois de aprovado pelo Senado Federal. § 2º O Superintendente-Geral terá mandato de 2 (dois) anos, permitida a recondução para um único período subsequente". Disponível em http://www.planalto.gov.br/ccivil_03/_Ato2011-2014/2011/Lei/L12529. htm . Acesso em 02/12/2011.

[248] Lei nº 12.529 de 30 de novembro de 2011 – "TÍTULO VII – DO CONTROLE DE CONCENTRA-ÇÕES – CAPÍTULO I – DOS ATOS DE CONCENTRAÇÃO – Art. 88. Serão submetidos ao Cade pelas partes envolvidas na operação os atos de concentração econômica em que, cumulativamente: I – pelo menos um dos grupos envolvidos na operação tenha registrado, no último balanço, faturamento bruto anual ou volume de negócios total no País, no ano anterior à operação, equivalente ou superior a R$ 400.000.000,00 (quatrocentos milhões de reais); e II – pelo menos um outro grupo envolvido na operação tenha registrado, no último balanço, faturamento bruto anual ou volume de negócios total no País, no ano anterior à operação, equivalente ou superior a R$ 30.000.000,00 (trinta milhões de reais). ". Disponível em http://www.planalto.gov.br/ccivil_03/_Ato2011-2014/2011/Lei/L12529.htm . Acesso em 02/12/2011

[249] Lei nº 12.529 de 30 de novembro de 2011 – "CAPÍTULO II – DAS INFRAÇÕES – Art. 36. Constituem infração da ordem econômica, independentemente de culpa, os atos sob qualquer forma manifestados, que tenham por objeto ou possam produzir os seguintes efeitos, ainda que não sejam alcançados: I – limitar, falsear ou de qualquer forma prejudicar a livre concorrência ou a livre iniciativa; II – dominar mercado relevante de bens ou serviços; III – aumentar arbitrariamente os lucros; e IV – exercer de forma abusiva posição dominante. § 1º A conquista de mercado resultante de processo natural fundado na maior eficiência de agente econômico em relação a seus competidores não caracteriza o ilícito previsto no inciso II do caput deste artigo. § 2º Presume-se posição dominante sempre que uma empresa ou grupo de empresas for capaz de alterar unilateral ou coordenadamente as condições de mercado ou quando controlar 20% (vinte por cento) ou mais do mercado

Temos ainda uma importante lei que regula direitos e obrigações relativos à propriedade industrial, e trata de questões penais relativas à concorrência desleal. A Lei nº 9.279 de 14 de maio de 1996 define e tipifica como crimes, estabelecendo sua punição, aqueles crimes que de alguma forma são considerados prejudiciais a livre concorrência ou que poderiam ser enquadradas como de concorrência desleal.

Em passado recente, um importante normativo entrou em vigor no ordenamento jurídico brasileiro, a saber, a Portaria Conjunta CADE/SDE/SEAE nº 148, de 13 de novembro de 2009[250]. Esta norma incorpora ao ordenamento jurídico

relevante, podendo este percentual ser alterado pelo Cade para setores específicos da economia. § 3º As seguintes condutas, além de outras, na medida em que configurem hipótese prevista no caput deste artigo e seus incisos, caracterizam infração da ordem econômica: I – acordar, combinar, manipular ou ajustar com concorrente, sob qualquer forma: a) os preços de bens ou serviços ofertados individualmente; b) a produção ou a comercialização de uma quantidade restrita ou limitada de bens ou a prestação de um número, volume ou frequência restrita ou limitada de serviços; c) a divisão de partes ou segmentos de um mercado atual ou potencial de bens ou serviços, mediante, dentre outros, a distribuição de clientes, fornecedores, regiões ou períodos; d) preços, condições, vantagens ou abstenção em licitação pública; II – promover, obter ou influenciar a adoção de conduta comercial uniforme ou concertada entre concorrentes; III – limitar ou impedir o acesso de novas empresas ao mercado; IV – criar dificuldades à constituição, ao funcionamento ou ao desenvolvimento de empresa concorrente ou de fornecedor, adquirente ou financiador de bens ou serviços; V – impedir o acesso de concorrente às fontes de insumo, matérias-primas, equipamentos ou tecnologia, bem como aos canais de distribuição; VI – exigir ou conceder exclusividade para divulgação de publicidade nos meios de comunicação de massa; VII – utilizar meios enganosos para provocar a oscilação de preços de terceiros; VIII – regular mercados de bens ou serviços, estabelecendo acordos para limitar ou controlar a pesquisa e o desenvolvimento tecnológico, a produção de bens ou prestação de serviços, ou para dificultar investimentos destinados à produção de bens ou serviços ou à sua distribuição; IX – impor, no comércio de bens ou serviços, a distribuidores, varejistas e representantes preços de revenda, descontos, condições de pagamento, quantidades mínimas ou máximas, margem de lucro ou quaisquer outras condições de comercialização relativos a negócios destes com terceiros; X – discriminar adquirentes ou fornecedores de bens ou serviços por meio da fixação diferenciada de preços, ou de condições operacionais de venda ou prestação de serviços; XI – recusar a venda de bens ou a prestação de serviços, dentro das condições de pagamento normais aos usos e costumes comerciais; XII – dificultar ou romper a continuidade ou desenvolvimento de relações comerciais de prazo indeterminado em razão de recusa da outra parte em submeter-se a cláusulas e condições comerciais injustificáveis ou anticoncorrenciais; XIII – destruir, inutilizar ou açambarcar matérias-primas, produtos intermediários ou acabados, assim como destruir, inutilizar ou dificultar a operação de equipamentos destinados a produzi-los, distribuí-los ou transportá-los; XIV – açambarcar ou impedir a exploração de direitos de propriedade industrial ou intelectual ou de tecnologia; XV – vender mercadoria ou prestar serviços injustificadamente abaixo do preço de custo; XVI – reter bens de produção ou de consumo, exceto para garantir a cobertura dos custos de produção; XVII – cessar parcial ou totalmente as atividades da empresa sem justa causa comprovada; XVIII – subordinar a venda de um bem à aquisição de outro ou à utilização de um serviço, ou subordinar a prestação de um serviço à utilização de outro ou à aquisição de um bem; e XIX – exercer ou explorar abusivamente direitos de propriedade industrial, intelectual, tecnologia ou marca". Disponível em http://www.planalto.gov.br/ccivil_03/_Ato2011-2014/2011/Lei/L12529.htm . *Acesso em 02/12/2011*

[250] O texto integral da Portaria Conjunta CADE/SDE/SEAE nº 148, de 13 de novembro de 2009 está disponível no anexo de legislações nacionais, acostado ao final deste trabalho, após

A CONSTRUÇÃO DA DEFESA DA CONCORRÊNCIA NO MERCOSUL

brasileiro o "Entendimento sobre Cooperação entre as Autoridades de Defesa da Concorrência dos Estados Partes do Mercosul para Aplicação de suas Leis Nacionais de Concorrência" e o "Entendimento sobre Cooperação entre as Autoridades de Defesa de Concorrência dos Estados Partes do Mercosul para o Controle de Concentrações Econômicas de Âmbito Regional", aprovados, respectivamente, pela Decisão nº 4, de 7 de julho de 2004, e pela Decisão nº 15, de 20 de julho de 2006, ambas do Conselho do Mercado Comum do Mercosul, que correspondem aos Anexos I e II da Portaria.

Trata-se de importante conquista para a Defesa da Concorrência, pois avança no sentido do fomento e desenvolvimento da cooperação intergovernamental em matéria antitruste, dando sequência aos desenvolvimentos oriundos do marco regulatório do Protocolo de Fortaleza. Tais normativos serão comentados adiante, quando verificarmos especificamente os normativos no âmbito do Direito Comunitário.

4.3.2. Argentina

Na Argentina, três importantes dispositivos constitucionais, sem prejuízo dos demais, merecem destaque, em relação à integração regional e à Defesa da Concorrência. A Constituição argentina data de 22 de agosto de 1994[251], e já demonstra preocupação direta legislativa no tocante às normas de Direito Comunitário.

Os dois primeiros dispositivos constitucionais estão inseridos no artigo 75 da Carta, especificamente nos incisos 22 e 24. O inciso 22 [252] determina que a aprovação de tratados com outras nações ou organizações internacionais são de

---

os elementos textuais. Não obstante, também está disponível em http://www.cade.gov.br/upload/2009PortariaConjunta148.pdf . Acesso em 01/12/2009.

[251] Constituição Argentina de 22 de agosto de 1994. Disponível em http://www.argentina.gov.ar/argentina/portal/documentos/constitucion_nacional.pdf. Acesso em 20/11/2009.

[252] Constituição Argentina de 22 de agosto de 1994. *"Capítulo Cuarto – Atribuciones del Congreso – Artículo 75 – Corresponde al Congreso: ... 22. Aprobar o desechar tratados concluidos con las demás naciones y con las organizaciones internacionales y los concordatos con la Santa Sede. Los tratados y concordatos tienen jerarquía superior a las leyes. La Declaración Americana de los Derechos y Deberes del Hombre; la Declaración Universal de Derechos Humanos; la Convención Americana sobre Derechos Humanos; el Pacto Internacional de Derechos Económicos, Sociales y Culturales; el Pacto Internacional de Derechos Civiles y Políticos y su Protocolo Facultativo; la Convención Sobre la Prevención y la Sanción del Delito de Genocidio; la Convención Internacional sobre la Eliminación de Todas las Formas de Discriminación Racial; la Convención Sobre la Eliminación de Todas las Formas de Discriminación Contra la Mujer; la Convención Contra la Tortura y Otros Tratos o Penas Crueles, Inhumanos o Degradantes; la Convención Sobre los Derechos del Niño; en las condiciones de su vigencia, tienen jerarquía constitucional, no derogan artículo alguno de la primera parte de esta Constitución y deben entenderse complementarios de los derechos y garantías por ella reconocidos. Sólo podrán ser denunciados, en su caso, por el Poder Ejecutivo Nacional, previa aprobación de las dos terceras partes de la totalidad de los miembros de cada Cámara. Los demás tratados y convenciones sobre derechos humanos, luego de ser aprobados por el Congreso, requerirán el voto de las dos terceras partes de la totalidad de los miembros*

competência do Congresso Nacional, atribuindo aos tratados internacionais hierarquia superior às leis nacionais. Já o inciso 24,[253] aloca ao Congresso nacional a competência para aprovar tratados de integração que deleguem competência e jurisdição a organizações supranacionais, tendo tais normas hierarquia superior às leis nacionais. Ademais, verifica-se no inciso 24 a efetiva preferência atribuída aos países latino-americanos, em função de quóruns mais reduzidos para a aprovação de tais atos em detrimento a acordos com outras nações.

Temos, ainda, o artigo 42 da Constituição[254], que aloca a Defesa da Concorrência juntamente com a defesa dos consumidores, reforçando a finalidade do marco regulatório, ficando constitucionalmente prevista a Defesa da Concorrência contra toda forma de distorção dos mercados e ao controle de monopólios naturais e legais.

A regulação da Defesa da Concorrência se dá por meio da Lei nº 25.156[255], sancionada em 25 de agosto de 1999 e promulgada em 16 de setembro de 1999. A referida normatiza acordos e práticas proibidas, posição dominante, concen-

---

de cada Cámara para gozar de la jerarquía constitucional". (grifos nossos) Disponível em http://www. argentina.gov.ar/argentina/portal/documentos/constitucion_nacional.pdf. Acesso em 20/11/2009

[253] Constituição Argentina de 22 de agosto de 1994. "*Capítulo Cuarto – Atribuciones del Congreso – Artículo 75 – Corresponde al Congreso: ... 24. Aprobar tratados de integración que deleguen competencia y jurisdicción a organizaciones supraestatales en condiciones de reciprocidad e igualdad, y que respeten el orden democrático y los derechos humanos. Las normas dictadas en su consecuencia tienen jerarquía superior a las leyes. La aprobación de estos tratados con Estados de Latinoamérica requerirá la mayoría absoluta de la totalidad de los miembros de cada Cámara. En el caso de tratados con otros Estados, el Congreso de la Nación, con la mayoría absoluta de los miembros presentes de cada Cámara, declarará la conveniencia de la aprobación del tratado y sólo podrá ser aprobado con el voto de la mayoría absoluta de la totalidad de los miembros de cada Cámara, después de ciento veinte días del acto declarativo. La denuncia de los tratados referidos a este inciso, exigirá la previa aprobación de la mayoría absoluta de la totalidad de los miembros de cada Cámara*". Disponível em http://www.argentina.gov.ar/argentina/portal/documentos/constitucion_nacional.pdf. Acesso em 20/11/2009.

[254] Constituição Argentina de 22 de agosto de 1994. "*Artículo 42- Los consumidores y usuarios de bienes y servicios tienen derecho, en la relación de consumo, a la protección de su salud, seguridad e intereses económicos; a una información adecuada y veraz; a la libertad de elección, y a condiciones de trato equitativo y digno. Las autoridades proveerán a la protección de esos derechos, a la educación para el consumo, a la defensa de la competencia contra toda forma de distorsión de los mercados, al control de los monopolios naturales y legales, al de la calidad y eficiencia de los servicios públicos, y a la constitución de asociaciones de consumidores y de usuarios. La legislación establecerá procedimientos eficaces para la prevención y solución de conflictos, y los marcos regulatorios de los servicios públicos de competencia nacional, previendo la necesaria participación de las asociaciones de consumidores y usuarios y de las provincias interesadas, en los organismos de control*". Disponível em http://www.argentina.gov.ar/argentina/portal/documentos/constitucion_nacional.pdf. Acesso em 20/11/2009.

[255] Disponível em http://www.mecon.gov.ar/cndc/archivos/defensa_de_la-competencia.pdf . Acesso em 01/12/2009.

trações e fusões, bem como cria o *Tribunal Nacional de Defensa de la Competencia,* autarquia vinculada ao *Ministerio de Economía y Obras y Servicios Públicos.*

Segundo o Decreto 89/2001, que aprovou a regulamentação da Lei nº 25.156, a *Comisión Nacional de Defensa de la Competencia* deverá passar por reorganização funcional e administrativa, para que seja adequada durante o período de transição até a constituição do Tribunal Nacional de Defensa de la Competencia, e que sejam ditadas normas para a sua implementação.

Contudo, desde a edição dos referidos normativos, o *Tribunal Nacional de Defensa de la Competencia* ainda não foi instituído, permanecendo, todavia, como autoridade antitruste argentina a *Comisión Nacional de Defensa de la Competencia.* Sobre esta situação, Diego Petrecolla e Marina Bidart, ambos ex-membros da *Comisión Nacional de Defensa de la Competencia* de Argentina, destacam:

> *"la nueva ley crea un nuevo órgano de aplicación denominado Tribunal Nacional de Defensa de la Competencia (TNDC), como órgano autárquico en el ámbito del Ministerio de Economía, con facultad de imponer por sí mismo las sanciones apelables ante la Justicia, otorgándole un mayor grado de independencia del que corresponde a la CNDC, quien no puede imponer sanciones por sí misma, sino solamente elevar una recomendación a la autoridad política"*[256].

De toda forma, a estrutura da defesa da concorrência na Argentina, mesmo sem a instituição do referido Tribunal, permanece sendo regularmente conduzida pela *Comisión Nacional de Defensa de la Competencia* (www.mecon.gov.ar/cndc). Novamente, lastreamo-nos nos apontamentos de Petrecolla e Bidart, para quem:

> *"Nótese que dicho nuevo órgano aún se encuentra en proceso de constitución, por lo que continúa siendo la precitada Comisión Nacional de Defensa de la Competencia (CNDC) quien transitoriamente sigue instruyendo las causas bajo la nueva ley y elevando a la autoridad política sus dictámenes sobre el fondo de la cuestión, para su definitiva resolución. Asimismo, compete a la CNDC – hasta la constitución del TNDC – instruir el procedimiento de investigación de las operaciones de concentración económica notificadas y hacer las recomendaciones pertinentes a la autoridad política"*[257].

Neste sentido, foi firmado pelas autoridades de defesa da concorrência argentina e brasileira, em 16 de outubro de 2003, um Acordo de Cooperação entre a

---

[256] DIEGO PETRECOLLA, Diego; e BIDART, Marina. *Competencia Y Regulación: El Bloqueo de la Venta del Concesionario Del Correo Oficial (2000-2001). IN* Revista de la Competencia y la Propiedad Intelectual nº 4, Ano 3 – Outono de 2007, pág. 13. Também disponível em versão eletrônica: http://aplicaciones.indecopi.gob.pe/ArchivosPortal/boletines/recompi/castellano/articulos/otono2007/PETRECOLLA.pdf . Acesso em 13/07/2009.

[257] DIEGO PETRECOLLA, Diego; e BIDART, Marina. *op. cit.*, pág. 13, nota de rodapé nº 7.

DEFESA NA CONCORRÊNCIA NO MERCOSUL

República Federativa do Brasil e a República Argentina, referente à cooperação entre as autoridades de defesa da concorrência na aplicação de suas leis de concorrência[258]. O acordo reconhece que a cooperação e a coordenação nas atividades de aplicação das leis de concorrência podem resultar em um atendimento mais efetivo das respectivas preocupações das Partes, do que o que poderia ser alcançado por meio de ações independentes.

Nos mesmos moldes da Portaria Conjunta CADE/SDE/SEAE nº 148, de 13 de novembro de 2009, indicada no tópico anterior, a Argentina também internalizou o "Entendimento sobre Cooperação entre as Autoridades de Defesa da Concorrência dos Estados Partes do Mercosul para Aplicação de suas Leis Nacionais de Concorrência". Tal medida se deu por meio da Resolución 100/2004[259].

Por outro lado, a Argentina ainda não internalizou a MERCOSUR/CMC//DEC. Nº 15/06, referente ao "Entendimento sobre Cooperação entre as Autoridades de Defesa de Concorrência dos Estados Partes do Mercosul para o Controle de Concentrações Econômicas de Âmbito Regional", aprovado em 20 de julho de 2006. Não obstante, a referida norma mercosuliana integra o *hall* de normativas de Defesa da Concorrência na Argentina, disponibilizado no *website* da CNCC.

Assim como para o Brasil, a internalização do normativo do Mercosul representa importante conquista para a Defesa da Concorrência, pois avança no sentido do fomento e desenvolvimento da cooperação intergovernamental em matéria antitruste, dando sequência aos desenvolvimentos oriundos do marco regulatório do Protocolo de Fortaleza.

4.3.3. Uruguai

O Uruguai também possui em sua Constituição Federal normas relacionadas à integração regional e à Defesa da Concorrência[260]. Segundo o artigo 6º do texto constitucional[261], resta fixado que o Uruguai procurará a integração social e eco-

---

[258] Disponível em http://www.cade.gov.br/internacional/Acordo_Cooperacao_Brasil_Argentina. pdf. Acesso em 13/10/2009.

[259] Disponível em http://www.mecon.gov.ar/cndc/resolucion100-2006_mercosur.pdf. Acesso em 13/10/2009.

[260] Constituição Uruguaia de de 1967, com diversas modificações, até ultima em 2004. Disponível em http://www.parlamento.gub.uy/constituciones/const004.htm. Acesso em 20/11/2009.

[261] Constituição Uruguaia de 1967: "*Artículo 6º. – En los tratados internacionales que celebre la República propondrá la cláusula de que todas las diferencias que surjan entre las partes contratantes, serán decididas por el arbitraje u otros medios pacíficos. La República procurará la integración social y económica de los Estados Latinoamericanos, especialmente en lo que se refiere a la defensa común de sus productos y materias primas. Asimismo, propenderá a la efectiva complementación de sus servicios públicos*". Disponível em http://www. parlamento.gub.uy/constituciones/const004.htm. Acesso em 20/11/2009.

A CONSTRUÇÃO DA DEFESA DA CONCORRÊNCIA NO MERCOSUL

nômica entre os Estados latino-americanos, especialmente no que se refere à defesa comum de produtos e matérias primas.

Ainda que não de forma direta, o artigo 50 da Carta constitucional[262] estabelece que cabe ao Estado a orientação das políticas e do comércio exterior, devendo proteger as atividades produtivas. Além da defesa de importações e exportações, o artigo aloca ao Estado o projeto de políticas de descentralização, de modo a promover o desenvolvimento regional e o bem-estar geral.

O órgão responsável pela defesa da concorrência no Uruguai é a *Comisión de Promoción y Defensa de la Competencia – Ministerio de Economía y Finanzas* (http://www.mef.gub.uy/competencia.php). Interessante, inclusive, destacar o posicionamento do referido órgão quanto à justificativa da defesa da concorrência por parte do Estado:

"Algunas empresas pueden intentar obtener ganancias impidiendo o limitando las actividades de otras empresas, en vez de competir con ellas. De esta forma tratan de mantener sus ventas sin mejorar lo que ofrecen a los compradores, tratando que sus clientes no encuentren otros lugares donde comprar. Se necesita, entonces, intervención del Estado para facilitar el funcionamiento competitivo de los mercados y que sus beneficios alcancen al conjunto de la sociedad. La Comisión de Promoción y Defensa de la Competencia está encargada de controlar y sancionar las prácticas anticompetitivas en el país"[263].

A Lei nº 18.159, de 20 de julho de 2007[264], regulamentada pelo Decreto nº 404/007, de 29 de outubro de 2007[265], são os principais normativos do Uruguai no tocante à Defesa da Concorrência, tendo sido editadas já sobre a vigência dos normativos aplicáveis à matéria, de Direito Comunitário do Mercosul, especialmente o Protocolo de Fortaleza e seu regulamento.

A lei uruguaia coloca, assim como a brasileira e a argentina, que a Defesa da Concorrência tem por escopo a ordem pública e por objeto o fomento do bem-

---

[262] Constituição Uruguaia de de 1967: *"Artículo 50.- El Estado orientará el comercio exterior de la República protegiendo las actividades productivas cuyo destino sea la exportación o que reemplacen bienes de importación. La ley promoverá las inversiones destinadas a este fin, y encauzará preferentemente con este destino el ahorro público. Toda organización comercial o industrial trustificada estará bajo el contralor del Estado. Asimismo, el Estado impulsará políticas de descentralización, de modo de promover el desarrollo regional y el bienestar general"*. Disponível em http://www.parlamento.gub.uy/constituciones/const004.htm. Acesso em 20/11/2009.

[263] Comisión de Promoción y Defensa de la Competencia. Disponível em http://www.mef.gub.uy/comp_cometidos.php#estado_comp. Acesso em 10/10/2009.

[264] Lei nº 18.159, de 20 de julho de 2007. Disponível em http://www.mef.gub.uy/competencia/documentos/ley18159.pdf . Acesso em 20/11/2009.

[265] Decreto nº 404/007, de 29 de outubro de 2007. Disponível em http://www.mef.gub.uy/competencia/documentos/dec_404_007.pdf . Acesso em 20/11/2009.

estar atuais e futuros dos consumidores e demais usuários. Fixa, também, que são princípios norteadores o estímulo à eficiência econômica e a liberdade e igualdade de condições de acesso de empresas e produtos aos mercados, ou seja, com fulcro no livre mercado e na livre concorrência.

Assim como no caso brasileiro, o Uruguai já internalizou tanto o "Entendimento sobre Cooperação entre as Autoridades de Defesa da Concorrência dos Estados Partes do Mercosul para Aplicação de suas Leis Nacionais de Concorrência" e quanto o "Entendimento sobre Cooperação entre as Autoridades de Defesa de Concorrência dos Estados Partes do Mercosul para o Controle de Concentrações Econômicas de Âmbito Regional", aprovados, respectivamente, pela Decisão nº 4, de 7 de julho de 2004, e pela Decisão nº 15, de 20 de julho de 2006, ambas do Conselho do Mercado Comum do Mercosul.

Referida internalização se deu integralmente por meio de normas, a saber, o Decreto nº 386/2005[266], referente ao "Entendimento sobre Cooperação entre as Autoridades de Defesa da Concorrência dos Estados Partes do Mercosul para Aplicação de suas Leis Nacionais de Concorrência" e o Decreto nº 383/2008[267], referente ao "Entendimento sobre Cooperação entre as Autoridades de Defesa de Concorrência dos Estados Partes do Mercosul para o Controle de Concentrações Econômicas de Âmbito Regional".

Assim como verificado nos casos de Argentina e Brasil, estes marcos legais representam importante avanço para a Defesa da Concorrência no âmbito regional, em virtude de possibilitar o desenvolvimento da cooperação intergovernamental em matéria antitruste, dando sequência aos desenvolvimentos oriundos do marco regulatório do Protocolo de Fortaleza.

4.3.4. Paraguai

O Paraguai tem, em sua Constituição Federal[268], determinados dispositivos orientadores da Defesa da Concorrência e integração regional, este último não de forma direta.

Segundo o artigo 137 da Constituição[269], os tratados, convênios e acordos internacionais, após aprovados, ratificados e sancionados, integram o direito posi-

---

[266] Decreto nº 386/2005. Disponível em http://www.mef.gub.uy/competencia/documentos/dec_386_005.pdf. Acesso em 20/11/2009.

[267] Decreto nº 383/2008. Disponível em http://www.mef.gub.uy/competencia/documentos/dec_383_008.pdf. Acesso em 20/11/2009.

[268] Constituição Federal do Paraguai de 20 de junho de 1992. Disponível em http://www.senado.gov.py/leyes/ups/leyes/3911Constitucion%20junio%20de%201992.doc. Acesso em 21/11/2009.

[269] Constituição Federal do Paraguai de 20 de junho de 1992. "*Artículo 137 – DE LA SUPREMACIA DE LA CONSTITUCION La ley suprema de la República es la Constitución. Esta, los tratados, convenios y acuerdos internacionales aprobados y ratificados, las leyes dictadas por el Congreso y otras disposiciones ju-*

A CONSTRUÇÃO DA DEFESA DA CONCORRÊNCIA NO MERCOSUL

tivo nacional. Já o artigo 141[270] determina que os tratados validamente celebrados integram o ordenamento jurídico interno do Paraguai, nos termos da hierarquia fixada no 137, ou seja, assumem caráter superior.

Quanto aos direitos econômicos, e especificamente no tocante à Defesa da Concorrência, a Constituição paraguaia fixa, no artigo 107[271], a liberdade de competição no mercado, determinando que toda pessoa tem o direito de se dedicar a uma atividade econômica lícita, respeitado o regime de igualdade de oportunidades. O referido artigo garante, ainda, a concorrência no mercado, vedando a criação de monopólios e manipulação artificial de preços.

Contudo, dos Estados-Partes membros efetivos do Mercosul, o Paraguai é o único que ainda não promulgou Lei ou Decreto especificamente regulando a Defesa da Concorrência, não obstante já terem tramitado pelo Poder Legislativo daquele país dois substanciais projetos de lei com tal intuito.

De toda forma, o tema tem merecido atenção por parte do governo uruguaio. Conforme noticiado pela Agência de Notícias vinculada à Secretaria de Informação e Comunicação para o *Desenvolvimento, o Ministerio de Industria y Comercio* (MIC) realizou a "Semana de la Defensa de la Competencia" com o seminário "Seminario Internacional sobre Defensa de la Competencia en Países en Desarrollo". Referido seminário contou, inclusive, com autoridades estrangei-

---

rídicas de inferior jerarquía, sancionadas en consecuencia, integran el derecho positivo nacional en el orden de prelación enunciado. Quienquiera que intente cambiar dicho orden, al margen de los procedimientos previstos en esta Constitución, incurrirá en los delitos que se tipificarán y penarán en la ley. Esta Constitución no perderá su vigencia ni dejará de observarse por actos de fuerza o fuera derogada por cualquier otro medio distinto del que ella dispone. Carecen de validez todas las disposiciones o actos de autoridad opuestos a lo establecido en esta Constitución". Disponível em http://www.senado.gov.py/leyes/ups/leyes/3911Constitucion%20junio%20de%201992.doc. Acesso em 21/11/2009.

[270] Constituição Federal do Paraguai de 20 de junho de 1992. *"Artículo 141 – DE LOS TRATADOS INTERNACIONALES Los tratados internacionales validamente celebrados, aprobados por ley del Congreso, y cuyos instrumentos de ratificación fueran canjeados o depositados, forman parte del ordenamiento legal interno con la jerarquía que determina el Artículo 137. Dos Estados-Partes membros efetivos do Mercosul, o Paraguai é o único que ainda não promulgou Lei ou Decreto especificamente regulando a defesa da concorrência, não obstante já terem tramitado pelo Poder Legislativo daquele país dois substanciais projetos de lei com tal intuito".* Disponível em http://www.senado.gov.py/leyes/ups/leyes/3911Constitucion%20junio%20de%201992. doc. Acesso em 21/11/2009.

[271] Constituição Federal do Paraguai de 20 de junho de 1992. *"Artículo 107 – DE LA LIBERTAD DE CONCURRENCIA Toda persona tiene derecho a dedicarse a la actividad económica lícita de su preferencia, dentro de un régimen de igualdad de oportunidades. Se garantiza la competencia en el mercado. No serán permitidas la creación de monopolios y el alza o la baja artificiales de precios que traben la libre concurrencia. La usura y el comercio no autorizado de artículos nocivos serán sancionados por la Ley Penal".* Disponível em http://www.senado.gov.py/leyes/ups/leyes/3911Constitucion%20junio%20de%201992.doc. Acesso em 21/11/2009.

ras, visando fomentar e difundir o debate de instituições e políticas de defesa da concorrência no país. Segundo referida notícia:

"Si bien en nuestro país existen antecedentes de proyectos de ley de defensa de la competencia, estas no fueron aprobados o se encuentran hasta hoy día encajonados en el Congreso. La única reglamentación en este sentido que se encuentra en vigencia es el Protocolo de Defensa de la Competencia del Mercosur, suscrito entre los países miembros del Mercosur durante la Reunión del Consejo de Mercado Común (CMC) y Jefes de Estado, en Fortaleza, Brasil, los días 16 y 17 de diciembre de 1996 y aprobado por el Congreso Nacional"[272].

Em função da ausência de uma lei normatizando a defesa da concorrência no país, não existe uma Secretaria ou um Órgão Técnico de Defesa da Concorrência. Existem trabalhos e esforços da *Subsecretaría de Comercio – Ministerio de Industria y Comercio* (www.mic.gov.py), no sentido de juntamente com a defesa dos consumidores, fomentar a defesa da concorrência, não obstante as atividades e seminários que coordena, como o acima indicado.

O Ministério da Indústria e Comércio apresentou projeto de lei que foi aprovada pela Equipe Econômica Nacional de 2003 e enviado pela Presidência para ou Parlamento Nacional em dezembro de 2003. Este projeto recebeu o número de 30058[273], e desde 2008 encontra-se tramitando em comissão perante o Senado do Paraguai.

Outro projeto de lei, de origem parlamentar, apresentado em agosto de 2007, de número 9481, teve uma tramitação muito mais acelerada, tendo recentemente levantando muitos debates e discussões no Poder Legislativo do Paraguai, e que contava com apoio de autoridades e interessava a comunidade internacional, especialmente os membros do Mercosul. Contudo, foi aprovado pela Câmara dos Deputados em 2007, tendo sido encaminhado para apreciação e votação ao Senado, mas foi rejeitado por diversas comissões desta casa legislativa, tendo sido finalmente rejeitado e enviado ao arquivo em março de 2009.

4.3.5. Venezuela

Por fim, ainda que não um membro efetivo, com seu processo de adesão pendente, mas em andamento, julgamos importante, dado o avançado estágio de integração ao bloco Mercosul, investigar o marco regulatório da Defesa da Concorrência na Venezuela.

---

[272] *"Paraguay es el único país del MERCOSUR sin legislación propia sobre defensa de la competencia"*. Matéria de autoria não declarada, publicada em 05/11/2009. Disponível em http://www.ipparaguay.com.py/index.php?id=cmp-noticias&n=10199 . Acesso em 20/11/2009.

[273] Para consulta e acompanhamento to trâmite legislativo: http://www.senado.gov.py/silpy/main.php

A CONSTRUÇÃO DA DEFESA DA CONCORRÊNCIA NO MERCOSUL

Como primeira informação, importa destacar que as normas abaixo tratadas são anteriores ao estabelecimento do atual governo venezuelano, que inclusive, promulgou recente e nova constituição, que pode causar alguns problemas de receptividade das normas pelo novo texto constitucional, o que, num primeiro momento, não acreditamos que irá ocorrer.

A Constituição Federal da República Bolivariana da Venezuela[274], basicamente nos artigos 112 e 113, estabelece e regulamenta diversos direitos econômicos, inclusive com relação à Defesa da Concorrência.

Segundo o próprio artigo 112[275], é livre a iniciativa, podendo qualquer pessoa, física ou jurídica, dedicar-se livremente ao exercício da atividade econômica, sendo que o Estado promoverá a iniciativa privada, garantindo a criação e justa distribuição da riqueza, bem como outras questões, sem prejuízo de sua faculdade para ditar medidas para planificar, racionalizar e regular a economia e impulsionar o desenvolvimento integral do país.

Já a Defesa da Concorrência e elementos e princípios norteadores para a sua prática estão fixados no artigo 113 da Carta constitucional[276]. Segundo referido normativo, os monopólios são expressamente proibidos, exceto quando se trata

---

[274] Constituição Federal da República Bolivariana da Venezuela, de 30 de dezembro de 1999. Disponível em http://www.gobiernoenlinea.ve/legislacion-view/sharedfiles/ConstitucionRBV1999.pdf. Acesso em 07/12/2009.

[275] Constituição Federal da República Bolivariana da Venezuela: *"Artículo 112.º Todas las personas pueden dedicarse libremente a la actividad económica de su preferencia, sin más limitaciones que las previstas en esta Constitución y las que establezcan las leyes, por razones de desarrollo humano, seguridad, sanidad, protección del ambiente u otras de interés social. El Estado promoverá la iniciativa privada, garantizando la creación y justa distribución de la riqueza, así como la producción de bienes y servicios que satisfagan las necesidades de la población, la libertad de trabajo, empresa, comercio, industria, sin perjuicio de su facultad para dictar medidas para planificar, racionalizar y regular la economía e impulsar el desarrollo integral del país".* Disponível em http://www.gobiernoenlinea.ve/legislacion-view/sharedfiles/ConstitucionRBV1999.pdf. Acesso em 07/12/2009.

[276] Constituição Federal da República Bolivariana da Venezuela: *"Artículo 113.º No se permitirán monopolios. Se declaran contrarios a los principios fundamentales de esta Constitución cualesquier acto, actividad, conducta o acuerdo de los y las particulares que tengan por objeto el establecimiento de un monopolio o que conduzcan, por sus efectos reales e independientemente de la voluntad de aquellos o aquellas, a su existencia, cualquiera que fuere la forma que adoptare en la realidad. También es contrario a dichos principios el abuso de la posición de dominio que un o una particular, un conjunto de ellos o de ellas, o una empresa o conjunto de empresas, adquiera o haya adquirido en un determinado mercado de bienes o de servicios, con independencia de la causa determinante de tal posición de dominio, así como cuando se trate de una demanda concentrada. En todos los casos antes indicados, el Estado adoptará las medidas que fueren necesarias para evitar los efectos nocivos y restrictivos del monopolio, del abuso de la posición de dominio y de las demandas concentradas, teniendo como finalidad la protección del público consumidor, de los productores y productoras, y el aseguramiento de condiciones efectivas de competencia en la economía. Cuando se trate de explotación de recursos naturales propiedad de la Nación o de la prestación de servicios de naturaleza pública con exclusividad o sin ella, el Estado podrá otorgar concesiones por tiempo determinado, asegurando siempre la existencia de contraprestaciones o*

de exploração de recursos naturais de propriedade da nação, basicamente para garantir tal controle da produção e comércio de petróleo, ainda que não expressamente indicado, mas praticamente reconhecido. São entendidos como contrários aos princípios fundamentais da Constituição a prática de qualquer ato, atividade, conduta ou acordo de particulares que tenham por objetivo o estabelecimento de monopólio ou que conduzam, por seus efeitos, a qualquer forma que possa adotá-lo na realidade. Também são entendidos como contrários aos princípios constitucionais o abuso de posição dominante. Para tanto, o Estado poderá adotar todas as medidas que julgar necessário para evitar os efeitos nocivos e restritivos do monopólio, do abuso de posição dominante e em caso de concentrações empresariais, visando, assim como nas demais regulações de Defesa da Concorrência dos Estados-Partes do Mercosul, a defesa do mercado de consumo, dos produtores em geral, com o intuito de assegurar condições efetivas de concorrência na economia.

No tocante à regulação infraconstitucional, desde o início da década de 1990, a Venezuela vem desenvolvido esforços no sentido de regulamentar efetivamente a Defesa da Concorrência.

O principal normativo é a Lei nº 34.880, de 13 de dezembro de 1991[277], que tem por objeto promover e proteger o exercício da livre concorrência e a eficiência em benefício dos produtos e consumidores, bem como proíbe condutas e práticas monopolistas ou oligopolistas, e demais meios que possam impedir, restringir, falsear ou limitar o exercício da liberdade econômica. A referida Lei criou a *Superintendencia para la Promoción y Protección de la Libre Competencia* (http:// www.procompetencia.gob.ve) que é a autoridade responsável pela condução das atividades fixadas e atribuídas no normativo.

Importante destacar, que nos termos do artigo 2º[278], será aplicável o ordenamento jurídico do Acordo de Cartagena, quando sejam produzidos efeitos restritivos sobre a livre concorrência no mercado sub-regional Andino. Por outro lado, não existe nenhuma outra referência expressa a outro processo de integração regional, como por exemplo, o Mercosul.

---

contrapartidas adecuadas al interés público". Disponível em http://www.gobiernoenlinea.ve/legislacion-view/sharedfiles/ConstitucionRBV1999.pdf. Acesso em 07/12/2009.

[277] Lei nº 34.880, de 13 de dezembro de 1991. Disponível em http://www.gobiernoenlinea.ve/legislacion-view/sharedfiles/117.pdf. Acesso em13/10/2009.

[278] Lei nº 34.880, de 13 de dezembro de 1991: "*Artículo 2º – Se aplicará el ordenamiento jurídico del Acuerdo de Cartagena cuando se produzcan efectos restrictivos sobre la libre competencia en el mercado Subregional Andino*". Disponível em http://www.gobiernoenlinea.ve/legislacion-view/sharedfiles/117.pdf. Acesso em13/10/2009.

Adicionalmente, existem basicamente, dois regulamentos da Lei nº 34.880/91, sendo o Reglamento nº 1, de 21.01.93[279] e o Reglamento nº 2, de 21.05.96[280].

4.4. A Cooperação entre Argentina e Brasil

Em 16 de outubro de 2003 foi firmado pelas autoridades de Defesa da Concorrência da Argentina e do Brasil, o *"Acordo de Cooperação entre a República Federativa do Brasil e a República Argentina Relativo à Cooperação entre suas Autoridades de Defesa da Concorrência na Aplicação de suas Leis de Concorrência"*[281]. Não obstante o evidente objetivo primário de atuação conjunta no Mercosul, o Acordo de Cooperação representou uma iniciativa formal realizada por autoridades de Defesa da Concorrência na busca por uma cooperação internacional na área do direito antitruste.

Este Acordo de Cooperação, celebrado em outubro de 2003, tem como principal objetivo a promoção da cooperação entre as autoridades dos Estados-Partes na área de Defesa da Concorrência, incluindo tanto a cooperação na aplicação das leis de Defesa da Concorrência, quanto a cooperação técnica, bem como visa garantir que as Partes assegurem a devida atenção dado que seus interesses são recíprocos na aplicação de suas leis de concorrência.

O Acordo de Cooperação prevê, ainda, encontros entre Funcionários das Autoridades de Defesa da Concorrência dos Estados-Partes, que devem reunir-se periodicamente para trocar informações acerca de seus esforços e prioridades na aplicação de suas leis de concorrência. Esta medida pode contribuir para o desenvolvimento conjunto, e em sintonia entre membros do Mercosul de práticas e políticas que, dentre outras: (i) possam reduzir o custo e o tempo de análise das práticas anticompetitivas e dos atos de concentração; (ii) facilitem a aplicação das leis de concorrência e/ou sejam de interesse recíproco na aplicação das leis de concorrência; (iii) permitam melhor conhecimento das condições econômicas e dos mercados relevantes; (iv) possam contribuir para a redução das assimetrias entre as estruturas dos Estados-Partes; e (v) possam contribuir para eventuais mudanças nas políticas públicas relacionadas à Defesa da Concorrência.

Em sua estrutura, o Acordo de Cooperação trata de formalizações e procedimentos à Cooperação entre suas Autoridades de Defesa da Concorrência na Aplicação de suas Leis de Concorrência. De forma sucinta, regulamentam-se

---

[279] Reglamento nº 1, de 21.01.93. Disponível em http://www.gobiernoenlinea.ve/legislacion-view/sharedfiles/reglamenton1promoveprotegerejerciciolibrecompetencia.pdf. Acesso em 13/10/2009

[280] Reglamento nº 2, de 21.05.96. Disponível em http://www.gobiernoenlinea.ve/legislacion-view/sharedfiles/reglamenton2leypromoverprotegerejerciciolibrecompetencia.pdf. Acesso em 13/10/2009.

[281] Disponível em http://www.cade.gov.br/internacional/Acordo_Cooperacao_Brasil_Argentina.pdf. Acesso em 13/10/2009.

DEFESA NA CONCORRÊNCIA NO MERCOSUL

as notificações (art. 2º), a troca de informações (art. 3º), a efetiva cooperação na aplicação das leis (art. 4º), a cooperação relativa às práticas anticompetitivas no território de um Estado-Parte, que possam afetar adversamente os interesses de outro Estado-Parte (art. 5º), a coordenação acerca de matérias interrelacionadas (art. 6º), a prevenção de conflitos e aplicação de consultas (art. 7º), e as atividades de cooperação técnica (art. 8º).

Vale ressaltar, ainda, que o Acordo de Cooperação reconhece que a cooperação e a coordenação nas atividades de aplicação das leis de Defesa da Concorrência podem resultar em um atendimento mais efetivo das respectivas preocupações dos Estados-Partes do que o que poderia ser alcançado por meio de ações independentes de cada um, bem como que a cooperação técnica entre as Autoridades de Defesa da Concorrência das Partes deve contribuir para melhorar e fortalecer o relacionamento entre elas, inclusive, podendo trazer maior efetividade às normas do Protocolo de Fortaleza.

Com tais medidas, busca-se evidentemente fomentar a construção das políticas e das práticas de Defesa da Concorrência no âmbito do Mercosul, por meio da cooperação das Autoridades de Defesa da Concorrência dos Estados-Partes que reconhecidamente são, até o momento, tidos como os principais membros do bloco.

4.5. A Cooperação e os Avanços da Regulação do Protocolo de Fortaleza

A atuação de dois ou mais Estados, de forma conjunta, visando a colaboração em determinado tema ou questão, é usualmente regulada por meio da introdução de acordos como inovação em suas relações bilaterais. Tais acordos de cooperação são baseados no princípio de "cortesia positiva"[282]. Para Oliveira e Rodas, cortesia refere-se a *"um país, ao aplicar suas próprias leis antitruste, leva, de maneira voluntária, em consideração os interesses de outros países, muito embora não necessite dar-lhes, obrigatoriamente, um determinado peso"*[283]. Assim, este princípio reflete cláusula inserida nos referidos acordos internacionais, pela qual são exigidos dos Estados

---

[282] Segundo José Tavares Araújo Jr.: *"Cortesia positiva é um neologismo que foi incorporado ao vocabulário antitruste para descrever situações em que dois países decidem aplicar de forma recíproca as normas de extraterritorialidade contidas em suas respectivas legislações. Assim, os acordos de cooperação acima descritos não implicam qualquer alteração nas leis nacionais e, de fato, todas as providências ali estabelecidas poderiam ser realizadas independentemente da assinatura de qualquer protocolo, já que o instrumento que confere poder jurídico àquelas ações não é o acordo de cortesia positiva, mas a lei nacional.10 Entretanto, acordos deste tipo cumprem importantes funções operacionais e políticas, como a de facilitar as investigações sobre eventos ocorridos no exterior, fortalecer a confiança mútua entre as autoridades antitruste e alertar o setor privado sobre a efetividade das novas disciplinas"*. In: ARAÚJO JR. José Tavares. *Política de Concorrência no Mercosul: Uma Agenda Mínima*. Mimeo – 2001, pág. 9. Disponível em http://www.ecostrat.net/files/Politica_de_Concorrencia_no_Mercosul.pdf . Acesso e 28/06/2010.

[283] OLIVEIRA. Gesner e RODAS, João Grandino. *Direito e Economia da Concorrência*. Rio de Janeiro: Renovar, 2004, pág. 385.

signatários atos positivos de cooperação e assistência recíproca, que usualmente não têm caráter vinculativo, pois reflete mecanismo de aplicação voluntária, que tem por objetivo dirimir conflitos e tensões causados por aplicações unilaterais de legislações nacionais. Segundo Tavares,

> *"Tais acordos costumam ter o seguinte conteúdo: [a] Mútua notificação das investigações iniciadas em cada país, desde que afetem os interesses do outro signatário, tanto na área de fusões e aquisições quanto na de práticas anticompetitivas. As notificações devem ser suficientemente detalhadas, a fim de permitir que o outro signatário possa avaliar a relevância dos impactos (efetivos ou potenciais) de cada caso sobre a sua economia doméstica, e devem incluir a natureza das atividades sob investigação e penalidades previstas. Sempre que possível, as notificações incluem também os nomes e a localização das pessoas envolvidas. [b] Os funcionários das agências de cada país podem visitar o outro país durante o curso das investigações. [c] Cada país pode solicitar que o outro inicie uma investigação sobre condutas anticompetitivas ali vigentes, ainda que os danos ocorram exclusivamente no primeiro país. [d] Assistência recíproca na localização de testemunhas, coleta de evidências e depoimentos no território do outro signatário. [e] Encontros regulares das autoridades para discutir a evolução das respectivas políticas domésticas e intercambiar informações sobre setores econômicos de interesse mútuo"*[284].

O princípio de cortesia positiva é passível de ser incorporado em acordos e tratados instituidores de processos de integração regional, por meio de cláusulas de cortesia, por meio das quais *"as partes se comprometem a levar em consideração os interesses da contratante no desempenho de suas funções"*[285]. Desta feita, práticas que ocorram no território de uma parte podem ser passíveis de pleito por parte de outras partes que se sintam prejudicadas[286]. Logo, a inclusão deste tipo de disposições pode elevar possíveis níveis de cooperação e colaboração entre os Estados-Partes, mesmo que sejam possíveis diversas modalidades de limitações[287].

---

[284] ARAÚJO JR. José Tavares. *Política de Concorrência no Mercosul: Uma Agenda Mínima*. Mimeo – 2001, pág. 9. Disponível em http://www.ecostrat.net/files/Politica_de_Concorrencia_no_Mercosul.pdf. Acesso e 28/06/2010.

[285] NUSDEO, Ana Maria de Oliveira. *Defesa da Concorrência e Globalização Econômica: o controle da concentração de empresas*. São Paulo: Malheiros Editores, 2002, pág. 170.

[286] Vale destacar, como apontado por Nusdeo, que tem sido *"difundido o uso da chamada cláusula de cortesia positiva, estabelecendo a presunção de deferimento por uma das partes, na aplicação de suas regras de concorrência, ao interesse da outra, quando as atividades anticompetitivas forem direcionadas principalmente ao território dessa última"*. NUSDEO, Ana Maria de Oliveira. *op. cit.*, p. 171.

[287] Segundo Oliveira e Rodas, *"o entusiasmo inicial quanto à eficácia da cortesia positiva, deu lugar a opinião mais cautelosa em virtude das limitações verificadas: voluntariedade de sua implementação; confiança que deve existir entre o Estado requisitante e o requisitado; não alcance de práticas nascidas em terceiros Estados; necessidade de a conduta indigitada ser ilegal tanto no Estado requisitante, como no requisitado; e a*

DEFESA NA CONCORRÊNCIA NO MERCOSUL

O acordo firmado em outubro de 2003 pelas autoridades de Defesa da Concorrência da Argentina e do Brasil, o *"Acordo de Cooperação entre a República Federativa do Brasil e a República Argentina Relativo à Cooperação entre suas Autoridades de Defesa da Concorrência na Aplicação de suas Leis de Concorrência"*, insere-se como um acordo no qual o princípio de cortesia positiva está presente. Segundo Oliveira e Rodas, este acordo apresenta algumas limitações quanto às informações confidenciais, mas poderia ser apontado como um "acordo de primeira geração", *"inobstante haja previsão de cooperação mais intensa entre ambos os países, tanto na troca de informações, quanto no exame conjunto de políticas públicas que tenham influência na concorrência"*.[288].

No tocante ao relacionamento dos membros do Mercosul, após a regulamentação do Protocolo de Fortaleza, em 1996, e após o longo período de crise do bloco, ao marco regulatório da Defesa da Concorrência foram integradas duas outras decisões do Conselho do Mercado Comum do Mercosul, relacionadas diretamente à cooperação de autoridades nacionais de Defesa da Concorrência. Compreendemos que estas duas normativas refletem um efetivo amadurecimento institucional do bloco, bem como também demonstram uma momentânea convergência das vontades políticas dos dirigentes políticos dos Estados-Partes.

A primeira decisão é a MERCOSUL/CMC/DEC. Nº 04/04, de 7 de julho de 2004[289], que aprovou o "Entendimento sobre Cooperação entre as Autoridades de Defesa da Concorrência dos Estados Partes do Mercosul para Aplicação de suas Leis Nacionais de Concorrência". O objetivo do Entendimento é a promoção da cooperação, incluindo tanto a cooperação na aplicação da legislação nacional de concorrência quanto a cooperação técnica entre as Autoridades de Concorrência, visando assegurar que as Partes tomem em consideração os importantes interesses recíprocos nas atividades de aplicação da legislação nacional de concorrência. A normativa também buscou estabelecer elementos para a cooperação relativa a práticas anticompetitivas no território de um Estado-Parte que pudessem afetar adversamente os interesses de outro Estado-Parte.

Vale notar que a Decisão MERCOSUL/CMC/DEC. Nº 04/04 já buscava identificar, diferente das normas anteriores, quais seriam as normas de Defesa da Concorrência de cada Estado-Parte. Em seus termos, aponta como legislação nacional ou lei de concorrência especificamente: a) para a Argentina, a Lei 25.156, sua regulamentação e o Decreto 396/01; b) para o Brasil, as leis 8.884/94, 9.021/95 e

---

ausência de transparência e/ou delonga em responder à solicitação". In OLIVEIRA. Gesner e RODAS, João Grandino. *op. cit.*, pág. 386.

[288] OLIVEIRA. Gesner e RODAS, João Grandino. *op. cit.*, pág. 387.

[289] Decisão MERCOSUL/CMC/DEC. Nº 04/04. Disponível em http://200.40.51.218/SAM%5CGestDoc%5Cpubweb.nsf/A8E8D44B5191EDC7832577570020E8F5/$File/DEC_004-2004_PT_Entend.%20Coop%20Autoridades%20Def.Concor..pdf . Acesso em 05/07/2010.

A CONSTRUÇÃO DA DEFESA DA CONCORRÊNCIA NO MERCOSUL

10.149/00 e sua regulamentação; c) para o Paraguai, o Art. 107 da Constituição Nacional e, uma vez aprovada, a Lei de Defesa da Concorrência; d) para o Uruguai, os artigos 14, 15 e 16 da Lei 17.243, os artigos 157 e 158 da Lei 17.296, e os Decretos 86/01 e 440/02.

A outra referida decisão é a MERCOSUL/CMC/DEC. Nº 15/06, de 20 de julho de 2006[290], que aprovou o "Entendimento sobre Cooperação entre as Autoridades de Defesa de Concorrência dos Estados Partes do Mercosul para o Controle de Concentrações Econômicas de Âmbito Regional". O objetivo do Entendimento é a promoção da cooperação, incluindo tanto a cooperação para a aplicação dos procedimentos de controle de concentrações econômicas previstos nas legislações nacionais quanto a cooperação técnica entre as Autoridades de Concorrência, e visando assegurar que os Estados Partes acatem os importantes interesses recíprocos envolvidos nestas atividades.

Entendemos que as decisões MERCOSUL/CMC/DEC. Nº 04/04 e MERCOSUL/CMC/DEC. Nº 15/06 representam um efetivo e importante avanço na regulação e na Defesa da Concorrência no Mercosul, com vistas ao desenvolvimento da cooperação entre as Autoridades de Defesa da Concorrência dos Estados Partes do Mercosul, na busca, inclusive, da concretização dos objetivos de cooperação, impostos e estabelecidos no artigo 30[291] do Protocolo de Fortaleza. Referido artigo estabelece que os Estados-Partes, devem assegurar a implementação da Defesa da Concorrência no âmbito regional, adotar mecanismos de cooperação e consultas no plano técnico, visando sistematizar e intensificar a cooperação entre os órgãos e as autoridades nacionais, inclusive para a investigação conjunta das práticas lesivas à concorrência, e identificar e mobilizar os recursos necessários à implementação da referida cooperação.

---

[290] Decisão MERCOSUL/CMC/DEC. Nº 15/06. Disponível em http://200.40.51.218/SAM%5CGestDoc%5Cpubweb.nsf/68CF296E32F542778325775700213508/$File/DEC_015-2006_PT_EntendCoopAutoDefConc.pdf. Acesso em 05/07/2010.

[291] MERCOSUL/CMC/DEC. Nº 18/96: "*CAPITULO Vlll – DA COOPERAÇÃO – Art. 30º Para assegurar a implementação do presente Protocolo, os Estados Partes. por meio dos respectivos órgãos nacionais de aplicação, adotarão mecanismos de cooperação e consultas no plano técnico no sentido de:a) sistematizar e intensificar a cooperação entre os órgãos e autoridades nacionais responsáveis com vistas ao aperfeiçoamento dos sistemas nacionais e dos instrumentos comuns de defesa da concorrência, mediante um programa de intercâmbio de informações e experiências, de treinamento de técnicos e de compilação da jurisprudência relativa à defesa da concorrência, bem como da investigação conjunta das práticas lesivas à concorrência no MERCOSUL; b) identificar e mobilizar, inclusive por meio de acordos de cooperação técnica em matéria de defesa da concorrência celebrados com outros Estados ou agrupamentos regionais, os recursos necessários à implementação do programa de cooperação à que se refere a allnea anterior*". Disponível em http://www.mre.gov.py/dependencias/tratados/mercosur/registro%20mercosur/Acuerdos/1996/portugues/19%20Protocolo%20de%20Defensa%20de%20la%20Competencia%20del%20MERCOSUR.pdf. Acesso em 14/10/2009.

Ademais, considerando as divergências diretas na esfera política entre os Estados-Partes, parece-nos muito relevante a importância dada à cooperação e fortemente presente nas decisões MERCOSUL/CMC/DEC. Nº 04/04 e MERCOSUL/CMC/DEC. Nº 15/06. Nos termos do artigo sétimo de ambas Decisões, foram destacadas determinadas atividades de cooperação técnica, em função do reconhecimento de interesse recíproco que as Autoridades de Concorrência dos Estados-Partes trabalhassem conjuntamente em atividades de cooperação técnica relacionadas com a Aplicação de sua Legislação de Concorrência. Segundo a previsão das Decisões, tais atividades podem envolver: a) o intercâmbio de informações; b) o intercâmbio de funcionários das Autoridades de Concorrência para fins de treinamento na Autoridade de Concorrência de outros Estados-Partes; c) a participação de pessoal das Autoridades de Concorrência como conferencistas ou consultores em cursos de treinamento relativos à legislação de concorrência organizados ou patrocinados por suas Autoridades de Concorrência; e d) qualquer outra forma de cooperação técnica que a Autoridade de Concorrência das Partes acorde que sejam apropriadas aos fins das referidas normas.

Por fim, cumpre reforçar que estes avanços verificados devem, naturalmente, ser computados e assimilados pela estrutura do Mercosul, com vistas ao desenvolvimento do marco regulatório da Defesa da Concorrência e aprofundamento da regulação inciada pelo PDC. E a utilização da cortesia positiva pode representar uma importante ferramenta para tal finalidade. Mas lembremos alerta de Tavares para quem a *"cortesia positiva não é uma panacéia, mas uma solução transitória para remediar parcialmente um problema de âmbito multilateral. Sua principal virtude é a de evitar que interesses nacionais conflitantes sejam abordados sob a perspectiva estreita das negociações mercantilistas setoriais"*[292]. Com isso, ao invés de atacar diretamente uma questão, consegue-se por meio da cortesia positiva, avanços que poderiam não ser obtidos diretamente. Mas esta virtude deve ser tratada como transitória, devendo os governos unir esforços para ampliar a questão e *"ao invés proteger apenas os interesses dos exportadores e das empresas que competem com importações, os governos são levados a considerar outras dimensões do interesse nacional, como a eficiência agregada da indústria doméstica e o bem estar do consumidor"*[293].

4.6. O Acordo de Defesa da Concorrência do MERCOSUL

No final do ano de 2010, o Conselho do Mercado Comum passou a decisão MERCOSUL/CMC/DEC. Nº 43/10, que aprova o texto do "Acordo de Defesa da

---

[292] ARAÚJO JR. José Tavares. *op. cit.*, pág. 11.
[293] ARAÚJO JR. José Tavares. *ibidem.*

A CONSTRUÇÃO DA DEFESA DA CONCORRÊNCIA NO MERCOSUL

Concorrência do MERCOSUL", que consta como Anexo da mesma[294], revoga as Decisões CMC Nº 18/96 (Protocolo de Fortaleza) e 02/97 (norma sobre multas ao Protocolo)[295]. Esta nova regulação, consolida os marcos regulatórios nacionais, e nomeia os órgãos nacionais de aplicação, alterando substancialmente o modelo anterior do Protocolo de Fortaleza.

Esta Decisão do CMC reconhece que a cooperação entre os Estados-Partes em matéria de concorrência contribui para o cumprimento dos objetivos de livre comércio, e que a livre circulação de bens e serviços entre os Estados Partes requer um instrumento comum que preserve e promova a livre concorrência no âmbito do MERCOSUL.

Na XIVª Reunião Extraordinária da Comissão de Comércio do MERCOSUL, realizada em Foz do Iguaçu no dia 14 de dezembro de 2010 (MERCOSUL/CCM/ Nº 03/10), foi apresentado o projeto trabalhado no Comitê Técnico nº 5 – Defesa da Concorrência. Este projeto foi discutido e trabalhado durante o ano de 2010 e elevado à Comissão de Comércio do MERCOSUL, sendo considerado o Projeto de Decisão nº 04/10, – Revisão do Protocolo de Defesa da Concorrência. A CCM, na referida Reunião Extraordinária, aprovou a indicação ao Grupo Mercado Comum – GMC.

O referido projeto começou a tomar corpo a partir da LIIª Reunião do Comitê Técnico nº 5 – Defesa da Concorrência, realizada nos dias 01 e 02 de julho de 2010 quando foram iniciados estudos para avaliar e analisar os pontos que o referido Comitê considerava necessários e que deveriam ser revisados no tocante ao PDC. Ficou decidido na referida reunião que seria desenvolvida nova redação dos pontos do Protocolo de Fortaleza e de seu regulamento, para que fossem apresentados na reunião seguinte do Comitê.

Foi realizada em Brasília a LIIIª Reunião do Comitê Técnico nº 5 – Defesa da Concorrência, realizada nos dias 30 e 31 de agosto de 1º de setembro de 2010, na qual foi apresentada pela delegação do Brasil a proposta da nova redação para o Protocolo de Defesa da Concorrência do MERCOSUL. Referida proposta contou ainda com o apoio e concordância das delegações do Uruguai e Paraguai, que sugeriram mudanças em determinados pontos. Os Estados-Partes se comprometeram a avaliar internamente o texto sugerido do Projeto, visando trazer

---

[294] MERCOSUL/CMC/DEC. Nº 43/10 – *"Art. 1º – Aprovar o texto do "Acordo de Defesa da Concorrência do MERCOSUL", que consta como Anexo e faz parte da presente Decisão"*. Disponível em http:// gd.mercosur.int/SAM/GestDoc/pubweb.nsf/Normativa?ReadForm&lang=ESP&id=62B73ED5 C26FE5E3032578800058DA26. Acesso em 10/03/2011.

[295] MERCOSUL/CMC/DEC. Nº 43/10 – *"Art. 3º – Revogar as Decisões CMC Nº 18/96 e 02/97"*. Disponível em http://gd.mercosur.int/SAM/GestDoc/pubweb.nsf/Normativa?ReadForm&lang=ES P&id=62B73ED5C26FE5E3032578800058DA26. Acesso em 10/03/2011.

para a seguinte reunião pontos e elementos que contribuíssem para o fortalecimento da preposição.

A quarta reunião do ano de 2010 foi realizada em Brasília, no dia 21 de outubro de 2010, sendo a LIVª Reunião do Comitê Técnico nº 5 – Defesa da Concorrência. Na oportunidade foi avaliada a proposta do Protocolo de Defesa da Concorrência, com as sugestões de todas as delegações presentes na LIIIª Reunião do Comitê Técnico nº 5 (Brasil, Paraguai e Uruguai estiveram presentes, mas a ata da reunião foi ratificada pela Argentina em 22 de setembro de 2010). Nesta reunião, as delegações de Brasil e Uruguai concordaram em levar à consideração da CCM a proposta de revisão em questão.

Os esforços dos participantes do referido Comitê foram gradualmente sendo recompensados. Em virtude de mandato da CMM, decorrente da CXVII Reunião Ordinária da mesma, foi realizada uma Reunião Extraordiária do Comitê Técnico nº 5 – Defesa da Concorrência, ainda no ano de 2010, em Brasília, no dia 25 de novembro de 2010, com a participação das delegações de Argentina, Brasil, Paraguai e Uruguai. A reunião teve como objeto exclusivo a revisão da proposta final do Projeto de revisão do Protocolo de Defesa da Concorrência. Na oportunidade, foram tomadas e analisadas todas as sugestões dos membros, especialmente as do Paraguai e da Argentina, tendo o Comitê Técnico nº 5 dado por concluída a revisão do projeto, como o consequente encaminhamento deste à Comissão de Comércio do MERCOSUL (a XIVª Reunião Extraordinária acima indicada).

Após as deliberações, sugestões, modificações e considerações da CCM, a proposta seguiu para análise e discussão perante o Grupo Mercado Comum – GMC, que encaminhou ao Conselho do Mercado Comum, para decisão. Neste processo, o Projeto de Decisão nº 04/10, – Revisão do Protocolo de Defesa da Concorrência passou a ser denominado Acordo de Defesa da Concorrência do MERCOSUL. A aprovação da redação final e do texto do projeto se deu na XL Reunião do Conselho do Mercado Comum – CMC, havida em Foz do Iguaçu – Brasil, no dia 16 de dezembro de 2010, que aprovou o texto do "Acordo de Defesa da Concorrência do MERCOSUL", e revogou as Decisões CMC Nº 18/96 e 02/97, como já indicado.

A nova regulação consolida, em seu artigo 2º[296], os marcos regulatórios nacionais e nomeia os órgãos de aplicação, bem como altera substancialmente o modelo anteriormente previsto pelo Protocolo de Fortaleza.

---

[296] MERCOSUL/CMC/DEC. Nº 43/10 – *Acordo de Defesa da Concorrência do MERCOSUL* – "*Art.2. Para fins deste Acordo: (a) "Lei ou Leis de concorrência" incluem: (i) para a Argentina, Lei nº 25.156, de 20 de setembro de 1999 e suas normas modificativas, complementares e regulamentares. (ii) para o Brasil, Lei nº 8.884, de 11 de junho de 1994, Lei nº 9.021, de 30 de março 1995, e Lei nº 10.149, de 21 de dezembro de 2000, suas modificativas e complementares. (iii) para o Paraguai, Art. 107 "Da Liberdade de Concorrência"*

A CONSTRUÇÃO DA DEFESA DA CONCORRÊNCIA NO MERCOSUL

Enquanto o Protocolo de Fortaleza estabelecia em seu art. 1º que o objeto da regulação era a defesa da concorrência no âmbito do MERCOSUL[297], o Acordo de Defesa da Concorrência do MERCOSUL fixa de forma clara e objetiva, que a nova norma tem por objetivos: a promoção da cooperação e da coordenação entre os Estados Partes no tocante à aplicação das leis nacionais de concorrência no âmbito do MERCOSUL, a promoção da assistência mútua em qualquer matéria relativa à política de concorrência que considerem necessária, a tentativa de assegurar a consideração cuidadosa pelos Estados Partes de seus relevantes interesses recíprocos, na aplicação das respectivas leis de concorrência, e por fim buscar a eliminação das práticas anticompetitivas por meio da aplicação das respectivas leis de concorrência[298].

No tocante à estrutura e conteúdo da norma, foi retirada a previsão de normas sobre condutas e práticas restritivas da concorrência, controle de atos e contratos, e o procedimento de aplicação da norma foi substituído por um modelo de consulta mais coerente e direto, com um capítulo especial para as atividades de coordenação das atividades de aplicação no que diz respeito a um caso específico, e outro capítulo dedicado às atividades conjuntas de assistência técnica para

---

da Constituição Nacional, suas regulamentações ou emendas. (iv) para o Uruguai, Lei nº 18.159, de 20 de julho de 2007, suas modificativas e complementares. (b) "Autoridade de Concorrência" significa: (i) para a Argentina, a Secretaria de Comércio Interior do Ministério da Economia e Finanças Públicas, a Comissão Nacional de Defesa da Concorrência e o Tribunal Nacional de Defesa da Concorrência ou os órgãos que no futuro os substituam. (ii) para o Brasil, o Conselho Administrativo de Defesa Econômica (CADE), a Secretaria de Direito Econômico (SDE) do Ministério da Justiça e a Secretaria de Acompanhamento Econômico (SEAE) do Ministério da Fazenda; (iii) para o Paraguai, o Ministério da Indústria e Comércio. (iv) para o Uruguai, a Comissão de Defesa da Concorrência e para os setores regulados de energia e água, a Unidade Reguladora de Serviços de Energia e Água (URSEA), de telecomunicações, a Unidade Reguladora de Serviços de Comunicações (URSEC) e para o setor financeiro, o Banco Central do Uruguai (BCU). (...)". Disponível em http:// gd.mercosur.int/SAM/GestDoc/pubweb.nsf/Normativa?ReadForm&lang=ESP&id=62B73ED5 C26FE5E3032578800058DA26. Acesso em 10/03/2011

[297] MERCOSUL/CMC/DEC. Nº 18/96 – Protocolo de Fortaleza – *"Art.1º O presente Protocolo tem por objeto a defesa da concorrência no âmbito do MERCOSUL".* Disponível em http://www.mre.gov. py/dependencias/tratados/mercosur/registro%20mercosur/Acuerdos/1996/portugues/19%20 Protocolo%20de%20Defensa%20de%20la%20Competencia%20del%20MERCOSUR.pdf. Acesso em 10 de novembro de 2009

[298] MERCOSUL/CMC/DEC. Nº 43/10 – *Acordo de Defesa da Concorrência do MERCOSUL – "Art. 1. O presente Acordo tem por objetivos: (a) Promover a cooperação e a coordenação entre os Estados Partes no tocante à aplicação das leis nacionais de concorrência no âmbito do MERCOSUL; (b) Prover assistência mútua em qualquer matéria relativa à política de concorrência que considerem necessária; (c) Assegurar a consideração cuidadosa pelos Estados Partes de seus relevantes interesses recíprocos, na aplicação das respectivas leis de concorrência; (d) Eliminar práticas anticompetitivas por meio da aplicação das respectivas leis de concorrência".* Disponível em http://gd.mercosur.int/SAM/GestDoc/pubweb.nsf/Normativa?ReadForm&lang= ESP&id=62B73ED5C26FE5E3032578800058DA26. Acesso em 10/03/2011.

DEFESA NA CONCORRÊNCIA NO MERCOSUL

o desenvolvimento, adoção, implementação e cumprimento das leis e políticas de concorrência, inclusive por meio da partilha de conhecimentos e informação.

Observando a linha histórica das normas do MERCOSUL, nos parece que a construção da regulação da Defesa da Concorrência tem desenvolvido parâmetros e obrigações dos Estados-Partes no tocante à cooperação, reforçada pela nova norma do CMC, a saber, o Acordo de Defesa da Concorrência do Mercosul. Vale lembrar que a Defesa da Concorrência pode representar um forte elemento para políticas de desenvolvimento regional na América do Sul, especialmente para os países integrantes do Mercosul, considerando os fluxos internacionais de comércio.

Vale indicar que segundo a decisão MERCOSUL/CMC/DEC. Nº 43/10 , a vigência do Acordo anexo será regida segundo o estabelecido em seu Artigo 30[299], que fixa a entrada em vigor após 30 (trinta) dias da última comunicação do cumprimento dos trâmites internos necessários para sua entrada em vigência.

Com relação à internalização das normas do MERCOSUL no ordenamento dos Estados Partes, temos que o Acordo não necessita ser incorporado ao ordenamento jurídico dos Estados Partes, considerando o entendimento de que apenas regulamenta aspectos da organização ou do funcionamento do MERCOSUL, segundo o art. 4º da decisão MERCOSUL/CMC/DEC. Nº 43/10.

Interessante notar e comentar dois pontos adicionais em relação a esta questão.

Primeiro, verificamos que na prática, até mesmo para valorizar e manter a política de uniformização legislativa, é interessante e bastante provável que os Estados-Partes venham a internalizar a norma que estipula e regulamenta o Acordo de Defesa da Concorrência do MERCOSUL. Trata-se de medida salutar para, no âmbito interno, orientar a atividade legislativo-regulatória de cada Estado-Parte e efetivamente viabilizar a criação, instituição e desenvolvimento de mais e/ou novos mecanismos de consultas e intercâmbio de informações pelas autoridades de concorrência dos Estados Partes.

E segundo, podemos pensar que a norma, ao considerar que apenas estaria regulamentando aspectos da organização ou do funcionamento do MERCOSUL, sinalizaria para um entendimento de construção de um marco regulatório institucional, tentando eventualmente mudar os rumos do modelo intragovernamental que até hoje impera no MERCOSUL. Esta percepção encontra lastro no próprio preâmbulo da decisão MERCOSUL/CMC/DEC. Nº 43/10, que coloca em seus considerandos que *"é importante institucionalizar e aprofundar os mecanismos de consultas*

---

[299] MERCOSUL/CMC/DEC. Nº 43/10 – *Acordo de Defesa da Concorrência do MERCOSUL* – *"Art. 30. – O presente Acordo entrará em vigor trinta dias depois da última comunicação do cumprimento dos trâmites internos necessários para sua entrada em vigência".* Disponível em http://gd.mercosur.int/SAM/ GestDoc/pubweb.nsf/Normativa?ReadForm&lang=ESP&id=62B73ED5C26FE5E30325788000 58DA26. Acesso em 10/03/2011.

A CONSTRUÇÃO DA DEFESA DA CONCORRÊNCIA NO MERCOSUL

e intercâmbio de informações já empregados pelas autoridades de concorrência dos Estados Partes". Ora, a própria instituição do Acordo de Defesa da Concorrência do MERCOSUL, em sua gênese, já considera a necessidade de maior institucionalização, seja para aprofundar as formas e mecanismos já existentes e criados sob o manto do Protocolo de Fortaleza, seja para o desenvolvimento de novas possibilidades, mas que nomeadamente agora possuem uma preferência pela construção institucional.

O Acordo de Defesa da Concorrência do MERCOSUL em seu preâmbulo reconhece que a firme e efetiva aplicação pelos Estados-Partes das leis nacionais de concorrência é matéria de importância crucial para o funcionamento eficiente dos mercados e para o bem-estar econômico dos cidadãos dos seus respectivos países. Reconhece, também, que a cooperação e a coordenação nas atividades de aplicação das leis de concorrência podem resultar em um atendimento mais efetivo das respectivas preocupações das Partes. Estes norteamentos são importantes para compreender a motivação e o direcionamento dado pelos Estados-Partes nas negociações e encaminhamentos dado ao marco regulatório pensado para o MERCOSUL.

4.7. Notas conclusivas sobre a construção da regulação

Notadamente, o processo regulatório no âmbito do Mercosul, no tocante à Defesa da Concorrência, parece estar sendo construído de forma diversa daquela originalmente pensada ou estruturada por meio do PDC.

A regulação vertical, "de cima para baixo" e oriunda dos ditames do PDC, abriu espaço para um processo marcado por momentos de predominância do fluxo horizontal e momentos inversos de fluxos "de baixo para cima", nos quais os entendimentos das Autoridades Nacionais de Defesa da Concorrência parecem ter sido reconhecidos pelos Estados-Partes, como iniciativas havidas para além dos canais diplomáticos normais de decisão. Isto porque as decisões MERCOSUL/CMC/DEC. Nº 04/04 e MERCOSUL/CMC/DEC. Nº 15/06 consolidam entendimentos tomados por autoridades nacionais e, com o reconhecimento por parte dos Estados-Partes, tornaram-se normas comunitárias aplicáveis, por meio de processos de decisões regulares, segundo a estrutura normativa e regulatória do Mercosul. Trata-se de efetivo e importante avanço na regulação da Defesa da Concorrência no Mercosul e da concretização dos objetivos de cooperação regional.

Os elementos decorrentes do fenômeno da globalização acabam por reduzir o espaço entre interno e externo de um país, aumentando a complexidade do processo decisório e de formação de identidades e interesses. Hodiernamente verificamos processos de integração, de cooperação regionais e interrregionais ocorrendo simultaneamente em escala mundial quando são debatidas questões na esfera multilateral (p.ex. OMC). Segundo Amâncio Jorge Nunes de Oliveira,

Janina Onuki e Emmanuel de Oliveira, "o *processo de constituição de coalizões internacionais tem ocupado papel central na dinâmica das negociações multilaterais e regionais de comércio, particularmente no que tange às perspectivas de reequilíbrio de forças centroperiferia no sistema internacional*"[300]. Estes processos de integração regional e de atuação na esfera global (p.ex. fóruns multilaterais) caminham em conjunto com o sempre crescente fluxo de capitais, mão de obra, e dentre outros fatores, presentes atualmente no mundo, a concorrência de empresas e grupos econômicos.

Ademais, o processo em desenvolvimento pelo Mercosul não é excludente. É dizer, o Mercosul insere-se no conceito de "regionalismo aberto", que iniciou-se com um processo de interdependência econômica em escala regional e fomentado por acordos de integração que visam aumentar a competitividade dos países da região e sua inserção internacional. Segundo Sabbatini, este "regionalismo aberto" seria "*uma etapa natural, não discriminatória para terceiros mercados, segura e adequada para conciliar processos de desenvolvimento com uma trajetória liberalizante rumo a uma inserção das economias latino-americanas de forma mais multilateral*"[301]. Assim, concomitantemente com o processo regional, a região apresenta-se aberta no plano global.

Nas palavras de Celso Lafer, o mundo "*simultaneamente se regionaliza e se globaliza*" e "*convém fazer não apenas a melhor política, mas também a melhor economia de uma geografia*"[302]. Os atores, agora, em suas formulações, passam a ter que trabalhar com diversas outras variáveis, inclusive os aspectos de concorrências locais e regionais. E o Estado e os blocos econômicos regionais são compelidos a deixar de lado a simples atuação passiva, ou reativa, para agirem de forma efetiva frente à globalização. Com o aumento de espaço, temos também o surgimento e o crescimento de novos interesses, que certamente devem ser computados no processo de formação da política externa dos países, aqui inclusa a Defesa da Concorrência.

Considerando os problemas de conjuntura mundial já apontados em nosso trabalho, que levaram não somente a uma paralisação e estagnação do processo de integração regional no Mercosul, inicialmente não houve sequer um movimento forte de harmonização legislativa de normas antitruste, o que se verificou como decorrente dos movimentos protecionistas alternados, especialmente de Argentina e Brasil.

---

[300] OLIVEIRA, Amâncio Jorge Nunes de, ONUKI, Janina, e OLIVEIRA, Emmanuel de. *Coalizões Sul-Sul e Multilateralismo: Índia, Brasil e África do Sul. In*: Contexto Internacional. Rio de Janeiro, vol. 28, nº2, julho/dezembro 2006, pág. 465.

[301] SABBATINI, Rodrigo Coelho. *Regionalismo, Multilateralismo e Mercosul: evidência da inserção comercial brasileira após alguns anos de abertura*. Dissertação de Mestrado – Instituto de Economia da Universidade Estadual de Campinas – UNICAMP, 2001, pág. 31.

[302] LAFER, Celso. *A Identidade Internacional do Brasil e a Política Externa Brasileira. Passado, presente e futuro*. São Paulo: Perspectiva, 2001, pág. 54.

A CONSTRUÇÃO DA DEFESA DA CONCORRÊNCIA NO MERCOSUL

Mas estes mesmos dois países, como trabalho de suas Autoridades de Defesa de Concorrência, por meios efetivamente diplomáticos, em 16 de outubro de 2003, firmaram o Acordo de Cooperação entre a República Federativa do Brasil e a República Argentina[303], visando promover a efetiva aplicação de suas leis de concorrência, por meio da cooperação entre suas autoridades de Defesa da Concorrência. Segundo referido documento, os dois países reconheceram que a efetiva aplicação de suas leis de concorrência é matéria de importância crucial para o funcionamento eficiente dos mercados e para o bem-estar econômico dos cidadãos dos seus respectivos países

Seguindo mesmo caminho, como apontamos neste capítulo, duas decisões do Mercosul validaram entendimentos havidos e acordados entre as Autoridades de Defesa de Concorrência dos Estados Partes do Mercosul, em 2004 e 2006, sendo a decisão MERCOSUL/CMC/DEC. Nº 04/04, de 7 de julho de 2004, que aprovou o "Entendimento sobre Cooperação entre as Autoridades de Defesa da Concorrência dos Estados Partes do Mercosul para Aplicação de suas Leis Nacionais de Concorrência" e a decisão MERCOSUL/CMC/DEC. Nº 15/06, de 20 de julho de 2006, que aprovou o "Entendimento sobre Cooperação entre as Autoridades de Defesa de Concorrência dos Estados Partes do Mercosul para o Controle de Concentrações Econômicas de Âmbito Regional".

Neste sentido, entendemos que a regulação antitruste desenvolvida no Mercosul está sendo efetivamente criada segundo movimentos e impulsos de outros agentes que não os usuais, ou seja, os Estados-Partes, por meio de sua estrutura diplomática, e sim, por meio de agentes subnacionais.

Ademais, qualquer projeto de integração deve ter horizontes ampliados. Não é possível pensar a integração de mercados, culturas e sociedades a curto ou médio prazo, sendo que a Defesa da Concorrência e a sua prática, necessariamente, integram este conteúdo. O trabalho de equilíbrio entre os efeitos da integração econômica, que lembramos pressupor o livre mercado, com livre circulação de produtos, pessoas e serviços, sem barreiras alfandegárias e não alfandegárias, e a proteção do mercado por meio da Defesa da Concorrência através de regulação, não pode ser verificado por uma atuação pontual com efeitos imediatos. O processo de formação do direito comunitário envolve o consentimento dos Estados soberanos, que por meio de projetos democráticos, buscam atuar na formulação de um projeto comum, envolvendo objetivos fixados em seus tratados instituidores e horizontes de longo prazo. Lembramos que *"o surgimento de desvantagens*

---

[303] Acordo de Cooperação entre a República Federativa do Brasil e a República Argentina Relativo à Cooperação entre suas Autoridades de Defesa da Concorrência na Aplicação de suas Leis de Concorrência. Disponível em http://www.seae.fazenda.gov.br/central_documentos/legislacao/3-5-1-defesa-da-concorrencia/argentina-leis-de-concorrencia. Acesso em 10/04/2010.

concorrenciais não pode ser evitado, enquanto uma adequação regulatória que equilibre essa desvantagem concorrência terá efeito apenas nos períodos futuros[304], e portanto, requer predisposição social, política e jurídica para aceitar os períodos de acertos, erros e acomodações no âmbito regulatório.

Esta nossa afirmação deve ser compreendida de forma conjunta com nossos entendimentos alocados no primeiro capítulo e reforçados em sua conclusão, sobre o processo decisório. Se o referido processo desenvolve-se por meio de um *continuum*, sem que possamos nitidamente distinguir uma ou mais modalidades de políticas da categoria ampla de políticas públicas, e se a Defesa da Concorrência integra a categoria de políticas públicas, estes agentes subnacionais estão trabalhando de forma definitiva na construção da regulação antitruste no Mercosul.

---

[304] WEGNER, Gerhard. *Instituições Nacionais em Concorrência*. Tradução Prof. Urbano Carvelli. Porto Alegre: Sergio Antonio Fabris Editores, 2007, pág. 74.

Capítulo 5
Considerações finais da primeira parte

Nosso estudo teve como ponto histórico contextual o "Protocolo de Defesa da Concorrência no Mercosul – Protocolo de Fortaleza", assinado em 17 de dezembro de 1996 (PDC). Como apresentamos ao longo do trabalho, apesar desse marco regulatório ter sido ratificado por alguns Estados-Parte do Mercosul (Brasil e Paraguai), nos seus muitos anos de vigência apresentou pouquíssimo avanço. Verificamos que as causas que podem ser apontadas são variadas, dentre elas divergências políticas, dificuldades de implantação, e questões de conjuntura decorrentes de crises econômicas mundiais.

O processo perpetrado pelo Mercosul, na América do Sul, trabalha com línguas, culturas e sociedades desiguais, fortemente marcadas por assimetrias econômico-sociais, mas que almeja, segundo ditames esculpidos no preâmbulo do Tratado de Assunção[305], o crescimento do bloco regional, buscando a ampliação das dimensões dos respectivos mercados nacionais por meio da integração[306], tendo consciência da *"necessidade de promover o desenvolvimento científico e tecnológico dos Estados Partes e de modernizar suas economias para ampliar a oferta e a qualidade dos bens de serviço disponíveis, a fim de melhorar as condições de vida de seus habitantes"*[307].

---

[305] Tratado de Assunção – Tratado de Constituição de um Mercado Comum firmado entre a República Argentina, a República Federativa do Brasil, a República do Paraguai e a República Oriental do Uruguai. Disponível em http://www.mercosur.int/innovaportal/file/655/1/CMC_1991_TRATADO_ES_Asuncion.pdf . Acesso em 10 de novembro de 2009.

[306] Reconhecendo, ainda, tal fator como condição fundamental para acelerar seus processos de desenvolvimento econômico com justiça social.

[307] Tratado de Assunção – Tratado de Constituição de um Mercado Comum firmado entre a República Argentina, a República Federativa do Brasil, a República do Paraguai e a República Oriental do Uruguai. Disponível em http://www.mercosur.int/innovaportal/file/655/1/CMC_1991_TRATADO_ES_Asuncion.pdf . Acesso em 10 de novembro de 2009.

DEFESA NA CONCORRÊNCIA NO MERCOSUL

Ocorre que o desenvolvimento científico e tecnológico em mercados nacionais é, em grande parte das vezes, acompanhado por forte impulso concorrencial verificado em fluxos de investimento e atuação internacional no setor privado.

É sabido que a busca por formas de equilíbrio nas relações jurídico-econômicas ao redor do globo, e seus impactos regionais na América Latina, é constante nos fóruns e organizações internacionais, inclusive envolvendo a repressão ao abuso do poder econômico e a Defesa da Concorrência, considerando esta um elemento importante para o crescimento e desenvolvimento dos países da região.

Conforme foi possível extrair de nossas pesquisas, o processo que tem sido desenvolvido na parte regulatória e de instituições, ainda que lento, e com todos os problemas verificados, tem caminhado para a efetiva construção de um Direito Comunitário no âmbito do bloco regional.

Para nós, o processo de construção da regulação da Defesa da Concorrência no âmbito do Mercosul, apresentou, até o encerramento da presente obra, no final do ano de 2011, uma pontual evolução, por meio de mútua constituição dos agentes e das estruturas, segundo orientação da perspectiva construtivista. Esta evolução, desde o PDC, pode ser verificada em determinados pontos históricos, ainda que existam e tenham sido verificadas dificuldades político-econômicas, o que pode representar eventual limitação política e estrutural desse processo de convergência regulatória. Mas, ainda que possam existir limitações (e certamente, num médio prazo, continuarão existindo), julgamos ser possível que o processo mantenha um curso evolutivo, podendo até envolver o redesenho ou a reestruturação do marco regulatório. É verdade que os períodos de total estagnação verificados até hoje foram provocados por divergências políticas e problemas estruturais, no entanto foram traçadas alternativas, como a cooperação bilateral entre Argentina e Brasil, a qual é marcada inclusive pelo princípio da cortesia positiva.

Esta conclusão lastreia-se na verificação de que, efetivamente, houve uma democratização no processo de desenvolvimento do marco regulatório da Defesa da Concorrência do Mercosul, considerando o modelo de integração econômico-regional adotado, e dada toda a dificuldade político-econômica efetivamente verificada no período compreendido entre 1996 e 2009.

O marco regulatório alcançado no final do ano de 2010 envolveu não somente a assinatura do "Protocolo de Defesa da Concorrência no Mercosul – Protocolo de Fortaleza" em 1996, mas foram necessários anos de trabalho, acordos, protocolos de entendimento entre diversos níveis de governo dos Estados-Partes, para que fosse alcançada a atual regulação, com a aprovação do *Acordo de Defesa da Concorrência do MERCOSUL* (MERCOSUL/CMC/DEC. Nº 43/10) no final do ano de 2010.

Com isso, o desenvolvimento original do Protocolo de Fortaleza não pode ser considerado individualmente, como base normativa do bloco econômico-regional

CONSIDERAÇÕES FINAIS DA PRIMEIRA PARTE

e como imposição dos governos dos Estados membros. Devem, sim, ser consideradas as mais diversas manifestações endogenamente geradas, desde seminários de intercâmbio, missões e intercâmbio de profissionais e acordos de cooperação interestruturais firmados, especialmente no caso do Mercosul, o Acordo de Cooperação entre a República Federativa do Brasil e a República Argentina, relativo à cooperação entre suas autoridades de Defesa da Concorrência na aplicação de leis de concorrência.

Toda a construção tem origem e lastro nas próprias disposições do Protocolo de Fortaleza, agora revogado, que não somente instituiu o marco regulatório da Defesa da Concorrência no Mercosul, como também estabeleceu parâmetros e obrigações dos Estados-Partes no tocante à cooperação. A normativa já assegurava, em seu art. 30º, a importância da prática para que fosse assegurada a implementação do PDC, imponto aos Estados-Partes, a obrigação de adoção, por meio dos seus respectivos órgãos nacionais de aplicação da Defesa da Concorrência, de mecanismos de cooperação e consultas no plano técnico.

Estas medidas deveriam, e devem, visar o aperfeiçoamento dos sistemas nacionais e dos instrumentos comuns de Defesa da Concorrência, inclusive com a investigação conjunta das práticas lesivas à concorrência no Mercosul, podendo, também, envolver a celebração de acordos de cooperação com outros Estados, externos ao Mercosul, inclusive outros agrupamentos e blocos de integração regionais.

O processo de tomada de decisões no plano internacional não ocorre num momento isolado, dada uma determinada dimensão temporal, e sim, transcorre em períodos distintos verificados por um *continuum* decisório, condicionado aos marcos institucionais e estruturais do sistema internacional, que deve também levar em conta a conjuntura em que o processo tem lugar, ou seja, deve considerar o contexto local e regional.

Em nosso estudo da construção da regulação da Defesa da Concorrência no Mercosul, somos inclinados a aceitar que a dimensão horizontal, expressa por meio de tempo e espaço e seus eixos temáticos, é acrescida da dimensão vertical, composta pelos conhecidos níveis do referido *continuum* decisório, a saber, o local, o estatal, o regional e o internacional. Neste "espaço bidimensional" confluem múltiplos fatores que influenciam e contribuem para a formulação da política exterior dos Estados, mas também estas dimensões acabaram se revelando estreitamente vinculadas, pois foram simultaneamente construídas (em função da estreita relação agente-estrutura) e altamente complexas, porque relacionamse ao mesmo tempo com marcos legais que servem de base para instituições e estruturas internacionais.

Concluímos reforçando nosso entendimento de que a Defesa da Concorrência pode representar um forte elemento para políticas de desenvolvimento regional na América do Sul, especialmente para os países integrantes do Mercosul, conforme analisamos no presente trabalho. Ademais, as referidas políticas integram processos contínuos na relação agente/estrutura, acabando os agentes por influenciarem as estruturas e estas por limitarem a liberdade utópica de atuação daqueles, visto que desenvolvem-se por meio de um *continuum*, sem que possamos nitidamente distinguir uma ou mais modalidades de políticas da categoria ampla de políticas públicas. Políticas industriais, política de Defesa da Concorrência, política externa integram a categoria de efetivas políticas públicas, refletindo no entendimento mais claro de que por meio do referido *continuum* as influências e limites existentes na relação agentes/estruturas operam na construção da cooperação e interesses, sob uma perspectiva construtivista das Relações Internacionais.

A garantia da livre concorrência é importante para assegurar a liberdade aos agentes econômicos de entrada e saída do livre-mercado, assim como para preservar a liberdade de criação e empreendimento, com liberdade de escolha para todos. O novo Acordo de Defesa da Concorrência do Mercosul chega em boa hora, para possibilitar que as autoridades nacionais de cada país possa desenvolver marcos de cooperação técnica e institucional. A Defesa da Concorrência no Mercosul pode levar a um aumento de eficiência e produtividade dos membros do bloco, além de permitir a adoção de políticas públicas setoriais e/ou regionais, considerando o fluxo de mão de obra e a geração de postos de trabalho, aumentando a competitividade e a inserção da região no mercado internacional e contribuindo com o objetivo fundamental do Mercosul, qual seja, o de lograr o crescimento e desenvolvimento econômico e social de seus povos.

II. Segunda parte
– Direito –

– A Geografia da Defesa da Concorrência no Mercosul –

Capítulo 6
Introdução à geografia da defesa da concorrência

Os processos de integração econômica, que busquem inclusive a criação de um Mercado Comum, envolvem um contínuo processo de interação entre a liberação e o acompanhamento do comércio interno do bloco e a eficaz harmonização dos marcos regulatórios dos países envolvidos. Neste ponto, o Direito da Concorrência exerce importante papel, sendo cada vez maior e necessária uma abordagem interdisciplinar para que sejam possíveis seus estudo, compreensão e aplicação, destacadamente, os aspectos sociais, econômicos e políticos.

A abertura de mercados, a globalização, o crescente e rápido fluxo de capitais, associados à crescente e dupla necessidade dos Estados de proteger seus mercados internos e, ao mesmo tempo, dialogar e interagir com outros países, seja por acordos e tratados de participação em blocos econômicos regionais, ou ainda, em discussões mundiais no seio de Organizações Internacionais, são elementos que justificam a proteção da Sociedade, como partícipe dos mercados, dado seus impactos nas políticas econômicas, sociais e políticas, bem como os seus reflexos nas práticas de defesa comercial e concorrência.

Nos relacionamentos externos, os Estados são obrigados, direta ou indiretamente, a tratar, na esfera política, de questões econômicas e jurídicas, inclusa a promoção do bem-estar de todos os setores da população e a redução da pobreza. Ademais, reiteradamente parece interessar o tema de defesa da concorrência, considerando práticas de cooperação econômica e comercial com o objetivo de superação de assimetrias, visando o crescimento e desenvolvimento econômico.

Temos que tal temática é comum e atual aos países da região, frente à questão da internacionalização dos mercados, considerando que a cada passo que damos em direção ao futuro e ao internacional, mais temos a necessidade de pensar, sentir e viver o local[308]. Neste sentido, pode resultar em problema a lentidão na tomada de decisões e no acompanhamento dos movimentos globais por parte das políticas dos países da América do Sul, agravando problemas conjunturais e estruturais da integração regional que, em parte, decorrem de traços típicos da região, tais como pobreza, desigualdades sociais, instabilidade política e especialização em produtos primários[309].

Importante fixar um conceito caro para nós, qual seja, que o debate sobre o desenvolvimento regional importa na análise das estruturas de coordenação econômica, juntamente com a inserção da regulação da concorrência no espaço considerado, visando, em última análise, buscar incentivos e institutos de cooperação. Isto em função das atuações dos agentes econômicos ter suplantado as fronteiras nacionais, marcadas hodiernamente por sua presença global, ainda que em hipótese, o que efetivamente fragiliza a atuação regulatória estatal individual[310].

Da mesma forma que a denominada globalização pode ser analisada como um fenômeno recente, muitos autores verificam que seus fundamentos, impacto e tendências são muito antigos, remontando a todas as épocas em que o ser humano lançou-se em atividades de exploração e ampliação de mercados, bem como de descobrimento de novas culturas. Contudo, é certo que a velocidade e a massificação de seus efeitos são hoje intensos o suficiente para, em curtíssimo espaço de tempo, atravessar o planeta causando devastação, ou trazendo bonança, dependendo da natureza do evento.

A busca em nossa história recente não traz outra verdade. A partir de meados da década de 80, início dos anos 90, o mundo começou a assistir a um processo de liberalização e quebra de barreiras, fortemente impulsionado pelo chamado "Consenso de Washington", que abarcou transformações, não somente no comér-

---

[308] La Fontaine, H. & Otlet, P. *La vie internationale et l'effort pour son organisation*, In: *La Vie Internationale*, Bruxelles, vol. 1, nº 1, 1912. *apud*. Mattelart, Armand. *Diversidade Cultura e Mundialização*. Tradução Marcos Marcionilo. São Paulo: Parábola, 2005, pág. 29.

[309] ALMEIDA, Paulo Roberto. *Problemas conjunturais e estruturais da integração na América do Sul: a trajetória do Mercosul desde suas origens até 2006*. Disponível em http://www.pralmeida.org/05Docs PRA/1549mercosul15anos.pdf. Acesso em 30/11/2009.

[310] Ora, se os agentes agem livremente no mercado e sua atuação é efetivamente global, com liberdade quase que total de deslocamento de recursos financeiros, dentre outros recursos possíveis, ainda que mais limitados, como mão de obra, a atuação regulatória do Estado, se não considerar variáveis ou elementos internacionais/globais, certamente deixará de fora de sua análise diversos e importantes pontos e elementos. Assim, poder-se-ia em colocação extrema, afirmar que a regulação estatal deixaria de ser um forte marco institucional para configurar um ponto de incerteza para os agentes de mercado. Verificado este ponto extremo, podemos reconhecer que com o desenvolvimento e constante crescimento e intensificação do comércio e dos negócios internacionais, o mercado acaba por necessitar de melhores e mais eficientes estruturas que fomentem a coordenação e a cooperação econômica.

INTRODUÇÃO À GEOGRAFIA DA DEFESA DA CONCORRÊNCIA

cio internacional, mas em tantas outras áreas e cada vez mais. Investimentos, empresas, governos, comércio, tudo parece voltar-se ao internacional, perdendo aparentemente suas amarras ao nacional[311].

O dinamismo internacional já causava profundas transformações na América Latina desde os tempos da busca do desenvolvimento da região com a substituição do modelo clássico econômico lastreado no princípio das vantagens comparativas[312]. A especialização de outrora, defendida pelos modelos clássico e neoclássico, implementada através das vantagens comparativas, abre espaço, ao comércio internacional como veículo do progresso técnico em benefício dos países em desenvolvimento[313]. Assim, o intercâmbio deve integrar, além de fatores meramente produtivos, os fatores tecnológicos, em função de estarem atrelados ao desenvolvimento industrial nacional.

Contudo, no desenvolvimento histórico do modelo capitalista verificamos diversos momentos de altos e baixos. Os pontos altos certamente representaram e representam marcos de grande desenvolvimento e crescimento da humanidade, seja com avanços tecnológicos, seja com melhorias sociais. Nos pontos baixos alocamos os momentos de crises, locais e/ou mundiais, como, por exemplo, a que recentemente presenciamos em 2007/2008. Neste sentido, a complexidade do fenômeno da globalização impacta a cada vez mais complicada rede de influências, de poder e de governança global.

A convergência de ações e políticas visando ações cooperativas tem se colocado como um desafio global, considerando que os processos e as economias estão cada vez mais interdependentes em todo o mundo. Significa dizer que as condições externas devem ser trabalhadas de forma interligada visando igual fomento e sustentabilidade dos aparelhos produtivos locais[314]. Vemos, portanto, a atualidade e importância do tema de integração e cooperação econômica, especialmente para aqueles países não desenvolvidos ou em desenvolvimento.

Neste sentido, surgem as Organizações Internacionais como elementos centralizadores de debates, ou como instituidores e reguladores de soluções de controvérsias, ou até mesmo, como fontes normativas e de direito, dada a possi-

---

[311] NUSDEO, Fábio. *Curso de Economia – Introdução ao Direito Econômico*. 2ª ed. revista. São Paulo: Editora Revista dos Tribunais, 2000, págs. 327 e 328.

[312] FURTADO, Celso Furtado. *Teoria e Política do Desenvolvimento Econômico*. 10ª ed. São Paulo: Paz e Terra, 2000, pág. 236.

[313] FURTADO, Celso Furtado. *op. cit.*, pág. 241.

[314] ZAPATA, Francisco. *Estado, Sociedade e Integração Econômica: Livre Comércio e Reestruturação. In* Processos de Integração Regional e Sociedade – o sindicalismo na Argentina, Brasil, Mexico e Venezuela. Hélioylberstajn, Iram Jácome Rodrigues, Maria Silvia Portella de Castro e Tullo Vigevani (orgs). Rio de Janeiro – Ed. Paz e Terra, 1996, pág. 314.

bilidade regulatória e coercitiva de uma Organização Internacional dotada de personalidade jurídica.

Na análise dos processos de integração econômica, a globalização é um fenômeno importante que deve ser considerado e possui influência marcante, considerando o impacto global/local, e por que não, a resposta do local/global. Assim, nestes processos de internacionalização dos mercados e das empresas, soma-se a internacionalização social, causando assim que a soberania dos Estados, com o passar dos tempos, acabe perdendo sua rigidez em função de novos conceitos trazidos por movimentos e processos sociais, empresariais, comunicacionais, especialmente por sofrer a interferência cruzada dos atores transnacionais[315].

Assim como na primeira parte desta obra, nesta etapa vamos realizar estudo do marco regulatório de Direito da Concorrência no Mercosul, mas focando a questão da delimitação do mercado relevante. Para tanto, foi necessário estudo das experiências regulatórias nacionais da Argentina, Brasil, Paraguai, Uruguai (Estados-Partes que firmaram o Tratado de Assunção em 26 de março de 1991) e Venezuela [316] (protocolo de adesão firmado no dia 04 de julho de 2006), sem adentrar na análise da questão nos Estados-Associados (Bolívia, Chile, Colômbia, Equador, e Perú).

O contexto histórico do presente estudo tem início com a assinatura do "Protocolo de Defesa da Concorrência no Mercosul – Protocolo de Fortaleza", de 17/12/1996, que apesar de ter sido ratificado por alguns Estados-Partes[317] do Mercosul, e no Brasil tendo sido ratificado por meio do Decreto nº 3.602, de 18/9/2000, pouquíssimo avanço foi identificado em muitos anos de vigência, seja por divergências políticas, seja por dificuldades de implantação, e ainda, por questões de conjuntura, em função de crises econômicas mundiais, que naturalmente repercutiram direta e indiretamente na América Latina, tais como a crise Asiática (1997) que atingiu também Rússia e Brasil (1998), culminando com a crise do subprime (2007).

---

[315] WANDERLEY, Luiz Eduardo W. *São Paulo no Contexto da Globalização*. *IN* Lua Nova – Revista de Cultura e Política – 2006 – nº 69, pág. 179.

[316] Vale destacar que a Venezuela ainda não é oficialmente Estado-Parte integrante do Mercosul para todos os seus efeitos e direitos, apesar de ter aderido ao Tratado de Assunção e demais, em 04/07/2006, pois ainda está pendente de ratificação e aceitação de alguns membros do bloco.

[317] Tecnicamente, podemos apontar que a utilização do termo "Estados-Partes" aplica-se para tratados-contratos e o termo "Estados-Membros" para tratados de organizações. O Tratado de Assunção utiliza "Estados-Partes", assim como o Protocolo de Outo Preto, o Protocolo de Ushuaia, o Protocolo de Brasília, dentre outros tantos normativos do Mercosul. Parece-nos que o preciosismo vale diretamente para a OMC, pois está muito clara a referência a seus integrantes como Membros, sendo que no tocante às demais organizações este preciosismo técnico não necessariamente tem sido aplicado. E este é o caso do Mercosul, que tem Estados como membros de uma Organização Internacional, mas estes são tratados como "Estados-Partes".

INTRODUÇÃO À GEOGRAFIA DA DEFESA DA CONCORRÊNCIA

Considerando as reconhecidas assimetrias e diferenças políticas, sociais, econômicas e culturais presentes nos referidos países, e as dimensões e prerrogativas do processo de integração do Mercosul[318], além das atuais exigências e práticas econômicas e empresariais, torna-se imperativa a análise e estudo do tema do Direito da Concorrência, assumindo um importante papel na discussão a importância da definição do mercado relevante em um bloco econômico regional, por ser efetivamente a base e o ponto de partida da análise antitruste.

O Direito da Concorrência, antes de ser um campo de estudo das ciências jurídicas, possui ampla aplicabilidade nas ciências sociais como um todo, tendo em vista o impacto gerado por práticas desleais e prejudiciais realizadas por agentes econômicos em detrimento de concorrentes e da Sociedade (consumidores e o próprio Estado). Temos para nós que a regulamentação da concorrência surgiu da necessidade de garantias estruturais de liberdade de acesso ao mercado e permanência dos agentes econômicos, associada ao próprio liberalismo econômico, para que não se transformasse em uma licença em prejuízo do próprio mercado e da concorrência, sendo que, no início, o fundamento da repressão à concorrência desleal foi a proteção à liberdade subjetiva dos concorrentes[319].

Hodiernamente, o legislador também se preocupa com a proteção dos consumidores e de cláusulas sociais, envolvendo inclusive direitos de trabalhadores, sendo que a proteção aos interesses concorrentes se faz também em função da coletividade, visando garantir a igualdade de condições de concorrência. Assim, se na existência de mercado e Sociedade deve haver proteção da concorrência, e se um bloco econômico regional possui pretensões de um mercado comum, no qual dentre outros objetivos, a livre circulação de bens e capitais, e ainda, com a existência de um mercado mundial decorrente do comércio multilateral, temos que refletir sobre os impactos desta mundialização sobre mercados organizados, e buscar uma linguagem comum para a questão, no âmbito do Mercosul.

---

[318] Não é objetivo de nosso trabalho a análise comparativa dos modelos de defesa da concorrência estranhos ao Mercosul, tais como o direito antitruste norte-americano, japonês e/ou europeu. Mesmo que considerando ser o Mercosul um bloco econômico de integração regional, e existam experiências de integração e regulação da União Europeia sobre a questão, o tema já foi pontual e criticamente desenvolvido, sem prejuízo de outros tantos reconhecidos trabalhos e pesquisas, por: (i) VENTURA, Deisy. *Direito Comunitário do Mercosul*. Porto Alegre: Livraria do Advogado, 1997; (ii) VENTURA, Deisy. *As Assimetrias entre o Mercosul e a União Européia – os desafios de uma associação inter-regional*. Barueri, SP: Manole, 2003; (iii) LEAL, Rosemiro Pereira; OLIVEIRA, Allan Helber de; FRANÇA, Gustavo Gomes; e MIRANDA FILHO, Juventino Gomes. *Curso de Direito Econômico- -Comunitário: teoria do direito e técnica processual nos blocos econômicos*. Porto Alegre: Síntese, 2001; e (iv) CUNHA, Ricardo Thomazinho. *Direito de Defesa da Concorrência: Mercosul e União Europeia*. Barueri, SP: Manole, 2003.

[319] COMPARATO, Fabio Konder. *Concorrência Desleal*. Ano 56, Janeiro de 1967, volume 375 – São Paulo: Revista dos Tribunais, 1967, págs. 29-35.

DEFESA NA CONCORRÊNCIA NO MERCOSUL

Critérios e parâmetros econômicos, inclusive aqueles decorrentes da análise econômica do direito, podem ser aplicados em questões concorrenciais na perseguição de eficiência econômica de forma simples ou com preocupações sociais, pois pode fornecer importante critério de avaliação e norteador de decisões[320]. Naturalmente, assumimos neste trabalho que as decisões econômicas não são tomadas apenas em função de comportamentos egoístas maximizadores e utilidade, ou seja, nem sempre as escolhas são definidas com base apenas em interesses egoístas próprios e sim, possuem outros elementos, tais como comprometimento social, vinculação geográfica, sentimentos de pertencimento, dentre tantos outros[321] (sem levar em conta, ainda, a própria questão da racionalidade limitada ou irracionalidade).

O Direito, compreendido como meio para que sejam atingidos fins ou objetivos sociais, pode contribuir paralelamente para o desenvolvimento do Mercosul, sendo que a defesa da concorrência pode ser utilizada como elemento contributivo na construção da integração de blocos econômicos regionais. Nesse trabalho admitimos que o Direito Antitruste[322] tem como objetivo, dentre outros, a proteção do mercado, consumidores e a livre concorrência, fomentando cooperação e o desenvolvimento regional, haja vista a experiência antitruste desenvolvida pela União Europeia[323].

Temos, assim, que uma boa regulação e práticas eficientes de defesa da concorrência são elementos de um bloco regional inserido na esfera e políticas globais. Evidencia-se a importância da fixação de uma regulação da concorrência frente ao desafio de participação de um Estado e um mercado globalizado, com controles e voltado a disciplinar condutas[324].

Esta parte do presente trabalho está estruturada de forma a buscar compreender a relevância das chamadas Organizações Internacionais, destacadamente aquelas voltadas para a integração e a cooperação econômicas, seguindo o estudo por elementos e experiências regulatórias da defesa da concorrência, com foco

---

[320] OLIVEIRA, Amanda Flávio de. *O Direito da Concorrência e o Poder Judiciário*. Rio de Janeiro: Editora Forense, 2002, págs. 108 e 109.

[321] SEN, Amartya Kumar. *Rational Fools: A Critique of the Behavioural Foundations of Economic Theory*. In Choice, Welfare and Measurement. Havard University Press, 1997, págs. 84 a 106.

[322] Lembramos que na presente obra Direito Antitruste e Direito da Concorrência serão utilizados como sinônimos, aplicados indistintamente. Entendemos que o Direito da Concorrência contém o Direito Antitruste, reconhecendo ao primeiro um caráter mais amplo, sobre mercados, livre iniciativa, dirigismo estatal, tendo o segundo, em sua origem, vinculação direta ao combate de cartéis.

[323] GOMES, Carlos Jacques Vieira. *Os escopos Políticos do Direito Antitruste. In* GICO JUNIOR, Ivo Teixeira e BORGES, Antônio de Moura. *Intervenção do Estado no Domínio Econômico – temas atuais / coordenação Ivo Teixeira Gico Junior, Antônio de Moura Borges*. São Paulo: Lex Editora, 2006, pág. 139.

[324] NUSDEO, Ana Maria de Oliveira. *Defesa da Concorrência e Globalização Econômica: o controle da concentração de empresas*. São Paulo: Malheiros Editores, 2002, pág. 278.

INTRODUÇÃO À GEOGRAFIA DA DEFESA DA CONCORRÊNCIA

no objeto de estudo, qual seja, o Mercosul[325]. O trabalho especificamente investiga a questão do mercado relevante, pois a preocupação com a sua delimitação envolve aspectos políticos, econômicos, jurídicos e geográficos.

Trabalhamos no Capítulo 7 a temática que envolve a integração e a cooperação econômica e suas implicações concorrenciais, especialmente considerando as Organizações Internacionais como elementos importantes nos processos que instrumentalizam os movimentos de regionalismos. Neste sentido, o Mercosul deve ser visto também como Organização Internacional de Integração e Cooperação Econômica. De toda forma, de uma maneira pontual, julgamos importante alocar ao final do capítulo, determinados pontos que podem ter contribuído para a estagnação do marco regulatório estabelecido pelo Protocolo de Fortaleza.

No Capítulo 8 desenvolvemos a temática da defesa da concorrência propriamente dita, visando compreender suas justificativas, objetivos e premissas, juntamente com a análise de seus aspectos jurídicos, econômicos e regulatórios. Estes pontos nos levaram a verificar a concorrência nos plano internacional, em função da globalização e do fluxo do capital transfronteiriço, tornando assim importante o papel da Organização Internacional de Integração e Cooperação Econômica frente aos mercados internacionais e a concorrência. O Capítulo se encerra com uma análise pontual da regulação da defesa da concorrência nas experiências nacionais de Brasil, Argentina, Uruguai, Paraguai e Venezuela, com a apresentação da regulação e o "estado da arte" do antitruste no Mercosul.

Adentrando no núcleo de nossa pesquisa, o Capítulo 9 apresenta a questão da defesa da concorrência, sua relevância e a importância da correta definição do mercado relevante. Foram apresentadas as bases analíticas do tema, com indicação, inclusive, das metodologias de definição dos mercados relevantes. À semelhança do encerramento do Capítulo anterior, estudamos o marco regulatório no âmbito interno/nacional dos países do Mercosul, focando a questão simultaneamente no mercado relevante, bem como na regulação do Protocolo de Fortaleza e também no Acordo de Defesa da Concorrência do MERCOSUL.

Percorrido este caminho, apresentamos, ao final, no Capítulo 10, considerações que nos levaram a apresentar um promissor cenário evolutivo normativo, com efetiva identificação da colaboração dos agentes reguladores, não somente no nível político de cúpulas, mas também de efetiva interação e cooperação entre as entidades de defesa da concorrência nacionais.

---

[325] Julgamos importante, desde já, fornecer referência ao leitor sobre os Tratados Internacionais, firmados pelos Estados-Partes do Mercosul, inclusos os Protocolos ao Tratado de Assunção, os firmados pelo Mercosul com outros Estados ou Organizações Internacionais, depositados junto ao Governo do Paraguai, de acordo com o Art. 1 da Resolução GMC Nº 80/00. Os mesmos estão disponíveis em http://www.mre.gov.py/dependencias/tratados/mercosur/registro%20mercosur/mercosurprincipal.htm. Acesso em 20/09/2009.

Trabalhamos com a hipótese de que, juntamente com a importância do desenvolvimento e aprofundamento do marco regulatório da defesa da concorrência no Mercosul, o estudo e a compreensão da importância da delimitação do mercado relevante é fato importante para o processo de integração regional sul-americano[326]. Buscamos, com isso, estudar o Direito da Concorrência pela ótica do Direito Comunitário do Mercosul[327], sendo que este tem aplicação e efetividade quando as práticas são tidas em um determinado espaço e mercado.

Cabe destacar uma questão conceitual – a inter-relação entre os conceitos de território e os impactos da globalização. Não buscamos tratar com qualquer conceito de território. Interessa-nos aquele território apropriado pelo ser humano, ou seja, o território usado[328]. Com isto, buscamos no território um conceito de utilidade para a análise social que, em outras palavras, implica o pensar seu uso em conjunto com os atores que dele se utilizam. Ademais, considerado o já apontado processo de globalização, estes efeitos e estes conceitos tornam-se ainda mais fortes, mais perceptíveis, e contribuem para que se repense a questão territorial e de lugar: lugar de produção, lugar de circulação e lugar de consumo[329].

A necessidade desta forma de pensamento cresce juntamente com a velocidade do fluxo de informações, de capital, de comércio e de fatores de produção

---

[326] Para o presente estudo, especificamente, referimo-nos exclusivamente ao processo de integração regional definido e conhecido denominado Mercado Comum do Sul – MERCOSUL. Em uma primeira definição, o Mercosul – Mercado Comum do Sul, *"no que concerne ao Comércio Internacional e às Relações Políticas que dele advêm, pode ser definido como um acordo tendente a facilitar a circulação de bens, mercadorias e serviços, especificamente no que tange à matéria aduaneira, no Cone Sul da América Latina"*. FINKELSTEIN, Cláudio. *O Processo de Formação de Mercados de Bloco*s. São Paulo: IOB – Thomson, 2003, pág. 103.

[327] A questão envolvendo o Direito Comunitário e sua aplicação relacionada aos sujeitos, frente ao Direito Internacional Clássico, nos é pontualmente colocada por Cláudio Finkelstein: *"Muito já se discutiu quanto à aplicabilidade do Direito Comunitário e seu efeito direto. De acordo com o Direito Internacional Clássico, os Tratados são acordos que criam obrigações mútuas entre os Estados Contratantes. Não criam direitos exigíveis por particulares. Do mesmo modo, os Estados e não os particulares são os tradicionais sujeitos do Direito Internacional. ... Sem o Princípio da Supremacia (enquanto hegemonia incontestável), o Direito Comunitário seria ineficiente. Da mesma forma, sem o Princípio do Efeito Direto, os particulares seriam irrelevantes para a Comunidade"*. FINKELSTEIN, Cláudio. *O Processo de Formação de Mercados de Blocos*. São Paulo: IOB – Thomson, 2003, pág. 104 – Contudo, o Direito Comunitário do Mercosul, assim como da União Européia, cria direitos exigíveis por particulares, e considera os mesmos sujeitos de direito. Veremos esta questão de forma pontual ao analisarmos a Aplicação Regional da Lei Antitruste.

[328] SANTOS, Milton. *O Retorno do Território*. In: Território – Globalização e Fragmentação. Milton Santos, Maria Adélia A. de Souza e Maria Laura Silveira (org.) – 3ª ed. – São Paulo: Editora de Humanismo, Ciências e Tecnologia HUCITEC, 1996, pág. 15.

[329] SANTOS, Milton. *Território e Sociedade. Entrevista com Milton Santos*. Entrevistadores: Odette Seabra, Mônica de Carvalho e José Corrêa Leite. 2ª edição – 4ª reimpressão – São Paulo: Editora Fundação Perseu Abramo, 2009, pág. 22.

INTRODUÇÃO À GEOGRAFIA DA DEFESA DA CONCORRÊNCIA

ao redor do mundo, revigorando e reforçando a importância e a valorização de ditames éticos, sociais e ideais fixados nos marcos regulatórios instituídos e/ou perseguidos pelos Estados. Devemos lembrar que para um Estado soberano com pretensões de alcançar respeito no exterior e que pretenda manter internamente uma sociedade com estruturas firmes e consolidadas, não pode existir bem mais precioso a ser resguardado e cultivado que o sentimento de justiça[330]. E com este sentimento de justiça, mantido de forma sadia e vigorosa, pelos indivíduos que compõem a respectiva Sociedade é que o Estado poderá encontrar a garantia e a segurança de sua existência, tanto no exterior quanto no interior[331].

Em relação a isto podemos nos valer de uma interpretação ampliada, colocando que igualmente os Estados-Partes de um bloco econômico devem buscar resguardar e cultivar os mesmos sentimentos de justiça para todos os integrantes do mesmo processo de integração, assim como para com outros Estados ao redor do globo.

Estas questões refletem a importância da análise antitruste pensar corretamente o território usado, em vista das diversas possibilidades de percepção do lugar frente ao global, pois o planeta não pode mais apenas ser percebido como um ente astronômico, devendo incorporar outras formas de pensar o espaço utilizado pelo ser humano[332]. Altera-se, portanto, a forma de pensar e observar o território.

---

[330] IHERING, Rudolf von. *A Luta pelo Direito*. Tradução e apresentação de Richard Paul Neto. Rio de Janeiro: Editora Rio Sociedade Cultura Ltda., 2004, pág. 19.

[331] IHERING, Rudolf von. *ibidem*.

[332] IANNI, Octávio. *Globalização e Diversidade*. IN Incertezas de Sustentabilidade na Globalização. Leila da Costa Ferreira e Eduardo Viola (orgs.). Campinas, SP: Editora da UNICAMP, 1996, pág. 93.

Capítulo 7
A integração e cooperação econômica e implicações concorrenciais

Pretendemos no presente Capítulo desenvolver o argumento da importância do debate acerca da defesa da concorrência em um processo de integração regional. Nesta esteira, devemos nos valer do conceito de Organização Internacional, associado aos elementos de integração regional e de cooperação econômica, tendo em vista os diversos movimentos globais observáveis neste sentido. Especificamente nos preocuparemos com a experiência do Mercado Comum do Sul – Mercosul, o fenômeno de integração da América Latina[333] que envolve tanto a abertura de mercados quanto a interligação de economias regionais, face às exigências dos processos decorrentes da globalização[334].

---

[333] Em complemento, importante lembrar que a natureza e a personalidade jurídica hoje atribuída ao Mercosul decorrem do Protocolo de Ouro Preto – Protocolo adicional ao Tratado de Assunção sobre a Estrutura Institucional do Mercosul – e não do Tratado de Assunção. Segundo o Artigo 34 do Protocolo de Outo Preto, o Mercosul tem personalidade jurídica de Direito Internacional. Disponível em http://www.mercosur.int/innovaportal/file/655/1/CMC_1994_PROTOCOLO%20OURO%20PRETO_ES.pdf . Acesso em 16/09/2009.

[334] Considerando as diferentes abordagens existentes sobre o tema, destacadamente o emprego das palavras e conceitos "mundialização" e "globalização", que muitas vezes são utilizados indistintamente, entendemos que será necessário fixar uma pontual diferenciação para o desenvolvimento do trabalho a que este projeto se destina. Podemos destacar, contudo, que uma primeira diferenciação encontrada em nossa leitura inicial aponta para a utilização do termo "globalização" quando se quer tratar de aspectos comerciais e econômicos, enquanto "mundialização" reserva-se para os aspectos que envolvem elementos culturais. Neste sentido, destacamos determinada bibliografia que deve servir de base para o início da pesquisa: CANCLINI, Néstor Garcia. *Culturas Híbridas: estratégias para entrar e sair da modernidade.* Trad. Heloisa Pezza Cintrão, Ana Regina Lessa. 4ª ed. São Paulo: EDUSP, 2003; PEREZ LINDO, Augusto. *A Era das Mutações: cenários e filosofias de mudanças no mundo.* Tradução de Francisco Cock Fontanella. Piracicaba: Editora Unimep, 2000; MATTELART, Armand. *Diversidade Cultura e Mundialização.* Tradução Marcos Marcionilo. São Paulo: Parábola, 2005; BAGNOLI, Vicente. *Introdução ao Direito da Concorrência: Brasil – Globalização União*

A compreensão dos conceitos adiante trabalhados certamente auxilia o aprofundamento do debate, considerando a importância de um processo de integração regional, ou de um bloco econômico regional, frente às negociações internacionais, reconhecidamente assimétricas, tanto do ponto de vista de equilíbrios de forças e poder, quanto do ponto de vista jurídico-econômico.

Ademais, as práticas comerciais efetivamente transbordam fronteiras dos países ao redor do globo, impactando tanto o espaço local, quanto o regional. Neste ponto, a defesa da concorrência, em sintonia com as políticas implementadas pelos ditames do modelo de integração escolhido, certamente pode contribuir para o sucesso do processo e para a consolidação do bloco econômico.

7.1. As Organizações Internacionais de Integração Econômica

A idéia e noção de Organização Internacional[335], apesar da aplicação destacada, como já afirmamos, após a intensificação dos efeitos da globalização, é antiga e remonta à gênese da explosão do comércio em virtude da Revolução Industrial, marcadamente iniciada na Inglaterra. Segundo Neil Montgomery, *"a noção de organização internacional é contemporânea àquela de organização, ambas nascidas no século XIX como resultado dos anseios da sociedade industrial face à expansão econômica, à multiplicação das trocas comerciais e às novas formas de produção decorrentes da revolução industrial"*[336]. Nguyen Quoc Dinh, Patrick Daillier e Alain Pellet definem as Organizações Internacionais da seguinte forma, a saber: *"uma organização internacional é uma associação de Estados, constituída por tratado, dotada de uma constituição e de órgãos comuns, e possuindo uma personalidade jurídica distinta da dos Estados membros"*[337].

Neste contexto, podemos extrair duas informações interessantes, a saber: a questão da antiguidade do conceito e de sua utilização e o aspecto econômico

---

Europeia – Mercosul – Alca. São Paulo: Ed. Singular, 2005; Nusdeo, Ana Maria de Oliveira. *Defesa da Concorrência e Globalização Econômica: o controle da concentração de empresas*. São Paulo: Malheiros Editores, 2002; Santos, Boaventura de Souza. *Introdução à ciência pós-moderna*. Rio de Janeiro: Graal Editora, 1989; Santos, Boaventura de Souza. *Pela mão de Alice: o social e o político na pós-modernidade*. 9ª ed. – São Paulo: Cortez, 2003; Vigevani, Tullo e Wanderley, Luiz Eduardo (coords.). Entre o local e o global: governos subnacionais e sociedade civil na integração regional. Edição especial Cedec/PUC-SP – CADERNOS CEDEC nº 71. São Paulo: 2002, 94 p.

[335] Ver: Neto, José Cretella. Teoria Geral das Organizações Internacionais. 2ª ed. São Paulo: Saraiva, 2008.

[336] Montgomery, Neil. *As Organizações Internacionais como Sujeitos de Direito Internacional. IN* Blocos Econômicos e Integração da América Latina, África, e Ásia. Araminta de Azevedo Mercadante, Umberto Celli Junior e Leandro Rocha de Araújo (coord.). Curitiba: Juruá, 2008, pág. 42.

[337] Dinh, Nguyen Quoc, Daillier, Patrick e Pellet, Alain. *Direito Internacional Público. Formação do direito, sujeitos, Relações diplomáticas e consulares, Responsabilidade, Resolução de conflitos, Manutenção da paz, Espaços internacionais, Relações econômicas, Ambiente.* Tradução de Vítor Marques Coelho. 2ª ed. – Lisboa: Fundação Calouste Gulbenkian, 2003, pág. 592.

inerente às organizações, verificado desde suas primeiras utilizações. Na linha evolutiva, obviamente, as Organizações Internacionais não ficaram presas ao aspecto econômico, destaque salutar, inclusive passando a atuar em áreas de Direitos Humanos, Relações Políticas Internacionais, dentre outras.

As Organizações Internacionais, e notadamente aquelas de Organizações Internacionais de Integração Econômica, norteiam-se e estão inseridas no campo do Direito Internacional. Ou seja, devem respeitar, cumprir e fazer cumprir os princípios gerais e normas atinentes ao Direito Internacional. Frederico do Vale Magalhães Marques sentencia: *"no âmbito do direito internacional, foi a evolução da concepção de coexistência pacífica de todos os Estados que possibilitou a criação e estabeleci-mento de princípios gerais do direito internacional, sendo princípio assente aquele segundo o qual os Estados devem respeitar e conduzir suas relações com base nos princípios do direito internacional"*[338]. Ou seja, são fonte e norte do Direito Internacional os princípios e regras, para as diversas correntes de pensamento acadêmico, da doutrina nacional e estrangeira[339]. Marques conclui que os princípios

"(i) são obrigatórios e por todos devem ser observados; (ii) são, de fato, mais genéricos e possuem um maior grau de abstração do que as normas; (iii) podem ser valorados, sobretudo em razão do fato de que os princípios possuem um maior grau de abertura ou flexibilidade, sendo possível estabelecer-lhes um peso relativo para cada caso; (iv) que são aplicáveis a um determinado caso, são utilizados conjuntamente e cedem uns aos outros em caso de conflitos, sendo perfeitamente possível a aplicação de mais de um princípio ao caso concreto; (v) são vinculantes e considerados como standards que devem, obrigatoriamente, ser perseguidos e utilizados para fazer justiça; e (vi) constituem razões para decidir"[340].

Analisando as relações econômicas internacionais e o multilateralismo, André Lipp Pinto Basto Lupi destaca:

"O Direito Internacional Econômico está fortemente centrado em dois pontos: a for-mação de instituições internacionais e a mudança de paradigma no Direito Internacional que ocasiona a criação de tais instituições, inserindo normas positivas para os Estados, que ao invés de simplesmente acomodar as várias forças estatais para permitir sua coexistência

---

[338] MARQUES, Frederico do Valle Magalhães. *Direito Internacional da Concorrência*. Rio de Janeiro: Renovar, 2006, págs. 146 e 147.

[339] Para maior aprofundamento sobre o tema e sobre as correntes de pensamento que trabalham o tema dos princípios no Direito Internacional e especialmente os princípios gerais nas Organizações Internacionais Econômicas, recomendamos ao leitor a leitura do capítulo "Princípios Gerais das Organizações Internacionais Econômicas", do trabalho de Frederico do Valle Magalhães Marques, *Direito Internacional da Concorrência*. Rio de Janeiro: Renovar, 2006, pág. 133 a 195.

[340] MARQUES, Frederico do Valle Magalhães. *op. cit.*, pág. 151.

DEFESA NA CONCORRÊNCIA NO MERCOSUL

para ditar-lhes também certas regras exigindo ações em sentido determinado pelas próprias normas internacionais"[341].

As Organizações Internacionais, suas definições e características, devem ser compreendidas em sua forma evolutiva, desde os primeiros acordos e tratados de cooperação internacional firmados bilateral ou multilateralmente entre os Estados nacionais. É possível identificarmos prévia definição e referência às Organizações Internacionais, nos termos fixados na Convenção de Viena sobre o Direito dos Tratados, que fixa, no artigo 2º, alínea *i* que as Organizações Internacionais são organizações intergovernamentais[342].

Imperativo destacar, no tocante às Organizações Internacionais, que estas dependem da conjugação formal de vontade de Estados nacionais, que se materializa através da assinatura de Tratados Internacionais, segundo normas e padrões clássicos do Direito Internacional. Cumpre lembrar que o Artigo 5º da Convenção de Viena[343] determina que tal procedimento aplica-se a todo tratado que seja o instrumento constitutivo de uma organização internacional e a todo tratado adotado no âmbito de uma organização internacional, sem prejuízo de quaisquer normas relevantes da organização.

Podemos destacar, não obstante a determinação legal advinda da Convenção de Viena, que a formação e existência de uma Organização Internacional é decorrente de ato formal, levado a cabo por manifestação formal expressa dos Estados nacionais membros que a integram. Segundo Seitenfus,

"a existência de uma organização internacional pressupõe a manifestação da vontade dos sócios. Portanto, o voluntarismo deve ser acrescido na formalização jurídica obtida através

---

[341] LUPI, André Lipp Pinto Basto. *Soberania, OMC e Mercosul*. São Paulo, Aduaneiras, 2001, pág. 127.

[342] *"Artigo 2 – Expressões Empregadas – 1. Para os fins da presente Convenção: ... i) "organização internacional" significa uma organização intergovernamental"*- Convenção de Viena sobre o Direito dos Tratados, de 26 de maio de 1969, cuja entrada em vigor internacional se deu em 27 de janeiro de 1980. A referida Convenção está disponível no *website* http://www2.mre.gov.br/dai/dtrat.htm, acesso em 15/07/2008. A Convenção foi promulga no Brasil por meio do *Decreto nº 7.030, de 14 de dezembro de 2009* Disponível no *website* http://www.planalto.gov.br/ccivil_03/_Ato2007-2010/2009/Decreto/D7030.htm – Acesso em 15/07/2010.

[343] *"Artigo 5 – Tratados Constitutivos de Organizações Internacionais e Tratados Adotados no Âmbito de uma Organização Internacional – A presente Convenção aplica-se a todo tratado que seja o instrumento constitutivo de uma organização internacional e a todo tratado adotado no âmbito de uma organização internacional, sem prejuízo de quaisquer normas relevantes da organização"* – Convenção de Viena sobre o Direito dos Tratados, de 26 de maio de 1969, cuja entrada em vigor internacional se deu em 27/01/1980. Vale lembrar que a Convenção entrou em vigor no plano nacional por meio do *Decreto nº 7.030, de 14 de dezembro de 2009*, que promulga a Convenção de Viena sobre o Direito dos Tratados, concluída em 23 de maio de 1969, com reserva aos Artigos 25 e 66. Disponível no *website* http://www.planalto.gov.br/ccivil_03/_Ato2007-2010/2009/Decreto/D7030.htm – Acesso em 15/07/2010.

da assinatura de um tratado que implica a responsabilidade estatal. Do ponto de vista jurídico, tem duplo sentido a natureza do tratado que origina uma organização internacional. Pelo prisma formal, ele possui as características próprias de um acordo e, materialmente, representa ao mesmo tempo um tratado e uma espécie de Constituição, eis que determina a estrutura e o funcionamento de um novo ente autônomo"[344].

Vemos, pois, que o tratado constitutivo de uma Organização Internacional efetivamente possui dois importantes reflexos, sendo um endógeno, enquanto fonte normativa reguladora da sua estrutura, objetivos, órgãos e esfera de atuação, e outro exógeno, no sentido de representar documento formal erante a comunidade internacional de sua validade, para fins de efetivação de seu reconhecimento. Sobre isto, retomemos consideração de Finkelstein, para quem *"o Tratado Constitutivo de um mercado de bloco é derivado (dos princípios do Direito Internacional Público) e originário (vez que cria, como se numa Constituição, os princípios e normas fundamentais a serem seguidos)"*[345].

Usualmente podemos identificar na doutrina nacional três características básicas e comuns às Organizações Internacionais. Notadamente, destacamos contribuições de dois autores, Ricardo Seitenfus e Elias Siste. Para Elias Siste: (i) ato internacional (estados soberanos – Tratados Internacionais); (ii) estrutura orgânica; e (iii) institucionalização (personalidade jurídica distinta dos estados)[346]. Para Ricardo Seitenfus: (i) multilateridade; (ii) permanência (duração e sede e estrutura); e (iii) institucionalização[347].

No tocante aos dois primeiros itens tratados pelos autores, e como iremos verificar logo abaixo, não existem muitas divergências e controvérsias, sendo, inclusive, fruto e decorrência de tudo o quanto já expusemos no presente tópico. Contudo, no tocante à institucionalização, Seitenfus destaca que esta pressupõe três elementos, sendo eles, resumidamente: (i) a previsibilidade de situações anteriormente tratadas de forma coletiva, que passam a ter sua gestão através da Organização Internacional; (ii) necessidade de se repensar critérios absolutos de soberania, dado que com a instituição de uma Organização Internacional, os Estados membros delegam parte de suas competências soberanas, antes tratadas em domínio interno; e (iii) a manifestação de adesão à Organização Internacional justifica e é o lastro da vontade do Estado na aceitação de regras

---

[344] SEITENFUS, Ricardo. *Manual das Organizações Internacionais.* 4ª ed. revisada, atualizada e ampliada. Porto Alegre: Livraria do Advogado Ed., 2005, pág. 32.

[345] FINKELSTEIN, Cláudio. *op. cit.*, pág. 36.

[346] SISTE, Elias. *Teoria Geral das Organizações Internacionais de Integração e Cooperação Econômica. IN* Blocos Econômicos e Integração da América Latina, África, e Ásia. Araminta de Azevedo Mercadante, Umberto Celli Junior e Leandro Rocha de Araújo (coord.). Curitiba: Juruá, 2008, pág. 105.

[347] SEITENFUS, Ricardo. *op. cit.*, pág. 30.

e normativos que dela emanam, e que a seu turno vinculam e sujeitam [vinculando e sujeitando] o Estado.

Manuel Diez de Velasco Vallejo define as Organizações Internacionais como sendo *"associaciones voluntarias de Estados establecidas por acuerdo internacional, dotadas de órganos permanentes, propios e independientes, encargados de gestionar unos intereses colectivos y capaces de expresar una voluntad juridicamente distinta de la de sus miembros"*[348]. Como apontado acima, verificamos na definição de Vallejo, a presença de três elementos, a saber: (i) ato multilateral; (ii) estrutura orgânica; e (iii) personalidade jurídica.

Em suma, consoante os ensinamentos supra, verificamos que as Organizações Internacionais possuem três características básicas e comuns, sendo assim destacadas [, a saber]:

Ato Multilateral e Internacional – Uma Organização Internacional congrega diversos interesses de Estados nacionais independentes e soberanos. Assim, a criação e instituição de uma Organização Internacional envolve determinada rodada de negociações visando a elaboração e confecção de um tratado internacional que será o seu ato constitutivo. Destaca Siste: *"Embora a forma predominante de se criar uma Organização Internacional seja por meio de um Tratado Internacional solene, pode ocorrer que seja instituída uma Organização resultante de uma Resolução ou de uma Conferência Internacional, como é o caso da ASEAN e da OPEP"*[349].

Estrutura e Duração – Salvo disposição expressa contrária no ato constitutivo, as Organizações Internacionais, assim como seus Estados nacionais membros, são criadas com o claro objetivo de ter prazo de duração indeterminado. Segundo Seitenfus, *"o caráter permanente das organizações internacionais expressa-se pela criação de um Secretariado, com sede fixa, dotada de personalidade jurídica internacional, que permite a assinatura de acordos-sede, com a aplicação do princípio da inviolabilidade e com os direitos e obrigações inerentes às atividades de representação diplomática no exterior"*[350]. Ora, vemos claramente a adoção de organismos e de uma estrutura interna, que lhes dá vida e movimento. Nas palavras de Siete, *"esses órgãos são encarregados de gerir e administrar os interesses coletivos da instituição. Para tanto, normalmente no próprio tratado constitutivo, podem ser determinadas as formas e os meios em que os mesmos serão organizados e mantidos"*[351].

---

[348] VALLEJO, Manuel Diez Velasco. *Las Organizaciones Internacionales*. 10ª ed. Madri: Tecnos Ed., 1997, pág. 41.

[349] SISTE, Elias. *op. cit.*, pág. 106.

[350] SEITENFUS, Ricardo. *op. cit.*, pág. 31.

[351] SISTE, Elias. *ibidem*.

Institucionalização (personalidade jurídica independente e distinta) – como terceira característica básica e presente nas Organizações Internacionais, a institucionalização pressupõe e lhes impõe a necessidade de que possuam personalidade jurídica, devendo esta ser independente e distinta dos Estados nacionais membros, presentes, atuais e/ou futuros. A personalidade jurídica não advém, obrigatoriamente, do ato constitutivo, podendo, segundo Siete, *"estar prevista no próprio tratado constitutivo, como também pode constar de um instrumento posterior à constituição da mesma"*[352]. Por outro lado, Nguyen Quoc Dinh, Patrick Daillier e Alain Pellet entendem de forma diversa, afirmando que *"toda o organização internacional é dotada, desde o seu nascimento, de personalidade jurídica internacional. Como já se viu, é um elemento de sua definição"*[353]. De uma forma ou de outra, os ecos advindos da doutrina nos colocam a necessidade da presença de personalidade jurídica independente e distinta nas Organizações Internacionais.

O mundo não somente mudou como está constante e velozmente sofrendo novas alterações, que acabam por refletir tanto no plano internacional quanto no plano interno dos Estados soberanos ao redor do planeta. Neste sentido, verificamos um forte movimento de proliferação de organizações internacionais em um passado recente, influenciando no relacionamento entre países, bem como na condução dos interesses globais, aumentando, desta forma, o grau de interdependência entre os Estados atuantes no plano internacional.

Nos estudos e análises que envolvem processos de integração econômica e Organizações Internacionais devemos sempre ter como referencial e necessária uma abordagem interdisciplinar para que seja possível tal estudo, suas compreensão e aplicação, destacadamente, os aspectos sociais, econômicos e políticos. O estudo de processos de integração são, e devem ser, permeados de diversos aspectos sociais, econômicos, políticos, culturais, jurídicos, dentre outros implícitos e explícitos. As características peculiares e individuais de cada processo estão diretamente vinculadas a seus aspectos culturais e políticos mais profundos, no entanto podem manifestar-se em variados níveis e esferas. Celestino del Arenal destaca que

"el fenómeno de la integración, de la formación de una comunidad política por unión de dos o más unidades políticas, puede situarse a distintos niveles. A nivel nacional, entre las diversas comunidades que constituyen una comunidad nacional; a nivel regional, entre diversas unidades estatales, y a nivel mundial, entre todas las unidades que configuran el sistema internacional. Por otro lado, en cada uno de estos niveles es posible considerar diversas formas de integración. En todo caso, lo que caracteriza la integración es la existencia de

---

[352] SISTE, Elias. *op. cit.*, pág. 107.
[353] DINH, Nguyen Quoc, DAILLIER, Patrick e PELLET, Alain. *op. cit.*, pág. 607.

condiciones que permiten, sin el recurso a la guerra, avanzar en el camino de la superación de las diferencias, tensiones y conflictos entre las diversas unidades políticas"[354].

Importante pontuar e delinear a distinção primeira e necessária entre processos de integração regional e as Organizações Internacionais de integração econômica propriamente ditas. Em seguida, julgamos importante, também, a diferenciação entre Organizações Internacionais de integração econômica e outras espécies de Organizações Internacionais.

Os processos de internacionalização dos mercados, claramente afetados pela crescente facilidade e mobilidade, primeiramente de capital, e hodiernamente de fatores de produção, inclusive de mão de obra, acabaram por impactar economias domésticas, que na maior parte das vezes, deixaram de lado conceitos de mercados fechados para, cada um ao seu modo e modelo, viabilizar processos graduais de abertura econômica e de redução de barreiras tarifárias e alfandegárias. Neste sentido, lembramos as experiências advindas do Acordo Geral sobre Tarifas e Comércio – GATT[355], incorporada à Organização Mundial do Comércio – OMC. A OMC[356] pode ser definida como uma organização de coordenação de regras do comércio internacional, tendo ainda como função direta e prática a

---

[354] ARENAL, Celestino del. *Introducción a las Relaciones Internacionales*. Coleccion de ciencias sociales – serie de relaciones internacionales. 3ª edicion revisada y ampliada – 5ª reimpressión. Editorial Tecnos: Madrid, Espanha, 2003, pág. 259.

[355] Nota do autor: Importante destacar algumas considerações sobre o GATT. O Acordo Geral sobre Tarifas e Comércio (*General Agreement on Tariffs and Trade* – GATT) é um Tratado Internacional e foi estabelecido em 1947, com a finalidade, dentre outras, de buscar a harmonização das políticas aduaneiras dos Estados signatários do Tratado. Seu corpo de regras e normas é um conjunto de normas e concessões tarifárias, criado com a função de impulsionar a liberalização comercial e combater práticas protecionistas, regular, provisoriamente, as relações comerciais internacionais.

[356] Nota do autor: Igualmente importante apresentar algumas linhas sobre a OMC. A Organização Mundial do Comércio – OMC tem sua gênese no Acordo Geral de Tarifas e Comércio (GATT), que foi criado após a Segunda Guerra Mundial, em conjunto com outras instituições multilaterais dedicadas à cooperação econômica internacional. O GATT foi o único instrumento multilateral a tratar do comércio internacional de 1948 até 1995, como o estabelecimento da OMC. Após uma série de negociações frustradas, na Rodada do Uruguai foi criada a OMC, de caráter permanente, substituindo o GATT. As negociações na OMC são feitas em Rodadas, hoje, ocorre a Rodada de Doha (Agenda de Desenvolvimento de Doha – Doha Development Agenda) iniciada em 2001. Oficialmente, a OMC entrou em funcionamento em 1º de Janeiro de 1995, tendo como funções: gestão de acordos que compõem o sistema multilateral de comércio, coordenação e gestão de fórum para comércio internacional (firmar acordos internacionais), supervisão da adoção dos acordos e implementação destes acordos pelos membros da organização, com o acompanhamento das políticas comerciais nacionais. Uma importante atividade da OMC é a manutenção do Sistema de Resolução de Controvérsias da OMC, mecanismo criado para solucionar os conflitos gerados pela aplicação dos acordos sobre o comércio internacional entre os membros da OMC.

A INTEGRAÇÃO E COOPERAÇÃO ECONÔMICA E IMPLICAÇÕES CONCORRENCIAIS

supervisão da aplicação do arcabouço das regras instituídas pelo GATT, em 1947, com todos as suas modificações e acréscimos, oriundas do saldo das negociações passadas decorrentes dos debates técnicos, políticos e práticos de liberalização de comércio nacional e internacional, além da conhecida Rodada do Uruguai.

Usualmente, os processos de integração, notadamente os econômicos, possuem determinadas diferenciações e características, dado o grau de comprometimento das partes envolvidas, por um lado, e por outro, dada a vontade dos integrantes do processo em trazer menor ou maior grau de interferência externa em questões nacionais.

Cumpre-nos, brevemente, relembrar conceitos inerentes aos processos de integração, consoante balizada doutrina. De acordo com os ensinamentos de Balassa,

"na linguagem corrente a palavra "integração" significa a junção de várias partes num todo. Na literatura econômica a expressão "integração econômica" não tem um significado tão claro. ... Propomo-nos definir integração econômica como um processo e uma situação. Encarada como processo implica medidas destinadas à abolição de discriminações entre unidades econômicas de diferentes Estados; como situação pode corresponder à ausência de várias formas de discriminação entre economias nacionais"[357].

Ainda segundo Balassa, a integração econômica pode se revestir de diversas formas, sempre com diferentes graus e níveis de integração, sendo expressos da seguinte forma: zona de livre comércio, união aduaneira, mercado comum, união econômica e integração econômica total[358]. Essencialmente, as diferenças estão nos níveis de integração e cooperação entre os Estados nacionais envolvidos no processo.

A história dos processos de integração frente ao fenômeno da globalização pode ser, assim como já alertamos para este, analisado sob uma ótica histórica através da qual trata-se de um processo antigo, dada a presença eventual de determinados elementos que possam ser identificados em casos específicos. Contudo, novamente parece-nos que o fenômeno, verificado o atual contexto histórico, possui traços e aplicações demasiadamente fortes para não destacarmos. Segundo Fábio Nusdeo, *"antes mesmo de o movimento de globalização ganhar terreno, assistiu-se a partir da década de 50 a uma tendência de integração de economias vizinhas, formando espécies de regiões econômicas, dentro das quais já se implantava algum tipo de globalização, geograficamente limitada"*[359].

---

[357] BALASSA, Bela. *Teoria da Integração Econômica*. Tradução de Maria Filipa Gonçalves e Maria Elsa Ferreira. Lisboa: Livraria Clássica Editora, 1972, págs. 11 e 12.
[358] BALASSA, Bela. *op. cit.*, págs. 12 e 13.
[359] NUSDEO, Fábio. *op. cit.*, págs. 331 e 332.

Salientemos, então, a pontual observação feita por Bela Balassa, que define os supra indicados níveis da seguinte forma, consoante suas características individuais, a saber:

"Numa zona de comércio livre os direitos (e as restrições quantitativas) entre os países participantes são abolidos, mas cada país mantém as suas pautas próprias em relação aos países não membros. O estabelecimento de uma união aduaneira implica, além da supressão das discriminações no que se refere aos movimentos de mercadorias no interior da união, a igualização dos direitos em relação ao comércio com países não membros. Num mercado comum atinge-se uma forma mais elevada de integração econômica, em que são abolidas não só as restrições comerciais mas também as restrições aos movimentos de factores produtivos. Uma união econômica distingue-se de um mercado comum por associar a supressão de restrições aos movimentos de mercadorias e factores com um certo grau de harmonização das políticas econômicas nacionais, de forma a abolir as discriminações resultantes das disparidades existentes entre essas políticas. Finalmente, a integração econômica total pressupõe a unificação das políticas monetárias, fiscais, sociais e anticíclicas, e exige o estabelecimento de uma autoridade supranacional cujas decisões são obrigatórias para os Estados membros"[360].

Da mesma forma, Basto Lupi, estudando as relações econômicas internacionais e o regionalismo, aponta:

"Toda esta mudança no cenário mundial pós-guerra propiciou a maior integração dos países em blocos econômicos, que são as associações de países de uma determinada região geográfica, que visão uma atuação conjunta no mercado internacional e estabelecem privilégios comerciais e aduaneiros para os países associados, instalando zonas de livre comércio (sem entraves e restrições ao comércio entre os países, tarifárias ou não) e uniões aduaneiras (aplicação de uma política comum de importações, adoção de uma tarifa externa comum). A integração pode ir mais longe, passando pelos estágios de mercado comum (além das medidas concernentes à união aduaneira, implicam a liberdade dos fatores de produção e de estabelecimento) e união econômica e monetária (adoção de uma moeda única, com unificação das políticas monetárias e fiscais). Num último estágio, poderia chegar à união política, criando uma federação ou uma confederação"[361].

De forma resumida podemos assim apresentar: (i) Área de Livre Comércio (ALC): representa a eliminação de barreiras alfandegárias e não alfandegárias; (ii) União Aduaneira (UA): equivale à ALC com a adição de política comum em relação aos países não membros, por meio de uma tarifa externa comum (TEC), além da harmonização de medidas de política comercial internacional; (iii) Mer-

---

[360] BALASSA, Bela. *op. cit.* pág. 13.
[361] LUPI, André Lipp Pinto Basto. *op. cit.*, págs. 199 e 200.

A INTEGRAÇÃO E COOPERAÇÃO ECONÔMICA E IMPLICAÇÕES CONCORRENCIAIS

cado Comum (MC): equivale à UA, com observação de acréscimo de livre circulação do trabalho e capital; (iv) União Econômica: representa a harmonização da política econômica nacional entre os membros, a fim de que haja a expansão do MC; e (v) Integração Econômica Total: é a efetivação da união das economias nacionais e criação de uma autoridade supranacional – nesse estágio, inclusive, criando-se uma moeda única e um Banco Central Comum.

No tocante à Integração Econômica Total, apontemos, ainda, lição de Celli Junior, que utiliza a terminologia União Econômica e Monetária, para quem:

"Além disso, esses programas de liberalização dos intercâmbios devem ser antecedidos ou, pelo menos, executados paralelamente a um cuidadoso programa de política industrial de cada um dos países desenvolvidos, que procure avaliar as perdas e os ganhos de seus setores econômicos e sociais e corrigir, quando necessário, as eventuais distorções e assimetrias"[362].

O crescente interesse por processos de integração econômica visivelmente podem ser atribuídos a efeitos diretos advindos do destacado fenômeno da globalização, enquanto elemento multiplicado da velocidade do fluxo de informações, capital, comércio e fatores de produção ao redor do mundo.

Neste sentido, cumpre ainda indicar os movimentos, não apenas de forças dos Estados, mas também de grupos de interesse que buscam ações, intervenções e espaços para diálogos e debates no seio das Organizações Internacionais. Este movimento é saudável e possibilita a canalização de energias e a centralização de temas e focos de interesse. Os processos de abertura econômica, especialmente aqueles ocorridos durante e após a década de 1990, em decorrência da ampliação dos mercados, do fluxo internacional de capitais e da mão de obra, decorrentes do processo denominado globalização, acabaram por impulsionar uma nova onda integracionista ao redor do planeta. Nas palavras de Mancuso e Oliveira: *"Esses eventos de natureza econômica – a abertura comercial efetivamente realizada e a perspectiva de uma abertura ainda maior, via integração hemisférica – tiveram importância crucial para despertar um grande processo de organização e mobilização política do empresariado"*[363].

Neste ponto, as Organizações Internacionais podem interferir, agir e atuar com vistas a equacionar tensões, conflitos e demais situações que podem sur-

---

[362] CELLI JUNIOR, Umberto. *Teria Geral da Integração: Em busca de um modelo alternativo. IN* Blocos Econômicos e Integração da América Latina, África, e Ásia. Araminta de Azevedo Mercadante, Umberto Celli Junior e Leandro Rocha de Araújo (coord.). Curitiba: Juruá, 2008, pág. 22.

[363] MANCUSO, Wagner Pralon e OLIVEIRA, Amâncio Jorge de. *Abertura Econômica, Empresariado e Política: Os planos Doméstico e Internacional. IN* Lua Nova – Revista de Cultura e Política – 2006 – nº 69, pág. 149.

DEFESA NA CONCORRÊNCIA NO MERCOSUL

gir na interação de Estados nacionais e agentes transnacionais. Nas palavras de Roberto Luiz Silva,

"a globalização não ocorre apenas em razão da intensa circulação de bens, capitais, informações e de tecnologia pelas fronteiras nacionais, com a consequente criação de um mercado mundial, mas também em função da universalização dos padrões culturais e da necessidade de equacionamento comum de problemas que afetam a totalidade do planeta, como o combate à degradação do meio ambiente, a proteção dos direitos humanos, o desarmamento nuclear e o crescimento populacional"[364].

Podemos, perfeitamente, alocar outros assuntos à referida necessidade de equacionamento comum de problemas, como aqueles decorrentes dos fluxos de fatores de produção e de capitais, mercadorias e serviços, no interior de blocos participantes de processos de integração econômica, bem como suas relações com outros países e blocos ao redor do mundo.

7.1.1. Distinção entre Organizações Internacionais de Coordenação, Cooperação e de Integração Econômica

Uma primeira distinção e estabelecimento de contato que se faz necessária e importante refere-se à temática "cooperação" e "integração". Como já indicado anteriormente, quando tratamos dos estágios de integração econômica, estes podem se revestir de diversas formas, sempre com diferentes graus e níveis de integração, sendo expressos da seguinte forma: zona de livre comércio, união aduaneira, mercado comum, união econômica e integração econômica total. Nas palavras de Celli Junior:

"É antiga essa distinção entre cooperação e integração. Para autores clássicos como Bela Balassa, a cooperação incluiria várias medidas destinadas a harmonizar políticas econômicas e diminuir a discriminação entre os países. Já o processo de integração econômica encerraria medidas que obrigam efetivamente a supressão de algumas formas de discriminação. Assim, por exemplo, acordos internacionais de políticas de comércio pertenceriam à área de cooperação internacional, ao passo que a abolição de restrições de intercâmbio seria um ato de integração econômica"[365].

Os processos de integração podem ser observados por duas óticas, a saber, processo de integração *stricto sensu* e processo de integração *lato sensu*[366]. A principal e fundamental razão é a identificação dos indicados níveis de integração,

---

[364] SILVA, Roberto Luiz. *Direito Comunitário e de Integração*. Porto Alegre: Síntese, 1999, pág. 28.
[365] CELLI JUNIOR, Umberto. *op. cit.*, pág. 22.
[366] CELLI JUNIOR, Umberto. *ibidem*.

A INTEGRAÇÃO E COOPERAÇÃO ECONÔMICA E IMPLICAÇÕES CONCORRENCIAIS

verificando-se no caso de um processo de integração *lato sensu* uma integração que não atingiu todos os objetivos e metas próprios de um processo de integração total, entendendo Celli Junior ser mais apropriado, portanto, a utilização do termo "*lato sensu*" quando a experiência não atingiu o estágio conclusivo, citando, inclusive, que apenas a União Europeia atingiu esse estágio, qual seja, ser identificada como um processo de integração *stricto sensu*[367]. Em suma, podemos ter um processo de integração *lato sensu* (no qual visualizaremos uma Organização Internacional de Cooperação) e um processo de integração *stricto sensu* (visualizando uma Organização Internacional de Integração).

Estes processos, ainda que doutrinariamente possam ser identificados, segregados e analisados, na prática, muitas vezes, apresentam características comuns em diversos níveis. Embora os processos de integração e cooperação sejam distintos, *"a crescente interdependência comercial e econômica entre os Estados, forjada no contexto da globalização, gerou categorias de integração e cooperação, que, na prática, se sobrepõem e, frequentemente, contêm elementos estruturais muito similares"*[368]. Ou seja, nas relações entre os diversos Estados nacionais, blocos econômicos, zonas de livre comércio, mercados comuns e demais formas de integração, estaremos sempre diante de casos específicos e que devem ser analisados de forma individualizada e pontual, sempre respeitando as particularidades de cada processo de integração.

Passando a uma segunda distinção possível e existente entre Organizações Internacionais de Coordenação, Cooperação e de Integração Econômica, devemos destacar a necessidade de distinção entre uma Organização Internacional Propriamente Dita daquelas determinadas por reuniões/grupos/fóruns que são de caráter voluntário e não possuem possibilidade de cumprimento coercitivo dos resultados de negociações, e são denominados, genericamente, Fóruns de Concertação. Segundo Elias Siste, *"os principais objetivos destes Fóruns de Concertação são de aproximar posições sobre temas de interesse mútuo, adotar normas comuns de comportamento em áreas específicas, entre outros"*[369]. Trata-se de fato importante, e necessário, tendo em vista a consecução dos objetivos da Organização Internacional e suas relações com o exterior, ou seja, outras Organizações, Estados e demais entidades e pessoas, de Direito Internacional ou não.

Isto porque no caso de determinadas reuniões/grupos/fóruns simplesmente não existe um quadro institucional mais sofisticado ou instituído. Neste caso, não obstante os aspectos morais e de credibilidade, e apesar de muitas vezes serem denominadas Organizações Internacionais, estas reuniões/grupos/fóruns são de caráter voluntário e não possuem possibilidade de cumprimento coerci-

---

[367] CELLI JUNIOR, Umberto. *ibidem.*
[368] CELLI JUNIOR, Umberto. *op. cit.*, pag. 35.
[369] SISTE, Elias. *op. cit.*, pág. 108.

DEFESA NA CONCORRÊNCIA NO MERCOSUL

tivo dos resultados de negociações, seja por que lhes falta estrutura institucional (órgãos, secretariado, comissões, etc), seja porque lhes falta meios e condições muitas vezes técnico-jurídicas, como ausência de um Tratado Internacional que lhes tenha instituído. Ou seja, não existe efetividade e coercitividade para efetivar a execução dos resultados das negociações havidas segundo suas regras mínimas institucionais.

Assim, podemos fixar critérios de uma terceira distinção, dado o grau de comprometimento e vinculação existente entre as Organizações Internacionais de Coordenação, Cooperação e de Integração Econômica. Podemos indicar, de forma crescente, considerando os referidos critérios de comprometimento e vinculação: (i) Grupos de Coordenação; (ii) Grupos de Concertação; (iii) Organizações Internacionais de Cooperação; e (iv) Organizações Internacionais de Integração.

Os Grupos de Coordenação e Grupos de Concertação podem ser definidos como grupos/reuniões que, ainda que possuam estrutura orgânica, seus membros e entes participantes não delegam "voz" e "ação", ou seja, podem ser definidas como instituições de caráter voluntário, permanentes ou não, que fomentam o diálogo e o estabelecimento de parâmetros, metas e objetivos comuns aos participantes, ainda que seus resultados e/ou determinações não tenham caráter coercitivo. Os Grupos de Coordenação e Grupos de Concertação, muitas vezes, são definidos, também, como Fóruns de Concertação, dos quais podemos citar como exemplo os conhecidos G-8 e G-20.

Neste sentido, a crescente interdependência verificada no plano global fomentou diversas formas de relacionamento entre os mais diversos Estados. Segundo Celli Junior:

> *"A crescente interdependência comercial e econômica entre os Estados também propiciou o fortalecimento de um mecanismo ainda mais tênue em termos formais e institucionais que a cooperação – já que não decorrem de Tratados, não possuem órgãos institucionais, secretariado ou sede – porém, não menos relevante: os mecanismos ou acordos de concertação ou coordenação. Trata-se de reuniões entre chefes de Estado e de Governo ou de Ministros que têm por objetivo adotar diretrizes e posições comuns sobre determinados temas"*[370].

Destaca, ainda, Siste, que *"existem aquelas instituições em que os Estados-membros não atribuem a elas competências para agirem em nome próprio, portanto, não recebem dos Estados que as integram delegação de poderes de forma ampla. As reuniões ocorrem sobre uma base voluntarista e seus resultados não são coercitivos, caracterizando-se não como uma Organização Internacional propriamente dita, mas como Fóruns de Concertação"*[371]. Desta forma, parece-nos que fica muito evidente a distinção existente entre Grupos de

---

[370] CELLI JUNIOR, Umberto. *op. cit.*, pág. 24.
[371] SISTE, Elias. *op. cit.*, pág. 108.

A INTEGRAÇÃO E COOPERAÇÃO ECONÔMICA E IMPLICAÇÕES CONCORRENCIAIS

Coordenação e Grupos de Concertação, segundo o supra exposto, e as Organizações Internacionais de Cooperação e Organizações Internacionais de Integração.

Destacamos, ainda, e por outro lado, a dificuldade de diferenciação e distinção entre Grupos de Coordenação e Grupos de Concertação. A diferença, muitas vezes, dada a complexidade das relações existentes, pode até ser imperceptível, mas pode ser dada e definida considerando que os Grupos de Concertação possuem, de forma muito sutil, nível pouco superior aos grupos de coordenação, no tocante a seus compromissos, responsabilidades e objetivos assumidos. A distinção é muito tênue, sendo que nos socorremos dos conceitos próprios das palavras para diferenciá-los, a saber: (i) concertar – soar em acorde; harmonizar(-se), conciliar(-se) com[372]; e (ii) cooperação – auxílio, colaboração (cooperar – colaborar)[373].

Ora, verificamos no supra indicado que de fato, podemos apontar que a definição de Grupos de Coordenação possuem "algo mais" que a definição de Grupos de Concertação, dada a própria natureza das palavras/conceitos, no sentido de que harmonizar, conciliar traduz um vínculo maior que uma simples colaboração e auxílio.

Seguindo em nossa análise, assim como podemos identificar entre 4 e 5 estágios de integração (zona de livre comércio, união aduaneira, mercado comum, união econômica e monetária e união política), podemos, ainda, efetivar distinção entre Organizações Internacionais de Cooperação e Organizações Internacionais de Integração. É possível indicar, inicialmente, que as Organizações Internacionais de Cooperação pertencem a um grupo evolutivo interior aos das Organizações Internacionais de Integração. Evolução no sentido de complexidade.

As Organizações Internacionais de Cooperação lastreiam-se no fato de que a cooperação visa a instituição de diversas medidas e ações que tenham como objetivo reduzir e diminuir os aspectos de discriminação entre os Estados nacionais membros, bem como a instituição e harmonização de políticas econômicas. Tratamos das distinções entre cooperação e integração anteriormente, no presente estudo, mas buscamos a lição de Umberto Celi Junior, para reforçar o entendimento, sendo que

"é antiga a distinção entre cooperação e integração. Para autores clássicos como Bela Balassa, a cooperação incluiria várias medidas destinadas a harmonizar políticas econômicas e diminuir a discriminação entre os países. Já o processo de integração econômica encerraria medidas que obrigam efetivamente a supressão de algumas forma de discriminação.

---

[372] HOUAISS, Antônio e VILLAR, Mauro de Salles. Minidicionário Houaiss da Língua Portuguesa, elaborado no Instituto Antônio Houaiss de Lexicografia e Banco de Dados da Língua Portuguesa S/C Ltda. – Rio de Janeiro: Objetiva, 2001, pág. 101.

[373] HOUAISS, Antônio e VILLAR, Mauro de Salles. *op. cit.*, pág. 110.

Assim, por exemplo, acordos internacionais de políticas de comércio pertenceriam à área da cooperação internacional, ao passo que a abolição de restrições de intercâmbio seria um ato de integração econômica"[374].

Assim destacadas pontualmente as distinções entre (i) Grupos de Coordenação; (ii) Grupos de Concertação; (iii) Organizações Internacionais de Cooperação; e (iv) Organizações Internacionais de Integração, podemos apontar, brevemente, os seguintes grupos conclusivos:

a) os Grupos de Coordenação e os Grupos de Concertação não possuem personalidade jurídica ao passo que as Organizações Internacionais de Cooperação e as Organizações Internacionais de Integração, regularmente constituídas por Tratados regulados e observantes do Direito Internacional, possuem e buscam socorro, validade e até coercividade de suas decisões e deliberações;

b) os Grupos de Coordenação e os Grupos de Concertação não possuem estrutura orgânica, pela ausência de maior institucionalização e também impossibilidade de tornar suas medidas obrigatórias, tendo em vista que os Estados nacionais membros não lhes outorgam tais faculdades, enquanto as Organizações Internacionais de Cooperação e as Organizações Internacionais de Integração possuem toda uma estrutura orgânica instituída, ainda que mínima, com sede, prerrogativas e faculdades para efetivar o cumprimento de suas decisões;

c) a distinção entre os Grupos de Coordenação e os Grupos de Concertação lastreia-se, de forma muito tênue e sutil, no fato de que os Grupos de Concertação implicam em (terminologicamente) um maior envolvimento e comprometimento do que os Grupos de Coordenação;

d) as Organizações Internacionais de Cooperação e as Organizações Internacionais de Integração são diferenciadas pela identificação de sua característica *stricto sensu* ou *lato sensu*, sendo que as Organizações Internacionais de Cooperação são de caráter *lato sensu*, tendo em vista não ter atingido todos os objetivos e metas próprias de um processo de integração total;

e) por fim, um forte elemento distintivo entre os Grupos de Coordenação e os Grupos de Concertação e as Organizações Internacionais de Cooperação e as Organizações Internacionais de Integração, decorre da observação de seus objetivos e prerrogativas. Nas palavras de Montgomery,

"Nenhuma teoria geral das organizações internacionais estaria completa, contudo, sem uma análise das principais prerrogativas dessas entidades, que decorrem de sua personalidade jurídica internacional e que encontram sua base legal no tratado constitutivo de cada organização internacional (e, eventualmente, pela aplicação da já mencionada doutrina

---

[374] CELLI JUNIOR, Umberto. *op. cit.*, pág. 22.

A INTEGRAÇÃO E COOPERAÇÃO ECONÔMICA E IMPLICAÇÕES CONCORRENCIAIS

da competência implícita), quais sejam: (i) o poder normativo das organizações interna-
cionais (com relação ao qual se deve também ser estudado o processo decisório nessas enti-
dades); (ii) seu treaty-making power[375]; (iii) os privilégios e as imunidades de que gozam e
seu direito de legação; e (iv) a capacidade de apresentarem reclamações internacionais e de
serem responsabilizadas"[376].

7.2. Regionalismo ou Integração Mundial pelo Comércio

O tema e o debate entre preferências de juristas e economistas, dentre outros tantos, envolvendo a polêmica e o confronto entre as vantagens e desvantagens do fomento do Regionalismo Internacional em face da possibilidade de Integração Mundial do Comércio, é atual, conflitante e não apresenta solução imediata e universalmente válida, especialmente se considerarmos as violentas assimetrias econômicas e de desenvolvimento ao redor do mundo.

Dado este quadro, e considerando os elementos permissivos supra analisados, o debate entre regionalismo versus multilateralismo se torna evidente dadas as possibilidades, vantagens e desvantagens presentes em cada um dos sistemas. Por um lado, a presença e possibilidade de que sejam firmados acordos regionais facilita o comércio e pode impulsionar o desenvolvimento de determinada região, marcada por pobreza, ausência de qualidade de vida e até impossibilidade de competição no mercado internacional. Por outro lado, o regionalismo representa um claro desvio de comércio em relação aos países que não fazem parte do bloco.

Na esteira destas idéias, devemos verificar que o regionalismo acaba por criar uma crescente interdependência econômica regional, mas ao mesmo tempo gera um aumento, globalmente falando, de competitividade da região, permitindo, num segundo e possível estágio, a liberalização crescente e pontual do comércio internacional, nos termos exigidos para o fomento da Integração Mundial do Comércio. Pode ser identificada, contudo, uma falha na construção desse pensamento, tendo em vista que o regionalismo pode gerar a alocação e a polarização do comércio em diversos blocos econômicos internacionais regionais, seja por disputa de poder, seja por comportamentos oportunistas, buscaram assumir controle de mercados, dificultando o comércio multilateral.

Inicialmente fomentada pelas contribuições da CEPAL, a Integração Econômica Regional na América Latina buscava, nos idos da década de 60, ainda que de forma diversa dos modelos atualmente praticados, o fortalecimento dos mercados e da produção regional para uma melhor inserção internacional, em função do reconhecimento da impossibilidade, em um primeiro momento, de competição

---

[375] Nota do Autor: A expressão *treaty-making power* pode ser compreendida como competência para firmar Tratados Internacionais.
[376] MONTGOMERY, Neil. *op. cit.*, págs. 75 e 76.

direta e do pensamento à época, voltado para a substituição de importações em contraste ao modelo de vantagens comparativas. Nas palavras de Bobik Braga:

"Percebe-se que, ao contrário do que muitos pensam, a CEPAL não pode ser caracterizada por um ideário protecionista e totalmente crítico às teorias tradicionais do comércio internacional. Sua análise acerca do processo de substituição de importações no contexto de um movimento em direção a um mercado comum na América Latina teria como preocupação dar ao processo uma maior racionalidade econômica, respondendo assim as críticas à idéia de proteção à indústria nascente. Se é verdade que as indústrias nascentes deveriam ser protegidas naquela época, não se deve negligenciar o fato de que, dentro de um mercado regional integrado, o crescimento destas indústrias poderia se beneficiar da especialização intra-bloco, aproveitando os ganhos da especialização e da exploração das economias de escala. Essa maior eficiência produtiva poderia também contribuir para o aproveitamento de melhores oportunidades de diversificação das exportações dos países da região para as economias desenvolvidas, resultando assim num melhor desempenho da região num contexto de crescente intensificação das relações econômicas internacionais. Se este ponto era parte das propostas do documento de 1959, torna-se um dos pontos centrais na visão cepalina sobre o tema nos anos 90, visão esta resumida na idéia do "regionalismo aberto". Sob este conceito, a integração deveria ser conduzida não apenas pelo Estado, mas também pelas relações produtivas e tecnológicas entre as empresas e pela estratégia de expansão destas no contexto da globalização, criando-se assim um processo autônomo de integração, processo este que passaria a demandar ações específicas em prol da integração"[377].

Importante, ainda, destacar, que tendo em vista a ausência de solução sobre a compatibilidade das regulamentações do GATT/OMC com as Organizações Internacionais de Integração e Cooperação Econômica, a relação entre o regionalismo e o multilateralismo é objeto de grande preocupação e discussão, notadamente em função da proliferação de Acordos Regionais Internacionais de Comércio. Como discutido no tópico anterior, esta questão traz ao seio do debate, dúvidas sobre a compatibilidade dos acordos regionais com o sistema multilateral internacional do comércio.

Parece-nos, contudo, que a lógica do pensamento que autoriza a formação de Organizações Internacionais de Integração e Cooperação Econômica, especialmente aquelas regionais, acaba por fomentar o desenvolvimento regional, tendo como benefício direto a redução de assimetrias e diferenças muito acentuadas

---

[377] BRAGA, Márcio B. *Integração econômica regional na América Latina: uma interpretação das contribuições da CEPAL. In* Cadernos PROLAM/USP / Cadernos do Programa de Pós Graduação em Integração da América Latina da Universidade de São Paulo – PROLAM/USP. Editora: Profa. Dra. Maria Cristina Cacciamali. Vol 1 (jan./dez. 2002), págs. 27 e 28.

A INTEGRAÇÃO E COOPERAÇÃO ECONÔMICA E IMPLICAÇÕES CONCORRENCIAIS

de poder, político e econômico, presentes no planeta, especialmente aqueles inerentes ao Eixo Norte/Sul Não podemos nos esquecer das observações de Lafer:

"A interação entre uma lógica integradora do espaço mundial e uma dinâmica desintegradora e contestadora desta lógica tem muito a ver com as realidades de uma "globalização assimétrica". Esta realça a percepção das descontinuidades no sistema internacional, que, de um lado, exprimem descompasso entre significado e poderio, e, de outro, traduzem um inequívoco déficit de governança do espaço no planeta"[378].

Ora, razoável, portanto, pensar em autorização, de forma positiva, de formação de Organizações Internacionais de Integração e Cooperação Econômica, não obstante a atual permissão da Cláusula de Habilitação (*enabling clause*) e a permissão do Artigo XXIV do GATT para a criação de zonas de livre comércio e as uniões aduaneiras.

Para confirmar e reforçar tais argumentos, importante apontar recente estudo da OMC, envolvendo criterioso trabalho que contém dados e estatísticas do Comércio Internacional, publicado no ano de 2009[379]. Dentre os variados temas tratados, interessa-nos pontual levantamento de países, regiões e acordos regionais de integração, que demonstra o próprio reconhecimento da OMC para com tais processos de integração, bem como a importância atribuída aos mesmos (QUADRO 5 – Estatísticas do Comércio Internacional 2009)[380].

Como é possível deduzir dos dados apresentados no referido quadro, o regionalismo é uma realidade presente em todos os continentes do globo, estando o Mercosul inserido e integrando tais movimentos regionais. Desta feita, devemos verificar e situar o Mercosul no plano internacional, visando compreendê-lo como uma efetiva Organização Internacional de Integração e Cooperação Econômica. É o que pretendemos a seguir.

7.3. O Mercosul como Organização Internacional de Integração e Cooperação Econômica e sua Importância para o Comércio Internacional e a Defesa da Concorrência

Devemos considerar que vivemos em um mundo em rápida e constante transformação, no qual os atores e agentes econômicos estão em constante busca de novas oportunidades, novos mercados, novas tendências e novas aberturas, cujas

---

[378] LAFER, Celso, *A Identidade Internacional do Brasil e a política externa brasileira: passado, presente e futuro.* São Paulo: Perspectiva, 2001, págs. 109 e 110.

[379] ORGANIZAÇÃO MUNDIAL DO COMÉRCIO – OMC. *Estatísticas do Comércio Internacional 2009.* Disponível em: http://www.wto.org/english/res_e/statis_e/its2009_e/its09_metadata_e.pdf. Acesso em 08/12/2009.

[380] Vide Quadro 5 – Anexo ao presente trabalho.

ações muitas vezes encontram combate com as forças dos Estados nacionais isoladamente considerados. Os efeitos advindos do fenômeno da globalização acabam por acentuar esta tendência.

Neste contexto, a integração econômica regional insere-se dentro do quadro de um sistema multilateral internacional do comércio, baseado nos normativos fixados pelo Acordo Geral sobre Tarifas e Comércio (*General Agreement on Tariffs and Trade* – GATT), que, posteriormente, com a Rodada do Uruguai, em 1994, converteu-se na Organização Mundial do Comércio (*World Trade Organization*) – OMC.

A construção normativa do sistema multilateral de comércio registrou, de certo modo, uma evolução paradoxal. De um lado, houve o reforço dos princípios tradicionais inscritos na cláusula da Nação Mais Favorecida – NMF, fixada pelo artigo I do GATT, de tratamento nacional, de reciprocidade, de transparência e de igualdade de direitos e de obrigações, o último temperado parcialmente pelo tratamento diferencial e mais favorável para as partes contratantes menos desenvolvidas. De outro, ocorreu o aprofundamento e a disseminação dos acordos regionais bi ou multilaterais, muitas vezes arranjos geograficamente restritos, que poderiam traduzir ofensa à cláusula da Nação Mais Favorecida – NMF, as que em virtude do advento da Cláusula de Habilitação (*enabling clause*) restou viabilizado um contexto favorável para os acordos regionais internacionais possam ser adotados por países em desenvolvimento.

Neste sentido, reiteramos o que Wagner Pralon Mancuso e Amâncio Jorge de Oliveira apontam, em caso pontual das negociações em que o Brasil se envolveu quando das negociações da Área de Livre Comércio das Américas (Alca). Lecionam Mancuso e Oliveira:

"Os anos 1990 também foram marcados pelo engajamento do Brasil em vários processos de negociações internacionais, durante os quais se destaca o processo de negociação da Área de Livre Comércio das Américas (Alca). A integração hemisférica significaria um segundo choque de liberalização comercial, cujo impacto sobre as atividades empresariais nacionais dificilmente pode ser subestimado. Naturalmente, o efeito da integração hemisférica seria heterogêneo. Para segmentos empresariais internacionalmente competitivos, a ampliação da abertura no âmbito da Alca traria oportunidades de ganhos, tais como acessoa novos mercados, ampliação de escalas de produção, dentre outros. A situação seria inversa, entretanto, para os segmentos que possuem sérias deficiências concorrenciais, para os quais o aumento da abertura comercial e das importações ocasionaria riscos de perdas, com graves conseqüências previsíveis de fechamento de empresas, aquisições e desemprego"[381].

---

[381] MANCUSO, Wagner Pralon e OLIVEIRA, Amâncio Jorge de. *op. cit.*, págs. 148 e 149.

A INTEGRAÇÃO E COOPERAÇÃO ECONÔMICA E IMPLICAÇÕES CONCORRENCIAIS

Mas devemos, sim, identificar nas Organizações Internacionais de Integração e Cooperação Econômica fatores e indícios fomentadores do progresso e do desenvolvimento, enquanto as exceções à cláusula da Nação Mais Favorecida – NMF, consubstanciadas no artigo XXIV e na Cláusula de Habilitação podem contribuir claramente para permitir, local e pontualmente, processos de industrialização e crescimento de economias de Estados nacionais não desenvolvidos, na esteira, inclusive, dos pensamentos cepalinos para a América Latina, notadamente desenvolvidos e fomentados pelas idéias de Raul Prebisch.

Verificando a plena possibilidade de coexistência entre a NMF e as normas da OMC, Finkelstein destaca:

"O GATT, como é sabido, foi um acordo comercial plurilateral que visava reduzir ou eliminar as barreiras ao comércio mundial, fossem elas tarifárias ou não tarifárias e, na análise de processos integracionistas, este ainda é seu paradigma. O princípio fundamental do GATT, que ainda hoje subsiste, sob a égide da OMC, é cláusula da Nação Mais Favorecida (NMF). De acordo com a Cláusula NMF, nenhum Estado-Membro pode tratar o comércio com qualquer outro país, seja ele parte do GATT ou não de forma preferencial, sem estender incondicionalmente a outro Estado-Membro, os mesmos benefícios. Poderíamos então assumir que, de acordo com o GATT, os acordos regionais de integração se constituem em exceção à regra ... tais acordos regionais, a despeito de serem considerados exceções, não se constituem em contradição aos princípios da NMF, vez que são previstos e regulamentados e seus resultados, na prática, não contradizem o espírito que o antigo GATT buscava preservar, ou seja, a ampliação do comércio mundial"[382].

[Colamos lição de] Friedmann de forma bastante lúcida aponta para a necessidade de compreender as instituições e organizações internacionais como sendo processos "dinâmicos", o que em contraste à compreensão "estática", envolve o constante desenvolvimento cooperativo de valores e interesses. Em suas palavras:

"Podemos entender que, da diferenciação existente entre "coexistência" e "cooperação" nas relações e no direito internacional, o princípio segundo o qual "a lei em geral, e principalmente, a lei internacional é fundamentalmente um valor social estático" é totalmente inadequado para caracterizar a lei "cooperativa" internacional em desenvolvimento da organização internacional. Esta diferença é um incentivo aos valores e interesses da humanidade em luta pela obtenção de objetivos comuns. O direito internacional e, em especial, o direito da organização internacional, não se restringe hoje em dia ao desejo de consolidar a ordem vigente, mas constitui um agente de progresso e evolução. Seria quase um absurdo

---

[382] FINKELSTEIN, Cláudio. *A Organização Mundial do Comércio e a Integração Regional.* In Revista do Instituto de Pesquisas e Estudos – Divisão Jurídica nº 19 – de agosto a novembro de 1997 – Instituição Toledo de Ensino – Faculdade de Direito de Bauru. Bauru/SP, 1997, págs. 56 e 57.

caracterizar as leis e instituições em desenvolvimento nas Comunidades Européias, por exemplo, como valores sociais essencialmente "estáticos", ou como um instrumento para a preservação do status quo. O Erro subjacente desta concepção reside não somente na preocupação exclusiva com a predominância de conflitos de poder nacional, como também na concepção igualmente inadequada da função e das atribuições da lei"[383].

Nas palavras de Celso Lafer, após a alteração dos centros de polaridade até então existentes, decorrentes do pós Segunda Guerra Mundial, a regulamentação do comércio internacional assume relevância na resolução de eventuais disputas, inclusive reconhecendo serem administráveis por processos regionais de integração, a saber:

"se o sistema internacional se transformou e hoje se caracteriza por polaridades indefinidas, uma vez que os países não mais se dividem em blocos ideológicos Leste/Oeste, tendo igualmente diminuído os conflitos de concepção sobre a organização da ordem mundial que separavam, através da polaridade Norte/Sul, os países desenvolvidos e em desenvolvimento, isto não quer dizer que não existam vários e novos problemas políticos e de segurança, eventualmente administráveis por processos regionais de integração, que buscam a paz pelo comércio"[384].

Para interagirmos e transitarmos de forma tranquila nestes mares, devemos ter em mente a emergência de ações pró ativas lastreadas na necessidade e na mutabilidade do mundo em que vivemos. E este é o desafio que nos cabe. Nas palavras de Furtado,

"o desafio que se coloca no umbral do século XXI é nada menos do que mudar o curso da civilização, deslocar o seu eixo da lógica dos meios a serviço da acumulação num certo horizonte de tempo para uma lógica dos fins em função do bem-estar social, do exercício da liberdade e da cooperação entre os povos"[385].

E neste contexto surge o Mercosul.

O Mercado Comum do Sul – Mercosul – foi formado pela República Argentina, pela República Federativa do Brasil, pela República do Paraguai e pela República Oriental do Uruguai, mediante a assinatura, em 26 de março de 1991, do

---

[383] FRIEDMANN, Wolfgang, *Mudança da Estrutura do Direito Internacional*. Tradução A. S. Araújo, Rio de Janeiro: Livraria Freitas Bastos S.A., 1971, pág. 50.

[384] LAFER, Celso. *A OMC e a regulamentação do comércio internacional: uma visão brasileira*. Porto Alegre: Livraria do Advogado, 1998, págs. 52 e 53.

[385] FURTADO, Celso. *O Capitalismo Global*. 7ª ed. – São Paulo: Ed. Paz e Terra, 2007, pág. 64.

A INTEGRAÇÃO E COOPERAÇÃO ECONÔMICA E IMPLICAÇÕES CONCORRENCIAIS

Tratado de Assunção[386], fundado na reciprocidade de direitos e obrigações entre os Estados-Partes, e com o sério compromisso de harmonizar suas legislações internas com vistas a fortalecer o processo de integração.

No preâmbulo do Tratado de Assunção[387], as partes signatárias estabeleceram e esculpiram princípios e conceitos norteadores de suas ações e manifestações, visando o fomento e crescimento do bloco regional, buscando a ampliação das dimensões dos respectivos mercados nacionais por meio da integração[388], aproveitando de forma mais eficaz os *"recursos disponíveis, a preservação do meio ambiente, o melhoramento das interconexões físicas, a coordenação de políticas macroeconômicas e a complementação dos diferentes setores da economia, com base nos princípios de gradualidade, flexibilidade e equilíbrio"*[389].

E na esteira dos acontecimentos globais, em meio ao início da década de 1990 permeada por movimentos internacionais pró Consenso de Washington, ou seja, fortemente carregados por influência neoliberal, os Estados-Partes reconhecem, na assinatura do Tratado de Assunção, *"a evolução dos acontecimentos internacionais, em especial a consolidação de grandes espaços econômicos, e a importância de lograr uma adequada inserção internacional para seus países"*[390], afirmando taxativamente o

---

[386] Tratado de Assunção – Tratado de Constituição de um Mercado Comum firmado entre a República Argentina, a República Federativa do Brasil, a República do Paraguai e a República Oriental do Uruguai. Disponível em http://www.mercosur.int/innovaportal/file/655/1/CMC_1991_TRATADO_ES_Asuncion.pdf. Acesso em 10/10/2009.

[387] Tratado de Assunção – Preâmbulo: *"A República Argentina, a República Federativa do Brasil, a República do Paraguai e a República Oriental do Uruguai, doravante denominados "Estados Partes"; Considerando que a ampliação das atuais dimensões de seus mercados nacionais, através da integração, constitui condição fundamental para acelerar seus processos de desenvolvimento econômico com justiça social; Entendendo que esse objetivo deve ser alcançado mediante o aproveitamento mais eficaz dos recursos disponíveis, a preservação do meio ambiente, o melhoramento das interconexões físicas, a coordenação de políticas macroeconômicas e a complementação dos diferentes setores da economia, com base nos princípios de gradualidade, flexibilidade e equilíbrio; Tendo em conta a evolução dos acontecimentos internacionais, em especial a consolidação de grandes espaços econômicos, e a importância de lograr uma adequada inserção internacional para seus países; Expressando que este processo de integração constitui uma resposta adequada a tais acontecimentos; Conscientes de que o presente Tratado deve ser considerado como um novo avanço no esforço tendente ao desenvolvimento progressivo da integração da América Latina, conforme o objetivo do Tratado de Montevidéu de 1980; Convencidos da necessidade de promover o desenvolvimento científico e tecnológico dos Estados Partes e de modernizar suas economias para ampliar a oferta e a qualidade dos bens de serviço disponíveis, a fim de melhorar as condições de vida de seus habitantes; Reafirmando sua vontade política de deixar estabelecidas as bases para uma união cada vez mais estreita entre seus povos, com a finalidade de alcançar os objetivos supramencionados Acordam: ..."*. (grifos nossos).

[388] Reconhecendo, ainda, tal fator como condição fundamental para acelerar seus processos de desenvolvimento econômico com justiça social.

[389] Tratado de Assunção. Acesso em 10/10/2009.

[390] Tratado de Assunção. Acesso em 10/10/2009.

DEFESA NA CONCORRÊNCIA NO MERCOSUL

entendimento de que o processo de integração a ser desenvolvido pelo Mercosul é resposta adequada a tais acontecimentos.

O caminho para tornar efetivamente o Mercosul em uma Organização Internacional de Integração e Cooperação Econômica, com vistas a fomentar o comércio internacional, diretamente para o desenvolvimento das economias locais e regionais, e indiretamente para a crescimento do comércio internacional em sua esfera global, acaba por ganhar evidência e relevância, do ponto de vista de agentes internacionais, quando é reconhecida por atribuição a personalidade jurídica do Mercosul por meio do Protocolo de Ouro Preto – Protocolo adicional ao Tratado de Assunção sobre a Estrutura Institucional do Mercosul. Nos termos do Artigo 34 do Protocolo de Outo Preto, o Mercosul passaria, a partir daquele momento, a ter personalidade jurídica de Direito Internacional[391].

Nesta esteira, no tocante à defesa da concorrência, o Mercosul reforça a pretensão de efetivamente consolidar-se como uma Organização Internacional de Integração e Cooperação Econômica. A preocupação com o Comércio Internacional e a Defesa da Concorrência é evidenciada, quando da assinatura do Protocolo de Fortaleza – Protocolo de Defesa da Concorrência do Mercosul. Como indicado na primeira parte de nosso trabalho, no preâmbulo do Protocolo[392] as partes signatárias já buscavam estabelecer e pontuar princípios e conceitos norteadores de suas ações e manifestações, reconhecendo a importância de se assegurar condições adequadas de concorrência dada a livre circulação de bens e serviços entre os Estados-Partes, bem como de se assegurar iguais condições

---

[391] Protocolo de Ouro Preto – Protocolo adicional ao Tratado de Assunção sobre a Estrutura Institucional do Mercosul. Disponível em http://www.mercosur.int/innovaportal/file/655/1/CMC_1994_PROTOCOLO%20OURO%20PRETO_ES.pdf . Acesso em 16/09/2009.

[392] Protocolo de Fortaleza – Preâmbulo: *"A República Argentina, a República Federativa do Brasil, a República do Paraguai e a República Oriental do Uruguai, doravante denominados Estados Partes, considerando: que a livre circulação de bens e serviços entre os Estados Partes torna imprescindível assegurar condições adequadas de concorrência, capazes de contribuir para a consolidação da União Aduaneira; que os Estados Partes devem assegurar ao exercício das atividades econômicas em seus territórios iguais condições de livre concorrência; que o crescimento equilibrado e harmônico das relações comerciais intrazonais, assim como o aumento da competitividade das empresas estabelecidas nos Estados Partes, dependerão em grande medida da consolidação de um ambiente concorrencial no espaço integrado do MERCOSUL; a necessidade urgente de se estabelecerem as diretrizes que orientarão os Estados Partes e as empresas neles sediadas na defesa da concorrência no MERCOSUL como instrumento capaz de assegurar o livre acesso ao mercado e a distribuição equilibrada dos benefícios do processo de integração econômica, Acordam ..".* (grifos nossos). Protocolo de Fortaleza – Protocolo de Defesa da Concorrência do Mercosul firmado entre a República Argentina, a República Federativa do Brasil, a República do Paraguai e a República Oriental do Uruguai. Disponível em http://www.mre.gov.py/dependencias/tratados/mercosur/registro%20mercosur/Acuerdos/1996/portugues/19%20Protocolo%20de%20Defensa%20de%20la%20Competencia%20del%20MERCOSUR.pdf . Acesso em 10/10/2009.

A INTEGRAÇÃO E COOPERAÇÃO ECONÔMICA E IMPLICAÇÕES CONCORRENCIAIS

de livre concorrência ao exercício das atividades econômicas nos territórios de cada membro do Mercosul.

Os Estados reconheceram e entenderam a necessidade de criação de um espaço e de um marco regulatório composto por diretrizes capazes de orientar os Estados-Partes e os agentes de mercado para a importância da defesa da concorrência no Mercosul, por julgarem-na um *"instrumento capaz de assegurar o livre acesso ao mercado e a distribuição equilibrada dos benefícios do processo de integração econômica"*[393].

7.4. Implicações Concorrenciais em um Processo de Integração Regional

Com a liberalização do comércio internacional, impulsionada pelo pensamento neoliberal, os mercados não preparados ou sem condições de competição no plano externo mostraram-se vulneráveis, sendo passíveis de práticas anticompetitivas, cujo alcance é global. Tais práticas, além de afigurarem-se como prejudiciais ao fluxo dos negócios globais, comprometem o desenvolvimento econômico e a livre concorrência.

Como decorrência da instituição e aprofundamento de processos de integração econômica regional surgem questões que impactam na regulação da concorrência. Isto porque é verificada não somente uma coexistência de Estados independentes e soberanos, mas também um aumento no inter-relacionamento entre eles, com possível desenvolvimento ou alargamento da interdependência. As fronteiras passam a ser mais permeáveis, reduzindo a clareza da separação entre o interno e o externo.

Segue o desenvolvimento da integração praticamente exigindo uma maior cooperação e coordenação dos Estados-Partes, para a efetiva instituição do livre comércio intrazona, com a alocação de uma Tarifa Externa Comum. Destaca-se o objetivo instituído na gênese do Mercosul de constituição de um ambicioso projeto de um Mercado Comum.

Com isso surgem problemas, por um lado, de conflitos de interesse, dada a necessária e gradativa mútua concessão, e por outro, de tendência dos membros do bloco ao menor sinal de crise, adotarem medidas visando a proteção de seus mercados internos, em um primeiro momento. Isto naturalmente interfere, causa atrasos e atritos entre os participantes, considerando a usual implementação unilateral de tais medidas.

Mas é necessário o aprofundamento das normas de mútua colaboração e das regras instituídas nas mais diversas instâncias do conhecido organograma do

---

[393] Protocolo de Fortaleza. Acesso em 10/10/2009.

DEFESA NA CONCORRÊNCIA NO MERCOSUL

Mercosul[394]. Este marco evolutivo acaba por exigir igualmente maiores e melhores mecanismos e instituições para o fomento da intermediação e mediação de conflitos, assim como outras questões que venham a ser apresentadas.

Problemas sistêmicos, órgãos normativos, e até a própria discussão e implantação do Parlamento do Mercosul acabam por suscitar maiores debates e maior planejamento estratégico na implementação do processo de integração regional. Verificamos isso, inclusive, já atualmente refletido nos normativos do Mercosul, a exemplo da decisão MERCOSUL/CMC/DEC. Nº 06/07, que visa tratar da superação das assimetrias do Mercosul, ao afirmar, em seu preâmbulo, que o bloco *"está comprometido com a adoção de mecanismos que permitam a Paraguai e Uruguai superar as assimetrias estruturais e de políticas públicas que limitam o aproveitamento das oportunidades geradas pelo processo"*[395]. Inclusive, na decisão MERCOSUL/CMC/DEC. Nº 27/07, que segue no aprofundamento da superação das assimetrias, fomenta maior agilidade e relacionamento colaborativo dos Estados-Partes, ao determinar que eles *"poderão celebrar consultas bilaterais para negociar soluções que permitam superar as dificuldades identificadas"*[396].

Se por um lado a liberalização comercial fomenta o fluxo negocial entre as fronteiras dos Estados-Partes, por outro é importante que o bloco econômico mantenha níveis ótimos de monitoramento das práticas comerciais e do referido fluxo visando coibir ou punir agentes que adotem medidas ou posturas prejudiciais. Nestes termos, a regulação da concorrência em um processo de integração regional é importante *"por su futura implicancia en el desarrollo comercial de la región, y la libre competencia es fundamental en una economía de mercado tanto como saber medir y castigar los abusos de posición dominante"*[397].

Desta feita, pode-se sustentar que para o desenvolvimento e aprofundamento do processo de integração regional é importante que sejam pensadas as implicações sobre concorrências existentes e inerentes a este processo. No caso do Mercosul, o marco inicial efetivo será dado com a aprovação do Protocolo de Defesa da Concorrência no Mercosul. Neste sentido, *"el crecimiento equilibrado y armónico*

---

[394] Neste ponto, indicamos a possibilidade de consulta ao mesmo, acostado ao final do presente trabalho.

[395] Decisão MERCOSUL/CMC/DEC. Nº 06/07. Disponível em http://200.40.51.218/SAM%5CGestDoc%5CPubWeb.nsf/05CD135AD00DCD3A032576F100052570/$File/DEC_006-2007_PT_Supera%E2%80%A1%C3%86oAssimetrias.pdf Acesso em 02/03/2010.

[396] Decisão MERCOSUL/CMC/DEC. Nº 27/07. Disponível em http://www.mercosur.int/msweb/SM/Actas%20TEMPORARIAS/CMC/ACTA%202-07%20FINAL/ANEXOS/Anexo%20II%20Decisones%20aprobadas/DEC-027-07_PT_Restricciones%20no%20arancelarias.pdf. Acesso em 02/03/2010.

[397] PASCAR, Norma A. *Protocolo de Defesa de la Competencia en el Mercosur. La experiência Europea. In* Economia Globalizada Y Mercosur. Ada Lattuca e Miguel A. Ciuro Caldani (coordenadores). Argentina, Buenos Aires: Ediciones Ciudad Argentina, 1998, pág. 118.

A INTEGRAÇÃO E COOPERAÇÃO ECONÔMICA E IMPLICAÇÕES CONCORRENCIAIS

de las relaciones comerciales intrazona, y el aumento de la competitividad de las empresas dentro de los Estados parte, depende de la consolidación de un ambiente competitivo en el espacio integrado"[398]. Em outras palavras, o ambiente competitivo deve ser preservado para que outros aspectos e razões do processo de integração possam ser também desenvolvidos.

E nesta esteira, tem-se como importante para o aprofundamento do processo de integração regional a efetiva instituição de políticas e regulação da defesa da concorrência, pois práticas não ótimas e que devem ser reprimidas, dado o marco regulatório, acabam por interferir e afetar diretamente o comércio internacional, seja internamente no bloco, seja extrazona.

7.5. Considerações sobre a Aplicação Regional da Defesa da Concorrência

Ao pensarmos a aplicação regional das normas de defesa da concorrência, é importante, primeiramente, observar a base jurídica que será utilizada para validar e aplicar o direito em cada caso concreto. Assim, deve ser verificada a vigência e a consequente aplicabilidade das normativas do Mercosul ao ordenamento jurídico interno de cada um dos Estados-Partes.

As normas emanadas por um Bloco Econômico, usualmente, apresentam três características básicas relacionadas à vigência e aplicação de normas, a saber, a harmonização, a uniformização, e a unificação[399]. Dados os diversos estágios evolutivos e estruturais dos processos integracionistas ao redor do globo, estas três características podem se apresentar de forma imediata ou gradual, bem como por meio de alternativas encontradas. Ainda que a norma não tenha aplicabilidade direta e imediata, pode a aplicação decorrer de efetiva vontade dos Estados-Partes, em função do comprometimento com a integração regional.

A problemática envolvendo o Direito Comunitário e sua aplicação relacionada aos sujeitos, frente ao Direito Internacional Clássico, nos é destacada por Cláudio Finkelstein: *"De acordo com o Direito Internacional Clássico, os Tratados são acordos que criam obrigações mútuas entre os Estados Contratantes. Não criam direitos exigíveis por particulares. Do mesmo modo, os Estados e não os particulares são os tradicio-*

---

[398] SAN MARTINO, Laura Dromi. *El Mercosur Y el Derecho Internacional del Comercio. IN* Economia Globalizada Y Mercosur. Ada Lattuca e Miguel ª Ciuro Caldani (coordenadores). Argenina, Buenos Aires: Ediciones Ciudad Argentina, 1998, pág. 155.

[399] De forma breve, para um processo de integração regional, podemos assim defini-las: (i) harmonização implica na compatibilização das normas jurídicas dos países, sem a necessidade de igualdade; (ii).uniformização implica um avanço e uma efetiva similaridade entre as normas dos países, pois decorrem das mesmas diretivas regional; e (iii) unificação determina que as normas dos países são absolutamente iguais em razão de determinada matéria, oriunda do plano regional..

nais sujeitos do Direito Internacional"[400]. Segundo Finkelstein, ainda que não professando a autoaplicação, aponta que o Direito Comunitário congrega *"matéria autônoma, subordinada a princípios derivados do Direito Internacional Público, influenciado por princípios derivados do Direito Internacional Privado, Direito Comercial e Direito Administrativo, entre outros"*[401].

Contudo, o Direito Comunitário do Mercosul, assim como da União Europeia, cria direitos exigíveis por particulares, e considera os mesmos sujeitos de direito. Veremos esta questão de forma pontual ao analisarmos a Aplicação Regional da Lei Antitruste. De toda sorte, a título exemplificativo, podemos nomear uma norma que, dentre outras tantas tem como comando direto a regulação direta da atividade dos particulares. Trata-se da decisão MERCOSUL/CCM/DIR. Nº 01/03, que aprova o "Regulamento do Protocolo de Defesa da Concorrência do MERCOSUL". Tal norma tem como espectro de atuação o universo privado dos particulares, que usualmente não seriam considerados como sujeitos de Direito Internacional, restando, portanto, imperativa a aplicação do Direito Comunitário do Mercosul.

Poderíamos aqui enumerar diversas outras normas comunitárias que criam canais diretos e exigíveis entre o Ente internacional Mercosul e a esfera privada da sociedade civil. Acorre-nos importante lembrar uma decisão pontual que, assim como todas aquelas relacionadas a documentos, o trânsito pelas fronteiras dos Estados-Partes impacta a criação de direitos exigíveis por e dos particulares. Trata-se da decisão MERCOSUR/CMC/DEC. Nº 1/98, que regulamento o uso do nome, sigla, emblema do Mercosul. Vejamos o disposto no art. 4º:

"Art. 4 – Las asociaciones civiles sin fines de lucro que estén integradas por personas físicas o jurídicas de todos los Estados Partes, que desarrollen actividades compatibles con los propósitos y principios del MERCOSUR, podrán usar el nombre y sigla cuando éstos formen parte integrante de una expresión más amplia. Las personas físicas y jurídicas deberán tener residencia habitual o sede de sus actividades, según corresponda, en alguno de los Estados Partes"[402].

Citamos, ainda, uma norma que interessa-nos direta e profundamente para o presente estudo. Segundo a decisão MERCOSUL/CMC/DEC. Nº 18/96[403], que

---

[400] FINKELSTEIN, Cláudio. *O Processo de Formação de Mercados de Blocos*. São Paulo: IOB – Thomson, 2003, pág. 104 .

[401] FINKELSTEIN, Cláudio. *op. cit.*, pág. 145.

[402] MERCOSUR/CMC/DEC. Nº 1/98. Disponível em http://www.mercosur.int/msweb/Normas/normas_web/Decisiones/ES/Dec_001_098_Rglto-Nombre_Sigla_Emb-Logotipo_MCS_Acta%20 1_98.PDF. Acesso em 22/10/2009.

[403] MERCOSUL/CMC/DEC. Nº 18/96 – Protocolo de Defesa da Concorrência no Mercosul. Disponível em http://www.mre.gov.py/dependencias/tratados/mercosur/registro%20mercosur/

aprovou e instituiu o Protocolo de Defesa da Concorrência no Mercosul, firmado em Fortaleza, 17 de dezembro de 1996. Referida normativa, expressa e diretamente aponta, no artigo 2º do Protocolo, para a aplicação de seus dispositivos aos atos praticados por pessoas físicas ou jurídicas de direito público ou privado ou outras entidades que tenham por objeto produzir ou que produzam efeitos sobre a concorrência no âmbito do Mercosul. Eis a redação do referido artigo.

"Art 2º As regras deste Protocolo aplicam-se aos atos praticados por pessoas físicas ou jurídicas de direito público ou privado ou outras entidades que tenham por objeto produzir ou que produzam efeitos sobre a concorrência no âmbito do MERCOSUL e que afetem o comércio entre os Estados Partes"

Não obstante, foi interesse dos Estados signatários do PDC que ao direito interno também devessem ser instituídas normas visando assegurar a concorrência e a livre concorrência. Segundo San Martino, o *"Protocolo de Defesa de la Competencia del Mercosur considera que los Estados parte deben asegurar, en el ejercicio de las actividades económicas desarrolladas en sus territorios, iguales condiciones de libre competencia"*[404]. Nos termos fixados no preâmbulo do PDC, este pleno exercício das atividades econômicas em condições de livre concorrência, poderia levar ao crescimento equilibrado e harmônico das relações comerciais, levando à consolidação de um ambiente concorrencial no espaço integrado do Mercosul.

Outros tantos casos poderiam ser colados aqui, para justificar nosso entendimento de que, mesmo que ausente uma entidade supranacional, independente e autônoma, com faculdades próprias e de cujas normativas todos os Estados-Partes do bloco de integração econômica regional devem respeitar incondicionalmente, as relações do Mercosul para com seus membros são regidas por normas de Direito Comunitário[405].

Lembramos, inclusive, que os estágios e a evolução dos processos de integração podem envolver etapas não relacionadas, bem como de níveis de aprofundamento e institucionalização diversos. Segundo Finkelstein:

"integração independe da forma de administração das instituições comunitárias. O grau de integração é que depende da forma de administração. As instituições supranacionais favorecem a rápida e uniforme integração enquanto, por vezes, a intergovernabilidade pode travar um processo integracionista. A administração intergovernamental é característica das primeiras fases de integração, tal qual as áreas de livre comércio e uniões adua-

---

Acuerdos/1996/portugues/19%20Protocolo%20de%20Defensa%20de%20la%20Competencia%20 del%20MERCOSUR.pdf. Acesso em 14/10/2009.

[404] SAN MARTINO, Laura Dromi. *op. cit.*, pág. 158.

[405] Destacamos entendimentos contrários, dentre eles VENTURA, Deisy. *As Assimetrias entre o Mercosul e a União Européia – os desafios de uma associação inter-regional*. Barueri, SP: Manole, 2003.

neiras, enquanto o supranacional é característico dos mercados que ampliaram seu processo integracionista incluindo áreas outras que a economia, nas quais o processo de integração já se encontra em estágio avançado, englobando também áreas sociais e macroeconômicas"[406].

A aplicação regional da defesa da concorrência, não obstante a discussão acerca das normas antitruste serem ou não instrumentos de implementação de políticas públicas – aliás um tema que será contemplado no próximo capítulo – envolve, portanto, a administração das instituições comunitárias e também a defesa do mercado considerado, em função da sua importância tanto para a manutenção de empregos e circulação de riquezas, quanto para o crescimento e desenvolvimento econômico. O tema chega a tamanha relevância que Forgioni afirma que a *"União Europeia, tal como hoje existe, não teria sido alcançada sem a implementação de política concorrencial consistente"*[407].

Ora, não por outra razão, mesmo considerando possibilidades diversas da realidade evolutiva do Mercosul, o PDC reconhece como urgente a necessidade de estabelecimento de diretrizes visando nortear e orientar os Estados-Partes, assim como os agentes econômicos estabelecidos em algum deles, ou mesmo em vários países, no sentido de fixação de um marco regulatório para a defesa da concorrência no Mercosul. Isto se dá, especialmente, em virtude do reconhecimento pelos signatários do Tratado de que a defesa da concorrência é instrumento capaz de assegurar o livre acesso ao mercado e a distribuição equilibrada dos benefícios do processo de integração econômica[408].

7.6. Possíveis Razões para a Estagnação da Regulação do Antitruste no Mercosul

Basicamente identificamos duas hipóteses que apontam para possíveis razões para a estagnação da regulação do antitruste no Mercosul durante a vigência do Protocolo de Fortaleza. Isto porque desde a assinatura do "Protocolo de Defesa da Concorrência no Mercosul – Protocolo de Fortaleza", de 17/12/1996, pouquíssimo avanço foi identificado em muitos anos de vigência. Apesar do PDC ter sido ratificado por alguns Estados-Partes do Mercosul[409] (Brasil ratificou por meio do Decreto nº 3.602, de 18/9/2000), o pouco avanço identificado até 2004 pode ter

---

[406] FINKELSTEIN, Cláudio. *op. cit.*, pág. 48.

[407] FORGIONI, Paula Andrea. *Os Fundamentos do Antitruste*. 3ª edição. São Paulo: Editora Revista dos Tribunais, 2008, pág. 93.

[408] MERCOSUL/CMC/DEC. Nº 18/96 – Protocolo de Defesa da Concorrência no Mercosul. Disponível em http://www.mre.gov.py/dependencias/tratados/mercosur/registro%20mercosur/Acuerdos/1996/portugues/19%20Protocolo%20de%20Defensa%20de%20la%20Competencia%20del%20MERCOSUR.pdf. Acesso em 14/10/2009.

[409] Vide QUADRO 1 – ESTADO DE RATIFICAÇÕES E VIGÊNCIAS.

A INTEGRAÇÃO E COOPERAÇÃO ECONÔMICA E IMPLICAÇÕES CONCORRENCIAIS

sido consequência de divergências políticas, ou de dificuldades de implantação, e ainda, de questões de conjuntura, em função de crises econômicas mundiais, que naturalmente repercutiram direta e indiretamente na América Latina, tais como a crise Asiática (1997) que atingiu também Rússia e Brasil (1998), culminando com a crise do subprime (2007).

Ademais, pontos de convergência e divergência política marcaram o período compreendido entre 1996 e o recente desenvolvimento de novo marco regulatório da defesa da concorrência, incluindo-se também diferentes ideologias dos formuladores de políticas da região. Ou seja, o Mercosul era percebido de forma diversa por seus membros (não que até o presente tenha sido alterado este quadro), muito por razões externas dado o ambiente nada estável no período. Muito da crítica feita à implantação e regulação do Protocolo de Fortaleza refere-se, com fundamentos, ao problema da harmonização de regras, critérios, instituições e condições regionais de concorrência[410].

As premissas foram muito bem fixadas quando da redação do Protocolo de Fortaleza, mas estas não encontraram, até um passado recente, forças e vontades político-sociais para o desenvolvimento. Lembramos que a decisão MERCOSUL/ /CMC/DEC. nº 18/96, que instituiu o Protocolo de Defesa da Concorrência no Mercosul, já previa que depende da consolidação de um ambiente concorrencial no espaço integrado do Mercosul para que seja perseguido o crescimento equilibrado e harmônico das relações comerciais intrazonais, assim como o aumento da competitividade das empresas estabelecidas nos Estados Partes[411]. Como identificado por Ana Maria Stuart, as instituições são importantes, mas não suficientes para garantir os interesses e os valores democráticos, devendo ser fomentado e adensado o processo decisório, com a incorporação de representantes regionais e locais para que os objetivos possam ser perseguidos e seus resultados otimizados[412].

Por fim, uma possível razão para a estagnação da regulação do antitruste no Mercosul envolve a própria estrutura do Protocolo de Fortaleza, considerando que ela tenha sido demasiadamente complexa em um ambiente não preparado para tal (à época, dois dos quatro membros do Mercosul sequer tinham legisla-

---

[410] Para um mapeamento da questão, vide: FLÔRES JR, Renato G. *Concorrência no Mercosul: Para além do Protocolo de Fortaleza.* Disponível em http://virtualbib.fgv.br/dspace/bitstream/handle/10438/572/1257.pdf?sequence=1 . Acesso em 02 de março de 2010.

[411] MERCOSUL/CMC/DEC. Nº 18/96 – Protocolo de Defesa da Concorrência no Mercosul. Disponível em http://www.mre.gov.py/dependencias/tratados/mercosur/registro%20mercosur/ Acuerdos/1996/portugues/19%20Protocolo%20de%20Defensa%20de%20la%20Competencia%20 del%20MERCOSUR.pdf. Acesso em 14/10/2009.

[412] STUART, Ana Maria. *Regionalismo e Democracia: uma construção possível.* In CEBRI Tese. Rio de Janeiro: Centro Brasileiro de Relações Internacionais, 2003, pág. 8. Disponível em http://www. cebri.org.br/pdf/213_PDF.pdf . Acesso em 13 de julho de 2009.

ções internas de defesa da concorrência). Este modelo e esta estrutura já foi estudado, analisado e criticado por diversos autores e acadêmicos que se debruçaram sobre a questão, sendo que apontamos ao leitor dois trabalhos em particular, a saber, de Ricardo Thomazinho Cunha [413] e de Leonardo Arquimimo de Carvalho Carvalho[414]. Inclusive, na sequência da pesquisa realizada por Carvalho, transcrevemos no Quadro 4 abaixo fluxograma idealizado pelo autor para demonstrar o modelo pensado e estruturado pelo Protocolo de Fortaleza.

Com relação ainda ao Protocolo de Fortaleza, nos parece que o Art. 3 criava uma alternativa perigosa, com a qual não concordamos e que interfere diretamente em nosso objeto de pesquisa. Isto porque deixa a cada Estado-Parte o julgamento daqueles atos cujos efeitos sobre a concorrência só a ele se restrinjam[415]. Segundo Flôres Jr., seria possível identificar determinadas situações legítimas nas quais o mercado relevante seria efetivamente o nacional, mas que poderiam afetar o comércio entre os países do Mercosul[416].

Não obstante esta visível estagnação da regulação do antitruste no MERCOSUL, o novo Acordo de Defesa da Concorrência do Mercosul trazido pela decisão MERCOSUL/CMC/DEC. Nº 43/10 chega em boa hora, para possibilitar que as autoridades nacionais de cada país possa desenvolver marcos de cooperação técnica e institucional. A norma pode fomentar o desenvolvimento de nova cultura e novas ferramentas para superar seus entraves políticos e culturais. Uma nova regulação que reduza as barreiras estruturais e organizacionais certamente deve ser muito bem vinda.

E estas possibilidades abertas nos guiarão pelos próximos dois capítulos desta obra.

---

[413] CUNHA, Ricardo Thomazinho. *Direito de Defesa da Concorrência: Mercosul e União Européia*. Barueri, SP: Manole, 2003.

[414] CARVALHO, Leonardo Arquimimo de. *Direito Antitruste & Relações Internacionais – Extraterritorialidade e Cooperação*. Curitiba: Juruá, 2001.

[415] MERCOSUL/CMC/DEC. Nº 18/96 – Protocolo de Defesa da Concorrência no Mercosul. *"Art. 3º É da competência exclusiva de cada Estado Parte a regulação dos atos praticados no respectivo território por pessoa física ou jurídica de direito público ou privado ou outra entidade nele domiciliada e cujos efeitos sobre a concorrência a ele se restrinjam"*. Disponível em http://www.mre.gov.py/dependencias/tratados/mercosur/registro%20mercosur/Acuerdos/1996/portugues/19%20Protocolo%20de%20Defesa%20de%20la%20Competencia%20del%20MERCOSUR.pdf. Acesso em 14/10/2009.

[416] Segundo o Renato Flôres, dois básicos exemplos poderiam ser apontados: *"i) um ato de concentração permissível a nível nacional que, no entanto, criaria um monopólio exportador a outros países membros, monopólio esse que poderia ter uma posição dominante nesses mercados; e ii) operações de venda casada, ou de algum tipo de controle distorcido de canais de distribuição ou pontos de venda, descontinuadas a nível nacional porém mantidas em práticas de exportação"*. FLÔRES JR, Renato G. *Concorrência no Mercosul: Para além do Protocolo de Fortaleza*. Disponível em http://virtualbib.fgv.br/dspace/bitstream/handle/10438/572/1257.pdf?sequence=1. Acesso em 02 de março de 2010.

A INTEGRAÇÃO E COOPERAÇÃO ECONÔMICA E IMPLICAÇÕES CONCORRENCIAIS

QUADRO 4
Procedimento de aplicação do decreto 3.602/00 protocolo de defesa da concorrência do mercosul*

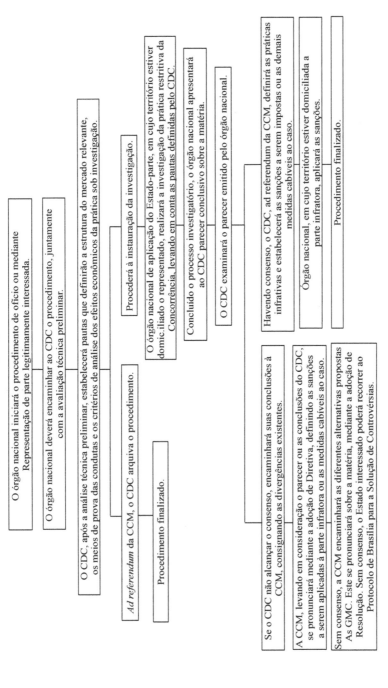

* Elaborado por Leonardo Arquimimo de Carvalho. *In Direito Antitruste & Relações Internacionais – Extraterritorialidade e Cooperação.* Curitiba: Juruá, 2001, pág. 204.

Capítulo 8
A defesa da concorrência

Neste Capítulo, pretendemos desenvolver conceitos jurídicos e econômicos, diretamente ligados à defesa da concorrência e sua regulação, primeiramente sob a ótica teórica para depois adentrar na questão da regulação antitruste nas experiências nacionais. O estudo deve percorrer as premissas, justificativas e os objetivos para a defesa da concorrência, dentre outros elementos relevantes para nossa análise, para adentrar e buscar compreender o papel das organizações internacionais de integração e cooperação econômica frente aos mercados internacionais.

Com tal instrumental, devemos verificar a experiência integracionista do Mercosul, primeiramente com o intuito de apontar a existência ou não de regulação da defesa da concorrência no ordenamento jurídico interno dos Estados-Partes do bloco, na tentativa de compreender o atual marco regulatório e o "Estado da Arte" do antitruste no Mercosul.

Por fim, pretendemos trazer ao presente trabalho algumas considerações sobre a aplicação da lei antitruste, segundo as normas internas dos Estados-Partes do Mercosul, assim como para a regulação trazida pelo Protocolo de Fortaleza.

8.1. Premissas, Justificativas e Objetivos da Defesa da Concorrência
A – Premissas e Justificativas

Como já destacamos em momento anterior, a velocidade e a massificação dos efeitos da ampliação do comércio internacional e da globalização propriamente dita são hoje intensas o suficiente para em curtíssimo espaço de tempo atravessar o planeta, causando devastação ou trazendo bonança, dependendo da natureza do evento.

Quando nos referimos a mercado, para efeito da análise antitruste, devemos considerar que é o "*lugar em que atuam os agentes da atividade econômica, e em que se encontram a oferta e a demanda de bens e em que, consequentemente, se determinam o preço e as quantidades"*[417]. Este conceito de mercado deve, necessariamente, considerar uma base aumentada quanto ao que é demandado, ou seja, deve considerar produtos finais e serviços, e também, insumos e fatores de produção, para que seja constituído o cenário no qual deverão ser negociados e determinados os preços, dada uma certa demanda[418]. Na definição de Garófalo, mercado é:

> *"o conjunto de pontos de contato (ou o evento de reunir ou colocar juntos) entre vendedores de um bem (produto final ou insumo) ou prestadores de serviço e os potenciais compradores desse bem ou os usuários de tal serviço, de modo a serem estabelecidas as condições contratuais de venda e compra ou da prestação e uso do serviço, bem como concretizados os negócios resultantes do acordo"*[419].

O mercado deve, ainda, ser compreendido como instituição jurídica, e como tal, é uma criação social não espontânea[420], tendo o Estado moderno normatizado e positivado regras e normas de conduta, que na história do pensamento econômico inclui períodos de menor e maior intervencionismo keynesiano, e períodos fortemente influenciados pelo pensamento liberal, a chamada intervenção do Estado no domínio econômico[421]. Segundo Eros Grau, o mercado:

> *"deve ser compreendido, qual observava Avelãs Nunes, como "uma instituição social, um produto da histórica, uma criação histórica da humanidade (correspondente a determinadas circunstâncias econômicas, sociais, políticas e ideológicas), que veio servir (e serve) os interesses de uns (mas não os interesses de todos), uma instituição política destinada a regular e manter determinadas estruturas de poder que asseguram a prevalência dos interesses de certos grupos sobre os interesses de outros grupos sociais". Neste sentido, tanto o*

---

[417] FONSECA, João Bosco Leopoldino da. *Lei de Proteção da Concorrência: (comentários à legislação antitruste.* 2ª ed.. Rio de Janeiro: Forense, 2001, pág. 01.

[418] GARÓFALO, Gílson de Lima. *Estruturas de Mercado. IN* Manual de Introdução à Economia. Diva Benevides Pinho e Marco Antonio Sandoval de Vasconcelos ; Amaury Patrick Gramaud ... [et al.] – São Paulo: Saraiva, 2006, pág. 180.

[419] GARÓFALO, Gílson de Lima. *op. cit.,* pág. 180.

[420] Para Eros Roberto Grau, o conceito de mercado não está limitado ao *locus: "Mercado deixa então de significar exclusivamente o lugar no qual são praticadas relações de troca, passando a expressar um projeto político, como princípio de organização social. Neste sentido, há autores, como Rosanvallon, que o tomam como representação da sociedade civil".* GRAU, Eros Roberto. *A Ordem Econômica na Constituição de 1988 (interpretação e crítica).* 10ª ed. rev. e atualizada. São Paulo: Malheiros Editores, 2005, págs. 35 e 36.

[421] Neste sentido, para uma leitura da evolução da histórica do pensamento econômico: PINHO, Diva Benevides. *A Ciência Econômica do Século XXI às suas origens. IN* Manual de Introdução à Economia. Diva Benevides Pinho e Marco Antonio Sandoval de Vasconcelos ; Amaury Patrick Gramaud ... [et al.] – São Paulo: Saraiva, 2006.

Estado como o mercado são espaços ocupados pelo poder social, entendido o poder político nada mais do que como uma certa forma daquele"[422].

No mercado, as trocas e a circulação são promovidas por agentes, tidos por agentes econômicos. Ou seja, no mercado *"situam-se os agentes que oferecem e os que demandam os bens produzidos e de que necessitam, situam-se os que entram com o seu trabalho para que haja a produção e circulação de bens"*[423]. Neste ponto, ao lado dos agentes econômicos que participam da oferta, temos ainda outros dois importantes agentes, a saber, o Estado e o universo de consumidores, sendo o Estado *"agente e regulador da atividade econômica"*[424], e os consumidores *"como destinatário e como finalidade e razão de ser da regulação da concorrência"*[425].

Os agentes de mercado, dado o reconhecimento ou a afirmação do modelo capitalista de economia de mercado, são cada vez mais móveis, alterando também o fluxo de capitais e mão de obra, dentre outros tantos impactos possíveis de serem atribuídos, impactando diretamente a cada vez mais complicada rede de influências, de poder e de governança global[426]. Fábio Nusdeo nos apresenta de forma pontal o fenômeno, a saber:

"Em vista destes e de outros fatores, assiste-se, desde meados da década de 80 no Primeiro Mundo e a partir dos primeiros anos de 90 na América Latina, a um processo de queda de barreiras e de liberalização geral do comércio exterior, não apenas no campo estritamente mercantil, mas igualmente no movimento de recursos financeiros, transferências de tecnologia, investimentos e outros. À medida que esta tendência se generalizada, e passa a abarcar um grande número de nações, ela ganha o nome de globalização, para significar que os critérios de eficiência na produção, na comercialização, nos investimentos, em toda a economia, enfim, são fixados em nível mundial e não mais nacional ou local. As empresas se transnacionalizam, perdendo as amarras ou vínculos com o país de onde se originam"[427].

---

[422] GRAU, Eros Roberto. *A Ordem Econômica na Constituição de 1988 (interpretação e crítica)*. 10ª ed. rev. e atualizada. São Paulo: Malheiros Editores, 2005, pág. 30.

[423] FONSECA, João Bosco Leopoldino da. *op. cit.*, pág. 02.

[424] FONSECA, João Bosco Leopoldino da. *ibidem*.

[425] FONSECA, João Bosco Leopoldino da. *ibidem*.

[426] A preocupação com o tema não é nova e não é recente. Em primeiro momento, a preocupação dos países em desenvolvimento focava-se, naturalmente, no comportamento e ação das empresas no plano global, as empresas transnacionais. Neste sentido, vale anotar interessante estudo de Ernesto Tironi sobre o comportamento de empresas e corporações transnacionais considerando os processos de integração existentes à época (1975). TIRONI B., Ernesto. *Aspectos técnicos del comportamiento de corporaciones transnacionales frente a un proceso de integración*. Revista de la Integración nº 19-20 – mayo-septiembre 1975, págs. 81 a 134.

[427] NUSDEO, Fábio. *op. cit.*, págs. 327 e 328.

Dado os movimentos globais, especialmente após a década de 1990, com a uma nova conjuntura mundial (queda da URSS e da bipolaridade mundial) e com os movimentos econômicos globais, as regiões passam a ter a possibilidade de assumir uma importante posição na busca pelo desenvolvimento econômico-social, pois as instituições do Estado parecem ainda estar voltadas para o "local" enquanto o poder cada vez mais se torna "global", vencendo e quebrando barreiras. Para tanto, é importante que a dinâmica regional, por meio do processo de integração, seja articulada e tenha por base ações voltadas para o efetivo desenvolvimento do sistema econômico, capaz de superar os problemas existentes[428].

Com as fronteiras sendo fragilizadas, e com o mercado global agindo de forma contínua, o "local" e o "global" deixam de [poder] ser pensados isoladamente ou com políticas distintas. Com a abertura ao mercado internacional, o desafio que se coloca, segundo Francisco Zapata, é "a convergência das condições de produção nacionais com as que prevalecem no resto do mundo, e em especial nos países industriais avançados. Aqui está o cerne da questão da competitividade e da adaptação à condições externas por parte dos aparelhos produtivos locais"[429]. Neste sentido, podemos compreender o desenvolvimento como objetivo em dois sentidos, a saber, no plano nacional/interno e no plano internacional, sendo o primeiro voltado para garantir condições melhores e efetivas para a população de cada Estado individualmente considerado, e o segundo, visando uma melhor e mais igualitária inserção dos países no plano internacional[430].

Podemos, também, afirmar que os processos de integração econômica regional representam uma possibilidade e uma estratégia visando contrapor os efeitos diretos da globalização sobre os mercados internos e locais, especialmente

---

[428] Neste sentido: "As disparidades regionais de renda são inerentes ao processo de desenvolvimento, pois desiguais são as histórias originárias, as dotações dos fatores determinantes do processo em diferentes países e regiões e as estruturas econômicas através das quais são plasmadas as desigualdades ao longo do tempo. Não é, entretanto, a existência de desigualdades entre regiões e países . e nem mesmo o atraso de uns em relação aos outros . o objeto maior de preocupação, mas, sim, a inexistência de uma dinâmica regional, de alguma forma articulada à trajetória de desenvolvimento do sistema econômico, capaz de superar o atraso. O atraso de uma região pode ser uma questão de posição relativa dentro de uma determinada trajetória, ao passo que a inexistência de uma dinâmica de crescimento significa a estagnação, isto é, a ausência de perspectivas de superação do atraso e, portanto, de desenvolvimento das gerações futuras". In ROSA, Joal de Azambuja; e PORTO, Rogério Ortiz. Desenvolvimento e disparidades regionais no Rio Grande do Sul: sugestões de linhas de programas para dinamização de regiões de menor desenvolvimento relativo. Alexandre Alves Porsse (coord.) Porto Alegre: FEE, 2008, pág. 27. Disponível em http://www.fee.tche.br/sitefee/pt/content/publicacoes/pg_desenvolvimento-e-disparidades-regionais.php. Acesso em 14/11/2009.

[429] ZAPATA, Francisco. op. cit., pág. 314.

[430] DOMINGUES, José Maurício. Regionalismos, Poder de Estado, e Desenvolvimento. Análise de Conjuntura OPSA nº 7 – junho de 2005. Disponível no website: http://observatorio.iuperj.br/artigos_resenhas/Analise_conjuntura_junho.pdf , Acesso em 27/11/2009, pág. 9.

A DEFESA DA CONCORRÊNCIA

de países em desenvolvimento ou de menor desenvolvimento relativo, em face das mudanças que ocorrem na economia global. Temos, então, que tais processos são formados em função do reflexo dos impactos desta internacionalização dos mercados, em razão dos intercâmbios cada vez mais intensos entre as economias, o que acaba gerando, inclusive, uma interligação e interpenetração dos mercados regionais.

As disparidades reconhecidas no plano econômico regional também contribuem para o aprofundamento de problemas sociais, em face na incapacidade de criar elementos e condições para a melhoria das condições de vida de grandes setores da população. Aprofunda-se o problema em função da reconhecida assimetria existente no plano do mercado internacional e globalizado. Como consequência, as ações individuais dos países parecem resultar insuficientes para promover seus desenvolvimento econômico e social interno, seja no plano coletivo, seja na esfera individual, acarretando o crescimento econômico desequilibrado (sem desenvolvimento efetivo do Estado), ou até, a sua estagnação.

Os processos de integração regional devem buscar a coordenação de políticas micro e macroeconômicas, com fulcro no fortalecimento do emprego e trabalho, do crescimento do PIB[431], da redução dos níveis de pobreza e da desigualdade social, fomentando as instituições democráticas e sociais. Esta coordenação envolve, muitas vezes, discussão de pontos e políticas sensíveis, especialmente quando consideramos países em desenvolvimento ou de menor desenvolvimento relativo. Não por outra razão, no caso do Mercosul, os Estados Partes reconhecem, já na conclusão do Tratado de Assunção, que *"a ampliação das atuais dimensões de seus mercados nacionais, através da integração, constitui condição fundamental para acelerar seus processos de desenvolvimento econômico com justiça social"*[432]. Em outras palavras, é evidente o reconhecimento por parte dos Estados envolvidos a exis-

---

[431] Segundo breve definição: *"Produto interno bruto: Bens e serviços produzidos no país descontadas as despesas com os insumos utilizados no processo de produção durante o ano. É a medida do total do valor adicionado bruto gerado por todas as atividades econômicas"*. Disponível em http://www.ibge.gov.br/home/ estatistica/indicadores/pib/pib-vol-val_200803_13.shtm. Acesso em 14/12/2009.
Outra definição, mais técnica:*"O Produto Interno Bruto – PIB é o Produto ou Valor Adicionado gerado no território econômico de um país ou região por residentes. A Renda gerada na produção ou Valor Adicionado é obtido por saldo entre o Valor da Produção e o Consumo Intermediário"*. IN SILVA, Antonio Braz de Oliveira e; CONSIDERA, Cláudio Monteiro; VALADÃO, Lucília de Fátima Rocha; e MEDINA, Mérida Herasme. *Texto para Discussão nº 424 – Produto Interno Bruto por Unidade da Federação*. Instituto de Pesquisa Econômica Aplicada – IPEA – Maio de 1996, pág. 04. Disponível em http://www.ipea.gov.br/pub/ td/1996/td_0424.pdf. Acesso em 14/12/2009.
[432] Tratado de Assunção – Tratado de Constituição de um Mercado Comum firmado entre a República Argentina, a República Federativa do Brasil, a República do Paraguai e a República Oriental do Uruguai. Disponível em http://www.mercosur.int/innovaportal/file/655/1/CMC_1991_TRATADO_ES_Asuncion.pdf. Acesso em 10/10/2009.

tência de disparidades e assimetrias, bem como a importância de que as ações voltadas para o desenvolvimento econômico atendam não apenas alguns determinados interesses, mas sim, que o foco esteja efetivamente voltado para os interesses sociais coletivos.

Com isto, os objetivos da regulação da concorrência devem estar relacionados e ligados à esfera comportamental dos agentes e à manutenção do mercado. Matias-Pereira aponta que a regulação do mercado, *"especialmente em setores em que a estrutura do livre mercado apresenta elevado grau de concentração – visto que concentrar é restringir o espaço de mercado – é uma condição indispensável garantir um adequado ambiente concorrencial"*[433]. Ora, um processo de integração regional que tenha como premissa o livre mercado deve, portanto, ter como objetivo, também, a defesa da concorrência.

Assim, o Mercosul pode ser compreendido como sendo mais que um bloco econômico que visa proporcionar aos Estados-Partes a ampliação de mercados e a inserção internacional. Segundo Luiz Augusto de Castro Neves, o Mercosul *"é também um espaço para o desenvolvimento, de forma equilibrada e harmoniosa, de importantes questões políticas da agenda sub-regional"*[434]. Tais questões políticas devem, igualmente, ser pensadas juntamente com as questões sociais. O argumento justifica-se, especialmente em função da incorporação da chamada "Cláusula Democrática" ao Tratado de Assunção, pelo Protocolo de Ushuaia, no mês de julho de 1998, que nos termos de seu artigo 8º, é parte integrante do Tratado de Assunção e dos respectivos Acordos de Integração celebrados entre o MERCOSUL e a República da Bolívia e entre o MERCOSUL e a República do Chile[435].

Desta feita, os compromissos reafirmados reforçam, ainda mais, a preocupação social do processo de integração, que deve estar voltada para o desenvolvimento econômico com justiça social. A "Cláusula Democrática" acaba por estabelecer que *"a plena vigência das instituições democráticas é condição essencial para o desenvolvimento dos processos de integração entre os Estados membros"*[436], sendo que *"toda ruptura da ordem democrática em um dos Estados Partes"*[437] enseja a aplicação dos pro-

---

[433] MATIAS-PEREIRA, José. *Políticas de defesa da concorrência e de regulação econômica: as deficiências do sistema brasileiro de defesa da concorrência*. Revista de Administração Contemporânea. Curitiba, v. 10, n. 2, Junho de 2006. Disponível em http://www.scielo.br/scielo.php?script=sci_arttext&pid=S1415-65552006000200004&lng=en&nrm=iso. Acesso em 13/11/2009.

[434] NEVES, Luiz Augusto de Castro. *A Dimensão Política Crescente do Mercosul*. IN Boletim de Integração Latino-Americana nº 24, janeiro-junho/1999 – MRE/SGIE/GETEC, pág. 5. Disponível em *www2.mre.gov.br/siteunir/publicacao/arquivos/FILE_51.doc*. Acesso em 03/12/2009.

[435] Protocolo de Ushuaia – Sobre compromisso democrático no MERCOSUL, Bolívia e Chile. Disponível em http://www.mre.gov.py/dependencias/tratados/mercosur/registro%20mercosur/Acuerdos/1998/portugues/31%20Protocolo%20de%20Ushuaia.pdf . Acesso em 18/11/2009.

[436] Protocolo de Ushuaia. Acesso em 18/11/2009.

[437] Protocolo de Ushuaia. Acesso em 18/11/2009.

cedimentos fixados pelo Tratado, em virtude do entendimento de que constitui entrave e obstáculo não aceitável para o desenvolvimento do Mercosul e, consequentemente, para o processo de integração econômica regional.

B – Objetivos da Defesa da Concorrência

Os objetivos que usualmente são atribuídos ao direito concorrencial, de maneira geral, apresentam formas de abordagens e formulação diversas, em função do mercado no qual o marco regulatório é desenvolvido, bem como das exigências de cada setor interno e parcelas da sociedade dos Estados cuja aplicação do direito antitruste é pensada e efetivada. Os objetivos e/ou enfoques podem apresentar graus de intensidade e variação em confronto com as economias individualmente consideradas, sendo possível indicar critérios como *"eficiência, inovação, diluição do poder econômico, ampliação das oportunidades de negócios para os agentes no mercado, bem-estar do consumidor, distribuição de renda e desenvolvimento econômico, entre outros"*[438], tendo este último um apelo especial em função da instituição de um bloco econômico regional e a livre circulação de bens e serviços entre os Estados Partes.

Neste sentido, lembramos que os Estados-Partes signatários do Protocolo de Fortaleza reconheceram, também, a importância da defesa da concorrência no Mercosul, por julgarem-na um *"instrumento capaz de assegurar o livre acesso ao mercado e a distribuição equilibrada dos benefícios do processo de integração econômica"*[439], que *"constitui condição fundamental para acelerar seus processos de desenvolvimento econômico com justiça social"*[440]. Ou seja, a integração regional, por meio do Mercosul, é voltada para um desenvolvimento econômico, equilibrado e socialmente orientado, e que a livre circulação de bens e serviços entre os Estados Partes requer um *"crescimento equilibrado e harmônico das relações comerciais intrazonais"*[441], e em função do aumento da competitividade entre as empresas, é imperativa a *"consolidação de um ambiente concorrencial no espaço integrado do MERCOSUL"*[442].

---

[438] LAPLANE, Andrea. *Direito, Concorrência e Desenvolvimento: a atuação do CADE no caso da indústria petroquímica*. Dissertação de Mestrado – Faculdade de Direito – Universidade de São Paulo (USP), 2008, pág. 8.

[439] Protocolo de Fortaleza – Protocolo de Defesa da Concorrência do Mercosul. Disponível em http://www.mre.gov.py/dependencias/tratados/mercosur/registro%20mercosur/Acuerdos/1996/portugues/19%20Protocolo%20de%20Defensa%20de%20la%20Competencia%20del%20MER-COSUR.pdf . Acesso em 10 de novembro de 2009.

[440] Tratado de Assunção – Tratado de Constituição de um Mercado Comum firmado entre a República Argentina, a República Federativa do Brasil, a República do Paraguai e a República Oriental do Uruguai. Disponível em http://www.mercosur.int/innovaportal/file/655/1/CMC_1991_TRA-TADO_ES_Asuncion.pdf . Acesso em 10/10/2009.

[441] Protocolo de Fortaleza. Acesso em 10/10/2009.

[442] Protocolo de Fortaleza. Acesso em 10/10/2009.

Vale lembrar que livre iniciativa e livre mercado não se confundem com o instituto da livre concorrência. O livre mercado implica a liberdade de iniciativa privada, com valores de uma ordem econômica estabelecida e que preserve a economia de mercado, devendo ser garantida tanto a entrada e permanência quanto a possibilidade de saída dos agentes atuantes em dado mercado. Assume importância a defesa da concorrência em função da regulação do mercado, visando oferecer aos agentes a possibilidade do exercício de suas atividades, seja de produção e circulação de bens, seja na oferta de serviços, sendo *"imprescindível que todos tenham garantida a possibilidade de entrar no mercado, de nele permanecer e de sair dele a seu exclusivo critério"*[443].

Em contrapartida, *"a livre concorrência é a competição honesta, é a garantia de que todos têm direito de acessar o mercado"*[444], sendo que a proteção legal deve ser ampla, atingindo todo e qualquer tipo de concorrente, o que, nas palavras de Salomão Filho, implica que a lei *"não deve e não poder ter preferência por qualquer tipo de agente econômico"*[445]. A competição equitativa não exige que sejam dados os mesmos instrumentos, e demais elementos da atividade econômica humana, para todos os agentes, e sim, a concorrência deve decorrer de "um conjunto de condições que permite a todos os agentes de mercado correr à compra e venda de forma que cada um possa alcançar seus objetivos sem ferir, desarrazoadamente, as metas pretendidas pelos demais"[446].

Em função dos movimentos globais de internacionalização do comércio e das atividades econômico-produtivas, como já verificamos, as ações dos agentes econômicos ultrapassa fronteiras. Muitas vezes, inclusive, estas fronteiras já foram expandidas por meio de acordos internacionais, como visto no primeiro capítulo, por meio de instituição de blocos de integração econômica regional. Nestes acordos regionais, inclusive, a defesa da concorrência também deve ser pensada, em função de seus objetivos, reconhecendo-se ser necessária a garantia das liberdades regionais de circulação de produtos e de oferta de serviços, para que os objetivos da integração sejam reais e não meramente formais[447]. Segundo Salomão Filho, o direito concorrencial torna-se um corpo de regras necessárias para garantir o controle da esfera privada, pois de nada adiantaria *"afirmar a liberdade de circulação de mercadorias ou então, afirmar a liberdade de circulação de capitais se*

---

[443] FONSECA, João Bosco Leopoldino da. *op. cit.*, pág. 02.
[444] PINHEIRO, Armando Castelar; SADDI, Jairo. *Direito, Economia e Mercados*. Rio de Janeiro: Elsevier, 2005, pág. 356.
[445] SALOMÃO FILHO, Calixto. *Direito Concorrencial – as estruturas*. 3ª ed. São Paulo: Malheiros, 2007, pág. 38.
[446] FONSECA, João Bosco Leopoldino da. *op. cit.*, pág. 03.
[447] SALOMÃO FILHO, Calixto. *op. cit.*, págs. 44 e 45.

se permite a criação ou a utilizacão de posições dominantes de maneira a criar barreiras à entrada de produtos concorrentes de outro Estado Membro"[448].

Com isto, temos reforçada a importância do tema da defesa da concorrência para os processos de integração e cooperação econômica, especialmente para aqueles países não desenvolvidos ou em desenvolvimento, ou ainda, de menor desenvolvimento relativo. Segundo Carlos Jacques Vieira Gomes:

"Entre os objetivos que visa o direito antitruste perseguir, mencione-se o fomento à formação de determinado bloco regional, por meio da integração dos mercados nacionais que o compõe. A adoção deste escopo político para o direito antitruste influencia sobremaneira a aplicação de suas normas, ... Todavia, o tema assumiu expressivo desenvolvimento a partir da experiência antitruste desenvolvida pela Comunidade Européia, a qual se encontra fortemente imbuída pelo princípio da integração regional, podendo esse ser utilizado, inclusive, como justificativa a compensar os efeitos anticompetitivos provocados pelos atos de concentração"[449].

A defesa da concorrência implica, diretamente, na atuação por parte do Estado como regulador, mantenedor e fiscalizador do equilíbrio do mercado, da atividade privada, seja pela repressão à prática de determinados atos, seja de forma preventiva, por meio de aprovação de operações, societárias e/ou empresariais. Segundo Salomão Filho, o direito concorrencial implica no desenvolvimento de um conjunto determinado de normas, que terão,

"caráter de verdadeira constituição econômica, corpo de regras mínimas visando à garantia de igualdade de condições de concorrência entre os agentes econômicos que atuam no espaço econômico comum. A principal preocupação do direito concorrencial de origem comunitária é a garantia das condições estruturais da concorrência, isto é, as condições de acesso e permanência no mercado dos agentes"[450].

Desta forma, o direito da concorrência pode ser definido como um *"conjunto de regras e instituições voltadas para proteger a concorrência nos mercados de restrições ou eventuais distorções"*[451]. Assim, a economia de mercado necessita da regulação da concorrência para atuar, de forma repressiva (controle *ex-post*) ou permissiva (controle *ex-ante*), em relação aos comportamentos e movimentos dos agentes. Segundo Arnoldo Wald,

---

[448] SALOMÃO FILHO, Calixto. *op. cit.*, pág. 45.

[449] GOMES, Carlos Jacques Vieira. *Os escopos Políticos do Direito Antitruste. In* GICO JUNIOR, Ivo Teixeira e BORGES, Antônio de Moura. *Intervenção do Estado no Domínio Econômico – temas atuais / coordenação Ivo Teixeira Gico Junior, Antônio de Moura Borges*. São Paulo: Lex Editora, 2006, pág. 139.

[450] SALOMÃO FILHO, Calixto. *ibidem*.

[451] LAPLANE, Andrea. *op. cit.*, pág. 11.

"*é princípio basilar do direito antitruste a limitação da ação conjunta entre concorrentes, seja na sua forma mais ostensiva (o cartel), seja de forma mais sutil (mediante condutas paralelas). O direito concorrencial vê, na ação conjunta de concorrentes, um presumido desvio de leis do mercado e busca evitá-lo. Ou quando não é possível, ao menos fiscalizá-lo de forma a evitar que, por meio da troca de informações entre concorrentes, se falseie ou se limite a concorrência, impedindo a formação natural de preços e a prevalência da eficiência, prejudicando o consumidor, que acabará arcando com o ônus decorrente desse desvio refletido em aumento de preço ou limitação em sua opção de escolha*"[452].

A defesa da concorrência está, portanto, ligada diretamente aos fundamentos da economia de mercado e à sociedade como um todo. Fernanda Cardoso aponta que a defesa da concorrência "*não é um fim em si, mas um meio para se criar uma economia eficiente e para se preservar o bem-estar econômico da sociedade. ... A função da intervenção antitruste, portanto, é zelar pela garantia de competitividade*"[453]. Segundo Castelar e Saddi, "*o objetivo final da política de defesa da concorrência é promover a eficiência econômica e o bem-estar social*"[454]. Ou seja, são dois conceitos que devem ser conjuntamente pensados, não podendo um ser sobrevalorizado ou sobreposto ao outro, o que leva à conclusão de que a defesa da concorrência não pode ser pensada de forma dissociada da regulação econômica.

Para José Inácio Gonzaga Franceschini, a defesa da concorrência "*não visa proteger agentes econômicos unitariamente considerados, mas preservar o mercado como instituição de coordenação das decisões econômicas, adequada ao modo de produção capitalista*"[455]. Ou seja, a eficiência e o bem-estar coletivo, pois refletem o alcance indeterminado por um lado (dada uma definição ampla e abrangente), e determinado por outro (enquanto considerados os agentes econômicos atuantes), dos participantes do mercado. Diretamente, Franceschini reforça que o "*bem jurídico sob tutela*

---

[452] WALD, Arnoldo. Sociedade Limitada. Necessidade de aprovação do quotista na transferência de quotas. Direito de bloqueio. Direito do sócio remanescente de não subscrever o acordo de quotistas com o adquirente de quotas do outro sócio. Quebra da affectio societatis e conflito de interesses. Cabimento de medida cautelar preparatória perante o Poder Judiciário antes de instaurado o juízo arbitral. Foro Competente. (Pareceres). IN Revista de Direito Bancário e do Mercado de Capitais. Ano 8, nº 27, Editora RT – janeiro-março de 2005, p. 152.

[453] CARDOSO, Fernanda G. *Análise de Eficiências Compensatórias: lições dos casos Ambev e Nestlé-Garoto*. IN Informações Fipe – Setembro de 2007, pág. 26. Disponível em http://www.fipe.org.br/publicacoes/downloads/bif/2007/9_26-20-fern.pdf . Acesso em 13/11/2009.

[454] PINHEIRO, Armando Castelar; SADDI, Jairo. *op. cit.*, pág. 356.

[455] FRANCESCHINI, José Inácio Gonzaga. *Introdução ao Direito da Concorrência. IN Introdução ao direito da concorrência*. São Paulo: Malheiros, 1996, pág. 19. Disponível em http://www.fm-advogados.com.br/images/fm_artigos/57.pdf. Acesso em 07/01/2010.

A DEFESA DA CONCORRÊNCIA

da legislação de defesa da concorrência é o mercado, não servindo esta para dirimir ou regular controvérsias ou interesses particulares ou mercantis"[456].

Desta feita, no corpo dos objetivos da defesa da concorrência podemos identificar aspectos variados, mas que necessariamente implicam no envolvimento de campos científicos de análise, a saber, o econômico e o jurídico. Ao pensar o mercado e seus agentes, os aspectos econômicos e os jurídicos e regulatórios devem ser considerados de forma ampliada, quando o objeto de análise é um mercado contemplado por um bloco econômico regional.

8.2. Aspectos Econômicos, Jurídicos e Regulatórios

Os agentes econômicos, quando materializam suas ações no plano econômico, também geram impacto no mundo jurídico, que acaba por normatizar e regular condutas, dentro do especto analisado de uma economia de mercado. Importa, portanto, a relação entre o fato econômico e o universo jurídico. Neste sentido:

"o fato econômico, influindo na produção do direito recebeu deste a garantia de um clima favorável. Daí a manifestação livre do seu movimento, condicionando-se esta liberdade ao princípio jurídico que deve delimitá-la, sendo este o sentido jurídico dominante que atualmente avança cada vez mais, dos domínios do individual para o do bem-estar coletivo"[457].

As ações e omissões interessam ao direito, particularmente o direito positivo, quando por meio de normas jurídicas são identificados eventos sociais que interessam à Sociedade e ao Estado. Para Vladimir da Rocha França, um fato social adquire *"relevância jurídica quando selecionado pelo sistema do direito positivo. Tal seleção é realizada pelas unidades mínimas desse sistema de linguagem prescritiva: as normas jurídicas"*[458]. A Sociedade, em seu desenvolvimento e na sua evolução, resguardadas as diferenças culturais, busca alcançar valores ótimos de bem-estar e bem comum. Nestes termos, o direito positivo captura valores sociais em prol de tal busca. Para Ernani Contipelli:

"Os valores sociais são determinados pelo momento histórico da sociedade, ou seja, modificam-se de acordo com a realidade social, que constitui seu campo de referência, sua fonte primária de alimentação. De modo que um distúrbio qualquer, relacionado com esses valores, implicará certa manifestação da coletividade, o que traduz a idéia de proporcionalidade contida no efeito ação/reação do processo de fomentação das realidades sociais.

---

[456] FRANCESCHINI, José Inácio Gonzaga. *op. cit.*, pág. 20.

[457] SOUZA, Washington Peluso Albino de. *Lições de Direito Econômico.* Porto Alegre: Sergio Antonio Fabris Editor, 2002, pág. 31.

[458] FRANÇA, Vladimir da Rocha. *Anotações à Teoria das Normas Jurídicas. IN:* Revista Tributária e de Finanças Públicas, Ano 13, nº 60 – janeiro-fevereiro de 2005 – São Paulo: Editora RT, 2005, pág. 11.

Neste contexto, situamos o direito positivo, como um agente tipicamente selecionador de valores sociais, que a eles adiciona o conteúdo sancionatório, a possibilidade de fazer com que possam ser exigidos por meio da forca, do poder estatal, visando à especificação das possibilidades dos indivíduos em prol do bem comum"[459].

Com o desenvolvimento e expansão do modelo capitalista, verificamos a internacionalização das economias locais e nacionais, sendo que uma breve reflexão acerta da integração regional deve considerar duas vertentes básicas suas, ou seja, a privada e a pública. Isto porque a atividade empreendedora privada une pontos diversos por meio da ação de atores privados, que podem contar, ainda, com incentivos estatais, ainda que não obrigatórios e/ou essenciais). Em contrapartida, os processos de integração econômica regional são eminentemente motivados por interesses estatais, visando, como vimos anteriormente, a adaptação e a proteção, por um lado, e a inserção e a colocação internacional por outro, frente aos efeitos advindos da globalização. Lembremos o que sentencia Ana Maria Nusdeo:

"A expressão 'globalização econômica' refere-se à crescente interligação dos mercados nacionais através do aumento da circulação entre eles de bens, serviços e capitais, induzida pela redução de tarifas e de barreiras não-tarifárias sobre esses fluxos e, ainda, por alterações tecnológicas que permitem a instantânea transmissão de dados e informações entre os mercados distantes"[460].

Um marco efetivo no plano político-econômico mundial pode ser identificado com a "queda do muro de Berlim", que alterou profundamente as polaridades até então existentes desde o fim da Segunda Guerra Mundial, alterando, assim, o paradigma de funcionamento do sistema internacional[461]. O que antes apresentava-se por meio da ação de dois grandes países e suas áreas de influência, ou seja, ideologias divididas como Leste/Oeste e zonas de influência marcadas pela relação Norte/Sul, passa a ser compreendido no período pós Guerra-Fria, segundo denominação de Samuel Huntington, como um sistema internacional

---

[459] CONTIPELLI, Ernani. *O Direito Condicionando Condutas. IN:* Revista Tributária e de Finanças Públicas, ano 12, nº 59, novembro-dezembro de 2004 – São Paulo: Editora RT, 2004, pág. 13.

[460] NUSDEO, Ana Maria de Oliveira. *op. cit.*, págs. 137 e 138.

[461] Neste sentido, Eric Hobsbawm aponta o impacto da referida alteração e transformação nas relações internacionais, após alteração da bipolaridade existente no período da Guerra-Fria, destacando: *"Não sabemos o que virá a seguir, nem como será o segundo milênio, embora possamos ter certeza de que ele terá sido moldado pelo Breve Século XX. Contudo, não há como duvidar seriamente de que em fins da década de 1980 e início da década de 1990 uma era se encerrou e outra nova começou".* HOBSBAWM, Eric J. Era dos Extremos: O breve século XX: 1914-1991. Marcos Santarrita (trad.). São Paulo: Companhia das Letras, 1995, pág. 15.

A DEFESA DA CONCORRÊNCIA

unimultipolar, caracterizado pela existência de uma hiper potência acima de um plano multipolar[462].

Neste cenário, a partir da década de 1990, ganhou forte impulso o modelo de economia de mercado denominado "neoliberal", que orientou *o processo de liberalização da economia internacional, fortalecendo o modelo de expansão do mercado via livre comércio do GATT, transposto posteriormente para a OMC"*[463], afetando tanto os mercados internos quanto os internacionais.

Assim, a partir dos anos 1990, com a abertura comercial em diversos países no mundo, juntamente com a pressão internacional por aceleração da retirada do Estado da economia mediante os processos de privatização e de desregulamentação de vários setores, o mundo começou a assistir a um processo de liberalização e quebra de barreiras, fortemente impulsionado pelo chamado "Consenso de Washington"[464], que acabou por introduzir profundas transformações não somente no comércio internacional, mas em cada vez mais outras áreas. Investimentos, empresas, governos, comércio, tudo parece voltar-se ao internacional,

---

[462] Segundo Hélio Jaguaribe: *"A característica central do actual sistema internacional é a existência de uma só superpotência, os Estados Unidos, dotados de incontrastável supremacia económico-tecnológica e militar. Tal supremacia confere-lhes um inigualado poder de intervenção, directa e indirecta, nos negócios do mundo, sem, entretanto, lhes proporcionar completa unipolaridade. A essa situação Samuel Huntington deu a denominação, num vocábulo algo exdrúxulo, mas correcto, de "unimultipolaridade". Trata-se de uma semi-unipolaridade, que não logra ser uma integral unipolaridade por estar limitada por constrangimentos internos e externos"*. JAGUARIBE, Hélio. *Rumo à multilateralidade internacional?*. IN O Mundo em Português nº 16, janeiro 2001. Disponível em http://www.ieei.pt/publicacoes/artigo.php?artigo=901. Acesso em 08/08/2009.

[463] CELLI JUNIOR, Umberto. *op. cit.*, pág. 28.

[464] *"O consenso original de Washington de 1989 – Disciplina fiscal. Altos e contínuos déficits fiscais contribuem para a inflação e fugas de capital. Reforma tributária. A base de arrecadação tributária deve ser ampla e as MARGINAL TAX RATES moderadas. Taxas de juros. Os mercados financeiros domésticos devem determinar as taxas de juros de um país. Taxas de juros reais e positivas desfavorecem fugas de capitais e aumentam a poupança local. Taxas de câmbio. Países em desenvolvimento devem adotar uma taxa de câmbio competitiva que favoreça as exportações tornando-as mais baratas no exterior. Abertura comercial. As tarifas devem ser minimizadas e não devem incidir sobre bens intermediários utilizados como insumos para as exportações. Investimento direto estrangeiro. Investimentos estrangeiros podem introduzir o capital e as tecnologias que faltam no país, devendo, portanto ser incentivados. Privatização. As indústrias privadas operam com mais eficiência porque os executivos possuem um "interesse pessoal direto nos ganhos de uma empresa ou respondem àqueles que tem" As estatais devem ser privatizadas. Desregulação. A regulação excessiva pode promover a corrupção e a discriminação contra empresas menores com pouco acesso aos maiores escalões da burocracia. Os governos precisam desregular a economia. Direito de propriedade. Os direitos de propriedade devem ser aplicados. Sistemas judiciários pobres e leis fracas reduzem os incentivos para poupar e acumular riqueza"*. In: NAÍM, Moisés. *Ascensão e Queda do Consenso de Washington – o consenso de Washington ou a Confusão de Washington. In* Revista Brasileira de Comércio Exterior. Originalmente publicado na Revista Foreign Policy nº 118 (Spring 2000). Disponível no *website*: http://www.funcex.com.br/bases/64-Consenso%20 de%20Wash-MN.PDF. Acesso em 15/11/2009.

DEFESA NA CONCORRÊNCIA NO MERCOSUL

com o clamor pela eliminação das amarras do Estado. Nas palavras de Moisés Naím:

"As opiniões sobre o que leva um país à prosperidade sempre foram das mais diversas. A última década não fugiu à regra, no que diz respeito à variedade e à volatilidade das prescrições políticas difundidas entre acadêmicos, formuladores de políticas e os segmentos mais bem informados da comunidade internacional. No entanto, a década de 90 foi única em um aspecto importante. O mundo tinha a impressão de que havia um consenso claro e estável sobre as medidas necessárias a serem tomadas pelos países pobres para se tornarem mais prósperos. Essa ilusão se deve muito à inesperada popularidade do termo "Consenso de Washington", nome dado pelo economista John Williamson, em 1989, a uma lista de dez recomendações dirigidas aos países dispostos a reformar suas economias"[465].

Com o padrão econômico mundial neoliberal, houve a liberalização do comércio global, com empresas transnacionais atuando ao redor do planeta, dada a política do livre comércio de bens e serviços e dos fluxos de investimento, o que resultou em forte impacto para aqueles Estados com suas economias mais vulneráveis a condutas anticompetitivas, e cujos efeitos muitas vezes atingem várias jurisdições.

Esse cenário, imposto pelas mudanças globais, com o aumento dos fluxos de comércio e de investimentos internacionais como decorrência da globalização econômica, além do forte impulso baseado na abertura comercial, acabou por exigir de diversos Estados o desenvolvimento de legislações e políticas de defesa da concorrência mais eficiente e atuante[466], especialmente e de forma repressiva

---

[465] NAÍM, Moisés. *Ascensão e Queda do Consenso de Washington – o consenso de Washington ou a Confusão de Washington. In* Revista Brasileira de Comércio Exterior. Originalmente publicado na Revista Foreign Policy nº 118 (Spring 2000). Disponível no *website*: http://www.funcex.com.br/bases/64-Consenso%20de%20Wash-MN.PDF. Acesso em 15/11/2009.

[466] Durante muitos anos as práticas eram restritas aos mercados domésticos, ficando a cargo de cada país a instituição de políticas de defesa da concorrência e repressão a práticas anticompetitivas, usualmente associadas a critérios e políticas de governo. Por exemplo, temos as reconhecidas práticas (ou permissões) dos governos da Alemanha, que buscando fomentar o desenvolvimento de sua economia doméstica, não somente não coibia a prática e a formação de cartéis, como muitas vezes criava condições favoráveis para os mesmos. Outro exemplo pode ser trazido da experiência brasileira. O Sistema Brasileiro de Defesa da Concorrência – SBDC sempre foi encabeçado, segundo suas atribuições normativas, pelo Conselho Administrativo de Defesa Econômica – CADE, criado pelo art. 8º da Lei 4.137, de 10 de setembro de 1962. O CADE tinha como sede o Distrito Federal e sua jurisdição em todo o território nacional, sendo sua principal incumbência a apuração e repressão dos abusos do poder econômico. O CADE foi criado em 1962, mas a sua atuação permaneceu tímida e pouco conhecida por cerca de três décadas, visto que a economia do período era fortemente controlada e monitorada pelo próprio governo, inclusive mediante alternância de longos períodos de extrema intervenção estatal na economia. Em outro sentido, e sempre com forte

A DEFESA DA CONCORRÊNCIA

para manter o equilíbrio das forças atuantes nesta economia de mercado. Em muitos casos e durante longos anos, com diversas economias fechadas, muitas empresas literalmente abusaram do direito de não necessitar reagir a ataques e políticas agressivas de outros competidores no mercado.

A circulação, melhor dizendo, a livre circulação, possui relação direta com os aspectos micro e macroeconômicos, dada a análise que pode ser feita em cada um dos recortes quando aplicada aos processos de integração econômica regional. No caso do Mercosul, Estrella Faria destaca:

"Para o direito, a livre circulação de mercadorias no Mercosul envolve normas de dois planos distintos. No plano macroeconômico, a livre circulação de mercadorias é assegurada por normas de direito internacional público visando à liberalização comercial no Mercosul, as quais se incorporam ao regime interno de importação e exportação dos quatro países. Ao nível microeconômico, a importação e exportação de mercadorias se efetuam mediante contratos de compra e venda apoiados por uma série de transações auxiliares (crédito documentário, contrato de câmbio, contrato de transporte, despacho aduaneiro, liberação de cargas) e regidos pelos direitos privado e administrativo de cada país"[467].

Destas considerações de Estrella Faria, cumpre-nos apontar nossa divergência quanto ao direito aplicável, em função do entendimento de que o regime de normas aplicáveis ao Mercosul é de Direito Comunitário, para as relações havidas por agentes econômicos na esfera interna do bloco (ou seja, todos pertencentes aos Estados-Partes), como veremos ao final deste capítulo, o que alteraria em nosso entendimento as normas a se referir, sem modificar a lógica do pensamento supra transcrito, ao pensar em dois planos a livre circulação de mercadorias.

Destacamos importante lição de Leopoldino da Fonseca, que reforça este nosso apontamento: *"A realidade econômica passou a ter influência fundamental na elaboração e na aplicação da lei. O legislador e o aplicador da lei não podem desconhecer a realidade econômica em que vivem e que pretendem normatizar e direcionar"*[468]. E neste ponto incluímos, igualmente, os órgãos de defesa da concorrência. Continua Leopoldino da Fonseca: *"A norma jurídica destinada a reger as relações de mercado tem por finalidade proporcionar o mais perfeito grau de seu funcionamento, de tal sorte a garantir a eficiência alocativa, a eficiência produtiva, a eficiência dinâmica e a eficiência*

---

impacto e muito bem recebida pela Sociedade e pelo Poder Judiciário daquele país, é a experiência dos Estados Unidos da América, que tem profunda utilização da Sherman Act, de 1890, e pelo Clayton Act, de 1914, que criou a Federal Trade Comisssion.

[467] FARIA, José Ângelo Estrella. *O Contrato de Compra e Venda Internacional no Mercosul: da Disparidade de Leis a um Regime Uniforme? In* Direito no século XXI. Elizabeth Accioly (coord.) Curitiba: Juruá, 2008, págs. 299 e 300.

[468] FONSECA, João Bosco Leopoldino da. *Direito Econômico*. Rio de Janeiro: Editora Forense, 2004, pág. 58.

DEFESA NA CONCORRÊNCIA NO MERCOSUL

distributiva"[469]. Trata-se, portanto de visão do direito econômico com a qual buscaremos permear o presente trabalho.

Não obstante criticas e problemas enfrentados nas últimas décadas (isto sem levar em conta divergências doutrinárias e ideológicas), é certo que as recentes crises mundiais[470] minaram as políticas neoliberais e as bases do "Consenso de Washington". Félix Peña, inclusive, rememora crises históricas, lembrando que muitas trazem consigo o retorno do protecionismo, pois *"ante crisis profundas, los desconciertos conducen a evocar precedentes históricos, sea para interpretarlas o para encarar soluciones. En relación al impacto en el comercio mundial, dos precedentes son mencionados"*[471]. Peña aponta, inclusive, para a possibilidade de tais crises conduzirem a problemas ainda mais sérios, lembrando que *"uno es el de la crisis de los años 30 con respecto a los efectos de las tendencias al proteccionismo. Se sabe que de alguna manera incidieron en el camino que condujo a la Segunda Guerra Mundial"*[472].

Assim, um novo cenário exigiu uma atuação estatal menos preocupada em interferir diretamente em política industrial e mais voltada para a coordenação e o estímulo a uma efetiva economia de mercado, inclusive para que fossem atendidos os preceitos de livre mercado, livre concorrência, crescimento e desenvolvimento, já enraizados no sistema capitalista globalizado e a ele indissociáveis.

Nesta esteira, dada a globalização econômica, que atinge indiscriminadamente todas as economias abertas no planeta (salvo por uma ruptura político-econômica bruta e radical por parte de um Estado), os referidos preceitos implicam, diretamente, na necessidade dos países reconhecerem os movimentos do comércio internacional. Vale lembrar que para Celso Furtado não deve ser desmerecido o comércio exterior, sendo que ele reconhece que o comércio internacional é *"veículo do progresso técnico em benefício dos países de desenvolvimento retardado"*[473]. Furtado verifica que o intercâmbio deve integrar, também além de fatores meramente produtivos, os fatores tecnológicos, atrelados ao desenvolvimento industrial nacional, concluindo que tais vantagens apenas podem resultar em *"fator propulsor do desenvolvimento à medida que o país subdesenvolvido importa bens de capi-*

---

[469] FONSECA, João Bosco Leopoldino da. *op. cit.* pág. 66.

[470] Especialmente a crise Asiática (1997), que atingiu também Rússia e Brasil (1998), culminando com a crise do **subprime** (2007). Para um breve apontamento sobre as principais crises mundiais desde a Grande Depressão de 1929, apontamos histórico publicado no Diário Catarinense, em 15/11/2008. Disponível em http://www.clicrbs.com.br/diariocatarinense/jsp/default.jsp?uf=2&local=18&section=Economia&newsID=a2295273.xml . Acesso em 14/12/2009.

[471] PEÑA, Félix. *Lecciones históricas para la crisis del comercio global.* IN Diario El Cronista – 11 de fevereiro de 2009. Disponível em http://www.felixpena.com.ar/index.php?contenido=wpapers&wpagno=documentos/2009-02-11-lecciones-historicas-crisis-global. Acesso em 28/11/2009.

[472] PEÑA, Félix. *ibidem.*

[473] FURTADO, Celso. *Teoria e Política do Desenvolvimento Econômico.* 10ª ed. revisada pelo autor, São Paulo: Paz e Terra, 2000, pág. 241.

tal ou técnicas superiores à produção. Assim, desse ponto de vista a expansão do comércio exterior não é causa suficiente do desenvolvimento, mas pode ser uma condição necessária para que o mesmo se efetive".[474].

Temos, pois, que em uma economia de mercado, com agentes privados agindo e relacionando-se de forma independente, tanto no plano local, quanto no plano regional e também global, é essencial a regulação da defesa da concorrência para que sejam possíveis atingir os objetivos sociais, políticos e econômicos, especialmente em um processo de integração econômica regional, garantindo assim a possibilidade de entrada, saída e manutenção de competidores. Matias-Pereira aponta:

"É perceptível que o mercado se apresenta como instrumento essencial para atender as demandas materiais do ser humano, atuando como poupador de recursos e tempo, na medida em que permite a troca entre pessoas de uma maneira impessoal. Os mercados são instituições humanas que funcionam apoiadas num conjunto de regras sociais que variam no tempo e no espaço. Assim, o mercado para cumprir a função, como as demais instituições humanas, necessita de que determinadas normas sejam preservadas, entre as quais destacamos duas: a liberdade de concorrer no mercado e a autonomia de escolha do consumidor. Para que ocorra o funcionamento adequado do mercado é preciso que o Estado disponha de instituições de salvaguarda sólidas na área de defesa da concorrência"[475].

Neste sentido, a livre concorrência é um dos conceitos básicos dos mercados, naturalmente em se tratando de um modelo capitalista. Segundo apontamento do nosso CADE, o princípio da livre concorrência

"baseia-se no pressuposto de que a concorrência não pode ser restringida por agentes econômicos com poder de mercado. Em um mercado em que há concorrência entre os produtores de um bem ou serviço, os preços praticados tendem a se manter nos menores níveis possíveis e as empresas devem constantemente buscar formas de se tornarem mais eficientes, a fim de aumentarem seus lucros. Na medida em que tais ganhos de eficiência são conquistados e difundidos entre os produtores, ocorre uma readequação dos preços que beneficia o consumidor. Assim, a livre concorrência garante, de um lado, os menores preços para os consumidores e, de outro, o estímulo à criatividade e inovação das empresas"[476].

Nas análises e hipóteses de trabalho, são criados muitas vezes modelos visando aclarar ou identificar pontos para descrever características ou elementos de seu objeto. Dada a forma e a dinâmica dos mercados, importa, ainda, analisar as suas

---

[474] FURTADO, Celso. *ibidem.*
[475] MATIAS-PEREIRA, José. *op. cit.*
[476] CADE – Conselho Administrativo de Defesa Econômica. Disponível em http://www.cade.gov. br/Default.aspx?dc5ddf20ec2bed4ce1. Acesso em 30/11/2009.

estruturas, que mesmo não havendo separações e aplicações absolutas, podem ser alocadas em cinco grandes grupos, a saber: a concorrência perfeita, a concorrência imperfeita ou monopolística, o oligopólio, o monopólio e o monopólio bilateral[477].

Na construção do modelo na análise antitruste, é desenvolvido o conceito de "concorrência perfeita". Este modelo pressupõe a total e absoluta igualdade entre todos os agentes integrantes do mercado, sendo que a atuação isolada de um não consegue afetar de forma substancial a formação dos preços, dada a equivalência de todos os participantes (conceito de atomicidade[478]). São elementos, ainda, da concorrência perfeita, a fluidez, a informação, a homogeneidade do produto e a substitubilidade. A fluidez resulta do pleno conhecimento da intenção e forma de atuação dos concorrentes, tendo liberdade total para determinar quantidade e qualidade da oferta e da procura, podendo, ainda, entrar e sair do mercado. A informação decorre da lealdade e implica ser correta, clara e transparente. A homogeneidade do produto leva a formação de preços isenta de qualquer influência desigualadora, e que não deve ser confundida com igualdade de produtos, mas sim, deve agregar o elemento de substitubilidade[479].

Mas em função da realidade dos mercados, o conceito de concorrência perfeita deve sofrer pontuais relativizações, em função que de "*mercados dessa natureza são idealizações, pois sempre haverá algum grau de imperfeição envolvido*"[480]. Assim, o conceito de "concorrência imperfeita" decorre "*da verificação de que os elementos propostos pelo modelo não se corporificam na vida real*"[481], sendo assim, necessário o reconhecimento de que os mercados não são perfeitos, ou são "mercados imperfeitos"[482]. Em outras palavras, dado que os mercados são imperfeitos, a

---

[477] NUSDEO, Fábio. *op. cit.*, pág. 262.

[478] "*Mercados atomizados: representam situações despersonalizadas em que grande quantidade de agentes está presente, isto é, as decisões de cada um não são captadas pelos outros e deixam de acarretar alterações nos procedimentos e/ou comportamentos dos concorrentes. Isso acontece nos mercados concorrenciais, com os agentes não influenciando os demais e tampouco sendo por esses influenciados. Manifestações individuais são inócuas no conjunto, ou representam "uma gota de água no oceano". Nesse contexto, os indivíduos atuam como tomadores de preços e, isoladamente, jamais pressionarão o preço que vier a ser ditado pelo mercado*". GARÓFALO, Gílson de Lima. *Estruturas de Mercado. IN* Manual de Introdução à Economia. Diva Benevides Pinho e Marco Antonio Sandoval de Vasconcelos ; Amaury Patrick Gramaud ... [et al.] – São Paulo: Saraiva, 2006, pág. 182.

[479] FONSECA, João Bosco Leopoldino da. *Lei de Proteção da Concorrência: (comentários à legislação antitruste.* 2ª ed.. Rio de Janeiro: Forense, 2001, pág. 04.

[480] GARÓFALO, Gílson de Lima. *op. cit.*, pág. 185.

[481] FONSECA, João Bosco Leopoldino da. *op. cit.*, pág. 04.

[482] "*Mercados Imperfeitos – As estruturas mercadológicas que deixam de atender a quaisquer dos determinantes dos mercados concorrenciais (quase) puros e (quase) perfeitos são denominadas imperfeitas. Dessa forma, rotulam-se todos os mercados que não satisfazem o princípio da atomizacão e/ou da homogeneidade do produto final/serviço ou do fato de produção objeto das transações*". GARÓFALO, Gílson de Lima. *op. cit.*, pág. 188.

A DEFESA DA CONCORRÊNCIA

concorrência imperfeita acarreta modificações nos elementos do modelo de concorrência perfeita, passando a existir a molecularidade, a heterogeneidade e a viscosidade. A molecularidade, em contraponto à atomicidade, implica no agrupamento dos integrantes do mercado, criando focos e centros de poder e força. A heterogeneidade decorre do fato de que os produtos são substancialmente diferentes, podendo, no extremo, eliminar a substitubilidade. E a fluidez dá lugar à viscosidade, ou seja, em função da eliminação da informação correta, clara e transparente, os agentes sujeitam-se e acabam por se tornar dependentes, psicológica, jurídica, sociológica ou economicamente[483].

As imperfeições ou inoperacionalidades do mercado decorrem de falhas de mercado, que "correspondem a situações nas quais os seus pressupostos de funcionamento não se fazem presentes, tornando-o inoperacional"[484]. No plano econômico real, o modelo de concorrência perfeita não encontra paralelo dada a presença de uma ou mais falhas de mercado. Assim, "não é possível falar em mercado no sentido clássico, mas sim, em tipos diferentes de mercado, cada qual com suas limitações"[485].

Segundo lição de Fábio Nusdeo, existem cinco principais falhas de mercado, a saber: a) falta de mobilidade de fatores da produção, que pode envolver falha de origem física ou cultural e acarreta crises de produção, seja por excesso, seja por escassez; b) falha no acesso às informações, que seria uma falha legal, e implica em dificuldade ou impossibilidade de decisão por parte dos agentes econômicos; c) concentração econômica, representa uma falha estrutural em função dos processos de concentração empresarial que pode afetar direta ou indiretamente a concorrência; d) externalidades, que são falhas de sinal, deixam de sinalizar adequadamente os custos e benefícios circulando externamente ao mercado, e que podem causar o surgimento dos oportunistas (*free riders*); e) suprimento de bens coletivos, que também é uma falha de sinal, decorrente de falha de incentivo, decorrente da impossibilidade de captação das preferências e necessidades da população por bens de caráter coletivo, além do fato de também verificar o surgimento dos oportunistas (*free riders*)[486].

Dadas tais situações de falhas de mercado, é possível afirmar que caso uma ou mais sejam identificadas em determinado mercado, e ainda, quanto mais evidentes e relevantes forem, a concorrência entre os agentes econômicos deverá ser afetada, passando a ser identificada como concorrência imperfeita. Nesse caso, poderá ser identificado determinado desequilíbrio em dado mercado imperfeito, entre ofertantes e demandantes, podendo ocorrer abuso de poder econômico ou

---

[483] FONSECA, João Bosco Leopoldino da. *op. cit.*, págs. 04 e 05.
[484] NUSDEO, Fábio. *op. cit.*, pág. 166.
[485] NUSDEO, Fábio. *op. cit.*, pág. 164.
[486] NUSDEO, Fábio. *op. cit.*, págs. 138 a 167.

práticas prejudiciais à livre concorrência e à livre iniciativa, afetando, assim, o bem-estar econômico e social dos demais participantes do mercado.

Devemos considerar que o sistema econômico capitalista, no seu atual estágio de desenvolvimento, reconhece tais falhas, levando o Estado a regular o mercado, visando suprir as denominadas "falhas do mercado", seja por meio de regulação da economia voltada para atuar em questões e condições estruturais do mercado (p.ex. Reprimir o abuso de poder econômico), seja por meio da adoção de políticas públicas, voltadas para o interesse coletivo (tais como a defesa e a proteção do mercado consumidor). Em suma, o Estado atua visando corrigir as falhas de mercado, seja por meio de ação regulatória, seja por meio de planejamento e implantação de políticas públicas.

Desta feita, dada a imperfeição do mercado, e considerando que a concorrência é imperfeita, a regulação estatal das atividades econômicas é um marco importante, mas não o único. Como já afirmado, existiram na histórica do pensamento econômico, e da aplicação de suas teorias, diversas formas da atuação estatal na economia, desde os modelos de economia planificada até os modelos neoliberais, defensores do "Estado mínimo". Sem adentrar nos meandros de teorias e aplicações históricas, pois isso não fugiria ao escopo do presente estudo, em maior ou menor grau a presença do Estado na economia é uma realidade, como já apontamos, em função de condição de *"agente e regulador da atividade econômica"*[487]. Assim, a atividade econômica, ainda que seja livremente exercida pela esfera privada, tem sua atuação controlada.

Seja em uma economia local, seja em um processo de integração econômica regional, em uma economia de mercado, sem que haja um monopolista, a atuação dos agentes não se dá de forma isolada, em função da competição presente entre todos os participantes. Segundo Castelar e Saddi, um primeiro impacto da competição é a *"disputa entre as empresas pela possibilidade de vender seus produtos para o maior número possível de clientes"*[488]. Com isto, o mercado em uma economia capitalista requer, para seu bom funcionamento, que a concorrência seja garantida, permitindo tanto a entrada quanto a manutenção e saída de competidores, com critérios e elementos equitativos dentro dos mais diversos setores. Nesse sentido, é necessária a promoção de um ambiente concorrencial e aberto no Mercosul, com práticas efetivas e coordenação entre os Estados-Partes, de modo que o mercado não seja afetado diretamente. Segundo João Bosco Mesquita Machado:

"Trata-se de preservar a concorrência no interior do mercado unificado (limitando o poder de mercado dos oligopólios) e de criar pressões competitivas através da abertura do mercado regional ao comércio exterior. Esta estratégia cria um ambiente que reforça a com-

---

[487] FONSECA, João Bosco Leopoldino da. *ibidem.*
[488] PINHEIRO, Armando Castelar; SADDI, Jairo. *op. cit.*, pág. 355.

petitividade industrial e obriga as empresas a empreender esforços para o constante apri-moramento da eficiência produtiva e da qualidade de seus produtos"[489].

Se considerarmos a velocidade dos desenvolvimentos tecnológicos e industriais que a sociedade mundial tem presenciado, a competição torna a atuação no mercado uma constante disputa por novos mercados, novos produtos, novas tecnologias, mas sempre exigindo dos agentes os fluxos e rendimentos dos investimentos. Ou seja, internamente, os competidores devem estar em constante processo de desenvolvimento, e externamente, também estão em constante e intensa disputa competitiva. Neste sentido, apontam Castelar e Saddi,

> *"Em mercados competitivos, as empresas precisam manter baixos custos e margens de lucro, oferecer produtos de boa qualidade, e estar sempre inovando e colocando novos produtos à disposição dos consumidores. Caso contrário, correm o risco de serem expulsas do mercado por concorrentes mais hábeis"*[490].

Desta feita, em função da dinâmica e imperfeição dos mercados, devemos analisar ainda, estruturas já referidas anteriormente, a saber, o oligopólio (e seu correspondente oligopsônio), o monopólio (e seu correspondente monopsônio) e o monopólio bilateral[491].

O monopólio é o extremo oposto da concorrência. Para Garófalo, o conceito aponta *"a situação em que há um único agente produtor e/ou vendedor/prestador do produto/serviço, sendo a empresa a que esteja atrelado responsável por toda a produção da indústria. Ademais, esse agente é um ditador de preços"*[492]. Neste sentido, uma estrutura de mercado monopolista implica na suposição de que exitem barreiras à entrada de novos concorrentes potenciais, ou dito de outra forma, *"que os possíveis rivais venham a ser afastados dessa estrutura"*[493].

Para Nusdeo, o poder econômico manifesta-se em sua plenitude na estrutura de monopólio, *"pois o monopolista está em condições de atuar simultaneamente nas duas variáveis que caracterizam a compra e venda, isto é, o preço e a quantidade"*[494]. Neste sentido, o agente monopolista pode tanto agir reduzindo a oferta, causando possível cenário de escassez da quantidade ofertada, quanto pode fixar o preço de forma abusiva, elevando-o a patamares muito superiores aos que seriam verifi-

---

[489] MACHADO, João Bosco Mesquita. *Potencialidades e implicações do Mercosul – proteção, competitividade e integração.* Estudo da Competitividade da Industria Brasileira – Campinas: UNICAMP, 1993, pág. 76.

[490] PINHEIRO, Armando Castelar; SADDI, Jairo. *op. cit.*, pág. 355.

[491] NUSDEO, Fábio. *op. cit.*, pág. 262.

[492] GARÓFALO, Gílson de Lima. *op. cit.*, pág. 188.

[493] GARÓFALO, Gílson de Lima. *op. cit.*, pág. 190.

[494] NUSDEO, Fábio. *op. cit.*, pág. 269.

cados na presença de competição com outros agentes no mesmo mercado e nos mesmos produtos.

Na estrutura monopolista, temos a inexistência de competição entre os agentes em determinado mercado, ficando livre o agente monopolista para fixar quantidades e preços. Thomazinho da Cunha destaca que o agente econômico monopolista, *"sendo responsável por toda a produção, e sendo o total desta o fator que fixa o preço do bem, por meio da relação oferta e procura, poderá aumentar o valor cobrado pelo produto mediante redução do que produz, maximizando, assim, seus lucros"*[495].

A conceituação de monopólio é cara à análise antitruste, seja em função do fato de que as origens da defesa da concorrência estar associada à briga os cartéis e contra tal prática. Em primeiro plano, na orientação do CADE:

"O monopólio é a situação em que há apenas um fornecedor de um determinado bem ou serviço. Nesses casos, o monopolista pode diminuir sua produção para elevar os preços até atingir o ponto em que a quantidade produzida, multiplicada pelo preço praticado, gera à empresa o lucro máximo. Com preços artificialmente elevados, potenciais consumidores são excluídos do mercado, o que se reflete numa perda de bem-estar para a sociedade. Por outro lado, o monopolista não tem tantos incentivos para buscar inovações tecnológicas e formas mais eficientes de operar, uma vez que não existem outras empresas lutando pelo mercado"[496].

Mas a concentração em mercados, por si só, não representa uma prática odiosa ou que deve ser sumária e imediatamente eliminada. Devem ser considerados os fatores produtos, os custos de transação envolvidos, o mercado relevante considerado, dentre outros tantos elementos. Segundo Machado, *"a política de concorrência sinaliza que o aumento da concentração industrial não é necessariamente contraditório com a melhora do desempenho econômico, desde que o ambiente competitivo seja preservado"*[497]. Por exemplo, temos diversas experiências brasileiras relacionadas a este argumento, dentre eles caso que restou famoso e polêmico, o ato de concentração analisado pelo CADE apresentado pela Companhia Antarctica Paulista – Indústria Brasileira de Bebidas e Conexos (Antarctica) e pela Companhia Cervejaria Brahma (Brahma), constituindo a Companhia de Bebidas das Américas (AMBEV). Outro polêmico caso envolveu o ato de concentração apresentado pela Chocolates Garoto S/A e pela Nestlé Brasil Ltda., no qual o CADE entendeu que as eficiências não eram suficientes para compensar o dano à con-

---

[495] CUNHA, Ricardo Thomazinho. *Direito de Defesa da Concorrência: Mercosul e União Européia*. Barueri, SP: Manole, 2003, pág. 20.

[496] CADE – Conselho Administrativo de Defesa Econômica. Disponível em http://www.cade.gov. br/Default.aspx?dc5ddf20ec2bed4ce1. Acesso em 30/11/2009.

[497] MACHADO, João Bosco Mesquita. *op. cit.*, pág. 68.

A DEFESA DA CONCORRÊNCIA

corrência e garantir a não redução do bem-estar do consumidor, restando não aprovada a operação, e tendo a Autarquia determinado a desconstituição do ato.

Existem, ainda, situações nas quais, por interesse público, ou por meio de imposição legal, o monopólio é reconhecido e não deverá ser combatido pelas autoridades de defesa da concorrência. Trata-se do chamado monopólio natural. Segundo posição do CADE, temos a seguinte definição de monopólio natural:

"Em alguns casos, o monopólio pode ser a forma mais eficiente de se produzir um bem ou serviço. Essa situação é conhecida como monopólio natural e pode ser observada quando existem elevadas economias de escala ou de escopo em relação ao tamanho do mercado. Em tais condições, torna-se ineficiente ter duas ou mais empresas em operação e, a fim de afastar os abusos por parte do monopolista, faz-se necessária a regulação do mercado. Esse é um dos papéis que as agências reguladoras (Anatel, Aneel, Anp etc.) desempenham, em conjunto com o Cade"[498].

Na esteira da definição de monopólio, importa, ainda, conceituar e analisar a figura do monopsônio.

"O monopsônio é a situação semelhante ao monopólio, só que pelo lado do consumidor, ou seja, é a situação em que há apenas um comprador para um determinado bem ou serviço e diversos fornecedores. Nesses casos, assim como ocorre no monopólio, o poder de mercado, agora exercido pelo comprador único, pode levar à perda de bem-estar econômico para a sociedade"[499].

O monopsônio é a *"recíproca do monopólio no capo da procura"*[500]. Trata-se de uma estrutura de mercado em que há vários ofertantes e só um demandante, que detém o monopólio de compra. Segundo lição de Nusdeo, *"a atitude do monopsonista será quase sempre a de retardar as suas compras tanto quanto possível, a fim de forçar os vendedores a lhe entregar o produto a um preço mais baixo"*[501]. Em geral, surge a situação do monopsônio quando é verificado alto grau de especialização dos fatores de produção, restando, assim, fortalecida a posição do comprador, que em virtude de sua unicidade, pode buscar manipular/retardar o fluxo de suas compras. Para Garófalo, a estrutura do monopsônio relaciona-se à hipótese de que

---

[498] CADE – Conselho Administrativo de Defesa Econômica. Disponível em http://www.cade.gov. br/Default.aspx?dc5ddf20ec2bed4ce1. Acesso em 30/11/2009.

[499] CADE – Conselho Administrativo de Defesa Econômica. Disponível em http://www.cade.gov. br/Default.aspx?dc5ddf20ec2bed4ce1. Acesso em 30/11/2009.

[500] NUSDEO, Fábio. *op. cit.*, pág. 270.

[501] NUSDEO, Fábio. *ibidem.*

"existe um único agente comprador (ou um grupo de agentes atuando como um todo) de um recurso produtivo/insumo/fato de produção homogêneo (padronizado, isto é, sem substituto, ou abrandado, sem um bom substituto). Nesse contexto, o agente concentrará em si a totalidade da aquisição do insumo e, geralmente, defrontará com grande número de ofertante dele. Essa estrutura pode advir ou não da existência de monopólio na venda de um produto final/serviço"[502].

A figura do oligopólio *"representa uma estrutura mercadológica não atomizada, ou seja, incorpora reduzido número de agentes vendedores, basicamente três ou mais, concorrentes rivais entre si"*[503]. Importa, ainda, no reconhecimento da interdependência mútua e incerteza das práticas e ações dos rivais, dada a rivalidade, competição e informação imperfeita, e considerando que a oferta está centrada em poucos agentes. Trata-se de uma estrutura instável, que facilmente pode se verificar a presença ou o surgimento de comportamentos oportunistas, dado que cada um dos agentes estará sempre visando uma participação maior no mercado.

Posto que são poucos participantes, estes podem, também, assumir tendência de buscar uma união, passando a atuar como em uma estrutura de monopólio. Mas, como ressalta Nusdeo, *"numa fase de crise, os oligopolistas poderão tender para o regime anterior, isto é, exercer uma concorrência imperfeita, procurando, cada um deles, obter uma fatia maior de mercado"*[504]. Ricardo Thomazinho da Cunha define oligopólio como sendo *"a estrutura industrial caracterizada pela concentração econômica parcial, na qual o poder de mercado se divide entre poucos agentes econômicos"*[505].

Um perverso e muito combatido efeito da união dos oligopolistas é o denominado cartel. Nusdeo, ao apontar a extrema volatilidade do oligopólio, ressalta que o conluio entre os oligopolistas pode levar à formação do cartel, levando a estrutura do mercado à situação de monopólio[506]. Segundo a SDE:

"Cartel é um acordo explícito ou implícito entre concorrentes para, principalmente, fixação de preços ou quotas de produção, divisão de clientes e de mercados de atuação. O objetivo é, por meio da ação coordenada entre concorrentes, eliminar a concorrência, com o conseqüente aumento de preços e redução de bem-estar para o consumidor. Segundo estimativas da Organização de Cooperação e Desenvolvimento Econômico (OCDE), os cartéis geram um sobrepreço estimado entre 10 e 20% comparado ao preço em um mercado competitivo"[507].

---

[502] GARÓFALO, Gílson de Lima. *op. cit.*, pág. 193.

[503] GARÓFALO, Gílson de Lima. *op. cit.*, pág. 194.

[504] NUSDEO, Fábio. *op. cit.*, pág. 267.

[505] CUNHA, Ricardo Thomazinho. *op. cit.*, pág. 21.

[506] NUSDEO, Fábio. *op. cit.*, pág. 267.

[507] SDE – Secretaria de Direito Econômico – órgão do Ministério da Justiça. Disponível em http://www.mj.gov.br/sde/data/Pages/MJ9F537202ITEMIDDEB1A9D4FCE04052A5D948E2F2FA2B-D5PTBRIE.htm. Acesso em 15/10/2009.

A DEFESA DA CONCORRÊNCIA

Por outro lado, não serão todas as ações dos agentes que poderão ser identificadas como cartel, mas se considerarmos a interdependência existente entre eles, poderão ser identificadas determinadas condutas. Neste sentido, Cunha destaca que

"mesmo não havendo colusão entre os agentes, estes, quando determinam o que, em que quantidade e a que preço produzir, consideram as reações dos vendedores rivais, devido a esta interdependência. O acordo de preços pode ser, muitas vezes, tácito, como, por exemplo, quando todos os competidores seguem a conduta da empresa líder. Esta aumenta seus preços e, em poucos dias, todas as outras do mercado seguem seu comportamento, mantendo-se o equilíbrio entre eles"[508].

Em contrapartida, temos a estrutura mercadológica do oligopsônio, que envolve o raciocínio inverso do oligopólio. Nesta estrutura, existe um pequeno número de empresas demandantes de um dado produto, fornecido por várias ofertantes. Assim, o poder, neste mercado, está concentrado [na] em alguns adquirentes, que o exercem em detrimento de seus fornecedores ou vendedores. Para Nusdeo, *"o jogo aí é, num certo sentido, o reverso do outro, pois o lucro dos oligopsonistas provém do controle da procura e não da oferta, e toda a sua estratégia terá por objetivo pagar um preço menor daquele que se estabeleceria em regime de concorrência pura ou quase pura"*[509]. Na presença de uma estrutura de mercado dada por um oligopsônio, teremos, então, poucos compradores, com alguns detendo parcela elevada do mercado, e de outro lado um elevado número de vendedores, sendo que tais compradores conseguem, valendo-se de seu poder econômico, impor um preço de compra dos produtos/serviços aos ofertantes.

Por última estrutura, temos o monopólio bilateral, que assim como a concorrência perfeita, implica em um modelo de análise extremo, de aplicabilidade teórica. Nessa estrutura, teremos um único vendedor em oposição a um único comprador. Segundo Nusdeo, *"em tese os dois agentes em presença deveriam enfrentar uma situação de absoluto conflito de interesses: o vendedor tentando obter o máximo de remuneração por um mínimo de produto oferecido; e, vice-versa, o comprador tentando conseguir o máximo de produto com um mínimo de dispêndio"*[510].

Importante, ainda, também pensar a coordenação macroeconômica no Mercosul, considerando os aspectos econômicos importantes da defesa da concorrência. Se por um lado a globalização *"propicia a formação de acordos regionais de comércio como meio de ampliar os benefícios da interpenetração dos mercados e atenuar o*

---

[508] CUNHA, Ricardo Thomazinho. *op. cit.*, pág. 21.
[509] NUSDEO, Fábio. *op. cit.*, pág. 269.
[510] NUSDEO, Fábio. *op. cit.*, pág. 271.

impacto da competição externa"[511], por outro, implica na transformação dos "*assuntos domésticos em temas de interesse regional*"[512], acarretando modificações e alterações também nos relacionamentos sócio-político-econômicos com outros países não pertencentes ao bloco. Neste sentido, com a internacionalização da agenda doméstica, fica evidenciada a "*porosidade existente entre o interno e o externo, que transparece nas conexões transfronteiriças dos movimentos sociais e na articulação temática que os vinculam*"[513]. Nas palavras de José Soares Filho:

> "*Na persecução do bem-estar social, que constitui meta da integração, prevista no Tratado de Assunção, impor-se-á a minimização da possibilidade de as grandes empresas racionarem suas atividades mediante a concentração de unidades produtivas num país onde haja menores custos sociais (no que tange, por exemplo, à carga tributária) e o fechamento das existentes nos demais países do bloco, mantendo a possibilidade de colocar seu produto no mercado ampliado. Tal providência requer uma eficaz harmonização das políticas macroeconômicas, que leve à equalização das cargas tributárias, das políticas de estabilização de preços, dentre outras medidas dessa ordem, ou seja, que se crie certa homogeneidade dos ambientes econômicos de cada um dos países*"[514].

A coordenação de políticas macroeconômicas, enquanto preocupação dos Estados-Partes do Mercosul, desde sua gênese, revelava-se como tema central e não desconhecido. Já no preâmbulo do Tratado de Assunção, as partes signatárias estabeleceram que para o processo de integração, deveriam ser aproveitados de forma mais eficaz os "*recursos disponíveis, a preservação do meio ambiente, o melhoramento das interconexões físicas, a coordenação de políticas macroeconômicas e a complementação dos diferentes setores da economia, com base nos princípios de gradualidade, flexibilidade e equilíbrio*"[515].

Após o conturbado final da década de 1990, dadas as crises mundiais verificadas, os Estados-Partes do Mercosul buscaram avançar no sentido de efetivar a premissa de coordenação de políticas macroeconômicas, fixada no Tratado de Assunção. Assim, foi criado e constituído, em 29 de junho de 2000, por meio da Decisão 30/2000, do Conselho de Mercado Comum – CMC – o Grupo de Moni-

---

[511] AMARAL JUNIOR, Alberto do. *Manual do Candidat: Noções de Direito e Direito Internacional* – 3ª ed. Ampliada e atualizada – Brasília: Funag – 2008, pág. 196.

[512] AMARAL JUNIOR, Alberto do. *ibidem.*

[513] AMARAL JUNIOR, Alberto do. *op. cit.*, págs. 196 e 197.

[514] SOARES FILHO, José. *MERCOSUL: surgimento, estrutura, direitos sociais, relação com a Unasul, perspectivas de sua evolução.* Revista CEJ, Brasília, Ano XIII, n. 46, p. 21-38, jul./set. 2009, pág. 34.

[515] Tratado de Assunção – Tratado de Constituição de um Mercado Comum firmado entre a República Argentina, a República Federativa do Brasil, a República do Paraguai e a República Oriental do Uruguai. Disponível em http://www.mercosur.int/innovaportal/file/655/1/CMC_1991_TRATADO_ES_Asuncion.pdf . Acesso em 10 de novembro de 2009.

A DEFESA DA CONCORRÊNCIA

toramento Macroeconômico (GMM)[516], que congrega os Ministros da Economia e Presidentes de Bancos Centrais dos países do Mercosul. Restou reconhecido e reafirmado que a solvência fiscal e a estabilidade monetária constituem um *"requisito necessário para o desenvolvimento econômico sustentado com maior equidade social, possibilitando a seus países adaptar-se a um cenário internacional marcado pela ocorrência de mudanças freqüentes"*[517]. Das atividades propostas ao GMM, primeiramente foi proposta que a identificação das diferenças metodológicas de registro e de abrangência existentes nas estatísticas oficiais dos Estados-Partes, tendo o GMM obtido *"consenso sobre metodologia comum, na qual prevalece o princípio geral de considerar-se a totalidade de jurisdições e organismos que constituem o universo do setor público"*[518], possibilitando a realização de comparações adequadas entre os dados dos países membros do Mercosul, Bolívia e Chile.

Ainda que o trabalho do GMM seja condicionado às manifestações e movimentos políticos, o monitoramento permanece, mesmo após os abalos de crises econômicas mundiais, sendo que em 15 de dezembro de 2000, os Presidentes dos Estados Partes do Mercosul, Bolívia e Chile se reuniram em Florianópolis-BR e oficializaram a Declaração Presidencial sobre Convergência Macroeconômica[519], fixando metas e compromissos de convergência macroeconômica. Ainda que imperioso pensar em coordenação macroeconômica, para a sustentação do processo de integração, *"a forma exata de uma coordenação mais eficaz ainda não foi porém completamente definida"*[520]. De toda forma, os trabalhos do GMM permanecem ativos, sendo o monitoramento constantemente atualizado.

Mas o aprofundamento da coordenação macroeconômica se faz necessário e urgente, para que seja conferida a efetiva importância ao desenvolvimento do processo de integração, sob pena de estagnação deste (o que poderia, inclusive, causar retrocesso aos avanços verificados). Vartanian e Bobik Braga apontam que *"o avanço em um processo de integração requer, a partir de um determinado momento, uma maior ênfase na coordenação de políticas e harmonização de determinadas condições macroeconômicas"*[521]. Reconhecem, ainda, que *"a fixação de metas de convergência*

---

[516] Grupo de Monitoramento Macroeconômico (GMM) – Metas e Mecanismos de Convergência Macroeconômica – Disponível em http://gmm.mecon.gov.ar/indice_por.htm.

[517] Disponível em http://gmm.mecon.gov.ar/pdf/pres-gmm-port.pdf. Acesso em 16/12/2009

[518] Disponível em http://gmm.mecon.gov.ar/pdf/pres-gmm-port.pdf. Acesso em 16/12/2009

[519] Declaração Presidencial sobre Convergência Macroeconômica. Disponível em http://gmm. mecon.gov.ar/pdf/declaracion_presidencial_metas-dic2000(por).pdf. Acesso em 16/12/2009

[520] PORTO, Manuel Carlos Lopes; e FLÔRES JÚNIOR, Renato Galvão. *Teoria e Políticas de Integração na União Européia e no Mercosul*. Rio de Janeiro: Editora FGV, 2006, págs. 303 e 304.

[521] VARTANIAN, Pedro Raffy; BRAGA, Márcio Bobik. *Considerações sobre a instabilidade macroeconômica no Mercosul no período recente e lições para a integração na região*, pág. 18. Disponível em http://www. usp.br/prolam/downloads/instabilidade.pdf. Acesso em 15/11/2009.

macroeconômica e o respectivo alcance das mesmas poderão contribuir significativamente para que o Mercosul obtenha os benefícios de uma área monetária ótima"[522].

Por outro lado, problemas pontuais com dois dos principais membros do Mercosul, a saber, Argentina e Brasil, são alocados como razões para a não coordenação de políticas e de harmonização de condições macroeconômicas. Segundo Vartanian e Braga,

"No caso dos países do Mercosul, esta cooperação não foi possível. Tais países, particularmente Brasil e Argentina, lançaram, em pleno desenvolvimento do comércio no âmbito do Mercosul, políticas de estabilização inflacionária baseadas em "âncoras cambiais". Se esta estratégia foi bem sucedida em seus objetivos de controlar a inflação, contribuiu para aumentar a vulnerabilidade das economias diante das crises internacionais que se manifestaram após a crise do México em 1994. O fato é que, particularmente após a desvalorização do Real em 1999, pode-se observar um quadro de grande instabilidade macroeconômica na região, evidenciando a fragilidade do Mercosul. Estas evidências apontam para as dificuldades de integração econômica em países que apresentam alto grau de vulnerabilidade frente às crises internacionais"[523].

Não obstante os obstáculos encontrados, a construção do projeto de integração, e sua implementação desde o Tratado de Assunção deve ser pensada tanto com base em dados e informações reais como também em elementos próprios de conjunturas. Isto porque o fato de não ter sito completamente satisfatória a evolução até o presente momento não pode ser compreendido como motivador ou indicativo de fracasso ou de perda de interesse. Não obstante a grande transformação exigida nas décadas de 1980 e 1990, por conta de mudança de regimes (de ditatoriais para modelos democráticos), o que demandou tempo para acomodação não somente de estruturas, mas também de instituições, e também por conta das já indicadas crises mundiais, que naturalmente levou os países a primeiramente proteger seu lado interno, em detrimento ao regional.

Mas podemos buscar elementos comuns e positivos, que certamente devem contribuir no futuro para o aprofundamento do processo integracionista, tal como a proximidade (contiguidade), a vontade dos Estados em promover e preservar os regimes democráticos (reforçado pela cláusula democrática instituída pelo Protocolo de Ushuaia, inclusive ratificado por Equador, Perú e Venezuela), o desenvolvimento econômico regional, em função do reconhecimento de que a proximidade entre os Estados pode contribuir para o desenvolvimento de mercados e aumento do bem-estar social, dentre outros motivos possíveis de serem

---

[522] VARTANIAN, Pedro Raffy; BRAGA, Márcio Bobik. *ibidem.*
[523] VARTANIAN, Pedro Raffy; BRAGA, Márcio Bobik. *ibidem.*

A DEFESA DA CONCORRÊNCIA

elencados. Bernal-Meza, inclusive, coloca uma opinião bastante positiva sobre o processo de integração, sob o aspecto econômico:

"La mayoría de los supuestos señalados teóricamente por Balassa sobre la integración económica se dieron, con diferentes prioridades, en las distintas etapas por las que pasó el MERCOSUR en estos 17 años: la creación de comercio; la generación de un mayor nivel de competencia intra-bloque; el aprovechamiento de economías de escala; la cooperación intra-regional en proyectos de innovación tecno-industriales asociados; una más eficiente y mejor racionalización de la producción mediante una división regional de la industria; la generación de mecanismos de financiamiento regional; la complementación económica; y, por ultimo, la sinergia en los frentes de negociación internacional (Balassa, 1980)"[524].

Mas quanto ao futuro da integração regional, seja por meio do Mercosul, seja por outro projeto, Bernal-Meza mostra-se cético, dadas as práticas e interesses de política externa dos principais membros do Mercosul, a saber, Argentina e Brasil, concluindo:

"Tres escenarios de integración ahora confrontan en Sudamérica: el MERCOSUR, más importante para Argentina; la UNASUR, hoy tal vez el proyecto que más interesa a Brasil; y ALBA, la Alternativa Bolivariana de Integración, promovida por el presidente Chávez, de la que sólo Bolivia hace parte junto a Venezuela"[525].

Desta feita, ao serem considerados os diversos aspectos econômicos, jurídicos e regulatórios[526], que podem, direta e/ou indiretamente, impactar a defesa da concorrência no processo de integração regional, é de extrema importância que seja respeitada e fomentada a promoção da coesão econômica e social do espaço regional, em paralelo com as indicadas políticas de coordenação micro e macroeconômicas, com interesses diretos e objetivos na dinamização e fomento

---

[524] BERNAL-MEZA, Raúl. *Argentina y Brasil en la Política Internacional: regionalismo y Mercosur (estrategias, cooperación y factores de tensión)*. Revista Brasileira de Política Internacional. Brasília, v. 51, n. 2, Dezembro – 2008. Disponível em http://www.scielo.br/scielo.php?script=sci_arttext&pid=S0034-73292008000200010&lng=en&nrm=iso. Acesso em 02/12/2009, pág. 156.

[525] BERNAL-MEZA, Raúl. *op. cit.*, pág. 175.

[526] Assim como devem ser considerados os aspectos próprios de interesses de cada Estado-Parte, que podem ser refletivos nos discursos e ações de política externa. Ademais, lembramos que foi realizada, ao encerramento da reunião dos presidentes dos países do Mercosul, em Montevideu, a transferência da Presidência Pro Tempore do Mercosul, da República Oriental do Uruguai para a República Argentina, no dia 8 de dezembro de 2009. A presidência do bloco, agora aos cuidados da Argentina, pode alterar eventualmente os ânimos e aproximar diálogos entre Brasil e Argentina, no sentido de convergir interesses e pontos importantes. Outras informações desta transferência podem ser obtidas no seguinte endereço eletrônico: http://www.mercosur.int/t_ligaenmarco.jsp ?title=off&contentid=1698&site=1&channel=secretaria . Acesso em 10/12/2009.

da competitividade das ações empresariais, sendo a defesa da concorrência um instrumento importante, que pode e deve ser considerado conjuntamente com as políticas industriais.

8.3. Políticas Industriais

O agentes econômicos no mercado estão sempre em constante busca por novas oportunidades e/ou novas formas de maximização de seus ganhos ou de novos meios e formas de melhor inserção nos mercados. Neste sentido, a defesa da concorrência não pode ser estudada ou aplicada como sendo um instituto isolado, abstrato e alheio e/ou distante da realidade. Deve, sim, ter como elementos propulsores e especiais características a maleabilidade e a adaptabilidade *"às mutações implementadas que pelos agentes econômicos, quer pelos mecanismos mercadológicos"*[527], sendo *"fundamental que o conceito jurídico de concorrência seja elástico e flexível, com o intuito de sempre poder abranger tanto o provável quanto o improvável"*[528].

A economia de mercado não pode ser isoladamente considerada, como um corpo sólido e indivisível, e sim, deve ser compreendida em suas variáveis e elementos, dos quais as políticas industriais são parte integrante. Assim, o capitalismo *"não reside apenas no seu "corpo", constituído pela economia de mercado, mas também na sua "alma", formada pela liberdade de escolha e por um conjunto de atitudes, hábitos e instituições que lhe dão sustentação"*[529] Nesta "alma", temos as políticas industriais agindo, interagindo e afetando a defesa da concorrência, em sua vertente política.

Neste sentido, Machado ressalta a importância do monitoramento da competitividade sistêmica e setorial da indústria dos Estados-Partes do Mercosul, afirmando ser *um instrumento necessário para a harmonização das políticas e para avaliação dos impactos da integração. Os sistemas estatísticos nacionais dos respectivos países deveriam compatibilizar o levantamento de informações para a construção dos indicadores necessários"*[530].

Analisando as implicações e potencialidades do Mercosul, e a importância da proteção da competitividade em um processo de integração econômica regional, Machado afirma que a *"eliminação de barreiras ao comércio intra regional e em relação a terceiros países constitui um importante instrumento de política industrial"*[531]. Ao contrário da definição e de outras teorias, como por exemplo, da política de câmbio

---

[527] SENHORAS, Elói Martins. *Defesa da Concorrência: Políticas e Perspectivas. In* Caderno de Pesquisas em Administração, São Paulo, v. 10, nº 1, janeiro/março 2003, pág. 84.

[528] SENHORAS, Elói Martins. *ibidem.*

[529] ROSENFIELD, Denis Lerrer. *O espírito do capitalismo.* O Estado de São Paulo – 29 de março de 2010.

[530] MACHADO, João Bosco Mesquita. *op. cit.*, pág. 12.

[531] MACHADO, João Bosco Mesquita. *op. cit.*, pág. 70.

ou da política de juros, não existe um marco teórico que defina de forma amplamente aceita a expressão política industrial.

Em linhas gerais, a política industrial implica no desenvolvimento, implantação, coordenação e o controle por parte do Estado dos instrumentos disponíveis para o incentivos e a ampliação da capacidade produtiva da indústria, a fim de garantir condições concorrenciais efetivas e sustentáveis, tanto no mercado interno de um país quanto no mercado internacional. Jorge Fagundes, analisando os pontos de convergência e divergência existentes entre a política de defesa da concorrência e a política industrial, sentencia:

"De acordo com Jordan e Teece (1992, p.12), a política industrial pode ser entendida como o conjunto de medidas que afetam direta ou indiretamente a performance industrial, através de seus efeitos sobre as variáveis microeconômicas. Em geral, o objetivo da política industrial tradicional é o de maximizar a renda real média (Correa e Villela, 1995, p. 5), o que lhe confere um caráter estático. Em visões mais heterodoxas e recentes, a política industrial visa aumentar a competitividade das firmas, setores e do próprio País, adquirindo uma dimensão mais sistêmica (Cassiolato, 1996), faltando, no entanto, uma base teórica que a justifique sob o prisma normativo. Talvez o principal foco – até mesmo porque polêmico do ponto de vista das políticas de defesa da concorrência – das novas políticas de competitividade, no âmbito de seus impactos sobre as condutas das empresas, esteja na ênfase na cooperação entre as firmas nas indústrias de alta tecnologia, como forma de reduzir os custos e as incertezas associadas à geração de inovações e à exploração de novas tecnologias"[532].

Para Paulo Todescan Lessa Mattos, *"uma política industrial moderna deve buscar a construção de uma estrutura de incentivos – fiscais, regulatórios e financeiros – que promova o aumento de investimentos em capacidade produtiva e em inovação nos diferentes setores da indústria"*[533]. Ou seja, o Estado deve fomentar e oferecer tais incentivos, seja em função de demanda interna, seja como resposta à concorrência internacional. Neste sentido, Machado aponta que

"O aumento do grau de exposição dos setores produtivos à concorrência internacional induz à adoção de estratégias mais adequadas aos desafios da inserção competitiva, ao mesmo tempo que inibe a manutenção de setores e plantas industriais ineficientes e incapazes de implementar iniciativas de reestruturação que venham a conferir sustentação da competitividade no longo prazo"[534].

---

[532] FAGUNDES, Jorge. *Políticas de Defesa da Concorrência e Política Industrial: Convergência ou Divergência?*, pág. 02. Disponível em http://www.ie.ufrj.br/grc/pdfs/politicas_de_defesa_da_concorrencia_e_politica_industrial.pdf. Acesso 05/12/2009.

[533] MATTOS, Paulo Todescan Lessa. *Política Industrial e Política de Defesa da Concorrência: Conflito ou Convergência?*, pág. 1. Disponível em http://academico.direito-rio.fgv.br/ccmw/images/9/9b/PIndustrial.pdf . Acesso em 05/12/2009.

[534] MACHADO, João Bosco Mesquita. *op. cit.*, pág. 70.

Segundo Elói Martins Senhoras, dada a complexidade das relações em um mundo cada dia mais integrado, a política de defesa da concorrência *"deve ter como função ponderar as diversas condutas empresariais, tendo em vista o grau de concentração do mercado, a natureza das infrações e, sobretudo, o ambiente sócio-político-cultural da comunidade diretamente envolvida com as ações anticoncorrenciais"*[535]. Assim, pode-se afirmar que *"as legislações de defesa da concorrência têm papel fundamental no desenvolvimento de estruturas de mercado eficientes"*[536]. Segundo entendimento de Mattos, tal afirmação se justifica pois a política de defesa da concorrência pode proporcionar *"um incentivo adicional aos agentes econômicos, na medida em que força que a manutenção da rivalidade no mercado seja um elemento determinante nas estratégias competitivas das empresas na busca por eficiência e inovação"*[537].

Considerando o processo de integração econômica regional perpetrado pelos Estados-Partes que integram o Mercosul, João Bosco Mesquita Machado, afirma que

"não há dúvida de que o projeto de integração no MERCOSUL impõe a discussão sobre a convergência de políticas industriais como tema obrigatório da agenda de negociação entre os países. Porém mais do que isso, o MERCOSUL também promove mudanças no ambiente competitivo ao definir um mercado ampliado e ao reafirmar o vetor liberalizante das políticas comerciais que os países vêm adotando desde meados da década de 1980. As estratégias de concorrência das firmas, indústrias e países passam a ser efetivadas dentro deste novo contexto, e portanto, devem levar em consideração os impactos da formação do mercado regional sobre a sustentabilidade das configurações produtivas"[538].

Com isto, Machado ressalta que apenas uma política industrial, *"preocupada em manter um ambiente concorrencial e aberto, poderá garantir uma redução dos desníveis de competitividade entre os países da região, eliminando os riscos de difusão de acordos setoriais que impliquem na imposição de barreiras informais ao comércio e, portanto, no fechamento dos mercados locais"*[539]. Da mesma forma, a aplicação do direito concorrencial em confronto com as políticas industriais deve ser racional, ampla e equitativa, visando evitar que sejam criadas distorções e/ou desvios, que podem ocorrer *"quando a intervenção do Estado é concebida como fonte de falhas de governo geradoras de restrições à livre concorrência e formação artificial de national champions"*[540].

---

[535] SENHORAS, Elói Martins. *op. cit.*, pág. 90.
[536] MATTOS, Paulo Todescan Lessa. *op. cit.*, pág. 3.
[537] MATTOS, Paulo Todescan Lessa. *ibidem.*
[538] MACHADO, João Bosco Mesquita. *op. cit.*, pág. 74.
[539] MACHADO, João Bosco Mesquita. *op. cit.*, pág. 80.
[540] MATTOS, Paulo Todescan Lessa. *op. cit.*, pág. 4.

A DEFESA DA CONCORRÊNCIA

Dentre outros, é possível apontar alguns dos principais mecanismos de sustentação da política industrial, tais como *"políticas tecnológica, de financiamento, comercial, de concorrência e de poder de compra do Estado. Estas políticas devem ser compatíveis com um regime de concorrência que favoreça as pressões competitivas como elemento de indução à adoção de estratégias microeconômicas visando o ajuste estrutural da indústria"*[541].

Após analisar duas correntes teóricas – a neoclássica e neoschumpeteriana – , Jorge Fagundes [desta] busca pontuar a formulação de políticas industriais de forma a identificar se os possíveis elementos comuns entre as políticas de defesa da concorrência e industrial são fontes de complementaridade ou incompatibilidade. Neste sentido, conclui:

"A conciliação da política de defesa da concorrência no âmbito estrutural com a política industrial pode ser realizada, quando necessária e conforme já apontado, sem grandes dificuldades, mediante a criação de "zonas de exceção", isto é, a especificação de um conjunto seletivo de industrias que, por serem alvo de políticas industriais, estariam, durante certo período de tempo, fora do escopo da política de defesa da concorrência. A definição de tais zonas deveria ser construída em conjunto pelos órgãos responsáveis pela elaboração e execução das políticas industriais e de defesa da concorrência, tendo em vista o correto balanceamento de todas as variáveis envolvidas. Vale lembrar que a própria política de defesa da concorrência não ignora o papel da concorrência internacional e da concorrência via inovações na configuração do ambiente competitivo doméstico, como bem demonstram o conceito de mercador elevante e as considerações sobre as características da tecnologia, ambas empregadas no exame da natureza e dos efeitos dos atos de concentração sobre a dinâmica competitiva dos mercados"[542].

Por outro lado, Paulo Mattos, conclui pela convergência dos institutos de política industrial e política de defesa da concorrência ao afirmar que

"não parece haver um conflito necessário entre política de defesa da concorrência e política industrial. A racionalidade dos instrumentos e incentivos adotados em cada caso podem ser perfeitamente compatíveis e complementares. No entanto, uma avaliação dos instrumentos disponíveis deveria ser feita com o objetivo de melhorar a articulação institucional entre órgãos de defesa da concorrência e organismos estatais responsáveis pela aplicação da política industrial"[543].

Contudo é importante a compatibilização e o estabelecimento de sintonia entre a política de defesa da concorrência e a política industrial, visando evitar e

---

[541] MACHADO, João Bosco Mesquita. *op. cit.*, pág. 81.
[542] FAGUNDES, Jorge. *op. cit.*, págs. 23 e 24.
[543] MATTOS, Paulo Todescan Lessa. *op. cit.*, pág. 5.

não causar sobreposições e/ou antagonismos, sob pena de surgimento de eventual conflito ou ilegalidades. Não por outra razão, José Inácio Gonzaga Franceschini já alertava que a *"finalidade da legislação de defesa da concorrência, portanto, é unívoca, qual seja, a defesa e viabilização do princípio maior da "livre concorrência", não podendo, portanto, ser utilizada pelo Estado para alcançar objetivos diversos"*[544]. Assim, para um bloco econômico que almeja o desenvolvimento e crescimento de seus membros, ele deve ter regras e políticas claras no tocante à defesa da concorrência.

Cumpre, ainda, lembrar alerta de Hélio Jaguaribe, para quem a adoção de políticas industriais comuns e coordenação macroeconômicas são fatores essenciais para conduzir o Mercosul nos caminhos estabelecidos e determinados já no preâmbulo do Tratado de Assunção, e que elenca a intenção dos Estados para com o processo de integração regional. Segundo Jaguaribe, o *"Mercosul precisa se tornar, novamente, um sistema de optimização econômica para todos os partícipes. Para tal importa adotar uma política industrial comum. Importa elevar o nível de institucionalidade do sistema. E importa acelerar os esforços de compatibilização macroeconômica dos partícipes"*[545]. Neste sentido, importa reforçar, também, a importância da coordenação e da cooperação de forma equitativa, sendo que efetivamente isto implica em reconhecer e trabalhar em função das assimetrias existentes entre os membros do Mercosul.

8.4. Mercados Internacionais e a Defesa da Concorrência

Os mercados internacionais, como já vimos anteriormente, possuem relação íntima e direta com a defesa da concorrência, em função da própria liberalização mundial do comércio mundial, que por um lado permitiu a formação de áreas de livre comércio e uniões aduaneiras/alfandegárias, por outro lado, fomentou e estimulou a defesa da concorrência. Lembramos que as alterações *"no panorama econômico internacional com a queda do muro de Berlim, a dissolução da União Soviética e o fim da guerra fria provocaram alterações profundas na economia dos países da América Latina"*[546]. Com isto, alterou-se o cenário internacional, que *"tornou-se muito diferente do existente nos anos 70 e as estratégias das empresas passaram a ter, cada vez mais, uma visão global"*[547].

A defesa da concorrência, dada sua importância para a manutenção da competitividade no mercado, assume ponto de destaque quando em uma economia de mercado globalizada pensamos na preservação dos agentes, dada a ação local

---

[544] FRANCESCHINI, José Inácio Gonzaga. *op. cit.*, pág. 15.

[545] JAGUARIBE, Hélio. *Mercosul e a Nova Ordem Mundial*. IN Dossiê CEBRI – Centro Brasileiro de Relações Internacionais – Volume 1 – Ano 1 -2002, pág 9.

[546] MAGALHÃES, José Carlos. *Defesa da Concorrência no Mercosul*. *IN* Revista de Direito Econômico – CADE, Brasília: Imprensa Nacional, n. 25, jan./jul. 1997, pág. 57.

[547] SENHORAS, Elói Martins. *op. cit.*, pág. 93.

A DEFESA DA CONCORRÊNCIA

de agentes do mercado internacional. Neste ponto, *"os fatores sistêmicos de competitividade são importantes para definir um ambiente econômico competitivo ou, em outras palavras, em que se encontrem pressões competitivas constantes sobre as empresas, fomentando, por conseguinte, práticas eficientes de produção, desenvolvimento de novos produtos e produção geral de inovações"*[548].

Com a abertura dos mercados, verificamos uma efetiva e acentuada exposição das economias nacionais à concorrência internacional, levando os mercados domésticos à necessidade de adaptação aos padrões mundiais praticados, bem como também causando modificações nos padrões de consumo e de exigência dos consumidores. Ademais, as empresas transnacionais, cujo mercado usual e conhecido é o internacional, buscam inserção nos mercados domésticos, concorrendo diretamente com a indústria local, o que *"faz com que seja cada vez mais imprescindível a busca permanente de competitividade (interna e externa)"*[549].

Surge, assim, a necessidade de alteração de conceitos e padrões de comportamento, em função deste novo ambiente global, momento no qual as políticas de defesa da concorrência e as políticas industriais assumem relevância na normatização e na regulação do comércio dada a intensificação da competição. Com isto,

"as leis de defesa da concorrência passaram a ter um papel muito importante a desempenhar, "na medida em que venham, por um lado, a evitar que as barreiras levantadas pelo governo sejam repostas por aqueles agentes que detêm poder econômico e, por outro, reeducar o mercado – leia-se aí produtores e consumidores – de acordo com as regras de intensa competição que hoje orientam as transações internacionais"[550].

Vale destacar, ainda, apontamentos de José M. Salazar-Xirinachs, que ao refletir sobre a questão da integração regional na América Latina e Caribe, em conferência realizada em 2002, destaca outros efeitos benéficos advindos da integração regional, em função do relacionamento de um bloco econômico com o mercado global. Em suas palavras:

"El otro es la relación entre acuerdos comerciales, mercados y democracia. La integración de las economías nacionales a mercados más amplios, ya sea a escala global o regional, significa no solo liberalización comercial en el sentido tradicional de medidas en la frontera, sino un ejercicio importante de armonización y mejoramiento regulatorio e institucional de los mercados con respecto a la política comercial, el tratamiento a la inversión, los códigos legales, los sistemas impositivos, las compras del sector público, y los patrones de propiedad y de competencia. ... Un beneficio potencial de estos acuerdos, y del ALCA en particular,

---

[548] CARDOSO, Fernanda G. *op. cit.*, pág. 26.
[549] SENHORAS, Elói Martins. *op. cit.* pág. 94.
[550] SENHORAS, Elói Martins. *op. cit.*, págs 92 e 93.

DEFESA NA CONCORRÊNCIA NO MERCOSUL

es que son poderosas fuerzas para promover la transparencia, la competencia, la no discriminación, y el comportamiento orientado por reglas en muchas áreas de los sistemas económicos de América Latina, reduciendo los márgenes para la discreción, la corrupción, la colusión, la búsqueda de rentas y la arbitrariedad. En la medida en que incluyan aspectos laborales y ambientales bajo un enfoque cooperativo y sin sanciones, también pueden ser poderosas fuerzas para mejorar las prácticas en estos campos"[551].

Assim, identificada a questão dos mercados internacionais frente à defesa da concorrência, passamos ao estudo das organizações internacionais de integração e cooperação econômica.

8.4.1. O Papel da Organização Internacional de Integração e Cooperação Econômica frente aos Mercados Internacionais e a Concorrência

Uma Organização Internacional de Integração e Cooperação Econômica, ao assumir-se como centro integrador regional, deverá reunir as mesmas premissas da defesa da concorrência já explicitadas frente aos movimentos do mercado internacional e seus agentes econômicos, que atuam direta ou indiretamente no território compreendido pelo bloco econômico regional.

No tocante aos processos de integração latino-americanos, Celli Junior já havia oportunamente destacado, ainda antes da formação do Mercosul, sobre a necessidade de que eles não fossem isolados do cenário internacional, bem como as mudanças que estavam transcorrendo naquele período (meados de 1999) na ordem político-econômica mundial, sublinhando que as experiências dependeriam de como a América Latina iria articular-se frente às negociações decorrentes desta nova ordem[552].

De forma pontual reforçamos as funções e objetivos da defesa da concorrência: (i) proteção do consumidor, visando salvaguardar os indivíduos do poder de monopólios e/ou outros acordos que violem a livre concorrência; (ii) dispersão de poder e redistribuição de riqueza, visando coibir ameaças diretas e/ou indiretas à noção de democracia, de liberdade individual de escolha e oportunidades econômicas, garantindo ainda, a livre competição; e (iii) fomento de outras

---

[551] SALAZAR-XIRINACHS, José M. *Integración económica y negociaciones comerciales en América Latina y el Caribe a la vuelta del siglo. ¿Dónde estamos y hacia dónde vamos?* – 27 de novembro de 2002. Disponível em http://www.sedi.oas.org/DTTC/TRADE/PUB/STAFF_ARTICLE/jmsx02_integ_s.asp. Acesso em 27/07/2009.

[552] CELLI JUNIOR, Umberto. *A integração latino-americana: do discurso à ação.* Dissertação (Mestrado em direito internacional). São Paulo: USP, 1990, pág. 391.

A DEFESA DA CONCORRÊNCIA

políticas, tais como emprego e políticas regionais de desenvolvimento, bem como políticas industriais[553].

O direito da concorrência pode ser utilizado como elemento contributivo na construção da integração de mercados regionais. Segundo Carlos Jacques Vieira Gomes:

> *"Entre os objetivos que visa o direito antitruste perseguir, mencione-se o fomento à formação de determinado bloco regional, por meio da integração dos mercados nacionais que o compõe. A adoção deste escopo político para o direito antitruste influencia sobremaneira a aplicação de suas normas, ... Todavia, o tema assumiu expressivo desenvolvimento a partir da experiência antitruste desenvolvida pela Comunidade Européia, a qual se encontra fortemente imbuída pelo princípio da integração regional, podendo esse ser utilizado, inclusive, como justificativa a compensar os efeitos anticompetitivos provocados pelos atos de concentração"[554].*

Neste sentido, segundo Felipe Salazar, a integração econômica:

> *"es también un trabajo conjunto de varios Estados, conforme a unas ciertas reglas de derecho y dentro de una determinada organización institucional, para un fin común: el de lograr la unión económica de los Estados miembros mediante la creación de un solo espacio económico, la armonización de ciertas políticas, la liberación de los intercambios, la adopción de una tarifa externa común y de otros instrumentos igualmente comunes, todo ello mediante la creación de un ordenamiento jurídico propio, superior a los ordenamientos jurídicos nacionales y que prima sobre éstos, con la salvaguardia de un organismo jurisdiccional encargado de vela por el respeto del orden jurídico"[555].*

Ana Maria de Oliveira Nusdeo ressalta a importância da fixação de uma regulação da concorrência frente ao desafio de participação de um Estado e um mercado globalizado, apontando a importância do desenvolvimento de uma política de concorrência eficaz, devendo ela estar *"apta a combinar adequadamente o controle estrutural com a disciplina das condutas, coloca-se, dessa forma, como um elementos necessários à inserção bem sucedida das economias nacionais no contexto de uma economia globalizada"[556].* Mas esta inserção deve buscar meios efetivos para sua concretização, devendo desenvolver estruturas e políticas sólidas, inclusive por meio

---

[553] Divisão das funções do direito da concorrência conforme lição de Umberto Celli Junior. *IN*: CELLI JÚNIOR, Umberto. *Regras de Concorrência no Direito Internacional moderno.* Porto Alegre: Livraria do Advogado, 1999, pág. 61.

[554] GOMES, Carlos Jacques Vieira. *op. cit.,* pág. 139.

[555] SALAZAR, Felipe. *Solución de conflictos en organizaciones interestatales para la integración económica y otras formas de cooperación económica,* Derecho de la Integración nº 28-29 – Noviembre 1978, pág. 12.

[556] NUSDEO, Ana Maria de Oliveira. *op. cit.,* pág. 278.

de harmonização de legislações e políticas macroeconômicas, como apontamos anteriormente. Lembramos alerta de Celli Junior,:

"o que queremos salientar, por fim, é a necessidade de se criar, na expressão de Félix Peña, uma "multiplicidade de meios" que conduzam ao fortalecimento da posição dos países latino-americanos no quadro da nova ordem mundial que ora se articula, e, permitam, consequentemente, a própria viabilização dos seus processos formais de integração (integração "stricto sensu")"[557].

Segundo Gabriel Pardo, a regulação da concorrência, e suas normas, frente a um processo de integração econômica regional, deve cumprir determinados objetivos, a saber:

"a) servir de instrumento vital para alcanzar y afianzar la integración econômica;
b) proteger al consumidor del poder de los monopolios o de los acurdos y las prácticas anticompetitivas realizadas por los particulares;
c) proteger a las pequeñas y medianas empresas del abuso de los competidores más poderosos"[558].

De forma conclusiva, aponta, Felipe Salazar, para duas possibilidades frente à cooperação e integração econômica e a instituição de uma Organização Internacional relacionada:

"cualquiera que sea la forma que asuma la cooperación económica internacional de un modo estable y no ocasional, los Estados miembros habrán de crear una organización internacional sometida a ciertas reglas jurídicas que constituyen el ordenamiento que regirá las relaciones entre los Estados miembros en la materia respectiva. En algunos casos, la organización internacional será de corte clásico, estrictamente intergubernamental y sus decisiones no obligarán a los Estados miembros sino cuando hayan sido adoptadas por unanimidad o, en caso contrario, solamente a quienes las hayan votado afirmativamente. En otros casos, y especialmente cuando se trata de un proceso de integración económica propiamente dicho, habrá una organización más compleja, con normas de derecho más detalladas y con un régimen institucional que deberá comprender, en todo caso, un órgano que sea el vocero de los intereses comunes frente a los particulares de los Estados miembros"[559].

Na lição de Salazar, parece-nos possível identificar o Mercosul como uma Organização Internacional enquadrada na primeira hipótese ventilada, qual seja,

---

[557] CELLI JUNIOR, Umberto. *op. cit.*, pág. 369.
[558] PARDO, Gabriel Ibarra. *Políticas de competencia en la integración en América Latina*. Integración Latinoamericana – nº 193 – setiembre 1993, pág. 46.
[559] SALAZAR, Felipe. *op. cit.*, pág. 21.

A DEFESA DA CONCORRÊNCIA

a de corte clássico e estritamente intergovernamental. Isto trará uma implicação direta, que veremos adiante, no tocante à aplicação do Direito Comunitário.

Pensar o Mercosul em nossos dias é, certamente, trabalho que leva a percepções diversas daquelas obtidas na década de 1990, ou até no início da primeira década dos anos 2000. O comércio internacional aumentou, e na perspectiva regional, também cresceu o comércio e as relações entre os países do Cone Sul. Segundo Tavares de Araújo Junior, "*é inequívoco que o processo de integração no Mercosul já alcançou um estágio em que as condições de concorrência nos mercados domésticos dos países membros se tornaram interdependentes e só podem ser avaliadas corretamente a partir de uma perspectiva regional*"[560].

Neste sentido, vimos na primeira parte da presente obra, a Regulação da Defesa da Concorrência nas Experiências Nacionais. Vimos, também, dois pontos importantes para os próximos capítulos, quais sejam, o atual marco regulatório Antitruste no Mercosul e os marcos de cooperação entre Brasil e Argentina, dadas as normas internas dos Estados-Partes e as normas do Mercosul, especialmente do Protocolo de Fortaleza, agora revogado pela decisão MERCOSUL/CMC/DEC. Nº 43/10[561], que aprovou o texto do Acordo de Defesa da Concorrência do Mercosul, e revogou as Decisões CMC Nº 18/96 e 02/97, a saber, o Protocolo de Fortaleza e um anexo sobre multas.

Façamos uma rápida e breve anotação sobre a regulação e o "Estado da Arte" do Antitruste no Mercosul, para depois ingressarmos propriamente no Capítulo 9 e no estudo da questão do mercado relevante em um bloco de integração regional como o Mercosul.

8.5. Regulação e o "Estado da Arte" do Antitruste no Mercosul
Primeiramente, cumpre rememorar que o reconhecimento, por parte dos Estados-Partes da importância fixada pelo Tratado de Assunção do compromisso de harmonização de suas legislações internas, visava o desenvolvimento e o fortalecimento do processo de integração[562], assim como foi a questão reforçada e

---

[560] ARAÚJO JÚNIOR, José Tavares. *Política de Concorrência no Mercosul: Uma Agenda Mínima.* – Agosto de 2001, pág. 05. Disponível em http://www.ecostrat.net/files/Politica_de_Concorrencia_no_Mercosul.pdf. Acesso em 05/12/2009.

[561] MERCOSUL/CMC/DEC. Nº 43/10 – Conselho do Mercado Comum http://200.40.51.218/SAM/GestDoc/PubWeb.nsf/Normativa?ReadForm&lang=ESP&id=62B73ED5C26FE5E30325788000 58DA26 . Acesso em 10/03/2011.

[562] Tratado de Assunção – Tratado de Constituição de um Mercado Comum: "*CAPÍTULO I – Propósitos, Princípios e Instrumentos – ARTIGO 1 – ... Este Mercado comum implica: A livre circulação de bens, serviços e fatores produtivos entre os países, através, entre outros, da eliminação dos direitos alfandegários e restrições não tarifárias à circulação de mercadorias e de qualquer outra medida de efeito equivalente; O estabelecimento de uma tarifa externa comum e a adoção de uma política comercial comum e relação a terceiros Estados ou agrupamentos de Estados e a coordenação de posições em foros econômico-comerciais regionais e*

aprofundada pelo Protocolo de Ouro Preto, que também impõe a harmonização de legislações como elemento requerido ao avanço do processo de integração[563], autorizando, inclusive, quando necessário que o Conselho do Mercado Comum solicite à Comissão Parlamentar Conjunta o exame de temas prioritários.

Diversos elementos influenciam na implementação de um Mercado Comum, especialmente quando tratamos do MERCOSUL, mas é imperioso que os compromissos assumidos por meio dos Tratados e demais documentos firmados pelos Estados-Partes sejam efetivamente cumpridos. Luís Fernando Nigro Corrêa destaca a questão do redirecionamento do conceito de soberania, para que possam fluir os debates, de forma a flexibilizar o debate dos sujeitos de direito internacional, destacando que *"no momento em que o Mercado Comum seja realmente implementado, os sistemas jurídicos nacionais e, especialmente, seus operadores estejam prontos para receber uma estrutura supranacional de integração de forma harmoniosa"*[564]. E esta harmonia não encontramos hoje na atual figura regulatória do MERCOSUL, ainda mais se considerarmos que os países ainda não conseguiram cumprir integralmente o disposto no artigo 4º do Tratado de Assunção[565], no tocante à elaboração de normas sobre concorrência comercial de forma equilibrada entre os Estados-Partes.

Nesta esteira, a expansão do comércio internacional, associada à liberalização do comércio, além da consequente negociação e regulamentação no âmbito

---

internacionais; A coordenação de políticas macroeconômicas e setoriais entre os Estados Partes – de comércio exterior, agrícola, industrial, fiscal, monetária, cambial e de capitais, de outras que se acordem –, a fim de assegurar condições adequadas de concorrência entre os Estados Partes, e O compromisso dos Estados Partes de harmonizar suas legislações, nas áreas pertinentes, para lograr o fortalecimento do processo de integração". (grifos nossos) Disponível em http://www.mercosur.int/innovaportal/file/655/1/CMC_1991_TRATADO_ES_Asuncion.pdf. Acesso em 10/10/2009.

[563] Protocolo de Ouro Preto – Protocolo adicional ao Tratado de Assunção sobre a Estrutura Institucional do Mercosul: *"Artigo 25 – A Comissão Parlamentar Conjunta procurará acelerar os procedimentos internos correspondentes nos Estados Partes para a pronta entrada em vigor das normas emanadas dos órgãos do Mercosul previstos no Artigo 2 deste Protocolo. Da mesma forma, coadjuvará na harmonização de legislações, tal como requerido pelo avanço do processo de integração. Quando necessário, o Conselho do Mercado Comum solicitará à Comissão Parlamentar Conjunta o exame de temas prioritários".* (grifos nossos) Disponível em http://www.mercosur.int/innovaportal/file/655/1/CMC_1994_PROTOCOLO%20OURO%20PRETO_ES.pdf . Acesso em 16/09/2009.

[564] CORRÊA, Luís Fernando Nigro. *O Mercosul e a OMC: regionalismo e multilateralismo.* São Paulo: Ltr, 2001, pág. 38.

[565] Tratado de Assunção: *"Artigo 4º – Nas relações com terceiros países, os Estados Partes assegurarão condições equitativas de comércio. Para tal fim, aplicarão suas legislações nacionais, para inibir importações cujos preços estejam influenciados por subsídios, dumping qualquer outra prática desleal. Paralelamente, os Estados Partes coordenarão suas respectivas políticas nacionais com o objetivo de elaborar normas comuns sobre concorrência comercial".* (Grifo nosso) Disponível em http://www.mercosur.int/innovaportal/file/655/1/CMC_1991_TRATADO_ES_Asuncion.pdf. Acesso em 10/10/ 2009.

A DEFESA DA CONCORRÊNCIA

da OMC, também impactou nas mais diversas regiões do planeta. No caso do Mercosul, a experiência não foi diferente, segundo Magalhães, "a tendência de abertura do mercado, com a conseqüente necessidade de prover instrumental jurídico que o preserve contra práticas abusivas e que proteja o consumidor, também se refletiu no âmbito do Mercosul, tendo o Conselho da organização aprovado o Protocolo nº 21/94 que estabeleceu uma pauta para a disciplina da defesa da concorrência"[566].

Cumpre rememorar que a regulação da defesa da concorrência, no âmbito do Mercosul, teve início em 1994, com a decisão MERCOSUL/CMC/Nº 21/94. Esta normativa teve por base o Tratado de Assunção e as Decisões Nº 13/93, Nº 3/94, Nº 9/94 e Nº 10/94, e a Decisão Nº 20/94 (Políticas Públicas) do Conselho do Mercado Comum, e visou estabelecer e aprovar as pautas básicas sobre defesa da concorrência no MERCOSUL. Neste âmbito, o relacionamento dos Estados-Partes iniciava-se pela Comissão de Comércio do Mercosul – CCM – que deveria submeter as questões ao Grupo Mercado Comum – GMC, que por sua vez apresentaria para decisão ao Conselho do Mercado Comum – CMC, órgão máximo do bloco.

Seguiu-se a decisão MERCOSUL/CMC/DEC. Nº 18/96, que aprovou o "Protocolo de Defesa da Concorrência do Mercosul", conhecido por Protocolo de Fortaleza. Tal decisão teve fundamento no Tratado de Assunção, o Protocolo de Ouro Preto, a Decisão 21/94 do Conselho do Mercado Comum, a Resolução 129/94 do Grupo Mercado Comum e a Diretiva 1/95 da Comissão de Comércio do Mercosul. O escopo da normativa, como o próprio nome apontava, tinha por objeto a defesa da concorrência no âmbito do Mercosul.

Em 10 de dezembro de 1998, os Estados-Partes resolveram firmar um anexo ao "Protocolo de Defesa da Concorrência do Mercosul", visando estabelecer os critérios de quantificação do valor das multas previstas no referido Protocolo.

Houve um longo período de inatividade, especialmente fomentado pelas crises internacionais que abalaram os membros do Mercosul, conforme anteriormente já indicamos. Durante o período, o foco, a atenção e as prioridades dos Estados efetivamente foram alterados, ficando para segundo plano a regulamentação da matéria.

Em março de 2003, superados os problemas causados pelas crises mundiais, ainda que momentaneamente, foi oficializada a diretiva MERCOSUL/CCM/DIR. Nº 01/03 [567], que com base no Tratado de Assunção, o Protocolo de Ouro Preto e

---

[566] MAGALHÃES, José Carlos. *op. cit.*, pág. 57.
[567] MERCOSUL/CCM/DIR. Nº 01/03 – Comissão de Comércio do Mercosul http://200.40.51.218/ SAM/GestDoc/PubWeb.nsf/Normativa?ReadForm&lang=ESP&id=5CF360370F6D6DEB03257 5B500598E83&lang=ESP . Acesso em 10/03/2010.

a Decisão Nº 18/96 do Conselho Mercado Comum, aprovou o "Regulamento do Protocolo de Defesa da Concorrência do MERCOSUL", fazendo parte, inclusive, da diretriz da Comissão de Comércio do Mercosul. Esta normativa determinou que o Comitê de Defesa da Concorrência (CDC) é o órgão intergovernamental da Comissão de Comércio do MERCOSUL encarregado de aplicar o Protocolo de Defesa da Concorrência do MERCOSUL (PDC).

Após a regulamentação do Protocolo de Fortaleza, ao marco regulatório da defesa da concorrência no Mercosul foram integradas duas outras decisões do Conselho do Mercado Comum do Mercosul.

A primeira decisão é a MERCOSUL/CMC/DEC. Nº 04/04, de 7 de julho de 2004, que aprovou o "Entendimento sobre Cooperação entre as Autoridades de Defesa da Concorrência dos Estados Partes do Mercosul para Aplicação de suas Leis Nacionais de Concorrência". O objetivo do Entendimento é a promoção da cooperação, incluindo tanto a cooperação na aplicação da legislação nacional de concorrência quanto a cooperação técnica entre as Autoridades de Concorrência, visando assegurar que as Partes tomem em consideração os importantes interesses recíprocos nas atividades de aplicação da legislação nacional de concorrência.

A outra referida decisão é a MERCOSUL/CMC/DEC. Nº 15/06, de 20 de julho de 2006, que aprovou o "Entendimento sobre Cooperação entre as Autoridades de Defesa de Concorrência dos Estados Partes do Mercosul para o Controle de Concentrações Econômicas de Âmbito Regional". O objetivo deste Entendimento é a promoção da cooperação, incluindo tanto a cooperação para a aplicação dos procedimentos de controle de concentrações econômicas previstos nas legislações nacionais quanto a cooperação técnica entre as Autoridades de Concorrência, e visando assegurar que os Estados Partes levem em consideração os importantes interesses recíprocos envolvidos nestas atividades.

Estes dois normativos, como indicamos anteriormente, foram internalizados integralmente por Brasil e Uruguai, não tendo sido ainda pelo Paraguai, e tendo a Argentina internalizado apenas um, o "Entendimento sobre Cooperação entre as Autoridades de Defesa da Concorrência dos Estados Partes do Mercosul para Aplicação de suas Leis Nacionais de Concorrência".

Ressaltamos, por fim, a importância das decisões MERCOSUL/CMC/DEC. Nº 04/04 e MERCOSUL/CMC/DEC. Nº 15/06, que efetivamente representaram um importante avanço na regulação e na defesa da concorrência no Mercosul, e também dão vazão à concretização dos objetivos de cooperação, impostos e estabelecidos no artigo 30[568] da decisão MERCOSUL/CMC/DEC. Nº 18/96, quando da aprovação do Protocolo de Fortaleza.

---

[568] MERCOSUL/CMC/DEC. Nº 18/96: *"CAPITULO VIII – DA COOPERAÇÃO – Art. 30º Para assegurar a implementação do presente Protocolo, os Estados Partes. por meio dos respectivos órgãos nacionais*

Referido artigo estabelece que os Estados-Partes, ao assegurar a implementação da defesa da concorrência no âmbito regional, eles deveriam adotar mecanismos de cooperação e consultas no plano técnico visando sistematizar e intensificar a cooperação entre os órgãos e autoridades nacionais, inclusive para investigação conjunta das práticas lesivas à concorrência, e também deveriam identificar e mobilizar os recursos necessários à implementação da referida cooperação.

No final de 2010, o Conselho do Mercado Comum (CMC) publicou a decisão MERCOSUL/CMC/DEC. Nº 43/10, que aprova o texto do *"Acordo de Defesa da Concorrência do MERCOSUL"*, e revoga as Decisões CMC Nº 18/96 (Protocolo de Fortaleza) e 02/97 (norma sobre multas ao Protocolo). Esta nova regulação, consolida os marcos regulatórios nacionais, e nomeia os órgãos nacionais de aplicação, alterando substancialmente o modelo anterior do Protocolo de Fortaleza. Este novo modelo abre espaço para a efetiva aplicação de duas normas que representam evidentes avanços da matéria no âmbito do Mercosul, que são as decisões MERCOSUL/CMC/DEC. Nº 04/04 e MERCOSUL/CMC/DEC. Nº 15/06.

8.6. O Acordo de Defesa da Concorrência do MERCOSUL

Como indicado no item precedente, no final do ano de 2010, o Conselho do Mercado Comum passou a decisão MERCOSUL/CMC/DEC. Nº 43/10, aprovando o texto do "Acordo de Defesa da Concorrência do MERCOSUL"[569].

Na primeira parte da presente obra analisamos a construção desta nova regulação, desde os trabalhos e reuniões do Comitê Técnico nº 5 – Defesa da Concorrência até sua final aprovação em 16 de dezembro de 2010, na XL Reunião do Conselho do Mercado Comum – CMC, havida em Foz do Iguaçu, Brasil.

O novo modelo regulatório altera o modelo anterior do Protocolo de Fortaleza, revogando-o e substituindo a estrutura até então existente por um modelo

---

de aplicação, adotarão mecanismos de cooperação e consultas no plano técnico no sentido de:a) sistematizar e intensificar a cooperação entre os órgãos e autoridades nacionais responsáveis com vistas ao aperfeiçoamento dos sistemas nacionais e dos instrumentos comuns de defesa da concorrência, mediante um programa de intercâmbio de informações e experiências, de treinamento de técnicos e de compilação da jurisprudência relativa à defesa da concorrência, bem como da investigação conjunta das práticas lesivas à concorrência no MERCOSUL; b) identificar e mobilizar, inclusive por meio de acordos de cooperação técnica em matéria de defesa da concorrência celebrados com outros Estados ou agrupamentos regionais, os recursos necessários à implementação do programa de cooperação à que se refere a allnea anterior". Disponível em http://www.mre.gov.py/dependencias/ tratados/mercosur/registro%20mercosur/Acuerdos/1996/portugues/19%20Protocolo%20de%20 Defensa%20de%20la%20Competencia%20del%20MERCOSUR.pdf. Acesso em 14/10/2009.

[569] MERCOSUL/CMC/DEC. Nº 43/10. Disponível em http://gd.mercosur.int/SAM/GestDoc/ pubweb.nsf/Normativa?ReadForm&lang=ESP&id=62B73ED5C26FE5E3032578800058DA26. Acesso em 10/03/2011.

DEFESA NA CONCORRÊNCIA NO MERCOSUL

muito mais simplificado e voltado para o fomento da cooperação entre os Estados-Partes e suas autoridades internas de concorrência.

No presente tópico nos dedicaremos à estrutura do Acordo de Defesa da Concorrência do MERCOSUL, segundo texto da normativa instituído pela decisão MERCOSUL/CMC/DEC. Nº 43/10. Para efeitos de comparação, lembramos ao leitor que transcrevemos um fluxograma do funcionamento e estrutura do Protocolo de Fortaleza, colado ao final do capítulo 7 da presente obra[570].

Segundo a decisão MERCOSUL/CMC/DEC. Nº 43/10, o Acordo de Defesa da Concorrência do MERCOSUL tem como objetivos: (a) a promoção da cooperação e a coordenação entre os Estados Partes no tocante à aplicação das leis nacionais de concorrência no âmbito do MERCOSUL; (b) o provimento da assistência mútua em qualquer matéria relativa à política de concorrência que considerem necessária; (c) o asseguramento de que exista consideração cuidadosa pelos Estados Partes de seus relevantes interesses recíprocos, na aplicação das respectivas leis de concorrência; e (d) a eliminação de práticas anticompetitivas por meio da aplicação das respectivas leis de concorrência[571].

O art. 2º apresenta uma relação de definições que devem ser tidas como norte para a operacionalização do Acordo, especialmente tratando de (a) indicação de quais são as Leis de Concorrência de cada Estado-Parte [572]; (b) indicação de quais são as Autoridades de Concorrências de cada Estado-Parte; (c) conceito de "Prática Anticompetitiva"[573]; (d) conceito de "Concentração Econômica"[574];

---

[570] Vide *Quadro 4*, colocado na parte final do item *"7.6. Possíveis Razões para a Estagnação da Regulação do Antitruste no Mercosul"*.

[571] MERCOSUL/CMC/DEC. Nº 43/10. *"CAPÍTULO I – OBJETIVOS E DEFINIÇÕES – Art. 1. O presente Acordo tem por objetivos: (a) Promover a cooperação e a coordenação entre os Estados Partes no tocante à aplicação das leis nacionais de concorrência no âmbito do MERCOSUL; (b) Prover assistência mútua em qualquer matéria relativa à política de concorrência que considerem necessária; (c) Assegurar a consideração cuidadosa pelos Estados Partes de seus relevantes interesses recíprocos, na aplicação das respectivas leis de concorrência; (d) Eliminar práticas anticompetitivas por meio da aplicação das respectivas leis de concorrência"* Disponível em http://gd.mercosur.int/SAM/GestDoc/pubweb.nsf/Normativa?ReadForm&lang=ESP&id=62B73ED5C26FE5E3032578800058DA26. Acesso em 10/03/2011

[572] Apontamos que a norma, para o caso brasileiro, ainda indica como marco regulatório nacional a Lei nº 8.884, de 11 de junho de 1994, não fazendo referência à nova Lei nº 12.529 de 30 de novembro de 2011.

[573] MERCOSUL/CMC/DEC. Nº 43/10. *"Art.2. Para fins deste Acordo: (...) (c) "Prática Anticompetitiva" significa qualquer conduta ou ato definido nas leis de concorrência de um Estado Parte e que, em função destas, esteja sujeito à imposição de sanções; (...)"*. Disponível em http://gd.mercosur.int/SAM/GestDoc/pubweb.nsf/Normativa?ReadForm&lang=ESP&id=62B73ED5C26FE5E3032578800058DA26. Acesso em 10/03/2011.

[574] MERCOSUL/CMC/DEC. Nº 43/10. *"Art.2. Para fins deste Acordo: (...) "(d) Concentração Econômica" significa qualquer transação econômica ou ato tal como definidos na legislação de concorrência dos Estados*

254

A DEFESA DA CONCORRÊNCIA

(e) conceito de "Atividade (ou ação ou medida) de aplicação ou execução"[575];
(f) e conceito de "interesse relevante ou importante"[576].

Ao contrário do modelo previsto no Protocolo de Fortaleza (que enquanto criava uma estrutura, deixava à competência exclusiva de cada Estado-Parte a regulação dos atos praticados no respectivo território), para fins do Acordo de Defesa da Concorrência do MERCOSUL, não existe o modelo institucional e é da competência exclusiva de cada Estado Parte a regulação dos atos praticados, total ou parcialmente, no respectivo território ou daqueles que sejam originados em outros Estados-Partes e que naquele produzam ou possam produzir efeitos sobre a concorrência. Nestes termos, a norma determina que as autoridades de concorrência de cada Estado-Parte são competentes para julgar atos que produzam efeitos no respectivo território nacional, reforçando o crivo interno de cada Estado-Parte para legislar, regular, avaliar, julgar e tratar dos atos relacionados à defesa da concorrência[577].

Vemos que a redação do art. 3º[578] do Acordo de Defesa da Concorrência do MERCOSUL foi melhor e mais trabalhada do que a do art. 3º do Protocolo de

---

Partes; (...)". Disponível em http://gd.mercosur.int/SAM/GestDoc/pubweb.nsf/Normativa?ReadForm&lang=ESP&id=62B73ED5C26FE5E3032578800058DA26. Acesso em 10/03/2011.

[575] MERCOSUL/CMC/DEC. Nº 43/10. *"Art.2. Para fins deste Acordo: (...) (e) "Atividade (ou ação ou medida) de aplicação ou execução" significa qualquer investigação ou procedimento conduzido pelas autoridades de concorrência de um Estado Parte, nos termos de suas respectivas leis de concorrência; (...)".* Disponível em http://gd.mercosur.int/SAM/GestDoc/pubweb.nsf/Normativa?ReadForm&lang=ESP&id=62B73ED5C26FE5E3032578800058DA26. Acesso em 10/03/2011.

[576] MERCOSUL/CMC/DEC. Nº 43/10. *"Art.2. Para fins deste Acordo: (...) (f) "interesse relevante ou importante" significa qualquer tema considerado de destaque por um Estado Parte em matéria de concorrência prevista neste Acordo".* Disponível em http://gd.mercosur.int/SAM/GestDoc/pubweb.nsf/Normativa?ReadForm&lang=ESP&id=62B73ED5C26FE5E3032578800058DA26. Acesso em 10/03/2011.

[577] MERCOSUL/CMC/DEC. Nº 43/10. *"CAPÍTULO II – COMPETÊNCIA NO MERCOSUL – Art. 3. É da competência exclusiva de cada Estado Parte a regulação dos atos praticados, total ou parcialmente, no respectivo território ou daqueles que sejam originados em outros Estados Partes e que naquele produzam ou possam produzir efeitos sobre a concorrência. Parágrafo Único. As autoridades de concorrência de cada Estado Parte são competentes para julgar atos que produzam efeitos no respectivo território nacional".* Disponível em http://gd.mercosur.int/SAM/GestDoc/pubweb.nsf/Normativa?ReadForm&lang=ESP&id=62B73ED5C26FE5E3032578800058DA26. Acesso em 10/03/2011.

[578] MERCOSUL/CMC/DEC. Nº 43/10. *"Art. 3. É da competência exclusiva de cada Estado Parte a regulação dos atos praticados, total ou parcialmente, no respectivo território ou daqueles que sejam originados em outros Estados Partes e que naquele produzam ou possam produzir efeitos sobre a concorrência. Parágrafo Único. As autoridades de concorrência de cada Estado Parte são competentes para julgar atos que produzam efeitos no respectivo território nacional".* Disponível em http://gd.mercosur.int/SAM/GestDoc/pubweb.nsf/Normativa?ReadForm&lang=ESP&id=62B73ED5C26FE5E3032578800058DA26. Acesso em 10/03/2011.

DEFESA NA CONCORRÊNCIA NO MERCOSUL

Fortaleza[579], pois nos parece permitir que os Estados sigam no modelo de cooperação, implementando em suas estruturas e normas internas regras que possam ter aplicação e efeito comunitário. Isto porque, ao determinar a competência exclusiva de cada Estado Parte na regulação dos atos, a norma o fez com a expressa indicação de atos que total ou parcialmente produzam ou possam produzir efeitos sobre a concorrência. Existe o reconhecimento regulatório de que um ato pode produzir efeito parcial ou total em um Estado-Parte e ser originado em outro Estado-Parte, e com isso os procedimentos de consulta, coordenação, cooperação técnica e intercâmbio de informações podem ser fomentados e viabilizados com maior liberdade, sem o modelo rígido e institucional anterior (do Protocolo de Fortaleza).

Sob a ótica institucional em matéria de concorrência, no âmbito interno de cada Estado-Parte as Autoridades de Concorrências são competentes, enquanto que no MERCOSUL o órgão competente é o Comitê Técnico de Defesa da Concorrência – CT Nº 5, sendo que a interlocução do Comitê nas matérias de sua competência se faz por intermédio do membro representante do Estado Parte (Coordenador Nacional), observados os termos estabelecidos no Regulamento Interno da Comissão de Comércio do MERCOSUL[580].

O modelo instituído pelo Acordo de Defesa da Concorrência do MERCOSUL prevê a possibilidade de (i) consulta; (ii) atividade de coordenação; (iii) atividade de cooperação e intercâmbio de informações; e (iv) notificação.

A consulta é a alternativa mais estruturada e trabalhada no corpo do Acordo. Está prevista no art. 6º da normativa [581], que estabelece que qualquer Autoridade

---

[579] Protocolo de Defesa da Concorrência do Mercosul – Protocolo de Fortaleza – PDC – Decisão MERCOSUL/CMC/DEC. Nº 18/96. *"Art. 3º É da competência exclusiva de cada Estado Parte a regulação dos atos praticados no respectivo território por pessoa física ou jurídica de direito público ou privado ou outra entidade nele domiciliada e cujos efeitos sobre a concorrência a ele se restrinjam".* Disponível em http://www.mercosur.int/msweb/portal%20intermediario/Normas/normas_web/Decisiones/PT/ Dec_018_096_Protocolo%20Defesa%20Concorrência_Ata%202_96.PDF . Acesso em 05/07/2010.

[580] MERCOSUL/CMC/DEC. Nº 43/10. *"Art. 4. No MERCOSUL, o órgão competente em matéria de concorrência é o Comitê Técnico de Defesa da Concorrência – CT Nº 5, instituído no âmbito da Comissão de Comércio do MERCOSUL, nos termos do Artigo 8º, da Decisão CMC Nº 59/00 do Conselho do Mercado Comum. Parágrafo Único. O disposto neste artigo poderá sofrer alteração em virtude de disposição ulterior. Art. 5. A interlocução do CT Nº 5 nas matérias de sua competência se fará por intermédio do membro representante do Estado Parte (Coordenador Nacional), nos termos estabelecidos no Regulamento Interno da Comissão de Comércio do MERCOSUL, que detiver a Presidência Pro-Tempore do MERCOSUL".* Disponível em http:// gd.mercosur.int/SAM/GestDoc/pubweb.nsf/Normativa?ReadForm&lang=ESP&id=62B73ED5C 26FE5E3032578800058DA26. Acesso em 10/03/2011.

[581] MERCOSUL/CMC/DEC. Nº 43/10. *"Art. 6. Qualquer autoridade de concorrência poderá solicitar consultas a respeito de qualquer matéria relacionada a este Acordo, independentemente de notificação prévia".* Disponível em http://gd.mercosur.int/SAM/GestDoc/pubweb.nsf/Normativa?ReadForm&lang= ESP&id=62B73ED5C26FE5E3032578800058DA26. Acesso em 10/03/2011.

A DEFESA DA CONCORRÊNCIA

de Concorrência pode solicitar consultas a respeito de qualquer matéria relacionada ao Acordo, independentemente de notificação prévia, ou seja, qualquer matéria relacionada à Defesa da Concorrência.

Tal solicitação deve respeitar e seguir um roteiro padrão que é Anexo ao Acordo, ressalvadas eventuais trocas de informações posteriores em reuniões presenciais entre os Estados-Partes, ou por outro meio tecnológico (teleconferência, videoconferência)[582], sempre considerando que o oferecimento ou solicitação de consultas deve ser feito por intermédio do CT Nº 5, que procederá ao encaminhamento à Parte destinatária e consultada[583]. O referido roteiro possui a seguinte estrutura, a saber:

ROTEIRO CONSULTA[584]

1) DADOS DA CONSULTA

1.1. Estado Parte consulente	Remetente
1.2. Estado Parte consultado	Destinatário
1.3. Tipo de consulta	Informação ou opinião

2) JUSTIFICATIVA DA CONSULTA

2.1. Razões	
2.2. Urgência ou prazo limite (se aplicável)	
2.3. Outras justificativas	

3) OBJETO DA CONSULTA

3.1. Matéria a ser consultada	
3.2. Descrição detalhada da informação requerida	
3.3. Outras informações relevantes	

[582] MERCOSUL/CMC/DEC. Nº 43/10. *"Art. 6. (...) § 1º A solicitação de consultas deverá seguir o roteiro estabelecido no Anexo deste Acordo, ressalvadas as trocas de informações posteriores em reuniões presenciais entre os Estados Partes, ou por outro meio tecnológico (teleconferência, videoconferência);"*. Disponível em http://gd.mercosur.int/SAM/GestDoc/pubweb.nsf/Normativa?ReadForm&lang=ESP&id=62B73ED5C26FE5E3032578800058DA26. Acesso em 10/03/2011.

[583] MERCOSUL/CMC/DEC. Nº 43/10. *"Art. 13. O oferecimento ou solicitação de consultas se fará por intermédio do CT Nº 5, que procederá ao encaminhamento à Parte destinatária, nos termos estabelecidos no Artigo 5 do Capítulo II deste Acordo."*. Disponível em http://gd.mercosur.int/SAM/GestDoc/pubweb.nsf/Normativa?ReadForm&lang=ESP&id=62B73ED5C26FE5E3032578800058DA26. Acesso em 10/03/2011.

[584] Vide Anexo à MERCOSUL/CMC/DEC. Nº 43/10. Disponível em http://gd.mercosur.int/SAM/GestDoc/pubweb.nsf/Normativa?ReadForm&lang=ESP&id=62B73ED5C26FE5E3032578800058DA26. Acesso em 10/03/2011.

4) OUTRAS CONSIDERAÇÕES DO ESTADO PARTE SOLICITANTE

A normativa determina que a solicitação de consultas tenha expressa indicação das razões para o requerimento, bem como quaisquer outras informações consideradas relevantes, devendo cada Autoridade de Concorrência envidar seus maiores esforços no intuito de responder consultas em um prazo de 90 (noventa) dias, com vistas a buscar alcançar conclusão consistente em relação aos objetivos do Acordo de Defesa da Concorrência do MERCOSUL. Vale ressaltar que caso haja prazo limite ou urgência para uso da informação, a Autoridade requerente deverá informá-lo à Autoridade de Concorrência do Estado requerido, com a devida fundamentação, para consideração tempestiva da autoridade requerida, possibilitando assim a efetiva cooperação e utilização dos instrumentos de coordenação existentes na decisão MERCOSUL/CMC/DEC. Nº 43/10[585].

O art. 7 do Acordo estabelece que a solicitação de consultas entre Autoridades de Concorrência poderá ocorrer, sem prejuízo de outras situações, quando: *"(a) Um Estado Parte considerar de maneira fundamentada que uma investigação ou procedimento relacionados a uma prática anticompetitiva ou concentração econômica, conduzido na jurisdição de outro Estado Parte, afeta seus interesses; (b) Um Estado Parte considerar de maneira fundamentada que práticas anticompetitivas ou concentrações econômicas, que sejam ou tenham sido realizadas por uma ou mais pessoas naturais e/ou pessoas jurídicas situadas na jurisdição de outro Estado Parte, afetam substancial e adversamente os interesses da primeira Parte"*. Ora, temos mais uma vez a comprovada intenção dos Estados-Partes em fomentar e estimular a cooperação em matéria antitruste, pois sejam em virtude de uma investigação ou procedimento já existente, seja por uma prática anticompetitiva ou concentração econômica ainda não avaliada ou investigada, o texto do Acordo claramente determina a possibilidade de que seja iniciado o procedimento de consulta. Trata-se de possibilidade, e não de uma obrigação.

A consulta não tem caráter vinculativo e não pode prejudicar qualquer ação praticada nos Estados-Partes e que tenha por fundamento as leis internas de concorrência, assim como não pode ferir a plena liberdade da decisão final da Autori-

---

[585] MERCOSUL/CMC/DEC. Nº 43/10. *"Art. 6. (...) § 2º A solicitação de consultas deverá indicar as razões para o requerimento, bem como quaisquer outras informações consideradas relevantes; § 3º Cada autoridade de concorrência envidará seus maiores esforços no intuito de responder consultas em um prazo de noventa dias, com vistas a alcançar conclusão consistente com os objetivos do presente Acordo. § 4º Caso haja prazo limite ou urgência para uso da informação, a autoridade requerente deverá informá-lo à autoridade de concorrência do Estado requerido, com a devida fundamentação, para consideração tempestiva da autoridade requerida"*. Disponível em http://gd.mercosur.int/SAM/GestDoc/pubweb.nsf/Normativa?ReadForm&lang=ESP&id=62B73ED5C26FE5E3032578800058DA26. Acesso em 10/03/2011.

dade de Concorrência consultada do outro Estado-Parte[586]. Contudo, nos termos o art. 9 do Acordo, *"a autoridade de concorrência consultada deve considerar cuidadosamente as opiniões manifestadas pela autoridade de concorrência remetente"*, sempre tendo em conta os objetivos do Acordo de Defesa da Concorrência do MERCOSUL[587].

Importa informar que segundo o art. 11 do Acordo[588], independentemente da decisão sobre o assunto em discussão, o Estado-Parte solicitado deve imediata e prontamente informar o Estado-Parte solicitante, indicando e apontando as razões técnicas que embasaram a decisão da consulta. Inclusive, caso eventuais atividades de execução tenham sido iniciadas ou ampliadas, a Autoridade de Concorrência do Estado-Parte solicitado deve comunicar ao Estado-Parte solicitante os resultados e, na medida do possível, seus progressos parciais, quando significativos. Vemos aqui clara preocupação com o acompanhamento e com o andamento das atividades das Autoridades de Concorrência de cada Estado-Parte.

Vale lembrar que segundo garantia outorgada pelo art. 12 do Acordo, as disposições da norma mercosuliana não podem obstar que *"a Parte solicitante conduza, no âmbito de sua jurisdição, atividades de aplicação referentes às práticas anticompetitivas ou concentrações econômicas consultadas, ou, ainda, retire a sua solicitação"*[589]. Significa dizer que o procedimento de consulta não tem caráter vinculante seja para a parte solicitante, seja para a parte solicitada. Mas a Autoridade de Concorrência consultada tem sempre a liberdade de iniciar ou ampliar quaisquer medidas de

---

[586] MERCOSUL/CMC/DEC. Nº 43/10. *"Art. 8. A consulta não prejudica qualquer ação praticada ao abrigo das leis de concorrência e a plena liberdade de decisão final da autoridade de concorrência consultada"*. Disponível em http://gd.mercosur.int/SAM/GestDoc/pubweb.nsf/Normativa?ReadForm&lang= ESP&id=62B73ED5C26FE5E3032578800058DA26. Acesso em 10/03/2011.

[587] MERCOSUL/CMC/DEC. Nº 43/10. *"Art. 9. Sem prejuízo do disposto Artigo 8 e da compatibilidade com seus interesses relevantes, a autoridade de concorrência consultada deve considerar cuidadosamente as opiniões manifestadas pela autoridade de concorrência remetente, tendo em conta os objetivos deste Acordo"*. Disponível em http://gd.mercosur.int/SAM/GestDoc/pubweb.nsf/Normativa?ReadForm&lang= ESP&id=62B73ED5C26FE5E3032578800058DA26. Acesso em 10/03/2011.

[588] MERCOSUL/CMC/DEC. Nº 43/10. *"Art. 11. Qualquer que seja a decisão sobre o assunto em discussão, a Parte solicitada deverá prontamente informar a Parte solicitante, acompanhada das razões técnicas que a embasaram, ressalvado o previsto no Capítulo VII. Parágrafo Único. Se atividades de execução forem iniciadas ou ampliadas, as autoridades de concorrência da Parte solicitada deverão comunicar à Parte solicitante os seus resultados e, na medida do possível, seus progressos parciais, quando significativos"*. Disponível em http:// gd.mercosur.int/SAM/GestDoc/pubweb.nsf/Normativa?ReadForm&lang=ESP&id=62B73ED5 C26FE5E3032578800058DA26. Acesso em 10/03/2011.

[589] MERCOSUL/CMC/DEC. Nº 43/10. *"Art. 10. A autoridade de concorrência consultada pode iniciar ou ampliar medidas de execução que considere apropriadas, em conformidade com suas leis, e sem prejuízo da aplicação integral de seu poder discricionário, o que inclui considerações acerca da natureza das medidas legais ou penalidades propostas no caso em análise"*. Disponível em http://gd.mercosur.int/SAM/GestDoc/ pubweb.nsf/Normativa?ReadForm&lang=ESP&id=62B73ED5C26FE5E3032578800058DA26. Acesso em 10/03/2011.

DEFESA NA CONCORRÊNCIA NO MERCOSUL

execução que julgue apropriadas, sem a oitiva da parte consultante, nos termos de sua legislação interna, respeitando ainda seu poder discricionário, incluindo a aplicação de medidas legais ou penalidades para o caso em análise[590].

As atividades de coordenação estão previstas nos arts. 14 e 15 do Acordo de Defesa da Concorrência do MERCOSUL, sendo uma possibilidade de Estado-Parte manifestar interesse à Autoridade de Concorrência do outro Estado-Parte em coordenar as atividades de aplicação no que diz respeito a um caso específico, sujeito às respectivas leis de concorrência de cada jurisdição[591]. Esta atividade abre espaço para a efetiva aplicação de duas normas que representam evidentes avanços da matéria no âmbito do Mercosul, ainda sob a vigência do Protocolo de Fortaleza, que são as decisões MERCOSUL/CMC/DEC. Nº 04/04 e MERCO-SUL/CMC/DEC. Nº 15/06. A primeira aprovou o *"Entendimento sobre Cooperação entre as Autoridades de Defesa da Concorrência dos Estados Partes do Mercosul para Aplicação de suas Leis Nacionais de Concorrência"*, e a segunda o *"Entendimento sobre Cooperação entre as Autoridades de Defesa de Concorrência dos Estados Partes do Mercosul para o Controle de Concentrações Econômicas de Âmbito Regional"*. Ambas normas já estão devidamente integradas nos ordenamentos de Brasil, Argentina e Uruguai.

O art. 15. do Acordo estabelece que *"ao determinar a extensão de qualquer coordenação, as autoridades de concorrência poderão considerar, entre outros fatores: (a) os resultados que a coordenação poderia produzir; (b) a possibilidade de obtenção de informação adicional decorrente da coordenação; (c) qualquer redução de custos para as autoridades de concorrência e/ou para os agentes econômicos envolvidos; e (d) os prazos aplicáveis nos termos das respectivas leis de concorrência"*. Visível a intenção das negociações do Acordo de Defesa da Concorrência em não somente estimular a cooperação e coordenação, mas também em criar um *continuum* decisório e um *continuum* histórico de cooperação.

---

[590] MERCOSUL/CMC/DEC. Nº 43/10. *"Art. 12. As disposições do presente Acordo não obstarão a que a Parte solicitante conduza, no âmbito de sua jurisdição, atividades de aplicação referentes às práticas anticompetitivas ou concentrações econômicas consultadas, ou, ainda, retire a sua solicitação"*. Disponível em http://gd.mercosur.int/SAM/GestDoc/pubweb.nsf/Normativa?ReadForm&lang=ESP&id=62B73ED5C 26FE5E3032578800058DA26. Acesso em 10/03/2011.

[591] MERCOSUL/CMC/DEC. Nº 43/10. *"CAPÍTULO IV – ATIVIDADES DE COORDENAÇÃO – Art. 14. A autoridade de concorrência de uma das Partes poderá manifestar interesse à autoridade de concorrência da outra parte em coordenar as atividades de aplicação no que diz respeito a um caso específico, sujeito às respectivas leis de concorrência de cada jurisdição. § 1º Sempre que os Estados Partes identificarem que as atividades de execução podem gerar decisões contraditórias, envidarão seus maiores esforços para resolver eventuais problemas daí decorrentes; § 2º Esta coordenação não impedirá as Partes de tomarem decisões autônomas"*. Disponível em http://gd.mercosur.int/SAM/GestDoc/pubweb.nsf/Normativa?ReadForm&lang=ESP&id=6 2B73ED5C26FE5E3032578800058DA26. Acesso em 10/03/2011.

A DEFESA DA CONCORRÊNCIA

Vale lembrar, que assim como para o procedimento de consulta, a atividade de coordenação não impede os Estados-Partes de tomarem suas decisões autônomas[592].

Podem, ainda, os Estados, buscar a atividade de cooperação e intercâmbio de informações. Segundo o art. 16 do Acordo, os Estados-Partes podem trabalhar conjuntamente em *"atividades de assistência técnica para o desenvolvimento, adoção, implementação e cumprimento das leis e políticas de concorrência, inclusive por meio do compartilhamento de conhecimentos e informação, capacitação de funcionários, participação de pessoal como conferencistas e consultores em eventos relacionados com questões de concorrência e intercâmbio de pessoal, quando necessário"*. Com isso, os Estados-Partes passam a ter instrumental para o correto e efetivo desenvolvimento da cooperação e para a construção da regulação e da defesa da concorrência no âmbito do MERCOSUL, consoante já bastante trabalhando na primeira parte da presente obra, inclusive com o possível engajamento das dimensões local, estatal, regional e internacional.

Ainda estas atividades devem compreender o fornecimento à Autoridade de Concorrência do outro Estado-Parte, a seu pedido, informações e dados sobre casos concretos de seu interesse[593], assim como deve ser fomentada sempre que possível a trocar experiências sobre os respectivos direitos e políticas da concorrência entre cada Estado-Parte, visando avaliar os resultados dos mecanismos de cooperação na área de defesa da concorrência[594].

E com fulcro em todas estas possibilidades, segundo ditames do art. 18 do Acordo,

"para facilitar a aplicação eficaz das respectivas leis de concorrência e promover uma melhor compreensão de seus respectivos ordenamentos jurídicos, as autoridades de concorrência de cada um dos Estados Partes se comprometem, na medida do possível, a intercambiar: (a) textos de doutrina, jurisprudência ou estudos públicos de mercado, ou, na ausência de

---

[592] MERCOSUL/CMC/DEC. Nº 43/10. *"Art. 14. (...) § 2º Esta coordenação não impedirá as Partes de tomarem decisões autônomas"*. Disponível em http://gd.mercosur.int/SAM/GestDoc/pubweb.nsf/Normat iva?ReadForm&lang=ESP&id=62B73ED5C26FE5E3032578800058DA26. Acesso em 10/03/2011

[593] MERCOSUL/CMC/DEC. Nº 43/10. *"Art. 17. Sem prejuízo do disposto nos Capítulos III e VII, a autoridade de concorrência de uma Parte deve enviar seus maiores esforços no sentido de fornecer à autoridade de concorrência da outra Parte, a seu pedido, informações e dados sobre casos concretos de seu interesse"*. Disponível em http://gd.mercosur.int/SAM/GestDoc/pubweb.nsf/Normativa?ReadForm&lang=ESP&id=6 2B73ED5C26FE5E3032578800058DA26. Acesso em 10/03/2011.

[594] MERCOSUL/CMC/DEC. Nº 43/10. *"Art. 19. As autoridades de concorrência dos Estados Partes devem procurar, na medida do possível, trocar experiências sobre os respectivos direitos e políticas da concorrência e avaliar os resultados dos mecanismos de cooperação nesta área"*. Disponível em http://gd.mercosur.int/ SAM/GestDoc/pubweb.nsf/Normativa?ReadForm&lang=ESP&id=62B73ED5C26FE5E303257 8800058DA26. Acesso em 10/03/2011.

tais documentos, dados não confidenciais ou resumos; (b) informações relativas à aplicação das leis de concorrência; (c) informações sobre a eventual reforma dos respectivos sistemas jurídicos, com o objetivo de melhorar a aplicação do direito da concorrência; e (d) outras informações relacionadas à disciplina da concorrência".

E por derradeira opção, o Acordo de Defesa da Concorrência do MERCO-SUL prevê a possibilidade de notificação, que deve ser feita por intermédio do CT Nº 5[595], que procederá o encaminhamento à Parte destinatária, cabendo a cada Estado-Parte notificar os demais acerca de uma ação de aplicação ou execução se esta: *"(a) for relevante para a atividade de aplicação ou execução de outra Parte; (b) for suscetível de afetar interesse relevante de outra Parte; (c) referir-se a restrição de concorrência suscetível de ter efeitos diretos e substanciais no território de outra Parte; ou (d) relacionar-se a práticas anticompetitivas ou concentrações econômicas ocorridas principalmente no território de outra Parte"*[596]. Aqui entendemos que esta listagem, diferente de outras do Acordo, é taxativa, e não meramente exemplificativa.

Importante ressalva é feita pelo art. 21 do Acordo[597], que determina que se possível e desde que a notificação não seja contrária às leis da concorrência dos demais Estados-Partes, ou que não prejudique qualquer investigação em curso, a medida deve ser adotada ainda durante a fase inicial do processo, possibilitando que a Autoridade de Concorrência notificada expresse o seu devido parecer, sem prejuízo para a investigação.

O art. 22 do Acordo apresenta, ainda, requisitos formais para o caso de um Estado-Parte buscar se valer da medida. Neste sentido, deve a notificação apresentar as informações necessárias, assim como a descrição das circunstâncias das

---

[595] MERCOSUL/CMC/DEC. Nº 43/10. *"Art. 23. A notificação se fará por intermédio do CT Nº 5, que procederá ao encaminhamento à Parte destinatária, nos termos estabelecidos no Artigo 5 do Capítulo II deste Acordo".* Disponível em http://gd.mercosur.int/SAM/GestDoc/pubweb.nsf/Normativa?ReadForm&lang=ESP&id=62B73ED5C26FE5E3032578800058DA26. Acesso em 10/03/2011.

[596] MERCOSUL/CMC/DEC. Nº 43/10. *"CAPÍTULO VI – NOTIFICAÇÃO – Art. 20. Considerando as disposições previstas no Capítulo VII e os recursos administrativos disponíveis, as autoridades de concorrência de cada Estado Parte envidarão seus maiores esforços no sentido de notificar os demais Estados Partes acerca de uma ação de aplicação ou execução se esta: (a) for relevante para a atividade de aplicação ou execução de outra Parte; (b) for suscetível de afetar interesse relevante de outra Parte; (c) referir-se a restrição de concorrência suscetível de ter efeitos diretos e substanciais no território de outra Parte; ou (d) relacionar-se a práticas anticompetitivas ou concentrações econômicas ocorridas principalmente no território de outra Parte".* Disponível em http://gd.mercosur.int/SAM/GestDoc/pubweb.nsf/Normativa?ReadForm&lang=ESP&id=62B73ED5C26FE5E3032578800058DA26. Acesso em 10/03/2011.

[597] MERCOSUL/CMC/DEC. Nº 43/10. *"Art. 21. Na medida do possível e desde que não seja contrária às leis da concorrência dos Estados Partes e não prejudique qualquer investigação em curso, a notificação deve ser realizada durante a fase inicial do processo, a fim de permitir que a autoridade de concorrência notificada expresse o seu parecer".* Disponível em http://gd.mercosur.int/SAM/GestDoc/pubweb.nsf/Normativa?ReadForm&lang=ESP&id=62B73ED5C26FE5E3032578800058DA26. Acesso em 10/03/2011.

A DEFESA DA CONCORRÊNCIA

atividades de execução suficientemente detalhadas para permitir uma avaliação por parte do Estado-Parte notificado, em função de seus próprios interesses, e também para a correta identificação das práticas sob investigação e os dispositivos legais pertinentes[598].

Por fim, o Acordo de Defesa da Concorrência do MERCOSUL estabelece que nenhum Estado-Parte pode ser obrigado ao fornecimento de informações e dados confidenciais, caso seja proibido por sua legislação interna ou incompatível com seus interesses relevantes ou com suas políticas governamentais, incluindo as relacionadas à divulgação de informação, confidencialidade, sigilo profissional ou interesses nacionais. E mais, a norma determina que salvo disposição em contrário, todas as opiniões apresentadas pelas Partes devem ser consideradas confidenciais[599]. Ou seja, os procedimentos, as atividades e os trabalhos, sejam de consulta, de cooperação e intercâmbio de informações ou notificação devem ser tratados de maneira que informações e dados sejam tidos como confidenciais.

---

[598] MERCOSUL/CMC/DEC. Nº 43/10. "*Art. 22. As notificações previstas no presente Capítulo apresentarão as informações necessárias e a descrição das circunstâncias das atividades de execução suficientemente detalhadas para permitir uma avaliação à luz dos interesses da outra Parte, além de identificar a natureza das práticas sob investigação e os dispositivos legais pertinentes*". Disponível em http://gd.mercosur.int/SAM/GestDoc/pubweb.nsf/Normativa?ReadForm&lang=ESP&id=62B73ED5C26FE5E30325788000 58DA26. Acesso em 10/03/2011.

[599] MERCOSUL/CMC/DEC. Nº 43/10. "*CAPÍTULO VII – CONFIDENCIALIDADE – Art. 24. Não obstante qualquer outra provisão deste Acordo, nenhum Estado Parte estará obrigado ao fornecimento de informações e dados confidenciais, se assim for proibido por sua legislação ou incompatível com seus interesses relevantes ou políticas governamentais, incluindo as relacionadas à divulgação de informação, confidencialidade, sigilo profissional ou interesses nacionais. Art. 25. Salvo disposição em contrário, todas as opiniões apresentadas pelas Partes devem ser consideradas confidenciais. Art. 26. Todas as informações devem ser utilizadas apenas para o propósito das atividades de aplicação das leis de concorrência que fundamentou sua comunicação, admitido o consentimento expresso da Parte provedora das informações para utilização em fim diverso*". Disponível em http://gd.mercosur.int/SAM/GestDoc/pubweb.nsf/Normativa?ReadForm&lang=ESP&id=6 2B73ED5C26FE5E3032578800058DA26. Acesso em 10/03/2011.

Capítulo 9
Mercado relevante

Pretendemos desenvolver no presente capítulo a efetiva ligação entre os conceitos apresentados nos capítulos precedentes, tomando por base as premissas, objetivos e razões da regulação da defesa da concorrência, considerado o Mercosul como uma Organização Internacional de Integração Econômica Regional, em busca da aplicação direta ao tema próprio do mercado relevante.

Após a apresentação e a pontuação dos conceitos, devemos verificar a importância da definição e do conceito de mercado relevante para a análise antitruste, considerando que tanto para a ação preventiva quanto a repressiva das autoridades de defesa da concorrência, é imperioso delimitar sobre qual território a análise deverá direcionar seu foco.

Passaremos, então para o estudo da tríade das bases analíticas, a saber, o mercado relevante de produto, o mercado relevante geográfico, e o mercado relevante temporal. O estudo deverá, ainda, apontar as teorias e metodologias de definição do mercado relevante, para, enfim, buscar na base regulatória o mercado relevante no âmbito interno/nacional dos países do Mercosul, e de forma pontual e meramente exemplificativa, na União Europeia e nos Estados Unidos da América. Ao final do capítulo, devemos considerar o mercado relevante na regulação do Protocolo de Fortaleza

9.1. A Defesa da Concorrência e o Mercado Relevante
A proteção à concorrência possui história importante no comércio internacional, basicamente dividindo seu enfoque e aplicação em dois grandes blocos, a saber, o direito antitruste norte-americano e o direito antitruste comunitário europeu[600].

---

[600] Sobre este debate histórico: Nusdeo, Fábio. *O Direito da Concorrência e a Concentração Empresarial – o Sistema Brasileiro de Defesa da Concorrência. IN:* Fusões e Aquisições: aspectos jurídicos e econômicos / Jairo Saddi ... [et al.]. São Paulo: IOB, 2002, págs. 332 a 352.

DEFESA NA CONCORRÊNCIA NO MERCOSUL

O Direito da Concorrência, antes de ser um campo de estudo das ciências jurídicas, possui ampla aplicabilidade nas ciências sociais como um todo, tendo em vista o impacto gerado por práticas desleais e prejudiciais realizadas por agentes econômicos em detrimento de concorrentes e da Sociedade (consumidores e o próprio Estado). Fábio Konder Comparato afirma que a regulamentação da concorrência surgiu da necessidade de que a liberdade de acesso ao mercado, decorrente do liberalismo econômico, não se transformasse em uma licença em prejuízo do próprio mercado e da concorrência[601]. Comparato afirma, ainda, que, no início, o fundamento da repressão à concorrência desleal foi a proteção à liberdade subjetiva dos concorrentes.

Hoje, o legislador também se preocupa com a proteção dos consumidores e de cláusulas sociais[602], envolvendo inclusive direitos de trabalhadores, sendo que a proteção aos interesses concorrentes se faz também em função da coletividade, visando garantir a igualdade de condições de concorrência[603]. Analisando a referida alteração da preocupação com o objeto do direito concorrencial, Salomão Filho aponta que o que se *"deve garantir é então a igualdade de condições de concorrência entre regiões econômicas em que vigorem condições econômicas muito diversas"*[604], fomentando, inclusive, a preocupação mais voltada ao aspecto regional, em detrimento ao internacional, pois a integração, por sí só, deveria resolver a questão externa por meio de Tarifa Externa Comum – TEC. Assim, se na existência de mercado e Sociedade deve haver proteção da concorrência, e se um bloco econômico regional possui pretensões de um mercado comum, no qual dentre outros objetivos, esteja a livre circulação de bens e capitais, e mais, a existência de um mercado mundial decorrente do comércio multilateral, temos de refletir sobre os impactos da mundialização, a forma como outros mercados organizados tratam o tema, e buscar uma linguagem comum para a questão, no âmbito do MERCOSUL.

Ainda que materialmente os processos globais e de integração sejam norteados por critérios de igualdade, notadamente esta não existe na prática, quando confrontados dados e realidades. Neste ponto, segundo Arroyo, a *"integração pode ser perversa sobretudo para as pequenas e médias empresas que terão grande dificuldade de sobrevivência"*[605]. Mas para reduzir este impacto, a presença do Estado é exigida, posto que este identifica-se com a figura do grande regulador do mer-

---

[601] COMPARATO, Fabio Konder. *op. cit.*, págs. 29-35.
[602] SALOMÃO FILHO, Calixto. *O Mercosul como Modelo de Regulação do Mercado. IN*: João Grandino Rodas. (Org.). Contratos Internacionais. 3 ed. v. 1 – São Paulo: Revista dos Tribunais, 2002, págs. 420 a 423.
[603] SALOMÃO FILHO, Calixto. *op. cit.*, pág. 416.
[604] SALOMÃO FILHO, Calixto. *op. cit.*, pág. 416.
[605] ARROYO, Monica. *Mercosul: discurso de uma nova dimensão do território que encobre antigas falácias*. In Território. Globalização e Fragmentação. Milton Santos, Maria Adélia A. de Souza e Maria Laura

MERCADO RELEVANTE

cado, na esfera da defesa da concorrência. Assim o é nas legislações internas, especialmente do caso Mercosul, de Argentina e Brasil, e assim também pode ser extraído pela regulação da defesa da concorrência no Mercosul, por meio do "Protocolo de Defesa da Concorrência no Mercosul – Protocolo de Fortaleza", de 17 de dezembro de 1996[606].

Voltando ao ponto da competição entre os agentes de mercado, segundo Arroyo, esta exige uma presença ativa do Estado, destacando que *"nos países industrializados o Estado ocupa papel central na determinação da competitividade, impondo-se o conceito de "competitividade sistêmica", o qual implica que os esforços individuais das firmas devem estar acompanhados por inumeráveis aspectos que conformam seu entorno (infraestrutura física, aparato científico tecnológico, recursos para o sistema educacional, financiamento e incentivos fiscais)"*[607]. A isto somamos um bom e eficiente quadro e marco regulatório de defesa da concorrência, igualmente imposto e fomentado pelo Estado (Estado Nação ou por Organizações Internacionais como o Mercosul).

Na esfera global estas idéias acabam por difundir-se. Mas devemos ter em lembrança que os lugares sofrem influências das horizontalidades e verticalidades, influenciando diretamente nas relações sócio-político-econômicas entre os empresários, as empresas e os lugares. Segundo Evelyn Andrea Arruda Pereira,

"embora possamos apontar algumas características comuns na ação social das empresas no período atual, originárias dos esforços de homogeneização do discurso característicos da globalização, há diferenciações que precisam ser apontadas. Isto porque, ainda que existam determinações que incidem sobre o território como verticalidades, o próprio cotidiano é produtor de diferenciações internas aos lugares, impondo a estas ordens externas uma dinâmica única para cada relação entre empresa e lugar. A combinação entre esses dois arranjos espaciais – verticalidades e horizontalidades – confere o caráter único de cada lugar, que existe em função desta moderação entre determinações externas e relações localmente construídas"[608].

Ademais, considerando o caso do Mercosul, o processo regional de integração e regionalização também acentua estas influências das horizontalidades e verticalidades. Nas palavras de Santos e Arroyo, *"o processo de regionalização, ao*

Silveira (orgs.). 3ª ed. – São Paulo: Editora HUCITEC e Associação Nacional de Pós-graduação e Pesquisa em Planejamento Urbano Regional (ANPUR), 1996, pág. 312.

[606] Protocolo de Defesa da Concorrência no Mercosul – Protocolo de Fortaleza – Disponível em http://www.mercosur.int/msweb/Portal%20Intermediario/Normas/normas_web/Decisiones/PT/Dec_018_096_Protocolo%20Defesa%20Concorr%C3%AAncia_Ata%202_96.PDF. Acesso em 01/11/2009.

[607] ARROYO, Monica. *ibidem.*

[608] PEREIRA, Evelyn Andrea Arruda. *A empresa e o lugar na globalização: a 'responsabilidade social empresarial' no território brasileiro.* Dissertação de Mestrado. Faculdade de Filosofia, Letras e Ciências Humanas (FFLCH) – Universidade de São Paulo (USP), 2007, pág. 104.

DEFESA NA CONCORRÊNCIA NO MERCOSUL

promover uma subdivisão do espaço a partir de manchas, facilita a existência das horizontalidades, domínios da contigüidade, daqueles lugares vizinhos reunidos por uma continuidade territorial"[609]. Mas tais movimentos são acompanhados por outros, que podem ser compreendidos como respostas, ou seja, *"dadas essas características, as horizontalidades poderiam ser o lugar de resistência às verticalidades que tratam de impor essa racionalidade superior junto com o discurso pragmático dos setores hegemônicos"*[610]. E tal resistência pode advir, na nossa hipótese, da defesa da concorrência bem estruturada e regulamentada no Mercosul, com efetiva e eficaz cooperação entre os Estados-membros do bloco.

Neste ponto destacamos, considerados os conceitos já tratados, a importância de pensar o espaço geográfico na construção do conceito de mercado relevante, nas análises e processos de defesa da concorrência. Segundo Mario Luiz Possas,

"o conceito de mercado relevante é crucial para a análise dos efeitos anticompetitivos potenciais de operações que impliquem concentração de mercado e/ou condutas praticadas por empresas que se supõe detentoras de poder de mercado, cujo exercício abusivo incumbe à legislação e às agências de defesa da concorrência (antitruste), como objetivos essenciais, prevenir e coibir, pois é nesse locus – devidamente delimitado – que se dá, efetiva ou potencialmente, tal exercício"[611].

Pensar o mercado relevante, implica analisar o produto e o espaço geográfico, dadas premissas e questões fixadas na regulação, visto que há autores que incluem o tempo como variável e componente de sua determinação[612]. Mas pensar o mercado relevante também implica reconhecer que nele são travadas as relações de concorrência ou no qual é verificada a atuação do agente econômico cujo comportamento está sendo analisado[613]. Finkelstein lembra a questão do território de análise para acordos de comércio, destacando que *"a contiguidade territorial é talvez o maior caracterizador de afinidades entre nações, para fomentar a criação de um acordo de livre comércio ou união aduaneira, mas não é um pré-requisito"*[614]. Assim, a questão da

---

[609] SANTOS, Milton e ARROYO, Monica. *Globalização, Regionalização: A proposta do Mercosul*. In Caderno Técnico nº 24 – Indústria e Globalização da Economia. Brasília: Sesi-DN, 1997, pág. 59.

[610] SANTOS, Milton e ARROYO, Monica. *ibidem.*

[611] POSSAS, Mario Luiz. *Os conceitos de mercado relevante e de poder de mercado no âmbito da defesa da concorrência*. Artigo disponível em http://www.ie.ufrj.br/grc/pdfs/os_conceitos_de_mercado_relevante_e_de_poder_de_mercado.pdf, Acesso em 08/07/2009.

[612] Neste sentido: Fernando Smith Fabris cita Calixto Salomão Filho. FABRIS, Fernando Smith. *Concentrações Empresariais e o Mercado Relevante*. Porto Alegre: Sergio Antonio Fabris Editor, 2002, pág. 20. (SALOMÃO FILHO, Calixto. *Direito Concorrencial – as estruturas*. 3ª ed.. São Paulo: Malheiros)

[613] FORGIONI, Paula Andrea. *op. cit.*, pág. 231.

[614] FINKELSTEIN, Cláudio. *A Organização Mundial do Comércio e a Integração Regional*. In Revista do Instituto de Pesquisas e Estudos – Divisão Jurídica nº 19 – de agosto a novembro de 1997 – Insti-

MERCADO RELEVANTE

contiguidade territorial e geográfica não configuraria elemento suficiente para a compreensão e justificador do fenômeno do regionalismo, claramente influenciados por outros tantos aspectos da realidade. Ora, usualmente, temos que o elemento "contiguidade" está presente, conforme podemos constatar nos dados fixados no quadro 5 – Estatísticas do Comércio Internacional 2009[615], anexo ao final do presente trabalho.

Temos, por exemplo, precedentes internacionais com foco nesta questão, como por exemplo, a Federal Trade Commission (FTC), que é o órgão de políticas antitruste norte-americano, que elaborou um documento no qual traz definições conceituais sobre os mercados relevantes de produto e geográfico, que dentre outras definições aponta como Mercado Relevante Geográfico, *"O mercado relevante geográfico compreende a área na qual os empreendimentos/empresas interessadas estão envolvidos na oferta e demanda de produtos ou serviços, área na qual as condições de competição são suficientemente homogêneas e a qual possa ser distinguida de outras áreas circunvizinhas justamente porque as condições de competição são apreciavelmente diferentes nessas áreas"*. Ademais, o mercado relevante impõe o exame da existência, em determinada área geográfica, de determinados produtos ou serviços que possam ser substituídos por outros, de sorte a que se atenda integralmente às necessidades a que se dirigem. A questão envolve, também, o poder econômico dos agentes, pois temos como premissa da análise antitruste a necessidade de existência de um agente econômico em posição de influência ou de dominância[616], caso contrário, a defesa da concorrência poderá esvaziar-se de fundamentos e utilidade.

9.2. O Mercado Relevante

Primeiramente, cumpre colocar, que não obstante os modelos adotados para a fixação do mercado relevante em uma análise antitruste, existem diversos conceitos e divergências, seja em função da aplicação do conceito à realidade, seja pela própria delimitação física do espaço, dado não existir uma fórmula matemática para a delimitação do mercado relevante, que seja universal e totalmente aceita.

---

tuição Toledo de Ensino – Faculdade de Direito de Bauru. Bauru/SP, 1997, pág. 64.

[615] Vide Quadro 5 – Anexo ao presente trabalho.

[616] Segundo Tércio Sampaio Ferraz, *"a posição dominante, num espaço e por produto, num tempo dado, aponta não só e muito menos exclusivamente para a participação da empresa no mercado, mas para a sua força financeira, sua possibilidade de acesso aos mercados fornecedores e de escoamento, suas ligações e a qualidade das ligações com outras empresas, bem como as barreiras de fato e de direito que existem ou possam existir à penetração de outras empresas no mercado. Ora, a partir da posição dominante, é possível delimitar o produto relevante, no seu caráter específico, eventualmente único ou substituível, sua utilidade, o grau de dependência em que, frente a ele, se ponha o consumidor"*. FERRAZ, Tércio Sampaio. *Mercado relevante pelo produto e o problema da substitutibilidade. In* Estudos Introdutórios de Direito Econômico, Brasília Jurídica, Brasília: 1997, págs. 101-108. Também disponível em http://www.sampaioferraz.com.br/artigo_tercio_21_02_08.html. Acesso 6/01/2010.

O conceito central do mercado relevante não é geográfico, muito menos espacial ou específico de um dado produto, e sim, uma dimensão cujo substrato é econômico. Neste sentido, o que se persegue *"é o espaço econômico de trocas comerciais de bens ou serviços, ou seja, o mercado do produto ou do serviço"*[617]. Portanto, dado referido espaço econômico, temos que a *"área econômica na qual se exerce o poder econômico é o mercado relevante"*[618].

Bárbara Rosenberg, em parecer da Secretaria de Direito Econômico – SDE, Processo Administrativo nº 08012.009088/1999-48[619], que tramitou perante o CADE, assim pontuou:

"Ponto fundamental para o exame das práticas anticoncorrenciais é a análise do mercado relevante, tendo em vista que somente através dela é possível aferir-se a existência de posição dominante. Segundo o consagrado conceito, mencionado por PAULA A. FORGIONI: "O mercado relevante é aquele em que se travam as relações de concorrência ou atua o agente econômico cujo comportamento está sendo analisado".

Entretanto, conforme ressalta a mencionada jurista, não existe uma fórmula matemática para a delimitação do mercado relevante, mas apenas métodos que acabam por fornecer indicativos. Assim, um mercado relevante pode ter diferentes definições. Dentro desse contexto, valioso o ensinamento de SULLIVAN (apud FORGIONI, 1998) ao afirmar que: "... economic relationships are seldom so simple that a relevant market can be defined with exactitude and confidence. There is not for any product u single, real market waiting to be discovered".

"A definição geográfica e material do mercado relevante, portanto, apenas pode ser feita mediante análise casuística", conforme elucida FÁBIO ULHOA COELHO"[620].

De toda sorte, entre nós, existe o entendimento de que o conceito de mercado relevante tem derivação do conceito de *relevant market* do direito norte-americano, para o qual, inclusive, já foi bastante trabalhado e debatido na seara acadêmica e aplicado no universo prático material. Segundo Rosa e Schuartz,

"esta definição está bem sintetizada em fórmulas de autores norte-americanos conhecidos, como Hovenkamp e Sullivan. Para Hovenkamp (Economics and Federal Antitrust Law, 59), o relevant market é "o menor mercado no qual a elasticidade da demanda e da oferta é suficientemente baixa, de modo que uma empresa com 100% de tal mercado poderia, lucrativamente, reduzir a sua produção e aumentar os seus preços substancialmente".

---

[617] CUNHA, Ricardo Thomazinho. *op. cit.*, pág. 89.

[618] CUNHA, Ricardo Thomazinho. *ibidem.*

[619] Processo Administrativo nº 08012.009088/1999-48 – Disponível em http://www.cade.gov.br . Acesso em 30/11/2009.

[620] ROSENBERG, Bárbara. Parecer da Diretora da Secretaria de Direito Econômico – SDE, no Processo Administrativo nº 08012.009088/99-48. Disponível em http://www.cade.gov.br/temp/D_D000000291501247.pdf . Acesso em 01/12/2009, págs 100 e 101.

Sullivan (Antitrust, 41), mantendo intacta a idéia central exposta por Hovenkamp, nos diz que "definir um mercado em termos geográficos e de produto é o mesmo que dizer que se os preços de um produto para uma determinada área fossem substancialmente aumentados ou o seu volume substancialmente reduzido (mantida constante a demanda), uma oferta proveniente de outras fontes não ocorreria de uma maneira suficientemente rápida e em quantidades suficientemente grandes para restaurar os antigos preços e volume"[621].

No mesmo sentido, Lúcia Helena Salgado sentencia:

"o conceito de mercado relevante é um híbrido jurídico-econômico, criado pela prática norte-americana, cujo significado é o de delimitar as fronteiras do espaço econômico da análise antitruste. Parte da noção usual de mercado – espaço composto pelo produto e seus substitutos próximos – e acentua a relação intrínseca existente entre o poder de mercado e o universo de escolhas do consumidor"[622].

Para Sérgio Varella Bruna, o mercado relevante decorre de um anglicismo, em função de tradução literal da palavra em inglês "relevant", *"cujo sentido, ao contrário de relevante, não é de importante (ou aquele que tem relevo), mas sim o de pertinente ou correspondente. Assim, mais do que o mercado importante, o conceito de mercado relevante denota algo como mercado relativo, ou mercado pertinente"*[623].

Para Castelar e Saddi, trata-se de etapa relevante e com maior grau de dificuldade na análise antitruste[624], na qual devem ser identificadas duas dimensões, a saber, a de produto e a geográfica. A de produto consiste em *"definir quais os bens ou serviços que são substitutos próximos do produto comercializado pelas empresas envolvidas"*[625]. A geográfica implica na avaliação do *"grau em que existem concorrentes próximos em tamanho e condições de produção capazes de coibir o exercício de poder de mercado pela nova empresa, tornando pouco interessante para esta promover um aumento pequeno mas significante e não transitório de preço"*[626]. Para tais autores, vemos que são duas abordagens distintas, no entanto relacionadas e interdependentes.

Os conceitos e metodologias de apuração podem envolver uma forma mais ou menos elaborada, com maior ou menor amplitude, não obstante a utiliza-

---

[621] Neste sentido: ROSA, José Del Chiaro Ferriera da; e SCHUARTZ, Luiz Fernando. *Mercado Relevante e Defesa da Concorrência. IN* Revista de Direito Econômico – CADE, Brasília: Imprensa Nacional, n. 21, out./dez. 1995, pag. 66.

[622] SALGADO, Lúcia Helena. *O Conceito de Mercado Relevante. IN* Revista de Direito Econômico – CADE, Brasília: Imprensa Nacional, n. 26, setembro/dezembro de 1997, pag. 53.

[623] BRUNA, Sérgio Varella. *O Poder Econômico e a Conceituação do Abuso em seu Exercício.* São Paulo: Revista dos Tribunais, 1997, pág. 80.

[624] PINHEIRO, Armando Castelar; SADDI, Jairo. *op. cit.*, pág. 362.

[625] PINHEIRO, Armando Castelar; SADDI, Jairo. *ibidem.*

[626] PINHEIRO, Armando Castelar; SADDI, Jairo. *ibidem.*

ção recomendada do "teste do monopolista hipotético" usado para a definição do mercado relevante, conforme sugerido pelos *Horizontal Merger Guidelines* do F.T.C./D.o.J., EUA, 1992.[627] Segundo referido manual:

"Absent price discrimination, a relevant market is described by a product or group of products and a geographic area. In determining whether a hypothetical monopolist would be in a position to exercise market power, it is necessary to evaluate the likely demand responses of consumers to a price increase. A price increase could be made unprofitable by consumers either switching to other products or switching to the same product produced by firms at other locations. The nature and magnitude of these two types of demand responses respectively determine the scope of the product market and the geographic market"[628].[629]

Comentando esta definição, Possas assevera:

"Esta definição envolve deliberadamente um exercício hipotético de avaliação de possível efeito anticompetitivo, expresso em termos de poder de mercado sobre preços, resultante quer de operações que acarretem aumento de concentração econômica, quer de condutas praticadas por empresas presumidamente detentoras de tal poder, em "mercados economicamente significativos – isto é, mercados que possam ser sujeitos ao exercício de poder de mercado" (ibidem). O que ela pretende é realizar "o simples exercício mental de determinar que tipo ou tipos de poder de mercado poderiam ser exercidos no contexto em questão", por meio do qual "se determina que mercados precisam ser delineados"[630].

A Secretaria de Acompanhamento Econômico – SEAE, em seu Guia para Análise Econômica da Prática de Preços Predatórios, fixou, para os efeitos da análise do mercado relevante em uma análise antitruste, *"o instrumento a ser utilizado para a delimitação do mercado relevante afetado (MRA) é o teste do "monopolista hipotético", que é definido como sendo o menor grupo de produtos e a menor área geográfica necessários para que um suposto monopolista esteja em condições de impor um "pequeno*

---

[627] *Horizontal Merger Guidelines*. Disponível em http://www.justice.gov/atr/public/guidelines/hmg. htm#1. Acesso em 13/10/2009.

[628] *Horizontal Merger Guidelines*. Disponível em http://www.justice.gov/atr/public/guidelines/hmg. htm#1. Acesso em 13/10/2009.

[629] Tradução livre do Autor: *"Ausência de discriminação de preços, um mercado relevante é descrito por produtos, ou um grupo de produtos e uma área geográfica. Ao determinar se um monopolista hipotético estaria em posição de exercer o poder de mercado, é necessário avaliar a resposta das demandas dos consumidores ao aumento de preços. Um aumento de preços pode se tornar pouco rentável, já que os consumidores podem migrar para outros produtos, ou trocar pelo mesmo produto de empresas de outras localidades. A natureza e a magnitude desses dois tipos de respostas a demanda, determinam respectivamente o escopo do mercado do produto, e o mercado geográfico".*

[630] POSSAS, Mario Luiz. *op. cit.*

MERCADO RELEVANTE

porém significativo e não transitório" aumento de preços"[631]. Importante lembrar que o referido guia apresenta os procedimentos que julga necessários para permitir ao Sistema Brasileiro de Defesa da Concorrência – SBDC – a identificação da prática de preços predatórios, distinguindo-a de ações que refletem comportamento competitivo, sendo que é um instrumento de orientação para análise e não tem caráter vinculante.

Por outro lado, a Secretaria de Acompanhamento Econômico do Ministério da Fazenda e a Secretaria de Direito Econômico do Ministério da Justiça já haviam editado a Portaria Conjunta SEAE/SDE nº 50, de 1º de agosto de 2001[632], visando instituir o Guia para Análise Econômica de Atos de Concentração Horizontal, para apresentar os procedimentos e os princípios que a SEAE e a SDE adotam na análise desses atos[633], sendo que para a definição do mercado relevante, o nor-

---

[631] Portaria nº 70, de 12 de dezembro de 2002 expediu o Guia para Análise Econômica da Prática de Preços Predatórios. *"2.2 Do Mercado Relevante Afetado – 12. Ao iniciar a investigação sobre uma conduta de preço predatório, o primeiro passo é averiguar a real dimensão do mercado que está sendo afetado pela predação. O instrumento a ser utilizado para a delimitação do mercado relevante afetado (MRA) é o teste do "monopolista hipotético", que é definido como sendo o menor grupo de produtos e a menor área geográfica necessários para que um suposto monopolista esteja em condições de impor um "pequeno porém significativo e não transitório" aumento de preços. 13. Na prática, o MRA é determinado em duas etapas. A primeira diz respeito à dimensão produto/serviço e a segunda, à dimensão geográfica. 14. No concernente à primeira parte, tomando como ponto de partida o produto que está sendo vendido abaixo do custo, há que analisar a substitutibilidade pelo lado da demanda deste produto com outros existentes no mercado (a rationale segue o teste do monopolista hipotético, já descrita). A substitutibilidade pelo lado da oferta também deve ser levada em consideração, se esta for muito evidente, isto é, se uma firma puder, muito rapidamente, em menos de, aproximadamente, 2 ou 3 meses, sem incorrer em riscos ou custos adicionais significativos, ofertar, em vez do produto A ("seu" produto), o produto B (produto mais lucrativo). 15. No que se refere à segunda parte, dimensão geográfica, deve ser determinada a menor área até onde seria economicamente viável da demanda adquirir os produtos (sentido prospectivo), também seguindo a rationale do monopolista hipotético"* Disponível em http://www.seae.fazenda.gov.br/central_documentos/legislacao. Acesso em 02/12/2009.

[632] Portaria Conjunta SEAE/SDE nº 50, de 1 de agosto de 2001. Disponível em http://www.seae.fazenda.gov.br/central_documentos/legislacao. Acesso em 02/12/2009.

[633] Portaria Conjunta SEAE/SDE nº 50, de 1 de agosto de 2001. *"PARTE I: INTRODUÇÃO – 1. O Direito brasileiro consagra um sistema de controle de atos de concentração econômica1 por meio da Lei nº 8.884/94 (lei de defesa da concorrência). Segundo o §4º do art. 54 desta Lei, tais atos deverão ser apresentados para exame, previamente ou no prazo de máximo de quinze dias úteis de sua realização, mediante o encaminhamento da documentação pertinente à Secretaria de Direito Econômico do Ministério da Justiça (SDE). Conforme o §6º desse mesmo artigo, cabe à Secretaria de Acompanhamento Econômico do Ministério da Fazenda (SEAE), inicialmente, emitir um Parecer Técnico sobre os Atos de Concentração (Parecer) em até trinta dias. Após o recebimento do Parecer da SEAE, a SDE deve manifestar-se em igual prazo, e em seguida encaminhar o processo devidamente instruído ao Conselho Administrativo de Defesa Econômica (CADE), que decidirá no prazo de sessenta dias. 2. O §1º do art. 54 da Lei nº 8.884/94 estabelece o princípio da razoabilidade, ou a regra da razão, como princípio fundamental de controle dos atos de concentração. 3. O objetivo do presente Guia para Análise Econômica de Atos de Concentração Horizontal (Guia) é apresentar os procedimentos e os princípios que a SEAE e a SDE adotam na análise desses atos. Estes procedimentos e*

DEFESA NA CONCORRÊNCIA NO MERCOSUL

mativo estabelece que o procedimento a ser adotado é o teste do "monopolista hipotético", sendo que este consiste em:

"se considerar, para um conjunto de produtos e área específicos, começando com os bens produzidos e vendidos pelas empresas participantes da operação, e com a extensão territorial em que estas empresas atuam, qual seria o resultado final de um "pequeno porém significativo e não transitório" aumento dos preços para um suposto monopolista destes bens nesta área. Se o resultado for tal que o suposto monopolista não considere o aumento de preços rentável, então a SEAE e a SDE acrescentarão à definição original de mercado relevante o produto que for o mais próximo substituto do produto da nova empresa criada e a região de onde provém a produção que for a melhor substituta da produção da empresa em questão. Esse exercício deve ser repetido sucessivamente até que seja identificado um grupo de produtos e um conjunto de localidades para os quais seja economicamente interessante, para um suposto monopolista, impor um "pequeno porém significativo e não transitório aumento" dos preços. O primeiro grupo de produtos e localidades identificado segundo este procedimento será o menor grupo de produtos e localidades necessário para que um suposto monopolista esteja em condições de impor um "pequeno porém significativo e não transitório" aumento dos preços, sendo este o mercado relevante delimitado. Em outras palavras, "o mercado relevante se constituirá do menor espaço econômico no qual seja factível a uma empresa, atuando de forma isolada, ou a um grupo de empresas, agindo de forma coordenada, exercer o poder de mercado""[634].

---

princípios articulam as principais etapas da análise antitruste e procuram ser, na prática, um instrumento de aplicação da regra da razão" Disponível em http://www.seae.fazenda.gov.br/central_documentos/legislacao. Acesso em 02/12/2009.

[634] Portaria Conjunta SEAE/SDE nº 50, de 1 de agosto de 2001. *"30. Procedimento. O teste do "monopolista hipotético" consiste em se considerar, para um conjunto de produtos e área específicos, começando com os bens produzidos e vendidos pelas empresas participantes da operação, e com a extensão territorial em que estas empresas atuam, qual seria o resultado final de um "pequeno porém significativo e não transitório" aumento dos preços para um suposto monopolista destes bens nesta área. Se o resultado for tal que o suposto monopolista não considere o aumento de preços rentável, então a SEAE e a SDE acrescentarão à definição original de mercado relevante o produto que for o mais próximo substituto do produto da nova empresa criada e a região de onde provém a produção que for a melhor substituta da produção da empresa em questão. Esse exercício deve ser repetido sucessivamente até que seja identificado um grupo de produtos e um conjunto de localidades para os quais seja economicamente interessante, para um suposto monopolista, impor um "pequeno porém significativo e não transitório aumento" dos preços. O primeiro grupo de produtos e localidades identificado segundo este procedimento será o menor grupo de produtos e localidades necessário para que um suposto monopolista esteja em condições de impor um "pequeno porém significativo e não transitório" aumento dos preços, sendo este o mercado relevante delimitado. 7 Em outras palavras, "o mercado relevante se constituirá do menor espaço econômico no qual seja factível a uma empresa, atuando de forma isolada, ou a um grupo de empresas, agindo de forma coordenada, exercer o poder de mercado"".* Disponível em http://www.seae.fazenda.gov.br/central_documentos/legislacao. Acesso em 02/12/2009.

MERCADO RELEVANTE

Não obstante, a Portaria Conjunta SEAE/SDE nº 50, de 1º de agosto de 2001, assim contextualiza e define o conceito de mercado relevante, a saber:

"28. A definição de um mercado relevante é o processo de identificação do conjunto de agentes econômicos, consumidores e produtores, que efetivamente limitam as decisões referentes a preços e quantidades da empresa resultante da operação. Dentro dos limites de um mercado, a reação dos consumidores e produtores a mudanças nos preços relativos – o grau de substituição entre os produtos ou fontes de produtores – é maior do que fora destes limites. O teste do "monopolista hipotético", descrito adiante, é o instrumental analítico utilizado para se aferir o grau de substitutibilidade entre bens ou serviços e, como tal, para a definição do mercado relevante.

29. Definição. O mercado relevante se determinará em termos dos produtos e/ou serviços (de agora em diante simplesmente produtos) que o compõem (dimensão do produto) e da área geográfica para qual a venda destes produtos é economicamente viável (dimensão geográfica). Segundo o teste do "monopolista hipotético", o mercado relevante é definido como o menor grupo de produtos e a menor área geográfica necessários para que um suposto monopolista esteja em condições de impor um "pequeno porém significativo e não transitório" aumento de preços"[635].

Feitas estas considerações, ao refletirmos sobre a atuação regulatória interna do Mercosul, devemos buscar fundamentos no já mencionado "Protocolo de Defesa da Concorrência no Mercosul – Protocolo de Fortaleza", de 17 de dezembro de 1996[636]. Nestes termos, assim dispõe seus artigos 4º e 5º, a saber:

"Art. 4º Constituem infração às normas do presente Protocolo, independentemente de culpa, os atos, individuais ou concertados, sob qualquer forma manifestados, que tenham por

---

[635] Portaria Conjunta SEAE/SDE nº 50, de 1 de agosto de 2001. *"Etapa I: Definição do Mercado Relevante – 28. A definição de um mercado relevante é o processo de identificação do conjunto de agentes econômicos, consumidores e produtores, que efetivamente limitam as decisões referentes a preços e quantidades da empresa resultante da operação. Dentro dos limites de um mercado, a reação dos consumidores e produtores a mudanças nos preços relativos – o grau de substituição entre os produtos ou fontes de produtores – é maior do que fora destes limites. O teste do "monopolista hipotético", descrito adiante, é o instrumental analítico utilizado para se aferir o grau de substitutibilidade entre bens ou serviços e, como tal, para a definição do mercado relevante. 29. Definição. O mercado relevante se determinará em termos dos produtos e/ou serviços (de agora em diante simplesmente produtos) que o compõem (dimensão do produto) e da área geográfica para qual a venda destes produtos é economicamente viável (dimensão geográfica). Segundo o teste do "monopolista hipotético", o mercado relevante é definido como o menor grupo de produtos e a menor área geográfica necessários para que um suposto monopolista esteja em condições de impor um "pequeno porém significativo e não transitório" aumento de preços".* Disponível em http://www.seae.fazenda.gov.br/central_documentos/legislacao. Acesso em 02/12/2009.

[636] Disponível em http://www.mercosur.int/msweb/Portal%20Intermediario/Normas/normas_web/Decisiones/PT/Dec_018_096_Protocolo%20Defesa%20Concorr%C3%AAncia_Ata%202_96.PDF. Acesso em 01/11/2009.

objeto ou efeito limitar, restringir, falsear ou distorcer a concorrência ou o acesso ao mercado ou que constituam abuso de posição dominante no mercado relevante de bens ou serviços no âmbito do MERCOSUL e que afetem o comércio entre os Estados- Partes.

Art. 5º A simples conquista de mercado resultante de processo natural fundado na maior eficiência de agente econômico em relação a seus competidores não caracteriza ofensa à concorrência"[637].

Neste sentido, a busca por uma melhor definição do mercado relevante é fundamental e essencial para a instrução e desenvolvimento dos processos e na análise antitruste[638]. Segundo Cristiane Alkmin Junqueira Schimidt tais *"análises devem ser emuladas e aperfeiçoadas sempre que possível, principalmente no que se refere aos fundamentos da microeconomia, base para uma sólida análise antitruste"*[639].

9.3. Relevância e Importância do Conceito de Mercado Relevante para a Análise Antitruste

O conceito de mercado relevante para a análise antitruste assume relevância e importância, não somente no enfoque estático da análise de preços e volumes, mas também pelo fato de representar uma efetiva interseção entre Direito e Economia[640]. Talvez por isso a tradição de *Law & Economics* da Escola de Chicago revelou-se uma forte corrente, influenciando diretamente por muito tempo a doutrina antitruste norte-americana.

---

[637] Disponível em: http://www.mercosul.gov.br/normativa/decisoes/1996/mercosul-cmc-dec-nb0-18-96/anexo. Acesso em 25/11/2009.

[638] Sobre apontamentos na esfera econômica de conceitos microeconômicos visando elucidar a relação existente entre as elasticidades-preço da demanda, cruzada e renda, e expor algumas conclusões sobre esta relação, bem como acerca da realização, na prática, do teste do monopolista hipotético para definir o mercado relevante, ver: SCHIMIDT, Cristiane Alkmin Junqueira. *Como a relação entre as elasticidades cruzada e renda sobre a elasticidade preço da demanda pode auxiliar as análises antitruste na definição do mercado relevante e da possibilidade do exercício do poder de mercado.* Documento de Trabalho nº 06 – Fevereiro 2001. Disponível em www.seae.fazenda.gov.br/.../documentos/documento_trabalho/.../doctrab06.pdf . Acesso em 15/11/2009.

[639] SCHIMIDT, Cristiane Alkmin Junqueira. *Como a relação entre as elasticidades cruzada e renda sobre a elasticidade preço da demanda pode auxiliar as análises antitruste na definição do mercado relevante e da possibilidade do exercício do poder de mercado.* Documento de Trabalho nº 06 – Fevereiro 2001. Disponível em www.seae.fazenda.gov.br/.../documentos/documento_trabalho/.../doctrab06.pdf . Acesso em 15/11/2009.

[640] Neste sentido: *"O poder econômico e a concentração de capitais, para o advogado, é uma realidade que deve ser verificada no atinente à conduta do mesmo no mercado. Já para o economista, o poder econômico é uma conjectura que poderá ser analisada, inclusive, no que tange a sua conveniência ou não e, para tanto, poderá também considerar aspectos sociológicos e políticos". In* ROSA, José Del Chiaro Ferriera da; e SCHUARTZ, Luiz Fernando. *op. cit.,* pag. 72.

MERCADO RELEVANTE

Vale lembrar que Direito e Economia, apesar de suas independências e orientações acadêmico-metodológicas, são duas ciências humanas com objetivos muitas vezes relacionados, quando não com forte grau de interseção[641].

A definição do mercado relevante é uma das etapas de uma análise em defesa da concorrência, sendo necessária a eficaz investigação dos padrões e características de competição do setor que será objeto de cada caso. Segundo lição de Almeida, *"os passos que uma análise antitruste deve percorrer para avaliar o impacto de uma concentração no bem-estar social são: definição dos mercados, estimativa do grau de concentração, avaliação dos efeitos concorrenciais, análise das condições de entrada e avaliação dos ganhos de eficiências"*[642]. Ora, todo o procedimento tem início com a definição dos mercados, que se não for trabalhada com o devido cuidado pode acabar por, literalmente, "destruir" toda uma análise antitruste, pois quaisquer *"cálculos, avaliações e julgamentos sobre as implicações concorrenciais de um ato de concentração ou de uma dada conduta da firma dependem do tamanho e contorno do mercado relevante considerado"*[643].

Isto posto, na análise antitruste, seja em caso de análise de poder dominante, cartéis, ações coordenadas (verticais ou horizontais), temos na análise e efetiva fixação do mercado relevante um ponto chave da análise das condições envolvidas, seja de produtos e serviços, seja de determinada esfera geográfica, seja em dado tempo ou ordem cronológica. Neste sentido Pitelli sentencia, *"o mercado relevante ou antitruste é um conjunto de produtos e localizações geográficas definido para fazer inferências sobre poder de mercado e efeitos anti-competitivos numa análise antitruste (atos relacionados à avaliação de concentração de mercado, de ação coordenada e de posições dominantes)"*[644].

---

[641] Ainda que existam criticas, a percepção da existência de necessário inter relacionamento entre os campos do direito e da economia deve ser verificada, considerando desde um vínculo mínimo, por exemplo, o caráter econômico nas relações patrimoniais reguladas pelo direito, até questões envolvendo uma alocação de eficiência econômica de forma coercitiva ao direito de propriedade, garantida pelo Poder Judiciário, até um vínculo mais abrangente que estuda, por exemplo, a questão da eficiência na regulamentação estatal de determinado setor através de agências reguladoras. Sugerimos a leitura de interessante artigo de Décio Zylbersztajn e Rachel Sztajn: *A economia e o direito de propriedade*. Revista de Direito Mercantil, Industrial, Econômico e Financeiro São Paulo, v. 41, n. 126, abr./jun. 2002, págs. 112 a 115.

[642] ALMEIDA, Valdomiro José de. *Definição de mercados relevantes e medidas de concentração no setor elétrico: análise comparada da experiência brasileira*. Dissertação de Mestrado – Departamento de Economia da Universidade de Brasília (UNB), 2003, pág. 49.

[643] ALMEIDA, Valdomiro José de. *op. cit.*, pág. 49.

[644] PITELLI, Mariusa Momenti. *Teste de Preços para a Determinação do Mercado Relevante geográfico e de produto: uma aplicação empírica ao mercado brasileiro de compra de bovinos*. Tese de Doutorado, USP – Escola Superior de Agricultura Luiz de Queiroz, Piracicaba, 2008, pág. 20.

O foco e cerne da questão está, portanto, na importância da correta delimitação dos conceitos e critérios envolvidos, evitando, desta forma, que a análise seja mal fundamentada, tanto a maior quanto a menor, vale dizer, com a definição de um mercado relevante extremamente abrangente, no qual não somente o critério material seja diluído, levando o analista a conclusões permissivas, mas errôneas, ou com a fixação de um mercado relevante rigorosamente reduzido e limitado, deixando de computar e analisar fundamentais variáveis[645]. Exatamente nesta problematização identificamos a importância e relevância do tema, quando consideramos um bloco econômico nas dimensões geográficas e materiais do porte do Mercosul.

Considerando a métrica destas distinções, César Mattos reflete sobre os pontos de forma a apresentar a questão consoante divisão em dois pontos distintos, apontando que:

"o exercício de definição do mercado se subdivide, de maneira didática, em dois, os quais equivalem a responder duas questões: 1) Quem são os concorrentes, o que envolve definir todos os produtores (ou fornecedores de serviços) de bens substitutos próximos que ameacem aquele empresário, configurando o chamado mercado relevante de produto. 2) Onde estão os concorrentes, o que envolve definir a abrangência da localização física desses concorrentes, o que define o chamado mercado relevante geográfico"[646].

Alertando para o risco da aplicação inadequada ou equivocada da análise do mercado relevante, Possas observa que devem ser evitadas analises com

"delimitações de mercado muito restritivas, como acima, mas principalmente, de forma simétrica, delimitações excessivamente abrangentes, devido às frequentes dificuldades operacionais em especificar precisamente os produtos, linhas de produtos e respectivos graus de substituição, no consumo e na produção, que eles permitem. Estas dificuldades, por maiores que sejam, devem necessariamente ser enfrentadas, devido à importância central do conceito de mercado relevante na metodologia econômica adotada para a análise de efeitos anticompetitivos potenciais de associações de empresas, hoje amplamente disseminada a nível internacional, inclusive no Brasil, a partir da experiência norte-americana, nas agências e na comunidade de defesa da concorrência"[647].

---

[645] César Mattos assinala a importância de que o trabalho seja bem cotejado e que as autoridades antitruste, quando da análise do caso concreto, torne explícita a base teórica a partir da qual aplicam seus conceitos, especialmente o de mercado relevante. Neste sentido, as conclusões do artigo: MATTOS, César. *Mercado Relevante na Análise Antitruste: Uma Aplicação do Modelo de Cidade Linear*. Revista de Economia Aplicada, São Paulo Abril/Jun 1999, v. 3, n. Nº 2, p. 181-203, 1999.

[646] MATTOS, Cesar. *Mercado relevante na análise antitruste: uma aplicação do modelo de cidade linear*. Revista do IBRAC. São Paulo. v.5. n.5., 1998, pág. 9.

[647] POSSAS, Mario Luiz. *op. cit.*

MERCADO RELEVANTE

Ademais, lembramos pontuais lições de Paula Forgioni, ao reafirmar a importância e relevância da acurada análise do mercado relevante, em função, inclusive, de princípios instrumentais. Isto porque a análise antitruste, não somente não prescinde, como está lastreada na eficaz identificação do mercado relevante em cada caso isoladamente considerado. Desta feita, busca-se a higidez do mercado lastreada na livre concorrência e na livre iniciativa. Segundo Forgioni:

"a operação de delimitação do mercado relevante envolve as relações de concorrência de que participa o agente econômico cuja prática está sendo analisada. Longe de ser um fetiche da praxe antitruste ou uma mera operação matemática, a identificação do mercado é instrumental para que se possa aplicar a lei. Ratificando: o conceito de mercado relevante tem a ver com a identificação das relações de concorrência e sua delimitação é imprescindível para valorar-se corretamente o comportamento do agente e suas consequências sobre o mercado (ou seja, o prejuízo à livre concorrência e à livre iniciativa, mencionado no art. 170 da CF)"[648].

De forma pontual, Lúcia Helena Salgado informa que a análise do mercado relevante importa na pesquisa qualitativa, superando a análise meramente formal por meio das ferramentas fornecidas pela análise econômica, em função das diversas componentes do objeto do trabalho individualmente considerado. Deve-se, portanto, investigar profundamente o mercado com vistas a alocar corretamente ao território de análise quem são os participantes envolvidos, dado determinado produto e sua classificação. Em suas palavras,

"A definição de mercado relevante, tarefa básica da análise antitruste, revela a verdadeira dimensão desse trabalho: embora as ferramentas fornecidas pela análise econômica sejam fundamentais, a começar pelas estimativas de elasticidade-preço cruzada entre substitutos próximos, não são suficientes e sequer condição essencial para a análise. A pesquisa qualitativa, diria até sociológica, aplicada à tentativa de captar a natureza da rivalidade existente em um mercado e apreender a percepção dos agentes no mercado sobre a composição da concorrência, a jurisprudência comparada assim como a intuição do analista são ferramentas de importância não desprezível, embora por vezes subestimadas"[649].

Considerada a relevância e importância do conceito de mercado relevante para a análise antitruste, adentraremos agora em suas bases analíticas.

---

[648] FORGIONI, Paula Andrea. *Direito Concorrencial e Restrições Verticais*. São Paulo: Editora Revista dos Tribunais, 2007, pág. 89.
[649] SALGADO, Lúcia Helena. *op. cit.*, pag. 60.

9.4. A Tríade das Bases Analíticas

Como já destacado, usualmente a análise antitruste, ao buscar fixar o mercado relevante, analisa-o sob duas distintas óticas, a saber, a geográfica e a de bens e produtos.

Julgamos importante agregar os elementos temporais, na lição de Calixto, para quem *"uma correta definição do mercado deve levar em conta necessariamente três dimensões: a dimensão substancial (ou dos produtos), a dimensão geográfica e a temporal"*[650].

Neste sentido, vale destacar, mesmo que focando os dois aspectos básicos, levando a discussão sobre as similitudes e diferenças entre as duas abordagens para um plano mais intuitivo, para a delimitação do mercado relevante, seja de produto ou serviço, seja na esfera geográfica. Segundo Mattos:

> *"A aplicação do conceito de mercado relevante aos casos concretos tende a misturar elementos de <u>natureza mais estática</u> com outros de <u>natureza mais dinâmica</u>, sem levar em consideração que os mesmos não obrigatoriamente serão coincidentes a partir de uma análise teórica mais rigorosa. A questão fundamental reside na identificação do conceito de substituibilidade com o de elasticidade-preço cruzada da demanda entre os bens"*[651]. (grifos nossos)

Trata-se de uma interessante proposta do autor, visando um nível de detalhamento ainda maior na análise de cada caso individualmente considerado, ainda que os critérios material e geográfico permaneçam os mesmos, e Mattos nao considere a dimensão temporal, posta por Calixto.

9.4.1. A Base de Bens e Produtos – Mercado Relevante Material

Segundo Possas, o critério material está diretamente associado à demanda e à oferta dos produtos, em função daquele mercado que se pretende definir. Estudando os critérios, destaca que a elasticidade da demanda se deve, essencialmente, a dois fatores, quais sejam: os efeitos substituição e renda; dispensado o critério renda, que é quase não utilizado em análise antitruste, fica a elasticidade da demanda vinculada à substitubilidade do produto por outros igualmente acessíveis aos mesmos compradores daquele mercado. Segundo Possas, *"quanto maior a elasticidade da demanda, maior a possibilidade de substituição do produto em questão por parte dos consumidores, uma vez que estarão por hipótese disponíveis bons substitutos àquele preço; e vice-versa"*[652].

---

[650] SALOMÃO FILHO, Calixto. *Direito Concorrencial – as estruturas*. 3ª ed. São Paulo: Malheiros, 2007, pág. 108.
[651] MATTOS, César. *op. cit.*
[652] POSSAS, Mario Luiz. *op. cit.*

MERCADO RELEVANTE

Para Castelar e Saddi[653], a correta definição do mercado relevante de produto deve, necessariamente, implicar no levantamento da possibilidade de substituição de tal produto por parte dos demandantes, para que possa ser alocado ou não outro como pertencente ao mesmo mercado daquele objeto da análise. Segundo os autores,

"a identificação de produtos substitutos usualmente se centra no lado da demanda, procurando medir a elasticidade de substituição entre eles para avaliar em que medida os consumidores trocariam um produto pelo outro no caso de "um pequeno mas significante aumento não transitório" do preço do produto em questão, mantidas constantes as condições de venda de todos os demais produtos. Se dois produtos têm um elevado grau de substituição entre si, devem ser considerados como pertencentes a um mesmo mercado"[654].

Com relação ao também chamado critério material, preceitua Barbara Rosenberg:

"A fungibilidade (ou intercambialidade) dos produtos sob a ótica do consumidor faz com que os produtos constituam um mesmo mercado relevante material, sendo essencial para se determinar se uma empresa, ou grupo de empresas tem poder para afastar a concorrência e cobrar preços acima dos níveis competitivos. É este o posicionamento de grande parte da doutrina. Entretanto, tal método de definição do mercado relevante do produto merece determinadas qualificações para ser aplicado ao presente caso"[655].

Segundo as diretrizes do já indicado *Horizontal Merger Guidelines* do F.T.C./ D.o.J., EUA, 1992, temos: *"Absent price discrimination, the Agency will delineate the product market to be a product or group of products such that a hypothetical profit-maximizing firm that was the only present and future seller of those products ("monopolist") likely would impose at least a "small but significant and nontransitory" increase in price".*[656,657]

Assim, o mercado relevante de bens e produtos deve sempre e necessariamente ser considerado por sua ótica ampliada, sem que seja possível a determinação de critérios fixos. Isto porque cada mercado, cada segmento específico, se individualmente considerado, pode levar a uma conclusão, mas se eficazmente

---

[653] PINHEIRO, Armando Castelar; SADDI, Jairo. *op. cit.*, pág. 362.

[654] PINHEIRO, Armando Castelar; SADDI, Jairo. *ibidem*.

[655] ROSENBERG, Bárbara. *op. cit.*

[656] *Horizontal Merger Guidelines*. Disponível em http://www.justice.gov/atr/public/guidelines/hmg. htm#1. Acesso em 13/10/2009.

[657] Tradução livre do Autor: *"Ausência de discriminação de preços, A Agência irá delinear o mercado de produto como o produto ou grupo de produtos que uma hipotética firma maximizadora de lucros, única presente e futura vendedora daqueles produtos (monopolista) poderá impor um pequeno mas significante e não transitório aumento no preço".*

consideradas as variáveis de substituição, as possibilidades aumentam. Neste sentido, conclui Rosenberg: *"Não obstante, o fato de haver mais de um mercado atingido não prejudica a análise que leva a concluir pela ação concertada de agentes econômicos. A delimitação do mercado relevante material deve-se pautar pelas características específicas de cada conduta analisada"*[658].

Podemos, ainda, verificar a aplicação pontual do conceito e distinção entre a natureza estática e dinâmica, no caso de mercado relevante de produto, segundo proposta de César Mattos, a saber:

> *"Análise Estática: Consideram-se dois bens no mesmo mercado relevante de produto se os mesmos forem considerados substitutos, dadas suas características e seu uso, independente da elasticidade-preço cruzada da demanda entre os mesmos;*
>
> *Análise Dinâmica: Consideram-se dois bens no mesmo mercado relevante de produto se os mesmos forem considerados substitutos, dadas suas características e seu uso, o que, obrigatoriamente, se reflete em uma elasticidade-preço cruzada da demanda suficientemente alta. Ou seja, a análise dinâmica demanda que a relação de substitubilidade entre os bens resulte em uma elasticidade-preço cruzada da demanda significativa. Note-se que, nesse caso, é fundamental que para um bem "A" estar no mesmo mercado relevante de um bem "B" que a variação provável da quantidade vendida de "B" em resposta a variações de preços de "A" seja suficientemente alta. Em outras palavras, é fundamental que a elasticidade-preço cruzada da demanda de "B" em relação ao preço de "A" seja suficientemente alta"*[659].

Na lição de Tércio Sampaio Ferraz, a questão de definição do mercado relevante de bens e produtos envolve diretamente o poder da empresa analisada, e de seus potenciais concorrentes, em função da sua interferência em diversos pontos, tais como preço, qualidade, quantidade, eficiência, inovação, garantias, dentre outros. Observando essas características, afirma Ferraz que é *"preciso avaliar se os consumidores têm suficientes possibilidades de procurar concorrentes; a contrario sensu, é preciso esclarecer se, numa integração, os produtos das empresas integradas concorrem entre si"*[660]. Ou seja, a análise deve considerar os produtores e fornecedores envolvidos, mas tendo em conta o envolvimento dos participantes em um modelo competitivo pois *"a noção de produto relevante está em direta dependência das partes que atuam no mercado"*[661].

---

[658] ROSENBERG, Bárbara. *op. cit.*, pág. 109.

[659] MATTOS, César. *op. cit.*

[660] FERRAZ, Tércio Sampaio. *op. cit.*

[661] FERRAZ, Tércio Sampaio. *ibidem.*

MERCADO RELEVANTE

9.4.2. A Base Geográfica – Mercado Relevante Geográfico

Importante lembrar que em grande parte das oportunidades, os blocos econômicos regionais possuem de forma intrínseca o aspecto da contiguidade territorial, haja vista as afinidades, muitas vezes fronteiriças e comerciais já existentes. Na lição de Alberto do Amaral Junior:

> *"A contiguidade geográfica é condição necessária, mas não suficiente, para explicar o regionalismo. As regiões, assim como as nações, são socialmente construídas e privilegiam certos aspectos da realidade; são comunidades imaginadas que refletem mapas mentais previamente elaborados. A consciência regional é, sob esse aspecto, fruto da história, da religião e da cultura. Andrew Hurrell, com grande argúcia, captou esse fato ao declarar que as regiões costumam ser definidas em contraposição a um outro externo, que pode ser visto como ameaça política (o nacionalismo latino-americano definido em contraposição à hegemonia norte-americana), ou um desafio cultural proveniente do exterior (a longa tradição pela qual se definiu a Europa em contraposição ao mundo não -europeu, principalmente o mundo islâmico)"*[662].

Desta feita, em relação ao mercado relevante geográfico, Santiago destaca um questionamento pontual sobre a questão, colocando que o *"o exercício de definição do mercado relevante em sua dimensão geográfica consiste em responder a uma questão: onde estão os concorrentes? A resposta está na definição da abrangência da localização física desses concorrentes"*[663].

Rosenberg busca socorro na pontual lição de Forgioni para conceituar o mercado relevante geográfico, identificando que ele *"não pode ser determinado abstratamente, pois depende não apenas da localização do agente econômico, mas também da natureza do produto e da prática que está sendo analisada", podendo ser definido como "a área onde se trava a concorrência relacionada à prática que está sendo considerada como restritiva"*[664].

Ainda na esteira da lição de Castelar e Saddi[665], temos que a definição do mercado relevante geográfico implica na investigação efetiva de quantos e quais são os concorrentes do agente econômico que está sob análise, avaliando, inclusive seu porte, condições e capacidade de produção. Segundo os autores,

> *"um dos elementos a considerar nessa análise é o custo do transporte, ou mesmo a sua viabilidade. Em princípio, por exemplo, o mercado de bens tenderia a ser geograficamente mais amplo que o de serviços, o mesmo valendo para os bens e serviços de maior valor espe-*

---

[662] AMARAL JUNIOR, Alberto do. *op. cit.*, pág. 195.
[663] SANTIAGO, Luciano Sotero. *Direito da Concorrência – Doutrina e Jurisprudência*. Salvador: Editora Juspodivm, 2008, pág. 115.
[664] ROSENBERG, Bárbara. *op. cit.*, pág. 113.
[665] PINHEIRO, Armando Castelar; SADDI, Jairo. *op. cit.*, pág. 363.

cífico em relação àqueles em que o custo de transporte cresce rapidamente com a distância em relação ao valor do bem. Essa dimensão procura avaliar, portanto, o grau em que uma pequena, mas significante variação não transitória de preços fará outras empresas aumentar a sua oferta. Dessa forma, ela considera o grau de substituição pelo lado da oferta"[666].

Conforme as diretrizes do já indicado *Horizontal Merger Guidelines* do F.T.C./ D.o.J., EUA, 1992, temos: "*Absent price discrimination, the Agency will delineate the geographic market to be a region such that a hypothetical monopolist that was the only present or future producer of the relevant product at locations in that region would profitably impose at least a "small but significant and nontransitory" increase in price, holding constant the terms of sale for all products produced elsewhere.*"[667][668].

Assim como no conceito de mercado relevante de produto, para o mercado relevante geográfico César Mattos também apresenta proposta de análise dinâmica e estática. Em suas palavras:

"<u>Análise Estática</u>: Uma região "A" estará no mesmo mercado relevante geográfico da região "B" quando o <u>fluxo atual</u> de produtos de uma para outra é suficientemente grande. Se o fluxo atual de importações de um determinado produto for nulo, por exemplo, o mercado geográfico, nesta análise estática, nunca será mais abrangente que o território nacional.
<u>Análise Dinâmica</u>: Uma região "A" estará no mesmo mercado relevante geográfico da região "B" quando, <u>independentemente do fluxo atual</u> de intercâmbio de produtos entre as duas, constata-se que <u>a variação provável dos fluxos de comércio de "B" para "A" em resposta a incrementos no preço do produto relevante em "B" seja suficientemente alta e rápida (menos de 1 ano).</u> Em uma análise dinâmica, por exemplo, mesmo que o fluxo atual de produtos importados seja nulo, cabe indagar se uma determinada variação de preços relativos implicará ou não no aparecimento de um fluxo positivo e substantivo de importações para definição de um mercado geográfico relevante nacional ou internacional"[669].

Importa, ainda, verificar que a investigação do mercado relevante geográfico não deve ter sua base indistinta e indiferentemente alargada, pelo simples fato de poder, a primeira vista, ser considerados o mercado e o fluxo de comércio internacional, dado que outros tantos fatores podem vir a influenciar no dado

---

[666] PINHEIRO, Armando Castelar; SADDI, Jairo. *op. cit.*, pág. 363
[667] *Horizontal Merger Guidelines.* Disponível em http://www.justice.gov/atr/public/guidelines/hmg. htm#1. Acesso em 13/10/2009.
[668] Tradução livre do Autor: "*Ausência de discriminação de preços, a Agência irá delinear o mercado geográfico a uma dada região, que o monopolista hipotético, que fosse ou que seja o único produtor do produto relevante nas imediações, iria impor pelo menos "pequeno, mas significante e não transitório" aumento no preço, mantendo constante os termos da venda para a produção feita em qualquer outro lugar*".
[669] MATTOS, César. *op. cit.*

MERCADO RELEVANTE

fluxo comercial, não diretamente ligados ao mercado relevante em análise. Lúcia Helena Salgado

"Há qualificações importantes à análise dos fluxos de comércio, que recomendam o cuidado na ampliação apressada das fronteiras geográficas do mercado relevante. Por exemplo, o fato da maior parte da produção de um determinado produto relevante ser destinado à exportação confere à primeira vista dimensão geográfica internacional a esse mercado. Tal fato em regra decorre de vantagens absolutas de custo que não são suficientemente consideradas. O fato de verificar-se um volume relativamente diminuto de importação para um produto, a despeito da ausência de barreiras tarifárias, pode decorrer justamente desse fator, que torna não-econômica a importação de um bem cuja produção nacional apresenta vantagens de custo significativas. Tal fato pode – repito, a despeito da ausência de barreiras comerciais e da natureza de commodity de um bem – conferir poder de mercado aos produtores doméstico e, assim, recomendar a análise dos efeitos da operação em território mais restrito"[670].

Contudo, da mesma forma que os aspectos jurídicos, econômicos e sociológicos devem ser considerados, igualmente a análise deste mercado ampliado não pode, de forma técnica e pontual, relevar a ampliação do mercado, pois outros tantos critérios deverão necessariamente ser considerados na investigação, em função de tudo o quanto discorremos, envolvendo inclusive a necessidade de se ter em conta as práticas e diretrizes informadas de coordenação de políticas macroeconômicas, na esfera do Mercosul.

9.4.3. A Base Temporal – Mercado Relevante Temporal

A utilização da conceituação distinta de mercado relevante temporal não é ponto aceito e utilizado por todos ou de forma indistinta. Observa Milena Costa Santana que *"o aspecto temporal do mercado relevante dificilmente é estudado pela doutrina de forma dissociada dos elementos geográfico e material do mercado. A verdade é que tanto o mercado relevante geográfico como o mercado relevante material precisam do aspecto temporal para que sejam devidamente dimensionados"*[671]. Inclusive Santana cita entendimento similar de José Del Chiaro Ferriera da Rosa e Luiz Fernando Schuartz[672], mas aponta entendimento contrário de Paula Forgioni[673], para quem a base temporal não representa um ponto autônomo e independente. Apontamos, por outro

---

[670] SALGADO, Lúcia Helena. *op. cit.*, pag. 59.

[671] SANTANA, Milena Costa. *A Definição do "Mercado Relevante" como instrumento de flexibilização na aplicação das normas concorrenciais.* Dissertação de Mestrado – Universidade Presbiteriana Mackenzie, 2005, pág. 94.

[672] ROSA, José Del Chiaro Ferriera da; e SCHUARTZ, Luiz Fernando. *op. cit.*, pag. 68.

[673] FORGIONI, Paula Andrea. *Os Fundamentos do Antitruste.* 3ª edição. São Paulo: Editora Revista dos Tribunais, 2008, pag. 201.

lado, a aceitação da existência da dimensão temporal por parte da doutrina, sendo que destacamos lições de Calixto Salomão Filho[674].

A análise da base temporal, ainda que não muito utilizada, pode agregar interessantes conceitos à definição do mercado relevante. Neste sentido, Bagnoli aponta que a experiência australiana, por meio da Comissão Australiana de Concorrência e Consumidor – ACCC, que em seu guia de concentrações assinala que *"a dimensão temporal do mercado se refere ao período no qual as possibilidades de substituição devem ser consideradas. A ACCC considera as possibilidades de substituição no período mais longo, mas ainda num futuro previsível, que efetivamente delimitará o exercício significante de poder de mercado da empresa que está se concentrando"*[675]. Trata-se, em nosso entendimento, de um elemento informativo no cômputo da investigação, que agrega importante critério, ainda que variável, para o trabalho de definição do mercado relevante aplicável a um dado caso concreto.

Para Santiago, *"o mercado relevante, na sua dimensão temporal, pode ser compreendido como "o espaço de tempo necessário à entrada, no mercado relevante geográfico, do produto que ali não se encontre efetivamente"*[676]. Com este conceito, Santiago coloca que é possível apontar e verifica a possibilidade de ingresso de novos concorrentes, a médio-longo prazo, dentro de um espectro de futuro previsível, afirmando que *"quanto maior o período de reação dos concorrentes, tanto maior será a amplitude do mercado relevante"*[677].

Ainda sobre o tema, aponta Santana, que *"a dimensão temporal do mercado se refere ao período no qual as possibilidades de substituição devem ser consideradas. Quanto menor for o espaço de tempo considerado para a análise do comportamento da oferta e da demanda, menor será o mercado relevante encontrado; a recíproca aqui será verdadeira"*[678]. Ora, se este fator, efetivamente, pode impactar a definição de mercado relevante, seja aumentando ou diminuindo sua mensuração, parece-nos razoável cogitar que integre, juntamente com os outros dois, a base da definição e conceituação de mercado relevante.

Segundo Gama e Ruiz, a dimensão temporal da substituição recai sobre a base de produtos e a base geográfica, influenciando-as diretamente. Afirmam, neste sentido, que:

---

[674] SALOMÃO FILHO, Calixto. *Regulação e Concorrência (Estudos e Pareceres)*. São Paulo: Malheiros, 2002, pág. 18 – e também em SALOMÃO FILHO, Calixto. *Direito Concorrencial – as estruturas*. 3ª ed. São Paulo: Malheiros, 2007, pág. 108.

[675] BAGNOLI, Vicente. *Introdução ao Direito da Concorrência : Brasil, Globalização, União Européia , Mercosul, Alca*. São Paulo: Editora Singular, 2005, pág. 139.

[676] SANTIAGO, Luciano Sotero. *op. cit.*, pág. 118.

[677] SANTIAGO, Luciano Sotero. *ibidem*.

[678] SANTANA, Milena Costa. *op. cit.*, pág. 94.

MERCADO RELEVANTE

"quanto maior for o lapso de tempo considerado para avaliar a reação da oferta e da procura, maior será a amplitude do mercado delimitado, e vice-versa. Cabe notar, no entanto, que, se por um lado, uma redução exagerada da dimensão temporal impede que se incorporem ofertantes potenciais, por outro, a sua ampliação desmesurada limita a capacidade de intervenção da agência reguladora. Convencionalmente, o período de tempo é próximo a um ano, podendo ser ampliado ou reduzido de acordo com as especificações do mercado"[679].

O mercado relevante temporal afigura-se como uma variável importante, especialmente se considerarmos um mercado ampliado, ou seja, transpostas fronteiras nacionais. Para Tércio Sampaio Ferraz, a questão temporal é importante e decisiva, implicando na análise dinâmica do mercado e dos eventuais efeitos anti competitivos das ações de determinados agentes econômicos que nele atuam. Segundo Ferraz, *"o fator tempo é decisivo. Este fator confere ao conceito sua dinamicidade, devendo o intérprete tê-lo em conta ao observar as expectativas de produtores e consumidores"*[680].

Neste ponto, muitos elementos podem influenciar a definição do mercado relevante, dada a existência de hábitos específicos de determinados consumidores, ou ainda, a continuidade de manutenção de monopólios naturais por meio de marcas e patentes, ou em função de constantes evoluções tecnológicas, dentre outros. A análise deve considerar estes elementos, como dito, de forma dinâmica, pois eles são alterados na construção temporal das atividades empresariais e no quotidiano do mercado consumidor. Assim, *"a análise do produto relevante não se limita à observação da competitividade entre as empresas concorrentes, mas do seu reflexo para a estrutura do mercado em geral em termos de eventuais alterações futuras"*[681].

9.5. A Metodologia de Definição do Mercado Relevante

A definição de um mercado relevante, como visto, é de vital importância para a efetiva e apurada análise de defesa da concorrência, sendo ponto de partida da análise antitruste[682], que nas palavras de Franceschini, *"é um prius necessário em qualquer processo antitruste"*[683]. Segundo Valdomiro José de Almeida, a definição de um mercado relevante *"é o processo de identificação do conjunto de agentes econômicos,*

---

[679] GAMA, Marina Moreira da; e RUIZ, Ricardo Machado. *A práxis antitruste no Brasil: uma análise do CADE no período 1994-2004. In* Economia e Sociedade – Campinas, v. 16, n. 2 (30), ago. 2007, pág. 238. Disponível em http://www.scielo.br/pdf/ecos/v16n2/a05v16n2.pdf. Acesso em 15/10/2009.

[680] FERRAZ, Tércio Sampaio. *op. cit.*

[681] FERRAZ, Tércio Sampaio. *op. cit.*

[682] ALMEIDA, Valdomiro José de. *op. cit.*, pág. 49.

[683] FRANCESCHINI, José Inácio Gonzaga. *op. cit.*, pág. 29.

DEFESA NA CONCORRÊNCIA NO MERCOSUL

consumidores e produtores, que efetivamente limitam, as decisões referentes a preços e quantidades da empresa resultante de um ato de concentração (ou já atuante no mercado)"[684].

Neste sentido, dentre outras possibilidades, três modelos são apontados como instrumentais eficientes para tal investigação, a saber: (i) método da elasticidade cruzada (cross elasticity)[685]; (ii) teste da correlação de preços ao longo do tempo (*price correlation over time*); e (iii) teste do "monopolista hipotético", o qual analisaremos por último por ser o mais usualmente praticado, não obstante as recomendações em sentido contrário da autoridade antitruste norte-americana e do CADE brasileiro[686].

Segundo o *Guia para Análise Econômica de Atos de Concentração Horizontal*, editado no Brasil, pela Portaria Conjunta SEAE/SDE nº 50, de 1º de agosto de 2001, ao se buscar a definição de um mercado relevante deve-se ter em mente que se trata de um *"processo de identificação do conjunto de agentes econômicos, consumidores e produtores, que efetivamente limitam as decisões referentes a preços e quantidades da empresa resultante da operação. Dentro dos limites de um mercado, a reação dos consumidores e produtores a mudanças nos preços relativos – o grau de substituição entre os produtos ou fontes de produtores – é maior do que fora destes limites"*[687].

Importante verificar, que independentemente do instrumento utilizado para a mensuração do mercado relevante, é importante ter sempre em conta que outras tantas dimensões podem e devem impactar a análise e a investigação, visando o aprofundamento e o cotejamento das diversidades sociais, econômicas, políticas e culturais dos territórios envolvidos. Segundo Fernando de Oliveira Marques:

---

[684] ALMEIDA, Valdomiro José de. *op. cit.*, pág. 51

[685] Segundo lição de Ferraz, a analise do mercado deve ter em consideração a tentativa de compreensão dos consumidores. "*Atente-se, por fim, à vinculação da reação dos consumidores, do que a elasticidade cruzada é o mais representativo exemplo. Se o consumidor, dada uma alteração no preço de um produto, potencialmente, escolheria um outro mais barato e se o produtor, na fixação do preço, deve levar esta possibilidade em consideração, então será alto o grau de substitutibilidade entre ambos. Nesta avaliação é importante a relação preço/desempenho dos produtos. Assim, se produtos mais caros comportam melhores desempenhos funcionais ou permitem economias sensíveis na utilização, de modo que a diferença de preço, ao longo do tempo, possa ser minimizada, e o consumidor leva estes fatores em consideração, então será alto o grau de elasticidade cruzada e a conseqüente substitutibilidade. Em caso contrário, o indício será de que os produtos pertencem a mercados distintos*". FERRAZ, Tércio Sampaio. *op. cit.*

[686] Para uma abordagem econométrica da apuração do mercado relevante, sugerimos leitura de: OLIVEIRA, Gesner; GUEDES FILHO, Ernesto Moreira; e VALLADARES, Frederico Estrella C.. *Técnicas Econométricas para a Delimitação de Mercados Relevantes Geográficos: Aplicação para a Petroquímica. Econométricas*, IN Textos para Discussão nº 129 – setembro de 2003. Disponível em http://virtualbib. fgv.br/dspace/bitstream/handle/10438/1866/TD129.pdf;jsessionid=FA1C642DCCE16CECB14B F250E406231E?sequence=1 . Acesso em 15/10/2009.

[687] Guia para Analise Econômica de Atos de Concentração Horizontal (Portaria Conjunta SEAE/SDE nº 50, de 1º de agosto de 2001), pág. 09. Disponível em http://www.seae.fazenda.gov.br/central_documentos/guias/portconjseae-sde.pdf . Acesso em 05/12/2009.

"A diversidade cultural e, portanto, de hábitos de consumo, ao redor do mundo pode implicar diferentes definições de mercado relevante, haja vista que a gama de produtos ou serviços substituíveis pode não ser dotada de qualquer universalidade. Ainda mais, o estágio de desenvolvimento do mercado também é um aspecto que merece atenção das autoridades antitruste, denotando um nítido afastamento entre a definição dos mercados relevantes nos países desenvolvidos e aqueles em desenvolvimento"[688].

Uma vez expostos os conceitos de mercado relevante, vale reforçar o impacto direto sobre a definição do mercado relevante que ocupa o conceito de substitubilidade. Para Cesar Mattos,

"o mercado da análise de defesa da concorrência é o chamado "mercado relevante" que se baseia em elementos de substitubilidade da ótica do consumidor e da produção. Ou seja, baseia-se em gostos e tecnologia, os quais constituem os pilares básicos da teoria microeconômica tradicional, respectivamente, lado da demanda e lado da oferta. Nesse caso, as variáveis cruciais para a definição dos mercados relevantes são as elasticidades-preço cruzada da demanda e da oferta"[689].

A substitubilidade do produto pode ser investigada por duas óticas distintas, quais sejam, a da oferta e a da demanda. Lembramos Franceschini, para quem não é necessário um substituto perfeito em relação ao produto, mas *"a possibilidade de intersubstituição há de ser apreciada, fundamentalmente, em função de considerações econômicas válidas para os consumidores e não das propriedades físicas ou técnicas dos bens ou serviços"[690].*

Pelo lado da demanda, a análise deverá pontuar quais são os produtos efetivamente similares, de modo que os consumidores considerem substitutos razoáveis aqueles produtos que contemplem atributos próximos e não lhes alterem as preferências em função dos preços e atributos daqueles. Com tal abordagem, busca-se conhecer o critério de substituição de produtos considerados substituíveis pelo público consumidor. Trabalha-se com a hipótese de que uma pequena variação, não transitória, nos preços tenha, ou não, impacto na avaliação dos produtos pela ótica dos consumidores adquirentes. Para tanto, o *"exercício da definição de mercado centra-se nos preços para efeitos operacionais e práticos e, mais precisamente, sobre o efeito de substituição do lado da procura resultante de pequenas variações perma-*

---

[688] MARQUES, Fernando de Oliveira. *Aspectos Atuais do Mercado Relevante. IN* Revista de Direito da Concorrência nº 2 – abril a junho de 2004. São Paulo: IOB/CADE, 2004, pág. 94.

[689] MATTOS, César. *Harmonização das Políticas de Defesa da Concorrência e Comercial: Questões Teóricas e Implicações para o Mercosul, Alca e OMC. Estudos Econômicos* (IPE/USP), São Paulo, v. 29, n. 2, 1999, pág. 280.

[690] FRANCESCHINI, José Inácio Gonzaga. *op. cit.*, pág. 30.

nentes nos preços relativos. Este conceito pode indicar claramente quais os dados relevantes para efeitos de definição dos mercados"[691]. Analisando, assim, a questão pelo perfil da demanda dos produtos e sua substitubilidade, podem ser incluídos ou excluídos produtos no mercado investigado caso seja ou não possível para os consumidores a rápida transferência de suas necessidades para produtos de outros fornecedores.

Por outro lado, sob a ótica da oferta, a substitubilidade ocorre quando os produtos substitutos são similares por suas características físicas e condições econômicas, levando a uma possível rápida alteração na produção, com a troca de um bem por outro, considerando que os métodos de produção podem ser similares e/ou existe a capacidade de produção ou a produção está ociosa[692]. A substitubilidade da oferta também deve ser considerada em termos de eficácia e efeito imediato, com a avaliação, dentro do mercado relevante, da possibilidade de fornecedores efetuarem a alteração de sua produção para produtos similares, *"sem incorrer em custos ou riscos suplementares significativos em resposta a pequenas alterações duradouras nos preços relativos"*[693]. Ou seja, a mudança na produção para a substituição da oferta do produto, não deve representar um ônus tal que cause desinteresse de produtores ou cause igual aumento de preço, o que tornaria toda a análise desnecessária. Assim, *"sempre que a substitubilidade do lado da oferta implicar a necessidade de uma adaptação significativa dos activos corpóreos existentes, a realização de investimentos adicionais, alterações nas decisões estratégicas ou substanciais atrasos, esta não será tida em conta na fase de definição do mercado"*[694].

Assim, tomada a investigação do mercado relevante de produto/serviço, deve-se, portanto, considerar três aspectos/metodologias, para a análise, a saber, a substitubilidade pela ótica da demanda, a substitubilidade pela ótica da oferta e a elasticidade preço da demanda.

Uma forma atribuída pela doutrina de que seja mensurada a substitubilidade é conhecida por elasticidade cruzada (cross elasticity), através da qual *"o aumento no preço de determinado produto ou serviço leva ao aumento da procura de outro,*

---

[691] UNIÃO EUROPÉIA – Comissão Europeia – Direcção-Geral da Concorrência – *Comunicação da Comissão relativa à Deficação de Mercado Relevante para Efeitos do Direito Comunitário da Concorrência – Jornal Oficial nº C 372 de 09/12/1997 p. 0005 – 0013.* Disponível em http://eur-lex.europa.eu/LexUriServ/LexUriServ.do?uri=CELEX:31997Y1209(01):PT:HTML . Acesso em 06/01/2010

[692] CUNHA, Ricardo Thomazinho. *op. cit.*, págs. 91 e 92.

[693] UNIÃO EUROPÉIA – Comissão Europeia – Direcção-Geral da Concorrência – *Comunicação da Comissão relativa à Deficação de Mercado Relevante para Efeitos do Direito Comunitário da Concorrência – Jornal Oficial nº C 372 de 09/12/1997 p. 0005-0013.* Disponível em http://eur-lex.europa.eu/LexUriServ/LexUriServ.do?uri=CELEX:31997Y1209(01):PT:HTML. Acesso em 06/01/2010

[694] UNIÃO EUROPÉIA – Comissão Europeia – Direcção-Geral da Concorrência – *Comunicação da Comissão relativa à Deficação de Mercado Relevante para Efeitos do Direito Comunitário da Concorrência – Jornal Oficial nº C 372 de 09/12/1997 p. 0005 – 0013.* Disponível em http://eur-lex.europa.eu/LexUriServ/LexUriServ.do?uri=CELEX:31997Y1209(01):PT:HTML . Acesso em 06/01/2010.

MERCADO RELEVANTE

seu sucedâneo"[695]. Desta feita, o consumidor mostra-se indiferente e plenamente disposto a efetuar a substituição de um produto/serviço por outro. Com isso, *"quanto maior for a elasticidade da demanda, maior será a possibilidade de substituição do produto ou serviços em análise pelos compradores, que estariam dispostos a trocar um produto ou serviço por outro equivalente em propriedades e preço"*[696].

A substitubilidade será, desta forma, valorada de duas formas. Se considerarmos o mercado relevante analisado, a substitubilidade deverá ser alta para o produto considerado (ou grupo de produtos), e necessariamente deverá ser baixa em relação ao produto (ou grupo), para a área fora do mercado considerado. Com este mercado relevante delineado considerando a substitubilidade do produto, teremos para a análise antitruste um instrumental que pode apontar a verificação ou não de aumento de bem-estar, pois a demanda poderá ser suprida, ainda que a oferta seja unilateralmente alterada. De forma contrária, havendo um agente econômico que tenha influência sobre o mercado, *"tanto a demanda pelo produto (ou grupo de produtos) do mercado relevante quanto a sua oferta devem ter elasticidades-preço suficientemente baixas para que um eventual aumento "abusivo" do preço resulte em maiores lucros, e não menores, para a(s) empresa(s) que hipoteticamente exerce(m) poder de mercado"*[697].

Segundo Marina Moreira da Gama e Ricardo Machado Ruiz, este teste *"consiste em estimar as elasticidades-preço cruzadas da demanda, que medem o percentual de mudança na quantidade demandada de um bem em resposta ao aumento de um ponto percentual no preço de outro bem"*[698]. Assim, por meio deste teste, tanto a demanda pelo produto (ou grupo de produtos), quanto sua oferta serão consideradas para, em dado mercado relevante, avaliar a possibilidade de troca em função de aumento do preço por parte de empresa que hipoteticamente exerce poder sobre o mercado analisado.

Ainda em relação ao produto, existem fatores que podem ampliar a base de análise, da mesma forma que podem conter a área na qual as transações são realizadas e na qual o efetivo poder econômico poderá ser constatado. Segundo Cunha:

"Para se chegar à definição da área na qual as transações econômicas ocorrem, levam-se em conta as chamadas condições objetivas de competição aplicáveis ao produto, as quais são consideradas fatores limitadores das trocas comerciais, restringindo o tamanho do mercado geográfico. Estas condições podem sofrer alterações de uma região para outra, por vários

---

[695] BAGNOLI, Vicente. *op. cit.*, pág. 139.
[696] BAGNOLI, Vicente. *ibidem.*
[697] ALMEIDA, Valdomiro José de. *op. cit.*, pág. 54.
[698] GAMA, Marina Moreira da; e RUIZ, Ricardo Machado. *op. cit.*, pág. 237.

motivos: ação estatal, preferência dos consumidores, perecibilidade do produto (que torna impraticável seu transporte a longas distâncias), altos custos de transporte etc"[699].

Na análise concorrencial de um mercado relevante geográfico, será observada a existência de um único mercado geográfico se:

"(i) o consumidor estaria disposto a deixar o local onde está situado para adquirir o produto ou utilizar o serviço em outra área, as vezes distante de onde se encontra; (ii) os custos dos transportes deixariam os produtos ou serviços locais em condição de independência e indiferença em relação aos ofertados por agentes econômicos de outras áreas; (iii) as características do produto ou serviço, como por exemplo durabilidade e resistência ao transporte, permitiriam a comercialização em áreas relativamente distantes de sua origem; (iv) os incentivos governamentais representariam impeditivos ao ingresso de novos agentes econômicos no mercado; (v) a existência de barreiras à entrada, como impostos de importação ou o elevado custo para constituir uma rede de distribuição, demonstraria se o mercado é impermeável ao ingresso de novos competidores"[700].

Segunda forma conhecida como instrumental para a delimitação do mercado relevante é o teste da correlação de preços ao longo do tempo (*price correlation over time*). Para Gama e Ruiz, o referido teste está relacionado com a *"suposição de que se dois produtos estão no mesmo mercado, então a variação de seus preços ao longo do tempo deverá ocorrer na mesma direção e em percentuais muito próximos (Price correlation over time). Se o coeficiente de correlação calculado entre os preços de dois produtos for relativamente alto, presume-se que esses produtos estejam no mesmo mercado"*[701].

Na sequência, a terceira forma que tem implicação na metodologia de definição do mercado relevante é que mesmo que analisadas de forma segregada, as supra indicadas bases analíticas devem ser trabalhadas conjuntamente, haja vista que não é possível destacar tais aspectos da atividade efetiva da empresa. Na lição de Castelar e Saddi, uma forma possível de que seja delimitado o mercado relevante, considerando as suas dimensões se dá por meio da indagação *"para quais produtos ou fornecedores substitutos, inclusive provenientes de outras regiões e/ou países, os consumidores poderiam desviar a sua demanda, caso a empresa promova um pequeno mais significante aumento não transitório de preço"*[702]. Outra abordagem possível envolveria a necessidade de ser trabalhada a situação pela hipótese de um monopolista. Segundo os autores, este outro foco envolveria o questionamento de *"qual a menos cesta de produtos e a menor área geográfica que um monopolista preci-*

---

[699] CUNHA, Ricardo Thomazinho. *op. cit.*, pág. 93.
[700] BAGNOLI, Vicente. *op. cit.*, pág. 141.
[701] GAMA, Marina Moreira da; e RUIZ, Ricardo Machado. *op. cit.*, pág. 237.
[702] PINHEIRO, Armando Castelar; SADDI, Jairo. *op. cit.*, pág. 363.

MERCADO RELEVANTE

saria controlar, ou um cartel abranger, de forma que pudesse obter sucesso em aumentar o seu lucro por meio de um aumento de preço com essas características"[703].

Estas situações colocadas no parágrafo anterior refletem o teste conhecido por "monopolista hipotético". Segundo Almeida, "o teste do "monopolista hipotético" (TMH) é o instrumental analítico utilizado para se aferir o grau de substituibilidade entre bens ou serviços e, como tal, para a definição, ou melhor, para a delimitação do mercado relevante"[704]. Este teste define o mercado relevante como sendo o menor grupo de produtos e a menor área geográfica necessários para que um suposto monopolista esteja em condições de impor um "pequeno porém significativo e não transitório" aumento de preços. Vemos, portanto, que esta definição tem plena sintonia com a prática norte americana, nos termos propostos pelo *Guia de Fusões Horizontais Norte-Americano (Horizontal Merger Guidelines do F.T.C./D.o.J.*, 1997), já apontado anteriormente.

Segundo o *Guia para Análise Econômica de Atos de Concentração Horizontal*, da SEAE/SDE, acima mencionado, o procedimento a ser adotado para a realização do teste do "monopolista hipotético" é o seguinte:

"O teste do "monopolista hipotético" consiste em se considerar, para um conjunto de produtos e área específicos, começando com os bens produzidos e vendidos pelas empresas participantes da operação, e com a extensão territorial em que estas empresas atuam, qual seria o resultado final de um "pequeno porém significativo e não transitório" aumento dos preços para um suposto monopolista destes bens nesta área. Se o resultado for tal que o suposto monopolista não considere o aumento de preços rentável, então a SEAE e a SDE acrescentarão à definição original de mercado relevante o produto que for o mais próximo substituto do produto da nova empresa criada e a região de onde provém a produção que for a melhor substituta da produção da empresa em questão. Esse exercício deve ser repetido sucessivamente até que seja identificado um grupo de produtos e um conjunto de localidades para os quais seja economicamente interessante, para um suposto monopolista, impor um "pequeno porém significativo e não transitório aumento" dos preços. O primeiro grupo de produtos e localidades identificado segundo este procedimento será o menor grupo de produtos e localidades necessário para que um suposto monopolista esteja em condições de impor um "pequeno porém significativo e não transitório" aumento dos preços, sendo este o mercado relevante delimitado. Em outras palavras, "o mercado relevante se constituirá do menor espaço econômico no qual seja factível a uma empresa, atuando de forma isolada, ou a um grupo de empresas, agindo de forma coordenada, exercer o poder de mercado".

Um suposto monopolista está em condições de impor um "pequeno porém significativo e não transitório" aumento de preço quando os consumidores não puderem desviar uma parcela significativa da demanda para bens substitutos ou bens provenientes de outra região.

---

[703] PINHEIRO, Armando Castelar; SADDI, Jairo. *ibidem.*
[704] ALMEIDA, Valdomiro José de. *op. cit.*, pág. 51.

DEFESA NA CONCORRÊNCIA NO MERCOSUL

Os conjuntos de produtos e áreas geográficas que um hipotético monopolista deve controlar para que possa impor um "pequeno porém significativo e não transitório aumento" dos-preços determinam, respectivamente, a dimensão do produto e a dimensão geográfica do mercado relevante.

O efeito de um "pequeno porém significativo e não transitório aumento" de preços para o monopolista hipotético depende da reação dos consumidores. Esta reação, por sua vez, é dada em função da propensão com que os consumidores estejam dispostos a desviar sua demanda para um produto substituto ou a para produto idêntico oriundo de outra área, como resposta a um "pequeno porém significativo e não transitório" aumento de preço. Para examinar a possibilidade de os consumidores desviarem sua demanda a produtos substitutos de uma mesma região e para produtos idênticos porém de uma área distinta, a SEAE e a SDE considerarão os seguintes fatores:

- *características físicas dos produtos;*
- *características dos processos produtivos;*
- *propriedades comerciais dos produtos;*
- *evolução dos preços relativos e das quantidades vendidas;*
- *tempo e os custos envolvidos na decisão de consumir ou produzir produtos substitutos;*
- *tempo e os custos envolvidos na decisão de consumir ou produzir produtos idênticos provenientes de outras áreas; e*
- *evidências de que os consumidores desviarão sua demanda ou levarão em conta a possibilidade de desviá-la em função de mudanças nos preços relativos ou em outras variáveis de competição (comportamento passado dos consumidores).*

Em casos específicos poderão ser considerados como participantes do mercado os produtores potenciais de curto prazo, isto é, empresas que não produzem atualmente, mas que podem passar a produzir em resposta a um "pequeno porém significativo e não transitório aumento" dos preços, em um período não superior a um ano e sem a necessidade de incorrer em custos significativos de entrada ou de saída. Serão considerados significativos os custos de entrada ou de saída que não puderem ser cobertos em um período igual ou inferior a um ano, a contar do início da oferta do produto"[705].

No caso de um mercado relevante internacional, Gesner Oliveira, Ernesto Moreira Guedes Filho, e Frederico Estrella C. Valladares apontam:

"Seguindo a lógica do teste do monopolista hipotético, a questão relevante não é o "para-lelismo" nas diferenças de preço entre o produto nacional e o produto importado internado. Partindo-se da hipótese de que o mercado relevante geográfico é internacional, o importante

---

[705] Guia para Analise Econômica de Atos de Concentração Horizontal (Portaria Conjunta SEAE/SDE nº 50, de 1º de agosto de 2001), págs. 09 e 10. Disponível em http://www.seae.fazenda.gov.br/central_documentos/guias/portconjseae-sde.pdf. Acesso em 05/12/2009.

MERCADO RELEVANTE

é avaliar <u>a capacidade dos produtores nacionais de promover um aumento relevante e per-</u> <u>manente de preços destas resinas em relação aos praticados no mercado internacional"</u>[706].

Passadas as considerações acima, identificado o mercado relevante ao caso individualmente considerado, deve-se investigar em momento imediatamente posterior qual a parcela detida pelo agente econômico ao qual a análise é centrada. Esta primeira identificação tem como função

"limitar a circunstância fática envolvida na análise (ou seja, seu contexto), passa-se à verificação da parcela de mercado relevante detida pelo agente cujas práticas estão sendo investigadas, porquanto o cálculo da dimensão de suscetibilidade de exercício unilateral e abusivo de posição dominante no mercado fortalece-se, dentre outros aspectos, com a aferição da participação relativa de mercado (market share)"[707].

Passados os pontos teóricos envolvendo metodologias de definição do mercado relevante, iniciaremos agora a análise empírica de como a questão é tratada pelos regramentos nacionais dos países do Mercosul, para depois estudar a regulação do Protocolo de Fortaleza.

9.6. Mercado Relevante no âmbito interno/nacional dos países do Mercosul

Importa-nos, agora, investigar pontualmente a normatização nacional relacionada especificamente à questão envolvendo o mercado relevante e sua definição.

Devemos nos lembrar, como apontado no capítulo anterior, que o processo de integração no Mercosul, em função de sua evolução e do maior relacionamento sócio-econômico-político dos agentes nacionais, *"alcançou um estágio em que as condições de concorrência nos mercados domésticos dos países membros se tornaram interdependentes e só podem ser avaliadas corretamente a partir de uma perspectiva regional"*[708]. Segundo Tavares de Araújo Junior, sob a ótica das autoridades antitruste dos Estados-Partes, este novo cenário impulsionado pelo comércio intrabloco e demais relações geram mudanças que *"implicam um número crescente de casos nos quais a dimensão geográfica do mercado relevante abrange todos os membros do Mercosul"*[709].

---

[706] OLIVEIRA, Gesner; GUEDES FILHO, Ernesto Moreira; e VALLADARES, Frederico Estrella C.. *op. cit.*, pág.4.
[707] GABAN, Eduardo Molan; DOMINGUES, Juliana Oliveira. *Direito Antitruste: o combate aos cartéis*. São Paulo: Saraiva, 2009, pág. 140.
[708] ARAÚJO JÚNIOR, José Tavares. *op. cit.*, pág. 05.
[709] ARAÚJO JÚNIOR, José Tavares. *ibidem*.

9.6.1. Brasil

A Lei nº 8.884, de 11 de junho de 1994[710] não previa e/ou estabelecia definições ou formas de mensuração do mercado relevante, deixando para a regulação setorial tal tarefa, no caso, ao CADE e demais membros do SBDC. Da mesma forma, a vigente Lei nº 12.529 de 30 de novembro de 2011[711] não prevê e/ou estabelece definições ou formas de mensuração do mercado relevante.

No caso brasileiro, não obstante as possibilidades supra apresentadas, destacamos diretamente o já comentado *Guia para Análise Econômica de Atos de Concentração Horizontal*, editado no Brasil, pela Portaria Conjunta SEAE/SDE nº 50, de 1º de agosto de 2001[712].

Ainda que parcialmente revogada pela Resolução CADE nº 45, a Resolução CADE nº 15, de 19 de agosto de 1998[713], em seu Anexo V, disciplina a definição de duas modalidades de mercado relevante: o de produto e o geográfico, a saber:

"1.6.1. MERCADO (S) RELEVANTE(S) DO(S) PRODUTO(S) Um mercado relevante do produto compreende todos os produtos/serviços considerados substituíveis entre si pelo consumidor devido às suas características, preços e utilização. Um mercado relevante do produto pode eventualmente ser composto por um certo número de produtos/serviços que apresentam características físicas, técnicas ou de comercialização que recomendem o agrupamento.

1.6.2. MERCADO(S) RELEVANTE(S) GEOGRÁFICO(S). Um mercado relevante geográfico compreende a área em que as empresas ofertam e procuram produtos/serviços em condições de concorrência suficientemente homogêneas em termos de preços, preferências dos consumidores, características dos produtos/serviços. A definição de um mercado relevante geográfico exige também a identificação dos obstáculos à entrada de produtos ofertados por firmas situadas fora dessa área. As firmas capazes de iniciar a oferta de produtos/ serviços na área considerada após uma pequena mas substancial elevação dos preços praticados fazem parte do mercado relevante geográfico. Nesse mesmo sentido, fazem parte de um mercado relevante geográfico, de um modo geral, todas as firmas levadas em conta por ofertantes e demandantes nas negociações para a fixação dos preços e demais condições comerciais na área considerada".

---

[710] Lei nº 8.884 de 11 de junho de 1994. Disponível em http://www.planalto.gov.br/ccivil_03/leis/L8884.htm. Acesso em 01/12/2009.

[711] Lei nº 12.529 de 30 de novembro de 2011 – Lei de Defesa da Concorrência. Disponível em http://www.planalto.gov.br/ccivil_03/_Ato2011-2014/2011/Lei/L12529.htm . Acesso em 02/12/2011.

[712] Guia para Analise Econômica de Atos de Concentração Horizontal (Portaria Conjunta SEAE/SDE nº 50, de 1º de agosto de 2001), pág. 09. Disponível em http://www.seae.fazenda.gov.br/central_documentos/guias/portconjseae-sde.pdf . Acesso em 05/12/2009.

[713] Resolução CADE nº 15, de 19 de agosto de 1998 – Disponível em http://www.cade.gov.br/upload/Resolução%20nº%2015,%20de%2019%20de%20agosto%20de%201998.pdf. Acesso em 21/10/2009.

Destacamos, ainda, que a referida resolução não individualiza ou conceitua a dimensão temporal do mercado relevante.

9.6.2. Argentina

A Lei vigente de defesa da concorrência argentina também não fixa conceitos e critérios para a definição e análise do mercado relevante.

Por outro lado, a Resolución 164/2001, da *Secretaría de la Competencia, la Desregulación y la Defensa del Consumidor*, possui um item II. Destinado à medição da concentração no mercado relevante, inovando o ordenamento jurídico daquele país, de forma bastante positiva. Reproduzimos o conteúdo do texto normativo:

"II.1. DEFINICION DEL MERCADO RELEVANTE

A los efectos de establecer si una concentración limita o no la competencia, es preciso delimitar el mercado que se verá afectado por la operación. Este mercado, que se denomina mercado relevante, comprende dos dimensiones: el mercado del producto y el mercado geográfico.

El mercado relevante del producto.

Se puede afirmar que el mercado relevante del producto comprende todos aquellos bienes y/o servicios que son considerados sustitutos por el consumidor dadas las características del producto, sus precios y el objeto de su consumo. Si el bien producido por las empresas que se concentran es sustituible por otros bienes, entonces el poder de mercado de las mismas se verá limitado por la conducta de los consumidores. En efecto, dichas empresas no podrán aumentar unilateralmente el precio de su producto sin notar un traspaso significativo de sus consumidores hacia otros bienes alternativos. En definitiva, los bienes que son sustitutos entre sí compiten por captar la demanda del consumidor, con lo cual lo correcto es incluirlos dentro de un mismo mercado.

A los efectos de considerar la posible respuesta de los consumidores ante un aumento en el precio relativo del bien o servicio, se tomarán en cuenta, entre otros, los siguientes elementos:

a) indicios de que los consumidores han trasladado o pueden trasladar su consumo hacia otros bienes como respuesta a un cambio en los precios relativos o en otras variables relevantes (por ejemplo, calidad),

b) indicios de que los productores elaboran sus estrategias de negocios sobre el supuesto de que existe sustitución en las demandas de distintos productos ante cambios en los precios relativos o en otras variables relevantes;

c) el tiempo y costo que le implica al consumidor el traslado de su demanda hacia otros bienes.

Mediante el relevamiento de la información precitada, el mercado relevante del producto se definirá como el menor grupo de productos respecto del cual, a un hipotético monopolista de todos ellos, le resultaría rentable imponer un aumento de precios pequeño, aunque significativo y no transitorio[6].

6 Si bien el concepto exacto de un aumento de precios "pequeño, aunque significativo y no transitorio podrá variar según lo indiquen las particularidades del mercado analizado, cabe señalar que los organismos de los países con mayor experiencia en la materia interpretan que el mismo representa un aumento de precios en un rango del 5% al 10% que se mantenga durante un período no inferior al año.

De particular importancia para la determinación del mercado relevante del producto es el precio del bien en cuestión. En principio, en los análisis de concentraciones se debe considerar el precio de mercado vigente en el momento de la operación. Sin embargo, se debe tener en cuenta que si dicho precio es monopólico, es probable que el consumidor considere como sustituto del bien en cuestión un producto de utilidad inferior que se ofrece a un precio competitivo. Si el producto en cuestión también fuese ofrecido a un precio competitivo, entonces el producto de utilidad inferior no sería percibido por el consumidor como sustituto. En un caso así, la definición del mercado de producto no debería incluir a aquellos productos que son sustitutos del producto en cuestión sólo porque éste se ofrece a un precio supra-competitivo[7].

7 Este problema se conoce en la literatura especializada en concentraciones y defensa de la competencia como la "falacia del celofán".

A continuación se presenta un ejemplo del procedimiento a utilizarse para definir el mercado relevante del producto. Supongamos que dos empresas productoras de bebidas gaseosas deciden fusionarse. En este caso, se debe examinar si diferentes sabores de gaseosas pertenecen al mismo mercado. La pregunta práctica a realizar es si los consumidores del sabor A estarían dispuestos a consumir otro sabor ante un aumento permanente del 5% al 10% en el precio de ese sabor. Si una cantidad considerable de consumidores cambia su consumo a la gaseosa de sabor B, de tal modo que el incremento de precios de A no es beneficioso por la caída en las ventas, el mercado relevante del producto debe incluir, al menos, los sabores A y B. Este proceso debe continuar hasta que el incremento permanente de precios del conjunto de bienes (en este caso A y B) no provoca cambios importantes en la cantidad demandada y por lo tanto el aumento de precio es beneficioso.

El mercado geográfico relevante

Una vez definido el mercado relevante del producto, se deberá delimitar el mercado geográfico relevante. Este último se entenderá como la menor región dentro de la cual resultaría beneficioso para un único proveedor del producto en cuestión imponer un incremento pequeño, aunque significativo y no transitorio, en el precio del producto.

Es particularmente importante para la definición del mercado geográfico relevante el análisis de la existencia de sustitución por el lado de la demanda. Si los consumidores del área en la cual operan las empresas participantes en la concentración pueden adquirir el bien en un área geográfica cercana, entonces resulta correcto considerar a ambas zonas como parte de un mismo mercado.

En cuanto a la información necesaria para definir el mercado geográfico relevante, se tendrán en cuenta, entre otros, los siguientes elementos:

a) indicios de que los consumidores han trasladado o pueden trasladar su consumo hacia otras regiones geográficas como respuesta a un cambio en los precios relativos o en otras variables relevantes;

b) indicios de que los productores elaboran sus estrategias de negocios sobre la base de que existe sustitución en las demandas de distintas regiones geográficas ante cambios en los precios relativos o en otras variables relevantes;

c) el tiempo y costo que le implica al consumidor el traslado de su demanda hacia otras regiones geográficas.

Mediante el relevamiento de la información precitada, la definición del mercado geográfico relevante comenzará por considerar a las regiones en las que operan las empresas participantes en la concentración, para luego analizar la existencia de sustitución de la demanda entre los productos o servicios de éstas y los comercializados en otras localidades.

Debe tenerse en cuenta que la definición del mercado geográfico relevante se realizará en cada caso en particular y que, por lo tanto, no existe una regla genérica o un único procedimiento a utilizarse a tal fin"[714].

9.6.3. Uruguai

Diferentemente das legislações brasileira e argentina, a Ley nº 18.159, de 20 de julho de 2007[715], que regula a defesa da concorrência no Uruguai, estabelece, já em seu artigo 5º, as disposições gerais aplicáveis ao mercado relevante. Segundo o texto da norma:

"Artículo 5º (Mercado relevante).- A efectos de evaluar si una práctica afecta las condiciones de competencia, deberá determinarse cuál es el mercado relevante en el que la misma se desarrolla. Esto implica analizar, entre otros factores, la existencia de productos o servicios sustitutos, así como el ámbito geográfico comprendido por el mercado, definiendo el espacio de competencia efectiva que corresponda. El órgano de aplicación establecerá los criterios generales para la determinación del mercado relevante".

Interessante mostrar que o Decreto nº 404/007, de 29 de outubro de 2007[716], que regulamenta a supra citada Lei, em seu artigo 3º, prevê que a conquista de mercado resultante de processo natural fundado em uma maior eficiência do agente econômico não é considerada irregular ou ilícita.

---

[714] Resolución 164/2001. Disponível em http://infoleg.mecon.gov.ar/infolegInternet/anexos/70000-74999/70302/norma.htm. Acesso em 25/10/2009.

[715] Ley nº 18.159, de 20 de julho de 2007. Disponível em http://www.mef.gub.uy/competencia/documentos/ley18159.pdf. Acesso em 01/12/2009.

[716] Decreto nº 404/007, de 29 de outubro de 2007. Disponível em http://www.mef.gub.uy/competencia/documentos/dec_404_007.pdf . Acesso em 01/12/2009.

"Artículo 3 – Declárase prohibido el abuso de posición dominante, así como toda práctica, conducta, o recomendación, individual o concertada que tenga por efecto u objeto, restringir, limitar, obstaculizar, distorsionar o impedir la competencia actual o futura en el mercado relevante.

La conquista del mercado resultante del proceso natural fundado en la mayor eficiencia del agente económico en relación con sus competidores, no constituye una conducta de restricción de la competencia"

Recentemente, a Comisión de Promoción Y Defesa de la Competencia editou a Resolución nº 2/009, de 12 de maio de 2009[717], que aprova e fixa os critérios gerais de definição do mercado relevante. A norma estabelece que *"La determinación del mercado relevante debe integrar dos dimensiones de mercado: el mercado definido en función de bienes o servicios transados y el mercado definido geográficamente. Aunque la descripción final del mercado deberá integrar ambas dimensiones, para facilitar la exposición de los criterios se presentan a continuación en forma separada".*

Assim como as normas brasileiras, a regulamentação uruguaia indica o teste do "monopolista hipotético" como padrão de aplicação aos casos práticos.

9.6.4. Paraguai

O Paraguai, como exposto no capítulo anterior do presente estudo, ainda não possui legislação de defesa da concorrência, pelo qual não tem instituída nenhuma prática ou normativa para a investigação e/ou delimitação de qualquer modalidade de mercado relevante.

Não obstante, o Projeto de Lei apresentado em 2003 e que ainda tramita perante o Senado (anexo ao presente trabalho), parece inovar no formato adotado nas demais legislações internas mercosulianas, definindo expressamente o mercado relevante já nos conceitos introdutórios da Lei, de forma ainda mais pontual do que a supra indicada Lei uruguaia. Eis o teor do artigo 5º, a saber:

"Artículo 5º
Definición de mercado relevante
A efectos de la presente Ley, se entiende por mercado relevante el territorio en el que las condiciones de competencia son suficientemente homogéneas con referencia a los productos o servicios que el consumidor considere intercambiables o sustituibles debido a sus características, precio y uso al que se destinan"

---

[717] Resolución nº 2/009, de 12 de maio de 2009. Disponível em http://www.mef.gub.uy/competencia/documentos/mercado_relevante.pdf. Acesso em 02/12/2009.

9.6.5. Venezuela

Assim como para Argentina e Brasil, a Lei venezuelana nº 34.880, de 13.12.1991 não regulamenta ou define o mercado relevante, muito menos fixa critérios para a sua investigação, ficando tal tarefa para os regulamentos e demais normativos.

A previsão vem fixada no Regulamento nº 1 [718], de 3 de maio de 1993, que em seu artigo 2º prevê:

"Artículo 2º

A los fines de establecer el mercado relevante de un determinado bien o servicio, la Superintendencia podrá considerar:

1. La posibilidad de sustitución, en términos de tiempo y costos del bien o servicio, por otros bienes o servicios nacionales, originada en razón de la tecnología, de las preferencias de los consumidores, o de la competencia entre marcas o patentes;

2. La posibilidad de sustitución del bien o servicio por otros bienes o servicios importados, originada en razón del nivel de importaciones, por los niveles tarifarios, por la existencia de barreras no arancelarias al comercio o de medidas que establezcan derechos antidumping o compensatorios.

3. La posibilidad de los consumidores, usuarios o proveedores del bien o servicio de disponer de fuentes actuales o potenciales de oferta o de demanda alternativas de bienes o servicios idénticos o sustitutos;

4. Los costos de transporte y otros costos de transacción o de comercialización del bien o servicio, y los costos de seguros;

5. La existencia y efectos de restricciones al comercio nacional originadas en normas jurídicas nacionales o extranjeras que limiten el acceso de los compradores a proveedores alternativos de bienes y servicios sustitutos o el acceso de vendedores a compradores alternativos de bienes y servicios sustitutos".

9.7. O Mercado Relevante na Regulação do Protocolo de Fortaleza

A questão da investigação e definição do mercado relevante no seio da normativa comunitária vigente até o final de 2010, envolve, necessariamente, primeira análise da decisão MERCOSUL/CMC/DEC. Nº 18/96[719], que aprovou e instituiu o Protocolo de Defesa da Concorrência no Mercosul, firmado em Fortaleza, 17 de dezembro de 1996.

---

[718] Disponível em http://www.gobiernoenlinea.ve/legislacion-view/sharedfiles/reglamentonlpromoveprotegerejerciciolibrecompetencia.pdf . Acesso em 01/12/2009.

[719] MERCOSUL/CMC/DEC. Nº 18/96 – Protocolo de Defesa da Concorrência no Mercosul. Disponível em http://www.mre.gov.py/dependencias/tratados/mercosur/registro%20mercosur/Acuerdos/1996/portugues/19%20Protocolo%20de%20Defensa%20de%20la%20Competencia%20del%20MERCOSUR.pdf. Acesso em 14/10/2009.

Nos termos do artigo 8º do Protocolo de Fortaleza, compete à Comissão de Comércio do Mercosul e ao Comitê de Defesa da Concorrência aplicar o disposto na normativa, sendo que parágrafo único determina que o Comitê de Defesa da Concorrência será um órgão de natureza intergovernamental, será integrado pelos órgãos nacionais de aplicação do Protocolo em cada Estado-Parte, ou seja, as autoridades antitruste nacionais.

Segundo o artigo 14º do Protocolo de Fortaleza, o Comitê de Defesa da Concorrência do Mercosul é quem deve definir a estrutura do mercado relevante em cada caso individualmente considerado. Assim, não existe, em primeira análise, uma normativa genérica. Segundo referido artigo:

"Art 14º O Comitê de Defesa da Concorrência estabelecerá, em cada caso investigado, pautas que definirão, entre outros aspectos, a estrutura do mercado relevante, os meios de prova das condutas e os critérios de análise dos efeitos econômicos da prática sob Investigação".

Já o artigo 11º do Regulamento aprovado do Protocolo de Fortaleza, pela diretiva MERCOSUL/CCM/DIR. Nº 01/03, de 13 de março de 2003, estabelece determinadas circunstâncias que devem ser consideradas quando da investigação e que impactam na definição do mercado relevante, a saber:

"ARTIGO 11 – A fim de estabelecer o abuso de posição dominante em um mercado relevante de bens ou serviços no âmbito do MERCOSUL, deverão ser consideradas, entre outras, as seguintes circunstâncias:

a) a participação no mercado relevante das empresas participantes;

b) o grau em que o bem ou serviço de que se trate é substituível por outros, quer seja de origem nacional, regional ou estrangeira; as condições de tal substituição e o tempo requerido para a mesma;

c) o grau em que as restrições normativas limitam o acesso de produtos ou ofertantes no mercado de que se trate; e

d) o grau em que o presumível responsável possa influir unilateralmente na formação de preços ou restringir o abastecimento ou demanda no mercado e o grau em que seus competidores possam neutralizar tal poder".

Com isso, vemos que pretenderam os Estados-Partes signatários estabelecer determinados critérios que devem ser considerados quando da análise antitruste, e que serão levados em consideração para o estabelecimento do mercado relevante em cada análise concreta. Em breve síntese, serão: a participação das empresas participantes; a substitubilidade do bem ou serviço, por outros nacional, regional ou estrangeiro (critério material apresentado), considerando as condições de tal substituição e o tempo requerido para ela (reconhecido aqui o

MERCADO RELEVANTE

critério temporal que apresentamos). Nesta análise devem ser buscadas eventuais restrições ao acesso de produtos por parte dos consumidores ou restrições que podem ser impostas ao mercado por ofertantes, influindo de maneira unilateral na formação de preços ou na escala de fornecimento e abastecimento da demanda no mercado.

9.6. A Diretriz MERCOSUL/CCM/DIR. Nº 15/11

Importante, antes de verificar a questão da eventual regulação de critérios para a definição do mercado relevante no MERCOSUL, devermos considerar a vigência do próprio Regulamento do Protocolo de Fortaleza.

Nestes termos, nos mesmos moldes da revogação do Protocolo de Fortaleza, a diretiva MERCOSUL/CCM/DIR. Nº 01/03, de 13 de março de 2003, que aprovava o Regulamento do Protocolo de Fortaleza, foi revogada pela Diretriz MERCOSUL/CCM/DIR. Nº 15/11.

Segundo indicado no preâmbulo da Diretriz MERCOSUL/CCM/DIR. Nº 15/11, considerando que o Protocolo de Defesa da Concorrência do ano 1996 foi revogado pelo Acordo de Defesa da Concorrência do MERCOSUL, foi necessário adequar a normativa do MERCOSUL para assegurar a efetividade dos compromissos assumidos no âmbito do Tratado de Assunção, e portanto a Comissão de Comércio do Mercosul – CCM – aprovou a diretriz de 2011, que em seu art. 1º revoga a Diretriz CCM Nº 01/03 "Regulamento do Protocolo de Defesa da Concorrência do MERCOSUL".

A norma foi passada na CXX Reunião da CCM, realizada em Montevidéu – Uruguai, no dia 19 de maio de 2011.

9.10. A Decisão MERCOSUL/CMC/DEC. Nº 43/10

Como já estudado no final do capítulo anterior, a Decisão MERCOSUL/CMC/DEC. Nº 43/10 aprovou o Acordo de Defesa da Concorrência do MERCOSUL, e revogou o Protocolo de Fortaleza, e como visto acima, a Diretriz MERCOSUL/CCM/DIR. Nº 15/11 revogou a Diretriz CCM Nº 01/03 "Regulamento do Protocolo de Defesa da Concorrência do MERCOSUL".

E com tal medida, teria o Acordo de Defesa da Concorrência seguido o mesmo modelo do Protocolo de Fortaleza? Ou seja, teria o Acordo igualmente não regulado a questão da definição do mercado relevante no âmbito do Mercosul e deixado para eventual regulamento a ser editado?

A resposta a que somos inclinados a exteriorizar é positiva – não houve regulação.

Isto porque a estrutura de objetivos do atual Acordo de Defesa da Concorrência do MERCOSUL, apenas trata de consultas a respeito de qualquer matéria relacionada à Defesa da Concorrência no bloco regional ou de atividades de coordenação ou cooperação técnica entre as autoridades de concorrência. Ademais, não existe qualquer indicação até mesmo para a expressão "mercado relevante" no texto do referido acordo.

Não adentrando no mérito da questão da definição do mercado relevante no MERCOSUL, o Acordo de Defesa da Concorrência não enfrenta a questão, permitindo duas alternativas futuras, posto que assim como não estabelece critérios, também não veda ou proíbe qualquer acordo ou definição futura.

Esta possibilidade entendemos estar enquadrada especificamente em dois pontos do Acordo, a saber, por meio das "Atividades de Coordenação" ou das "Atividades de Cooperação Técnica e de Intercâmbio de Informações".

A Atividade de Coordenação é aquela prevista no art. 14 do Acordo[720], por meio desta atividade a autoridade de Concorrência de uma das Partes pode manifestar interesse à Autoridade de Concorrência da outra parte em coordenar as atividades de aplicação no que diz respeito a um caso específico, sujeito às respectivas leis de concorrência de cada jurisdição, e assim, podem coordenar a aplicação concorrente, supletiva ou até mesmo diversa de normas que definam e/ou venham definir a amplitude, os termos e as limitações do conceito de mercado relevante. Trata-se de uma aplicação e uma possibilidade interestrutural das Autoridades de Concorrência.

Por outro lado, a Atividade de Cooperação Técnica e de Intercâmbio de Informações está regulada no art. 16 do Acordo[721]. Segundo o dispositivo, os Estados-Partes podem trabalhar conjuntamente em atividades de assistência técnica para o desenvolvimento, adoção, implementação e cumprimento das leis e políticas de concorrência, inclusive por meio do compartilhamento de conhecimentos e informação, capacitação de funcionários, participação de pessoal como conferencistas e consultores em eventos relacionados com questões de concorrência e

---

[720] MERCOSUL/CMC/DEC. Nº 43/10. *"Art. 14. A autoridade de concorrência de uma das Partes poderá manifestar interesse à autoridade de concorrência da outra parte em coordenar as atividades de aplicação no que diz respeito a um caso específico, sujeito às respectivas leis de concorrência de cada jurisdição. § 1º Sempre que os Estados Partes identificarem que as atividades de execução podem gerar decisões contraditórias, envidarão seus maiores esforços para resolver eventuais problemas daí decorrentes; § 2º Esta coordenação não impedirá as Partes de tomarem decisões autônomas"*. Disponível em http://gd.mercosur.int/SAM/GestDoc/pubweb.nsf/Normativa?ReadForm&lang=ESP&id=62B73ED5C26FE5E3032578800058DA26. Acesso em 10/03/2011.

[721] MERCOSUL/CMC/DEC. Nº 43/10. *"Art. 16. Os Estados Partes concordam que é do seu interesse trabalhar conjuntamente em atividades de assistência técnica para o desenvolvimento, adoção, implementação e cumprimento das leis e políticas de concorrência, inclusive por meio do compartilhamento de conhecimentos e informação, capacitação de funcionários, participação de pessoal como conferencistas e consultores em eventos relacionados com questões de concorrência e intercâmbio de pessoal, quando necessário"*. Disponível em http://gd.mercosur.int/SAM/GestDoc/pubweb.nsf/Normativa?ReadForm&lang=ESP&id=62B73ED5C26FE5E3032578800058DA26. Acesso em 10/03/2011.

intercâmbio de pessoal, quando necessário. Ou seja, por meio deste dispositivo podem os Estados-Partes, no transcorrer destas atividades, igualmente definir a amplitude, termos e limitações do conceito de mercado relevante. Diferentemente, este caso, não as Autoridades de Concorrência, e sim os Estados-Partes podem se valer destas atividades, o que leva a questão para o nível intergovernamental.

A segunda possibilidade possui elementos muito mais amplos, mas envolve mais difíceis negociações entre Estados-Partes. A primeira, apesar de ter um escopo mais restrito, pode efetivamente ter uma aplicação mais eficiente, considerando a maior agilidade possível e existente entre as Autoridades de Concorrência. Inclusive, lembramos o já existente acordo firmado pelas autoridades de defesa da concorrência argentina e brasileira, em 16 de outubro de 2003 (Acordo de Cooperação entre a República Federativa do Brasil e a República Argentina), referente à cooperação entre as autoridades de defesa da concorrência na aplicação de suas leis de concorrência[722].

---

[722] Disponível em http://www.cade.gov.br/internacional/Acordo_Cooperacao_Brasil_Argentina. pdf . Acesso em 13/10/2009.

Capítulo 10
Considerações finais da segunda parte

Assim como julgamos que os mercados e a economia não podem ser compreendidos isoladamente por uma perspectiva estática, também não podem a regulação e a aplicação da defesa da concorrência ser assim compreendidas, sob pena de restar obsoletas até que atinjam total estagnação, ou até, de desvio de suas finalidades.

Temos que a temática do comércio internacional e da defesa da concorrência é comum e atual aos países da região da América Latina, frente à questão da globalização, considerando que a cada passo que damos em direção ao futuro e ao internacional, mais temos a necessidade de pensar, sentir e viver o local. Neste sentido, o regional surge como alternativa. Mas não podemos esquecer o problema da lentidão nas decisões e acompanhamento dos movimentos globais das políticas dos países da América do Sul, agravando problemas conjunturais e estruturais da integração regional em parte, em função de traços típicos da região que há muito tempo são identificados e são agravantes da forte assimetria da região (pobreza, desigualdades sociais, instabilidade política e especialização em produtos primários).

O debate sobre o desenvolvimento regional importa na análise das estruturas de coordenação econômica, juntamente com a inserção da regulação da concorrência no espaço considerado, visando, em última análise, buscar incentivos e institutos de cooperação. Isto em função das atuações dos agentes econômicos ter suplantado as fronteiras nacionais, marcadas hodiernamente por sua presença global, ainda que hipoteticamente, o que com efeito fragiliza a atuação regulatória estatal individual[723].

---

[723] Ora, se os agentes agem livremente no mercado e sua atuação é efetivamente global, com liberdade quase que total de deslocamento de recursos financeiros, dentre outros recursos possíveis, ainda que mais limitados, como mão de obra, a atuação regulatória do Estado, se não considerar

Destacamos a necessidade do reconhecimento de que a integração econômica regional exige a superação de obstáculos que entravam as suas iniciativas, ou ainda, que aumentam as assimetrias existentes entre os Estados integrantes do processo integracionista. Desta forma, os ideais de uma integração equitativa devem ser perseguidos, tanto na esfera regulatória quanto em sua aplicação, seja por agentes públicos ou privados.

No exercício da atividade econômica, os agentes de mercado, no seu curso regular, mediante as devidas interações econômicas, transplantam os limites e fronteiras nacionais, tornando o mercado amplificado e repleto de redes e intersecções e interações mantidas na esfera global, mas que também podem ser percebidas e verificadas na esfera local. Somam-se a tal cenário, os processos de integração regional, que como visto, acabam por almejar a instituição de um mercado comum, que terá o livre comércio e a união aduaneira como elementos intrínsecos.

Dada a existência destes processos, tais interações econômicas não mais podem ser reguladas pelo direito interno dos países, de forma isoladamente considerada, em função das limitações territoriais da aplicação da legislação interna, sendo necessário o desenvolvimento de uma cultura própria e integrada de regulação no âmbito regional, por meio da construção de um sistema normativo, efetivo, vinculativo e coercitivo, que assegure a liberdade do exercício da atividade econômica dentro de um bloco econômico regional, mas que também crie parâmetros sólidos e eficazes para a defesa da concorrência, incluindo princípios necessários à manutenção de tais atividades dentro de um mercado regional amplamente impactado e influenciado pelo mercado global.

E a posição do Mercosul não pode ser diferente, considerando seus objetivos e compromissos.

A adoção de políticas industriais comuns e coordenação macroeconômicas são fatores essenciais para conduzir o Mercosul nos caminhos estabelecidos e determinados já no preâmbulo do Tratado de Assunção, e que elenca a intenção dos Estados para com o processo de integração regional. Neste sentido, importa reforçar, também, a importância da coordenação e da cooperação de forma equitativa, e efetivamente isto implica em reconhecer e trabalhar em função das assimetrias existentes entre os membros do Mercosul.

---

variáveis ou elementos internacionais/globais, certamente deixará de fora de sua análise diversos e importantes pontos e elementos. Assim, poder-se-ia em colocação extrema, afirmar que a regulação estatal deixaria de ser um forte marco institucional para configurar um ponto de incerteza para os agentes de mercado. Verificado este ponto extremo, podemos reconhecer que com o desenvolvimento e constante crescimento e intensificação do comércio e dos negócios internacionais, o mercado acaba por necessitar de melhores e mais eficientes estruturas que fomentem a coordenação e a cooperação econômica.

CONSIDERAÇÕES FINAIS DA SEGUNDA PARTE

Reiteramos, como visto em nosso estudo, que a coordenação de políticas macroeconômicas, considerando os aspectos econômicos importantes da defesa da concorrência, torna-se um elemento fundamental de sustentação e aprofundamento do processo de integração regional, e deve incluir medidas de curto, médio e longo prazo. A harmonização das políticas macroeconômicas, inclusive por meio da equalização de carga tributária (pois impacta na gestão das empresas e pode lançar seus reflexos no campo da concorrência), deve fomentar e perseguir a estabilidade dos ambientes econômicos de cada um dos países, no qual será verificada a concorrência.

Verificamos, no presente trabalho, que as normas fixadas e em constante desenvolvimento interno no Mercosul estão seguindo um modelo cooperativo, que deve ser atribuído às vontade e finalidade de um bloco econômico que tem aspirações de uma efetiva integração e cooperação regional. Tal constatação deriva dos normativos analisados, que acabaram por impulsionar a vontade dos envolvidos, especialmente na esfera intra governamental, de criação de alternativas para a defesa da concorrência. Assim, as práticas atribuíveis ao Direito Comunitário representam avanço e melhores opções para os Estados participantes.

Ademais, a regulação da concorrência, no caso do Mercosul, efetivamente tem sido construída com base em eventos e práticas cooperativas, em função dos problemas verificados na estrutura do Protocolo de Fortaleza, especialmente no tocante à forma de trabalho e análise instituída para o processo de investigação da questão concorrencial, que em nosso entendimento prejudica a correta delimitação do mercado relevante.

Isto em função da própria raiz e dos ditames de um processo de integração econômica, e de seu confronto com a normatização do Protocolo de Fortaleza, que segundo seu artigo 8º estabelece que sua aplicação compete à Comissão de Comércio do Mercosul – CCM e ao Comitê de Defesa da Concorrência – CDC. A CCM integra a estrutura organizacional e institucional do Mercosul, nos termos do artigo 19 do Protocolo de Ouro Preto, e o CDC é um órgão de natureza intergovernamental, que deve ser integrado pelos órgãos nacionais de aplicação da regulação em cada Estado Parte. Ou seja, é imperativa a harmonização legislativa e o fomento desta estrutura para que possa caminhar a defesa da concorrência no bloco econômico.

Hoje revogado, o Protocolo de Fortaleza tinha por objeto a defesa da concorrência no âmbito do Mercosul, sendo que suas regras são aplicadas aos atos praticados por pessoas físicas ou jurídicas de direito público ou privado, ou outras entidades que tenham por objeto produzir ou que produzam efeitos sobre a concorrência no âmbito do Mercosul, e que afetem o comércio entre os Estados-Partes. Mas o art. 3º do PDC[724] determinava que é da competência exclusiva de cada Estado-Parte a regulação dos atos praticados no respectivo território por pessoa física ou jurídica de direito público ou privado, ou outra entidade nele domiciliada e cujos efeitos sobre a concorrência a ele se restrinjam.

Entendemos que tal sistemática implicava em problemas para a questão do mercado relevante, posto que se estamos tratando de um processo de integração econômica regional, e se tal processo resulta na livre circulação de bens, capitais, produtos e mercadorias, necessariamente o mercado relevante deve ser um mercado ampliado, não podendo ser apontado um ato ou prática cujo mercado relevante seja nacional que não tenha impacto no mercado de outro Estado Parte. Ademais, ainda que o mercado relevante considerado seja regional, mas que tenha limites em fronteiras com outros Estados Parte, tal mercado certamente desencadearia impactos sobre ambos países, não podendo ser considerado nacional, ainda que regional, para dado país.

O Acordo de Defesa da Concorrência do MERCOSUL, por um lado alterou radicalmente o modelo imposto pelo Protocolo de Fortaleza, pois não mais existe o procedimento institucional que antes vigorava, e por outro lado, seguiu o entendimento de que existe competência exclusiva de cada Estado-Parte a regulação dos atos praticados no respectivo território. O Acordo também trata da questão em seu art. 3º[725], e fixa ser da competência exclusiva de cada Estado Parte a regulação dos atos praticados, total ou parcialmente, no respectivo território ou daqueles que sejam originados em outros Estados Partes e que naquele produzam ou possam produzir efeitos sobre a concorrência. Vemos que a redação deste artigo foi melhor e mais trabalhada, para incluir atos que podem ser parcialmente praticados em determinado território. A norma, em seu parágrafo único, ainda determina que as autoridades de concorrência de cada Estado-Parte são competentes para julgar atos que produzam efeitos no respectivo território nacional.

---

[724] Protocolo de Defesa da Concorrência do Mercosul – Protocolo de Fortaleza – PDC – Decisão MERCOSUL/CMC/DEC. Nº 18/96. *"Art. 3º É da competência exclusiva de cada Estado Parte a regulação dos atos praticados no respectivo território por pessoa física ou jurídica de direito público ou privado ou outra entidade nele domiciliada e cujos efeitos sobre a concorrência a ele se restrinjam"*. Disponível em http://www.mercosur.int/msweb/portal%20intermediario/Normas/normas_web/Decisiones/PT/Dec_018_096_Protocolo%20Defesa%20Concorrência_Ata%202_96.PDF. Acesso em 05/07/2010.

[725] MERCOSUL/CMC/DEC. Nº 43/10. *"Art. 3. É da competência exclusiva de cada Estado Parte a regulação dos atos praticados, total ou parcialmente, no respectivo território ou daqueles que sejam originados em outros Estados Partes e que naquele produzam ou possam produzir efeitos sobre a concorrência. Parágrafo Único. As autoridades de concorrência de cada Estado Parte são competentes para julgar atos que produzam efeitos no respectivo território nacional"*. Disponível em http://gd.mercosur.int/SAM/GestDoc/pubweb.nsf/Normativa?ReadForm&lang=ESP&id=62B73ED5C26FE5E3032578800058DA26. Acesso em 10/03/2011.

CONSIDERAÇÕES FINAIS DA SEGUNDA PARTE

Como indicamos ao longo dessas sedimentadas considerações, este artigo do Acordo de Defesa da Concorrência permite que os Estados sigam no modelo de cooperação, implementando em suas estruturas e normas internas regras que possam ter aplicação e efeito comunitário. Isto porque, ao determinar a competência exclusiva de cada Estado Parte na regulação dos atos, a norma o fez com a expressa indicação de atos que total ou parcialmente produzam ou possam produzir efeitos sobre a concorrência. Existe o reconhecimento regulatório de que um ato pode produzir efeito parcial ou total em um Estado-Parte e ser originado em outro Estado-Parte, e com isso os procedimentos de consulta, coordenação, cooperação técnica e intercâmbio de informações podem ser fomentados e viabilizados com maior liberdade, sem o modelo rígido e institucional anterior (do Protocolo de Fortaleza).

O intuito da presente obra procurou mostrar que em uma análise antitruste, quando esta estiver relacionada a um processo de integração econômica regional, o mercado relevante a ser considerado deve ser aquele ampliado, no qual os aspectos regionais e os elementos próprios de cada segmento sejam computados. O mercado relevante deve, portanto, ser repensado, pois não é possível simplesmente pensá-lo como o menor mercado possível – neste sentido, como sendo a menor base material (de produtos), combinada com a menor área. Temos que a base geográfica do mercado relevante deve considerar os espaços geográficos e territoriais dos membros do Mercosul.

Assim, a defesa da concorrência pode representar uma ferramenta para que possa ser perseguida uma das premissas elencadas desde o preâmbulo do PDC, qual seja, o crescimento equilibrado e harmônico das relações comerciais intrazonais, juntamente com o aumento da competitividade das empresas estabelecidas nos Estados-Partes, dado o reconhecimento da necessidade de consolidação de um ambiente concorrencial no espaço integrado do Mercosul.

Por fim, destacamos como positivo um dado referente à colaboração institucional, verificado em nossas pesquisas, e que envolve o marco regulatório desenvolvido após o "Protocolo de Defesa da Concorrência no Mercosul – Protocolo de Fortaleza". Julgamos que a regulação da concorrência e especificamente, do mercado relevante, como apresentamos nos capítulos 8 e 9, evoluiu em passado recente graças e em função das práticas colaborativas e cooperativas dos órgãos nacionais de defesa da concorrência, o que reforça nosso argumento de que o caminho evolutivo do Direito da Concorrência no Mercosul parece que necessariamente caminha para esta direção.

REFERÊNCIAS BIBLIOGRÁFICAS

ADLER, Emanuel. *O Construtivismo no Estudo das Relações Internacionais. In* Lua Nova – Revista de Cultura e Política – nº 47 – 1999

ALMEIDA, Paulo Roberto de. *Integração regional e inserção internacional dos países da América do Sul: evolução histórica, dilemas atuais e perspectivas futuras.* Integrante do projeto *Uma Nova Agenda Econômica e Social para a América Latina,* Simon Schwartzman e Ignacio Walker (coord.), realizado pelo iFHC – Instituto Fernando Henrique Cardoso e pela CIEPLAN – Corporación de Estudios para Latinoamérica, 2008

ALMEIDA, Paulo Roberto. *Problemas conjunturais e estruturais da integração na América do Sul: a trajetória do Mercosul desde suas origens até 2006.* Disponível em http://www.pralmeida.org/05DocsPRA/1549mercosul15anos.pdf.

ALMEIDA, Valdomiro José de. *Definição de mercados relevantes e medidas de concentração no setor elétrico: análise comparada da experiência brasileira.* Dissertação de Mestrado – Departamento de Economia da Universidade de Brasília (UNB), 2003

AMÂNCIO E SOUZA, Ranidson Gleyck e SILVA, Guilherme Jonas Costa da. *Controle de capitais e o direito à propriedade no Brasil: reflexões acerca da garantia constitucional à propriedade privada e do interesse nacional.* Revista de Direito Bancário e do Mercado de Capitais. Editora Revista dos Tribunais – Ano 11 – nº 40 – abril – junho de 2008

AMARAL JUNIOR, Alberto do. *Manual do Candidato: Noções de Direito e Direito Internacional* – 3ª ed. Ampliada e atualizada – Brasília: Funag – 2008

ANDRADE, Ricardo Barreto de. *Da Integração Energética à Integração Política: a Adoção de uma Política Energética Comum como Eixo da Integração Sul-Americana. In* Cadernos PROLAM/USP/Cadernos do Programa de Pós Graduação em Integração da América Latina da Universidade de São Paulo – PROLAM/USP. Ano VIII Volume I – 2009

ARAÚJO JR. José Tavares. *Política de Concorrência no Mercosul: Uma Agenda Mínima.* Mimeo – 2001, pág. 9. Disponível em http://www.ecostrat.net/files/Politica_de_Concorrencia_no_Mercosul.pdf

ARAÚJO, Leandro R. *Associação Latino-Americana de Integração (ALADI). In* Blocos Econômicos e integração da América Latina, África e Ásia. Araminta de Azevedo Mercadante, Umberto Celi Junior e Leandro Rocha de Araújo (coord.) Curitiba: Juruá, 2008

ARENAL, Celestino del. *Introducción a las Relaciones Internacionales*. Coleccion de ciencias sociales – serie de relaciones internacionales. 3ª edicion revisada y ampliada – 5ª reimpressión. Editorial Tecnos: Madrid, Espanha, 2003

ARON, Raymond. *Que é uma Teoria das Relações Internacionais*. IN Estudos Políticos, 2ª edição. Brasília: UNB, 1985

ARROYO, Monica. *Mercosul: discurso de uma nova dimensão do território que encobre antigas falácias*. IN Território. Globalização e Fragmentação. Milton Santos, Maria Adélia A. de Souza e Maria Laura Silveira (orgs.). 3ª ed. – São Paulo: Editora HUCITEC e Associação Nacional de Pós-graduação e Pesquisa em Planejamento Urbano Regional (ANPUR), 1996

ARROYO, Monica. *Mercosul: novo território ou ampliação de velhas tendências*. IN Globalização e Espaço Latino-americano. Francisco Capuano Scarlato, Milton Santos, Maria Adélia A. de Souza e Monica Arroyo (orgs.). 3ª ed. – São Paulo: Editora HUCITEC e Associação Nacional de Pós-graduação e Pesquisa em Planejamento Urbano Regional (ANPUR), 1997

BAERT, Patrick. *Algumas limitações das explicações da escolha racional na Ciência Política e na Sociologia*. Revista Brasileira de Ciências Sociais. São Paulo, v. 12, n. 35, Oct. 1997. Disponível em http://www.scielo.br/scielo.php?script=sci_arttext&pid=S0102-69091997000300005&lng=en&nrm=iso.

BAGNOLI, Vicente. *Introdução ao Direito da Concorrência : Brasil, Globalização, União Européia , Mercosul, Alca*. São Paulo: Editora Singular, 2005

BALASSA, Bela. *Teoria da Integração Econômica*. Tradução de Maria Filipa Gonçalves e Maria Elsa Ferreira. Lisboa: Livraria Clássica Editora, 1972

BARNETT, Michael. *Social Constructivism*. In The Globalization of World Politics John Baylis e Steve Smith (orgs.). Oxford, OUP, 2001

BASTOS, Celso Ribeiro. *Curso de Direito Constitucional*. 19ª ed. atualizada. São Paulo: Saraiva, 1998

BERNAL-MEZA, Raúl e MASERA, Gustavo Alberto. *El Retorno del Regionalismo. Aspectos Políticos y Económicos em Los Procesos de Integración Internacional*. In Cadernos PROLAM/USP / Cadernos do Programa de Pós Graduação em Integração da América Latina da Universidade de São Paulo – PROLAM/USP. Ano VII. Volume I – 2008

BERNAL-MEZA, Raúl. *Argentina y Brasil en la Política Internacional: regionalismo y Mercosur (estrategias, cooperación y factores de tensión)*. Revista Brasileira de Política Internacional. Brasília, v. 51, n. 2, Dezembro – 2008. Disponível em http://www.scielo.br/scielo.php?script=sci_arttext&pid=S0034-73292008000200010&lng=en&nrm=iso.

BRAGA, Márcio B. *Integração econômica regional na América Latina: uma interpretação das contribuições da CEPAL*. In Cadernos PROLAM/USP/Cadernos do Programa de Pós Graduação em Integração da América Latina da Universidade de São Paulo – PROLAM/USP. Editora: Profa. Dra. Maria Cristina Cacciamali. Vol 1 (jan./dez. 2002)

BRASIL, Guia para Analise Econômica de Atos de Concentração Horizontal (Portaria Conjunta SEAE/SDE nº 50, de 1º de agosto de 2001), pág. 09. Disponível em http://www.seae.fazenda.gov.br/central_documentos/guias/port-conjseae-sde.pdf .

REFERÊNCIAS BIBLIOGRÁFICAS

BRUNA, Sérgio Varella. *O Poder Econômico e a Conceituação do Abuso em seu Exercício.* São Paulo: Revista dos Tribunais, 1997

CANCLINI, Néstor Garcia. *Culturas Híbridas: estratégias para entrar e sair da modernidade.* Trad. Heloisa Pezza Cintrão, Ana Regina Lessa. 4ª ed. São Paulo: EDUSP, 2003;

CARDOSO, Fernanda G. *Análise de Eficiências Compensatórias: lições dos casos Ambev e Nestlé-Garoto.* IN Informações Fipe – Setembro de 2007, pág. 26. Disponível em http://www.fipe.org.br/publicacoes/downloads/bif/2007/9_26-20-fern.pdf .

CARDOSO, Fernando Henrique. *A Arte da Política: a história que vivi.* Coordenação editorial: Ricardo A. Setti. Rio de Janeiro: Editora Civilização Brasileira, 2006

CARDOSO, JURIOR, José Celso; ACIOLY, Luciana; e MATIJASCIC, Milko. *À Guisa de Conclusão: soberania nacional e desenvolvimento – qualificando o debate.* IN Trajetórias recentes de desenvolvimento: estudos de experiências internacionais selecionadas / organizadores: José Celso Cardoso Jr., Luciana Acioly, Milko Matijascic. – Livro 2 – Brasília: IPEA, 2009

CARNEIRO, Ricardo. *Globalização e Integração Regional.* Cadernos do Desenvolvimento – vol 3 (5), dezembro de 2008

CARVALHO, Leonardo Arquimimo de Carvalho. *Direito Antitruste & Relações Internacionais – Extraterritorialidade e Cooperação.* Curitiba: Juruá, 2001

CASELLA, Paulo Borba. *Modalidades de harmonização, unificação e uniformização do direito: o Brasil e as convenções interamericanas de direito internacional privado.* IN Integração Jurídica Interamericana: as convenções interamericanas de direito internacional privado (CIDIPs) e o direito brasileiro. Nádia Araújo e Paulo Borba Casella (coords.). São Paulo: Ltr, 1998

CELLI JUNIOR, Umberto. *A integração latino-americana: do discurso à ação.* Dissertação (Mestrado em direito internacional). São Paulo: USP, 1990

CELLI JÚNIOR, Umberto. *Regras de Concorrência no Direito Internacional moderno.* Porto Alegre: Livraria do Advogado, 1999

CELLI JUNIOR, Umberto. *Teria Geral da Integração: Em busca de um modelo alternativo.* IN Blocos Econômicos e Integração da América Latina, África, e Ásia. Araminta de Azevedo Mercadante, Umberto Celli Junior e Leandro Rocha de Araújo (coord.). Curitiba: Juruá, 2008

COMPARATO, Fabio Konder. *Concorrência Desleal.* Ano 56, Janeiro de 1967, volume 375 – São Paulo: Revista dos Tribunais, 1967, págs. 29 -35.

CONTIPELLI, Ernani. *O Direito Condicionando Condutas.* In Revista Tributária e de Finanças Públicas. Ano 12 – nº 59 – nov/dez/ 2004, São Paulo – Editora Revista dos Tribunais, 2004

CORRÊA, Luís Fernando Nigro. *O Mercosul e a OMC: regionalismo e multilateralismo.* São Paulo: Ltr, 2001

CUNHA, Ricardo Thomazinho. *Direito de Defesa da Concorrência: Mercosul e União Européia.* Barueri, SP: Manole, 2003.

DI BIASE, Hector N. *IN Regime Jurídico da Concorrência.* Disponível em http://www.cjf.jus.br/revista/numero2/artigo11.htm.

DIEGO PETRECOLLA, Diego; e BIDART, Marina. *Competencia Y Regulación: El Bloqueo de la Venta del Concesionario Del Correo Oficial (2000-2001).* IN Revista de la Competencia y la Propiedad Intelectual nº 4, Ano 3 – Outono de 2007, pág. 13. Também disponível em versão eletrônica: http://aplicaciones.indecopi.gob.

pe/ArchivosPortal/boletines/recompi/
castellano/articulos/otono2007/
PETRECOLLA.pdf .

DINH, Nguyen Quoc, DAILLIER, Patrick
e PELLET, Alain. *Direito Internacional
Público. Formação do direito, sujeitos, Relações diplomáticas e consulares, Responsabilidade, Resolução de conflitos, Manutenção da paz, Espaços internacionais, Relações econômicas, Ambiente.* Tradução de Vítor Marques Coelho. 2ª ed. – Lisboa: Fundação Calouste Gulbenkian, 2003

DOMINGUES, José Maurício. *Regionalismos, Poder de Estado, e Desenvolvimento. Análise de Conjuntura OPSA nº 7 – junho de 2005.* Disponível no *website*: http://observatorio.iuperj.br/artigos_resenhas/Analise_conjuntura_junho.pdf.

ESTADOS UNIDOS DA AMÉRICA – DEPARTAMENTO DE JUSTIÇA. *Horizontal Merger Guidelines.* Disponível em http://www.justice.gov/atr/public/guidelines/hmg.htm#1.

FABRIS, Fernando Smith. *Concentrações Empresariais e o Mercado Relevante.* Porto Alegre: Sergio Antonio Fabris Editor, 2002

FAGUNDES, Jorge. *Políticas de Defesa da Concorrência e Política Industrial: Convergência ou Divergência?*, pág. 02. Disponível em http://www.ie.ufrj.br/grc/pdfs/politicas_de_defesa_da_concorrencia_e_politica_industrial.pdf.

FANTOZZI, Augusto. *Il Principio Comunitario di non Discriminazione nell'imposizioner sul reddito. IN* Dimensão Jurídica do Tributo: homenagem ao professor Dejalma de Campos. Edvaldo Brito e Roberto Rosas (coords). São Paulo: Meio Jurídico, 2003

FARIA, José Ângelo Estrella. *O Contrato de Compra e Venda Internacional no Mercosul: da Disparidade de Leis a um Regime Uniforme? IN* Direito no século XXI. Elizabeth Accioly (coord.) Curitiba: Juruá, 2008

FARIA, José Eduardo. *Sociologia Jurídica. Direito e Conjuntura.* Série GV-Law. São Paulo: Saraiva, 2008

FERNANDES, Luciana de Medeiros. *Soberania & Processos de Integração. O novo conceito de soberania em face da globalização (uma abordagem especial quanto às realidades de integração regional).* 2ª ed. revista e atualizada. Curitiba: Juruá Editora, 2007

FERRAZ, Tércio Sampaio. *Mercado relevante pelo produto e o problema da substitutibilidade. IN* Estudos Introdutórios de Direito Econômico, Brasília Jurídica, Brasília: 1997, págs. 101-108. Também disponível em http://www.sampaioferraz.com.br/artigo_tercio_21_02_08.html.

FINKELSTEIN, Cláudio. *A Organização Mundial do Comércio e a Integração Regional.* In Revista do Instituto de Pesquisas e Estudos – Divisão Jurídica nº 19 – de agosto a novembro de 1997 – Instituição Toledo de Ensino – Faculdade de Direito de Bauru. Bauru/SP, 1997,

FINKELSTEIN, Cláudio. *O Processo de Formação de Mercados de Blocos.* São Paulo: IOB – Thomson, 2003

FLEURY, Sônia. *A Natureza do Estado Capitalista e das Políticas Públicas. In: Estado sem Cidadão – Seguridade Social na América Latina.* Rio de Janeiro: Editora Fiocruz, 1995

FLÔRES JR, Renato G. *Concorrência no Mercosul: Para além do Protocolo de Fortaleza.* Disponível em http://virtualbib.fgv.br/dspace/bitstream/handle/10438/572/1257.pdf?sequence=1 .

FONSECA, João Bosco Leopoldino da. *Direito Econômico.* Rio de Janeiro: Editora Forense, 2004

FONSECA, João Bosco Leopoldino da. *Lei de Proteção da Concorrência: (comentários à*

REFERÊNCIAS BIBLIOGRÁFICAS

legislação antitruste. 2ª ed.. Rio de Janeiro: Forense, 2001

FONTOURA, Jorge. *Os contenciosos comerciais e a agenda brasileira. In* Pontes • Volume 4 • Número 5 • novembro de 2008. Disponível no *website* http://ictsd.net/i/news/pontes/32912/.

FORGIONI, Paula Andrea. *Direito Concorrencial e Restrições Verticais*. São Paulo: Editora Revista dos Tribunais, 2007

FORGIONI, Paula Andrea. *Os Fundamentos do Antitruste*. 3ª edição. São Paulo: Editora Revista dos Tribunais, 2008

FRANÇA, Vladimir da Rocha. *Anotações à Teoria das Normas Jurídicas. IN:* Revista Tributária e de Finanças Públicas, Ano 13, nº 60 – janeiro-fevereiro de 2005 – São Paulo: Editora RT, 2005

FRANCESCHINI, José Inácio Gonzaga. *Introdução ao Direito da Concorrência. IN* Introdução ao direito da concorrência. São Paulo: Malheiros, 1996, pág. 19. Disponível em http://www.fm-advogados.com.br/images/fm_artigos/57.pdf.

FRIEDMANN, Wolfgang, *Mudança da Estrutura do Direito Internacional*. Tradução A. S. Araújo, Rio de Janeiro: Livraria Freitas Bastos S.A., 1971

FUKUYAMA, Francis. *A História Acabou, sim.* Entrevista – Revista VEJA – Edição 1880 – 17 de novembro de 2004. Disponível em http://veja.abril.uol.com.br/171104/entrevista.html.

FUKUYAMA, Francis. *O liberalismo é o caminho*. Entrevista – Revista VEJA – Edição 2108 – 15 de abril de 2009. Disponível em http://veja.abril.uol.com.br/150409/entrevista.shtml .

FURLAN, Fernando de Magalhães. *Integração e Soberania: o Brasil e o Mercosul*. São Paulo: Aduaneiras, 2004

FURTADO, Celso. *Em Busca de Novo Modelo: reflexões sobre a crise contemporânea*. São Paulo: Paz e Terra, 2002

FURTADO, Celso. *O Capitalismo Global.* 7ª ed. São Paulo: Paz e Terra, 1998

FURTADO, Celso. *Teoria e Política do Desenvolvimento Econômico*. 10ª ed. revisada pelo autor. São Paulo: Editora Paz e Terra, 2000

GABAN, Eduardo Molan; DOMINGUES, Juliana Oliveira. *Direito Antitruste: o combate aos cartéis*. São Paulo: Saraiva, 2009

GAMA, Marina Moreira da; e RUIZ, Ricardo Machado. *A práxis antitruste no Brasil: uma análise do CADE no período 1994-2004. In* Economia e Sociedade – Campinas, v. 16, n. 2 (30), ago. 2007, pág. 238. Disponível em http://www.scielo.br/pdf/ecos/v16n2/a05v16n2.pdf.

GARÓFALO, Gílson de Lima. *Estruturas de Mercado. IN* Manual de Introdução à Economia. Diva Benevides Pinho e Marco Antonio Sandoval de Vasconcelos ; Amaury Patrick Gramaud ... [et al.] – São Paulo: Saraiva, 2006

GOLDBERG, Daniel K. *Notas sobre a Nova Lei de Recuperação de Empresas e sua Racionalidade Econômica. In* Revista de Direito Bancário e do Mercado de Capitais. Editora Revista dos Tribunais – Ano 8 – nº 30 – outubro -dezembro de 2005

GOMES, Carlos Jacques Vieira. *Os escopos Políticos do Direito Antitruste. In* GICO JUNIOR, Ivo Teixeira e BORGES, Antônio de Moura. *Intervenção do Estado no Domínio Econômico – temas atuais / coordenação Ivo Teixeira Gico Junior, Antônio de Moura Borges*. São Paulo: Lex Editora, 2006

GÓMES, José Maria. *Política e Democracia em Tempos de Globalização*. Petrópolis, RJ, Vozes ; Buenos Aires: CLACSO: Rio de Janeiro: LPP – Laboratório de Políticas Públicas, 2000

GRAU, Eros Roberto. *A Ordem Econômica na Constituição de 1988 (interpretação e crítica)*. 10ª ed. rev. e atualizada. São Paulo: Malheiros Editores, 2005

GUIMARÃES, Feliciano de Sá. *A Rodada Uruguai do GATT (1986-1994) e a Política Externa Brasileira: acordos assimétricos, coerção e coalizões*. Disponível em http://www.cedec.org.br/files_pdf/ARodadaUruguaidoGATTeapoliticaexternabrasileira.pdf

HADDAD, Paulo Roberto. *Um Novo Paradigma para a Dinâmica Capitalista. In* Revista Jurídica Consulex nº 354 – 15/10/2011

HOBSBAWM, Eric J. *Era dos Extremos: O breve século XX: 1914-1991*. Marcos Santarrita (trad.). São Paulo: Companhia das Letras, 1995

HOCKING, Brian. *Regionalismo: uma perspectiva das relações internacionais. In* A Dimensão Subnacional e as Relações Internacionais. Tullo Vigevani et al (orgs) São Paulo: EDUC, Fundação Editora da UNESP; Bauru, SP: EDUSC, 2004,

HOPF, Ted *The Promise of Constructivism in International Relations Theory*. International Security, Vol. 23, No. 1 (Summer, 1998),

HOUAISS, Antônio e VILLAR, Mauro de Salles. *Minidicionário Houaiss da Língua Portuguesa*, elaborado no Instituto Antônio Houaiss de Lexicografia e Banco de Dados da Língua Portuguesa S/C Ltda. – Rio de Janeiro: Objetiva, 2001

HUERTAS, Daniel Monteiro. *Da Fachada Atlântica à Imensidão Amazônica. Fronteira agrícola e integração territorial*. Fapesp; Belém: Banco da Amazônia; São Paulo: Annablume, 2009

HUNTINGTON, Samuel P. *A Superpotência solitária*. Foreign Affairs – Edição Brasileira – Publicação da Gazeta Mercantil – Sexta-feira, 12 de março de 1999

HURRELL, Andrew e WOODS, Ngaire. *Globalisation and Inequality. In* Millenium – Journal Of International Studies. Vol. 24, nº 3, Winter 1995

HURRELL, Andrew. *O Ressurgimento do Regionalismo na Política Mundial. IN* Contexto Internacional. Rio de Janeiro, vol 17, nº 1, jan/jun 95

HUSEK, Carlos Roberto. *Curso de Direito Internacional Público*. 3ª ed. São Paulo: Ltr, 2000

IANNI, Octávio. *Globalização e Diversidade. IN* Incertezas de Sustentabilidade na Globalização. Leila da Costa Ferreira e Eduardo Viola (orgs.). Campinas, SP: Editora da UNICAMP, 1996

IHERING, Rudolf von. *A Luta pelo Direito*. Tradução e apresentação de Richard Paul Neto. Rio de Janeiro: Editora Rio Sociedade Cultura Ltda., 2004

IZERROUGENE, Bouzid. *Os Obstáculos à Integração de Economias Desiguais. O Caso do Mercosul. In* Cadernos PROLAM/USP/ Cadernos do Programa de Pós Graduação em Integração da América Latina da Universidade de São Paulo – PROLAM/USP. Ano 7 – vol. 2 – 2007

JACKSON, Robert, e SØRENSEN, GEORG. *Introdução às Relações Internacionais*. Tradução Bárbara Duarte; Revisão Técnica, Arthur Ituassu. Rio de Janeiro: Jorge Zahar Ed., 2007

JAGUARIBE, Hélio. *Rumo à multilateralidade internacional?. IN* O Mundo em Português nº 16, janeiro 2001. Disponível em http://www.ieei.pt/publicacoes/artigo.php?artigo=901.

JAKOBSEN, Kjeld. *Livre Comércio X Comércio Justo. IN*: Revista Teoria e Debate / nº 65 – fevereiro/março de 2006. Disponível em http://www2.fpa.org.br/portal/modules/news/article.php?storyid=3310 .

JAPIASSU, Hilton. *Interdisciplinaridade e Patologia do Saber*. Rio de Janeiro: Imago Editora Ltda., 1976

KOERNER, Andrei. *Direito e Regulação: uma apresentação do debate no Réseau Européen*

REFERÊNCIAS BIBLIOGRÁFICAS

Droit et Société. IN: BIB – Revista Brasileira de Informação Bibliográfica em Ciências Sociais. São Paulo. Nº 58, 2005

LA FONTAINE, H. & OTLET, P. *La vie internationale et l'effort pour son organisation, In: La Vie Internationale*, Bruxelles, vol. 1, nº 1, 1912. *apud.* MATTELART, Armand. *Diversidade Cultura e Mundialização.* Tradução Marcos Marcionilo. São Paulo: Parábola, 2005

LAFER, Celso. *A Identidade Internacional do Brasil e a Política Externa Brasileira. Passado, presente e futuro.* São Paulo: Perspectiva, 2001

LAFER, Celso. *A OMC e a regulamentação do comércio internacional: uma visão brasileira.* Porto Alegre: Livraria do Advogado, 1998

LAMPREIA, Luiz Felipe Palmeira. *Resultados da Rodada Uruguai: uma tentativa de síntese. IN*: Estudos Avançados. 1995, vol.9, n.23, págs. 247 a 260. Disponível em http://www.scielo.br/pdf/ea/v9n23/v9n23a16.pdf.

LAPLANE, Andrea. *Direito, Concorrência e Desenvolvimento: a atuação do CADE no caso da indústria petroquímica.* Dissertação de Mestrado – Faculdade de Direito – Universidade de São Paulo (USP), 2008

LEAL, Rosemiro Pereira; OLIVEIRA, Allan Helber de; FRANÇA, Gustavo Gomes; e MIRANDA FILHO, Juventino Gomes. *Curso de Direito Econômico-Comunitário: teoria do direito e técnica processual nos blocos econômicos.* Porto Alegre: Síntese, 2001

LITRENTO, Oliveiros. *A Ordem Internacional Contemporânea – um estudo da soberania em mudança.* Porto Alegre: Sergio Antonio Fabris Editor, 1991

LÓPEZ, Ana Maria Maklouf. *Derecho Diplomático, Consular Y de Las Organizaciones Internacionales.* 1ª edição – novembro de 2009 – Chile: Legal Publishing Chile, 2009

LUPI, André Lipp Pinto Basto. *Soberania, OMC e Mercosul.* São Paulo, Aduaneiras, 2001

MACHADO, João Bosco Mesquita. *Potencialidades e implicações do Mercosul – proteção, competitividade e integração.* Estudo da Competitividade da Industria Brasileira – Campinas: UNICAMP, 1993

MACHADO, Luiz Toledo. *A Teoria da Dependência na América Latina. IN:* Estudos Avançados, São Paulo, v. 13, n. 35, Janeiro/Abril – 1999. Disponível em http://www.scielo.br/pdf/ea/v13n35/v13n35a18.pdf.

MAGALHÃES, José Carlos. *Defesa da Concorrência no Mercosul. IN* Revista de Direito Econômico – CADE, Brasília: Imprensa Nacional, n. 25, jan./jul. 1997

MAGNOLI, Demétrio, CÉSAR, Luís Fernando Paneli, e YANG, Philip. *Em Busca do Interesse Nacional, IN* Revista Política Externa. Vol. 9, nº 1, junho-julho de agosto 2000, São Paulo: Editora Paz e Terra, 2000

MANCUSO, Wagner Pralon e OLIVEIRA, Amâncio Jorge de. *Abertura Econômica, Empresariado e Política: Os planos Doméstico e Internacional. IN* Lua Nova – Revista de Cultura e Política – 2006

MARIANO, Karina L. Pasquariello e MARIANO, Marcelo Passini. *Governos Subnacionais e integração regional: considerações teóricas. In* Governos Subnacionais e sociedade civil: integração regional e Mercosul. Luiz Eduardo Wanderley e Tullo Vigevani (orgs). São Paulo: EDUC; Fundação Editora da Unesp; Fapesp, 2005

MARQUES, Fernando de Oliveira. *Aspectos Atuais do Mercado Relevante. IN* Revista de Direito da Concorrência nº 2 – abril a junho de 2004. São Paulo: IOB/CADE, 2004

MARQUES, Frederico do Valle Magalhães. *Direito Internacional da Concorrência.* Rio de Janeiro: Renovar, 2006

MATIAS-PEREIRA, José. *Políticas de defesa da concorrência e de regulação econômica: as deficiências do sistema brasileiro de defesa da concorrência.* Revista de Administração Contemporânea. Curitiba, v. 10, n. 2, Junho de 2006. Disponível em http://www.scielo.br/scielo.php?script=sci_arttext&pid=S1415-65552006000200004&lng=en&nrm=iso.

MATTELART, Armand. *Diversidade Cultura e Mundialização.* Tradução Marcos Marcionilo. São Paulo: Parábola, 2005;

MATTOS, César. *Harmonização das Políticas de Defesa da Concorrência e Comercial: Questões Teóricas e Implicações para o Mercosul, Alca e OMC.* Estudos Econômicos (IPE/USP), São Paulo, v. 29, n. 2, 1999

MATTOS, César. *Mercado Relevante na Análise Antitruste: Uma Aplicação do Modelo de Cidade Linear.* Revista de Economia Aplicada, São Paulo Abril/Jun 1999, v. 3, n. Nº 2, p. 181-203, 1999.

MATTOS, Paulo Todescan Lessa. *Política Industrial e Política de Defesa da Concorrência: Conflito ou Convergência?*, pág. 1. Disponível em http://academico.direito-rio.fgv.br/ccmw/images/9/9b/PIndustrial.pdf.

MELLO, Flávia de Campos. *Política Externa Brasileira e os Blocos Internacionais.* São Paulo em Perspectiva: São Paulo, v. 16, nº 1, 2002

MELLO, Leonel Itaussu Almeida. *A Geopolítica do Poder Terrestre Revisitada. In* Lua Nova – Revista de Cultura e Política – nº 34 – 1994

MELLO, Válerie de Campos. *Globalização, Regionalismo e Ordem Internacional.* In Revista Brasileira de Política Internacional, volume 42, nº 1. Brasília: Instituto Brasileiro de Relações Internacionais, 1999, pág. 177. Disponível em http://www.scielo.br/scielo.php?script=sci_arttext&pid=S0034-73291999000100007&lng=pt&nrm=iso.

MENEZES, Alfredo da Mota; PENNA FILHO, Pio. *Integração Regional: Blocos Econômicos nas Relações Internacionais.* Rio de Janeiro: Elsevier, 2006

MIYAMOTO, Shiguenoli. *O Brasil e a América Latina: Opções Políticas e Integração Regional. IN* Cadernos PROLAM/USP/ Cadernos do Programa de Pós Graduação em Integração da América Latina da Universidade de São Paulo – PROLAM/USP. Ano VIII Volume I – 2009

MONTGOMERY, Neil. *As Organizações Internacionais como Sujeitos de Direito Internacional. IN* Blocos Econômicos e Integração da América Latina, África, e Ásia. Araminta de Azevedo Mercadante, Umberto Celli Junior e Leandro Rocha de Araújo (coord.). Curitiba: Juruá, 2008

NAÍM, Moisés. *Ascensão e Queda do Consenso de Washington – o consenso de Washington ou a Confusão de Washington. In* Revista Brasileira de Comércio Exterior. Originalmente publicado na Revista Foreign Policy nº 118 (Spring 2000). Disponível no *website*: http://www.funcex.com.br/bases/64-Consenso%20de%20Wash-MN.PDF.

NETO, José Cretella. *Teoria Geral das Organizações Internacionais.* 2ª ed. São Paulo: Saraiva, 2008

NEVES, Luiz Augusto de Castro. *A Dimensão Política Crescente do Mercosul. In* Boletim de Integração Latino-Americana nº 24, janeiro-junho/1999 – MRE/SGIE/GETEC, pág. 5. Disponível em *www2.mre.gov.br/siteunir/publicacao/arquivos/FILE_51.doc.*

NOGUEIRA, João Pontes e MESSARI, Nizar. *Teoria das Relações Internacionais: correntes e debates.* 3ª reimpressão. Rio de Janeiro: Elsevier, 2005

REFERÊNCIAS BIBLIOGRÁFICAS

NUSDEO, Ana Maria de Oliveira. *Defesa da Concorrência e Globalização Econômica: o controle da concentração de empresas*. São Paulo: Malheiros Editores, 2002

NUSDEO, Fábio. *Curso de Economia – Introdução ao Direito Econômico*. 2ª ed. revista. São Paulo: Editora Revista dos Tribunais, 2000

OLIVEIRA, Amâncio Jorge Nunes de, ONUKI, Janina, e OLIVEIRA, Emmanuel de. *Coalizões Sul-Sul e Multilateralismo: Índia, Brasil e África do Sul. In*: Contexto Internacional. Rio de Janeiro, vol. 28, nº 2, julho/dezembro 2006

OLIVEIRA, Amanda Flávio de. *O Direito da Concorrência e o Poder Judiciário*. Rio de Janeiro: Editora Forense, 2002

OLIVEIRA, Gesner; GUEDES FILHO, Ernesto Moreira; e VALLADARES, Frederico Estrella C.. *Técnicas Econométricas para a Delimitação de Mercados Relevantes Geográficos: Aplicação para a Petroquímica. Econométricas*, IN Textos para Discussão nº 129 – setembro de 2003. Disponível em http://virtualbib.fgv.br/dspace/bitstream/handle/10438/1866/TD129.pdf;jsessionid=FA1C642DCCE16CECB14BF250E406231E?sequence=1 .

OLIVEIRA, Marcelo Fernandes de. *Mercosul: atores políticos e grupos de interesses brasileiros*. São Paulo: Editora Unesp, 2003

OLIVEIRA. Gesner e RODAS, João Grandino. *Direito e Economia da Concorrência*. Rio de Janeiro: Renovar, 2004

ORGANIZAÇÃO MUNDIAL DO COMÉRCIO – OMC. *Estatísticas do Comércio Internacional 2009*. Disponível em: http://www.wto.org/english/res_e/statis_e/its2009_e/its09_metadata_e.pdf.

PARDO, Gabriel Ibarra. *Políticas de competencia en la integración en América Latina*. Integración Latinoamericana – nº 193 – setiembre 1993

PASCAR, Norma A. *Protocolo de Defesa de la Competencia en el Mercosur. La experiência Europea. IN* Economia Globalizada Y Mercosur. Ada Lattuca e Miguel A. Ciuro Caldani (coordenadores). Argentina, Buenos Aires: Ediciones Ciudad Argentina, 1998

PEÑA, Félix. *Lecciones históricas para la crisis del comercio global. IN* Diario El Cronista – 11 de fevereiro de 2009. Disponível em http://www.felixpena.com.ar/index.php?contenido=wpapers&wpagno=documentos/2009-02-11-lecciones-historicas-crisis-global.

PEREIRA, Evelyn Andrea Arruda. *A empresa e o lugar na globalização: a 'responsabilidade social empresarial' no território brasileiro.* Dissertação de Mestrado. Faculdade de Filosofia, Letras e Ciências Humanas (FFLCH) – Universidade de São Paulo (USP), 2007

PEREZ LINDO, Augusto. *A Era das Mutações: cenários e filosofias de mudanças no mundo.* Tradução de Francisco Cock Fontanella. Piracicaba: Editora Unimep, 2000;

PINHEIRO, Armando Castelar; SADDI, Jairo. *Direito, Economia e Mercados*. Rio de Janeiro: Elsevier, 2005

PINHO, Diva Benevides. *A Ciência Econômica do Século XXI às suas origens. IN* Manual de Introdução à Economia. Diva Benevides Pinho e Marco Antonio Sandoval de Vasconcelos ; Amaury Patrick Gramaud ... [et al.] – São Paulo: Saraiva, 2006

PIRES, Adilson Rodrigues. *A Integração Econômica e o Dilema entre Mundialismo e Regionalismo. IN* Dimensão Jurídica do Tributo: homenagem ao professor Dejalma de Campos. Edvaldo Brito e Roberto Rosas (coords). São Paulo: Meio Jurídico, 2003

PITELLI, Mariusa Momenti. *Teste de Preços para a Determinação do Mercado Relevante geográfico e de produto: uma aplicação empí-*

rica ao mercado brasileiro de compra de bovinos. Tese de Doutorado, USP – Escola Superior de Agricultura Luiz de Queiroz, Piracicaba, 2008

PORTO, Manuel Carlos Lopes; e FLÔRES JÚNIOR, Renato Galvão. *Teoria e Políticas de Integração na União Européia e no Mercosul.* Rio de Janeiro: Editora FGV, 2006

POSSAS, Mario Luiz. *Os conceitos de mercado relevante e de poder de mercado no âmbito da defesa da concorrência.* Artigo disponível em http://www.ie.ufrj.br/grc/pdfs/os_ conceitos_de_mercado_relevante_e_ de_poder_de_mercado.pdf.

Presser, Mário Ferreira. *Globalização e Regionalização: Notas sobre o Mercosul.* Indicadores Econômicos FEE, V.23, n.3, p. 87-99, nov. 1995

ROCHA, Antonio Jorge Ramalho. *A Construção do Mundo: teorias e relações internacionais.* Tese de Doutorado – Faculdade de Filosofia, Letras e Ciências Humanas. Universidade de São Paulo – USP – São Paulo – USP, 2002

ROSA, Joal de Azambuja; e PORTO, Rogério Ortiz. *Desenvolvimento e disparidades regionais no Rio Grande do Sul: sugestões de linhas de programas para dinamização de regiões de menor desenvolvimento relativo.* Alexandre Alves Porsse (coord.) Porto Alegre: FEE, 2008, pág. 27. Disponível em http://www.fee.tche.br/sitefee/pt/ content/publicacoes/pg_desenvolvimento-e-disparidades-regionais.php.

ROSENBERG, Bárbara. Parecer da Diretora da Secretaria de Direito Econômico – SDE, no Processo Administrativo nº 08012.009088/99-48. Disponível em http://www.cade.gov.br/temp/D_ D000000291501247.pdf.

ROSENFIELD, Denis Lerrer. *O espírito do capitalismo.* O Estado de São Paulo – 29 de março de 2010

SABBATINI, Rodrigo Coelho. *Regionalismo, Multilateralismo e Mercosul: evidência da inserção comercial brasileira após alguns anos de abertura.* Dissertação de Mestrado – Instituto de Economia da Universidade Estadual de Campinas – UNICAMP, 2001

SALAZAR-XIRINACHS, José M. *Integración económica y negociaciones comerciales en América Latina y el Caribe a la vuelta del siglo. ¿Dónde estamos y hacia dónde vamos?* – 27 de novembro de 2002. Disponível em http://www.sedi.oas.org/DTTC/ TRADE/PUB/STAFF_ARTICLE/ jmsx02_integ_s.asp.

SALAZAR, Felipe. *Solución de conflictos en organizaciones interestatales para la integración económica y otras formas de cooperación económica,* Derecho de la Integración nº 28-29 – Noviembre 1978

SALGADO, Lúcia Helena. *O Conceito de Mercado Relevante. IN* Revista de Direito Econômico – CADE, Brasília: Imprensa Nacional, n. 26, setembro/dezembro de 1997.

SALOMÃO FILHO, Calixto. *Direito Concorrencial – as estruturas.* 3ª ed. São Paulo: Malheiros, 2007

SALOMÃO FILHO, Calixto. *O Mercosul como Modelo de Regulação do Mercado. IN:* João Grandino Rodas. (Org.). Contratos Internacionais. 3 ed. v. 1 – São Paulo: Revista dos Tribunais, 2002

SALOMÃO FILHO, Calixto. *Regulação e Concorrência (Estudos e Pareceres).* São Paulo: Malheiros, 2002

SAN MARTINO, Laura Dromi. *El Mercosur Y el Derecho Internacional del Comercio. IN* Economia Globalizada Y Mercosur. Ada Lattuca e Miguel ª Ciuro Caldani (coordenadores). Argenina, Buenos Aires: Ediciones Ciudad Argentina, 1998

SANCHEZ, Michelle Ratton; SILVA, Elaini C. G. da; CARDOSO, Evorah L. e SPECIE,

REFERÊNCIAS BIBLIOGRÁFICAS

Priscila. *Política Externa como Política Pública: uma análise pela regulamentação constitucional brasileira (1967-1988)*. Revista de Sociologia e Política. Curitiba, nº 27, nov. 2006

SANGER, David. *Viagem delineia grande estratégia de Obama*. Folha de São Paulo, 08 de abril de 2009

SANTANA, Milena Costa. *A Definição do "Mercado Relevante" como instrumento de flexibilização na aplicação das normas concorrenciais*. Dissertação de Mestrado – Universidade Presbiteriana Mackenzie, 2005

SANTIAGO, Luciano Sotero. *Direito da Concorrência – Doutrina e Jurisprudência*. Salvador: Editora Juspodivm, 2008

SANTIN, Janaína Rigo. *As Novas Fontes de Poder no Mundo Globalizado e a Crise de Efetividade do Direito. IN* Revista da Seção Judiciária do Rio de Janeiro nº 25 – Rio de Janeiro: JFRJ, 2009

SANTOS, Boaventura de Souza. *Introdução à ciência pós-moderna*. Rio de Janeiro: Graal Editora, 1989;

SANTOS, Boaventura de Souza. *Pela mão de Alice: o social e o político na pós-modernidade*. 9ª ed. – São Paulo: Cortez, 2003;

SANTOS, Milton e ARROYO, Monica. *Globalização, Regionalização: A proposta do Mercosul*. IN Caderno Técnico nº 24 – Indústria e Globalização da Economia. Brasília: Sesi-DN, 1997

SANTOS, Milton. *O Retorno do Território*. In: Território – Globalização e Fragmentação. Milton Santos, Maria Adélia A. de Souza e Maria Laura Silveira (org.) – 3ª ed. – São Paulo: Editora de Humanismo, Ciências e Tecnologia HUCITEC, 1996

SANTOS, Milton. *Território e Sociedade. Entrevista com Milton Santos*. Entrevistadores: Odette Seabra, Mônica de Carvalho e José Corrêa Leite. 2ª edição – 4ª reimpressão – São Paulo: Editora Fundação Perseu Abramo, 2009

SCHIMIDT, Cristiane Alkmin Junqueira. *Como a relação entre as elasticidades cruzada e renda sobre a elasticidade preço da demanda pode auxiliar as análises antitruste na definição do mercado relevante e da possibilidade do exercício do poder de mercado*. Documento de Trabalho nº 06 – Fevereiro 2001. Disponível em www.seae.fazenda.gov.br/... documentos/documento_trabalho/.../ doctrab06.pdf .

SEITENFUS, Ricardo. *Manual das Organizações Internacionais*. 4ª ed. revisada, atualizada e ampliada. Porto Alegre: Livraria do Advogado Ed., 2005

SEN, Amartya Kumar. *Rational Fools: A Critique of the Behavioural Foundations of Economic Theory*. IN Choice, Welfare and Measurement. Havard University Press, 1997

SENHORAS, Elói Martins. *Defesa da Concorrência: Políticas e Perspectivas*. In Caderno de Pesquisas em Administração, São Paulo, v. 10, nº 1, janeiro/março 2003

SILVA, Antonio Braz de Oliveira e; CONSIDERA, Cláudio Monteiro; VALADÃO, Lucília de Fátima Rocha; e MEDINA, Mérida Herasme. *Texto para Discussão nº 424 – Produto Interno Bruto por Unidade da Federação*. Instituto de Pesquisa Econômica Aplicada – IPEA – Maio de 1996, pág. 04. Disponível em http://www.ipea.gov.br/pub/td/1996/td_0424.pdf.

SILVA, Roberto Luiz. *Direito Comunitário e de Integração*. Porto Alegre: Síntese, 1999

SISTE, Elias. *Teoria Geral das Organizações Internacionais de Integração e Cooperação Econômica. IN* Blocos Econômicos e Integração da América Latina, África, e Ásia. Araminta de Azevedo Mercadante, Umberto Celli Junior e Leandro Rocha de Araújo (coord.). Curitiba: Juruá, 2008

SOARES FILHO, José. *MERCOSUL: surgimento, estrutura, direitos sociais, relação* com a Unasul, perspectivas de sua evolução. Revista CEJ, Brasília, Ano XIII, n. 46, p. 21-38, jul./set. 2009

SOARES, Guido F. S. *A Compatibilização da ALADI E do MERCOSUL com o GATT.* Disponível no *website* http://www.mre.gov.br/index.php?Itemid=58&id=325&option=com_content&task=view.

SOUZA, Washington Peluso Albino de. *Lições de Direito Econômico.* Porto Alegre: Sergio Antonio Fabris Editor, 2002

STUART, Ana Maria. *O que muda na América Latina? IN:* Revista Teoria e Debate, nº 65 – fevereiro/março de 2006. Disponível em http://www2.fpa.org.br/portal/modules/news/article.php?storyid=3311.

STUART, Ana Maria. *Regionalismo e democracia – uma construção possível –* Tese de Doutorado – Faculdade de Filosofia, Letras e Ciências Humanas. Universidade de São Paulo – USP – São Paulo – USP, 2002

STUART, Ana Maria. *Regionalismo e Democracia: uma construção possível.* In CEBRI Tese. Rio de Janeiro: Centro Brasileiro de Relações Internacionais, 2003, pág. 8. Disponível em http://www.cebri.org.br/pdf/213_PDF.pdf.

TIRONI B., Ernesto. *Aspectos técnicos del comportamiento de corporaciones transnacionales frente a un proceso de integración.* Revista de la Integración nº 19-20 – mayo-septiembre 1975

TOKATLIAN, Juan Gabriel. *O Cone Sul e suas Relações Internacionais: um Espaço de Cooperação para a América do Sul. In:* Política Externa: Ed. Paz e Terra, vol. 17, nº 1, jun/jul/ago 2008

VALLEJO, Manuel Diez Velasco. *Las Organizaciones Internacionales.* 10ª ed.. Madri: Tecnos Ed., 1997

VARTANIAN, Pedro Raffy; BRAGA, Márcio Bobik. *Considerações sobre a instabilidade macroeconômica no Mercosul no período recente e lições para a integração na região,* pág. 18. Disponível em http://www.usp.br/prolam/downloads/instabilidade.pdf.

VENTURA, Deisy. *As Assimetrias entre o Mercosul e a União Européia – os desafios de uma associação inter-regional.* Barueri, SP: Manole, 2003

VENTURA, Deisy. *Direito Comunitário do Mercosul.* Porto Alegre: Livraria do Advogado, 1997

VIEIRA, Luciane Klein e CHIAPPINI, Carolina Gomes. *Análise do Sistema de Aplicação das Normas Emanadas dos Órgãos do Mercosul nos Ordenamentos Jurídicos Internos dos Estados Partes. IN* Direito Público e Integração: Revista Jurídica. Ano I, nº 1. Justiça Federal. Seção Judiciária do Estado de Sergipe. Aracajú: Gráfica Editora J. Andrade Ltda., 2009

VIGEVANI, Tullo e WANDERLEY, Luiz Eduardo (coords.). *Entre o local e o global: governos subnacionais e sociedade civil na integração regional.* Edição especial Cedec/PUC-SP – CADERNOS CEDEC nº 71. São Paulo: 2002

WALD, Arnoldo. *Sociedade Limitada. Necessidade de aprovação do quotista na transferência de quotas. Direito de bloqueio. Direito do sócio remanescente de não subscrever o acordo de quotistas com o adquirente de quotas do outro sócio. Quebra da affectio societatis e conflito de interesses. Cabimento de medida cautelar preparatória perante o Poder Judiciário antes de instaurado o juízo arbitral. Foro Competente. (Pareceres). IN* Revista de Direito Bancário e do Mercado de Capitais. Ano 8, n. 27, Editora RT – janeiro-março de 2005

WANDERLEY, Luiz Eduardo W. *A questão social no contexto da globalização: o caso latino-americano e o caribenho. In* Desigualdade e a Questão Social. Mariangela

REFERÊNCIAS BIBLIOGRÁFICAS

Belfiore-Wanderley, Lúcia Bógus, Maria Carmelita Yazbek (org). 3ª ed. rev. e ampliada – São Paulo: EDUC, 2008

WANDERLEY, Luiz Eduardo W. *São Paulo no Contexto da Globalização. IN* Lua Nova – Revista de Cultura e Política – nº 69 – 2006

WEGNER, Gerhard. *Instituições Nacionais em Concorrência.* Tradução Prof. Urbano Carvelli. Porto Alegre: Sergio Antonio Fabris Editores, 2007

WENDT, Alexander E. *The Agent-Structure Problem in International Relations Theory.* International Organization, 41, 3, summer 1987

WENDT, Alexander. *Social Theory of International Politics.* Cambrige Studies in International Relations. 11ª impressão. Cambridge University Press: Cambridge, 2008

WERNER, Alice Helga e COMBAT, Flávio Alves. *História "Viva" e História "Objetivada": George F. Kennan e o Plano Marshall.*, *In* HISTÓRIA SOCIAL – Campinas – SP nº13, 2007, págs. 183 a 185

WIGHT, Colin. *Agents, Strucures and International Relations. Politics as Ontology.* Cambrige Studies in International Relations. Cambridge University Press: Cambridge, 2008

ZACHER, Mark W. *Os pilares em ruína do templo de Vestfália: implicações para a governança e a ordem internacional". In:* James Rosenau e Ernst-Otto Czempiel (orgs.). Governança sem governo: ordem e transformação na política mundial. Brasília, Editora UnB, 2000

ZAPATA, Francisco. *Estado, Sociedade e Integração Econômica: Livre Comércio e Reestruturação. IN* Processos de Integração Regional e Sociedade – o sindicalismo na Argentina, Brasil, Mexico e Venezuela. Hélioylberstajn, Iram Jácome Rodrigues, Maria Silvia Portella de Castro e Tullo Vigevani (orgs). Rio de Janeiro – Ed. Paz e Terra, 1996

ZYLBERSZTAJN, Décio e SZTAJN, Rachel. *A economia e o direito de propriedade.* Revista de Direito Mercantil, Industrial, Econômico e Financeiro São Paulo, v. 41, nº 126, abr./jun. 2002

Anexos

1. PROTOCOLO DE FORTALEZA – PROTOCOLO DE DEFESA DA CONCORRÊNCIA DO MERCOSUL

2. MERCOSUL/CCM/DIR. N° 01/03 – REGULAMENTO DO PROTOCOLO DE DEFESA DA CONCORRÊNCIA DO MERCOSUL

3. MERCOSUL/CMC/Nº 21/94 – DEFESA DA CONCORRÊNCIA
    Pautas básicas sobre defesa da concorrência no MERCOSUL

4. ANEXO AO PROTOCOLO DE DEFESA DA CONCORRÊNCIA DO MERCOSUL – Critérios Quantitativos de fixação de valor de multas

5. MERCOSUL/CMC/DEC. Nº 15/06 – ENTENDIMENTO SOBRE COOPERAÇÃO ENTRE AS AUTORIDADES DE DEFESA DE CONCORRÊNCIA DOS ESTADOS PARTES DO MERCOSUL PARA O CONTROLE DE CONCENTRAÇÕES ECONÔMICAS DE ÂMBITO REGIONAL

6. MERCOSUL/CMC/DEC. Nº 04/04 – ENTENDIMENTO SOBRE COOPERAÇÃO ENTRE AS AUTORIDADES DE DEFESA DA CONCORRÊNCIA DOS ESTADOS PARTES DO MERCOSUL PARA A APLICAÇÃO DE SUAS LEIS NACIONAIS DE CONCORRÊNCIA

7. MERCOSUL-CCM-DIR. Nº 15-11 – REVOGA O REGULAMENTO DO PROTOCOLO DE DEFESA DA CONCORRÊNCIA DO MERCOSUL

8. MERCOSUL-CMC-DEC. Nº 43-10 – ACORDO DE DEFESA DA CONCORRÊNCIA DO MERCOSUL

Capítulo 11
Principais normativos do Mercosul relacionados com a Defesa da Concorrência

1. **Protocolo de fortaleza – Protocolo de Defesa da Concorrência do Mercosul[727].**

MERCOSUL/CMC/DEC. Nº 18/96

PROTOCOLO DE DEFESA DA CONCORRÊNCIA DO MERCOSUL

Tendo em vista: O Tratado de Assunção, o Protocolo de Ouro Preto, a Decisão 21/94 do Conselho do Mercado Comum, a Resolução 129/94 do Grupo Mercado Comum e a Diretiva 1/95 da Comissão de Comércio do Mercosul.

Considerando: Que a livre circulação de bens e serviços entre os Estados Partes requer o estabelecimento de condições adequadas de concorrência;

Que é importante contar com um instrumento comum que preserve e promova a livre concorrência no âmbito do Mercosul e, assim, contribua para o cumprimento dos objetivos de livre comércio estabelecidos no Tratado de Assunção.

O CONSELHO DO MERCADO COMUM DECIDE

Art. 1º Aprovar o "Protocolo de Defesa da Concorrência do Mercosul", que consta como anexo e é parte integrante da presente Decisão.

Art. 2º As investigações de dumping realizadas por um Estado Parte relativas às importações de outro Estado Parte serão efetuadas de acordo com as legis-

---

[727] Protocolo de Fortaleza – Protocolo de Defesa da Concorrência do Mercosul. Disponível em http://www.mre.gov.py/dependencias/tratados/mercosur/registro%20mercosur/Acuerdos/1996/portugues/19%20Protocolo%20de%20Defensa%20de%20la%20Competencia%20del%20MERCOSUR.pdf . Acesso em 10 de novembro de 2009.

lações nacionais até 31 de dezembro de 2000, prazo em que os Estados Partes analizarão as normas e as condições nas quais o tema será regulado no Mercosul.

Art. 3º O início das investigações a que faz referência o artigo 2º da presente Decisão será precedido em todos os casos de um aviso prévio ao governo do país exportador envolvido do Mercosul, o qual poderá manter consultas e oferecer informações complementares para esclarecer o caso.

PROTOCOLO DE DEFESA DA CONCORRÊNCIA DO MERCOSUL

A República Argentina, a República Federativa do Brasil, a República do Paraguai e a República Oriental do Uruguai, doravante denominados Estados Partes, Considerando:

- que a livre circulação de bens e serviços entre os Estados Partes torna imprescindível assegurar condições adequadas de concorrência, capazes de contribuir para a consolidação da União Aduaneira;
- que os Estados Partes devem assegurar ao exercício das atividades econômicas em seus territorios iguais condições de livre concorrência;
- que o crescimento equilibrado e harmônico das relações comerciais intrazonais, assim como o aumento da competitividade das empresas estabelecidas nos Estados Partes, dependerão em grande medida da consolidação de um ambiênte concorrencial no espaço integrado do MERCOSUL;
- a necessidade urgente de se estabelecerem as diretrizes que orientarão os Estados Partes e as empresas neles sediadas na defesa da concorrência no MERCOSUL como instrumento capaz de assegurar o livre acesso ao mercado e a distribuição equilibrada dos benefícios do processo de integração econômica.

ACORDAM

CAPITULO I – **Do objeto e do âmbito de aplicação**

Art. 1º O presente Protocolo tem por objeto a defesa da concorrência no âmbito do MERCOSUL.

Art 2º As regras deste Protocolo aplicam-se aos atos praticados por pessoas físicas ou jurídicas de direito público ou privado ou outras entidades que tenham por objeto produzir ou que produzam efeitos sobre a concorrência no âmbito do MERCOSUL e que afetem o comércio entre os Estados Partes.

Parágrafo Único. Incluem-se entre as pessoas jurídicas a que se refere o *caput* deste artigo as empresas que exercem monopólio estatal, na medida em que as regras deste Protocolo não impeçam o desempenho regular de atribuição legal.

Art. 3º É da competência exclusiva de cada Estado Parte a regulação dos atos praticados no respectivo território por pessoa física ou jurídica de direito público ou privado ou outra entidade nele domiciliada e cujos efeitos sobre a concorrência a ele se restrinjam.

CAPITULO LL – **Das condutas e práticas restritivas da concorrêncla**

Art. 4º Constituem infração às normas do presente Protocolo, independentemente de culpa, os atos, individuais ou concertados, sob qualquer forma manifestados, que tenham por objeto ou efeito limitar, restringir, falsear ou distorcer a concorrência ou o acesso ao mercado ou que constituam abuso de posição dominante no mercado relevante de bens ou serviços no âmbito do MERCOSUL e que afetem o comêrcio entre os Estados Partes.

Art. 5º A simples conquista de mercado resultante de processo natural fundado na maior eficiência de agente econômico em relação a seus competidores não caracteriza ofensa à concorrência.

Art. 6º As seguintes condutas, além de outras, na medida que configurem as hipoteses do art 4º, caracterizam práticas restritivas da concorrência:

I. fixar, impor ou praticar, direta ou indiretamente, em acordo com concorrente ou isoladamente, sob qualquer forma, preços e condições de compra ou de venda de bens, de prestação de serviços ou de produção;

II. obter ou influenciar a adoção de conduta comercial uniforme ou concertada entre concorrentes;

III. regular mercados de bens ou serviços, estabelecendo acordos para limitar ou controlar a pesquisa e o desenvoivimento tecnológico, a produção de bens ou prestação de serviços, ou para dificultar investimentos destinados à produção de bens ou serviços ou à sua distribuição;

IV dividir os mercados de serviços ou produtos, acabados ou semi-acabados, ou as fontes de abastecimento de matérias-primas ou produtos intermediários;

V. limitar ou impedir o acesso de novas empresas ao mercado;

VI. ajustar preços ou vantagens que possam afetar à concorrência em licitações públicas;

VII. adotar, em relação à terceiros contratantes, condições desiguais, no caso de prestações equivalentes, colocando-os em desvantagem na concorrência;

VIII. subordinar a venda de um bem à aquisição de outro ou a utilização de um serviço, ou subordinar a prestação de um serviço à utilização de outro ou a aquisição de um bem;

IX. impedir o acesso do concorrente as fontes de insumos, matérias-primas, equipamentos ou tecnologias, bem como aos canais de distribuição;

X. exigir ou conceder exclusividade para divulgação de publicidade nos meios de comunicação de massa;

XI. realizar compra ou venda sujeita à condição de não usar ou adquirir, vender ou fomecer bens ou serviços produzidos, processados, distribuídos ou comercializados por um terceiro;

XII. vender, por razões não justificadas nas práticas comerciais, mercadoria abaixo do preço de custo;

XIII. recusar injustificadamente a venda de bens ou a prestação de serviços;

XIV. interromper ou reduzir em grande escala a produção, sem causa justificada;

XV. destruir, inutilizar ou açambarcar materias-primas, produtos intermediarios ou acabados, assim como destruir, inutilizar ou dificultar a operação de equipamentos destinados à produz-los, distribuí-los ou transportá-los;

XVI. abandonar, fazer abandonar ou destruir lavouras ou plantações, sem justa causa.

XVII. manipular mercado para impor preços

CAPITULO III – **Do controle de atos e contratos**

Art. 7º Os Estados Partes adotarão, para fins de incorporação à normativa do MERCOSUL e dentro do prazo de 2 anos, normas comuns para o controle dos atos e contratos, sob qualquer forma manifestados, que possam limitar ou de qualquer forma prejudicar a livre concorrência ou resultar na dominação de mercado regional relevante de bens e serviços, inclusive aqueles que resultem em concentração econômica, com vistas a prevenir os seus possíveis efeitos anticompetitivos no âmbito do MERCOSUL.

CAPITULO IV – **Dos orgãos de aplicação**

Art 8º Compete à Comissão de Comércio do MERCOSUL, nos termos do artigo 19 do Protocolo de Ouro Preto, e ao Comitê de Defesa da Concorrência aplicar o presente Protocolo.

Parágrafo Unico – O Comitê de Defesa da Concorrência, orgão de natureza intergovernamental, será integrado pelos órgãos nacionais de aplicação do presente Protocolo em cada Estado Parte.

Art. 9º O Comitê de Defesa da Concorrência submeterá à aprovação da Comissão de Comercio do MERCOSUL a regulamentação do presente Protocolo.

CAPITULO V – **Do procedimento de aplicação**

Art. 10º Os órgãos nacionais de aplicação iniciarão o procedimento previsto no presente Protocolo de oficio ou mediante representação fundamentada de parte legitimamente interessada, que deverá ser encaminhada ao Comitê de Defesa da Concorrência, juntamente com avaliação técnica preliminar.

PRINCIPAIS NORMATIVOS DO MERCOSUL RELACIONADOS COM A DEFESA DA CONCORRÊNCIA

Art 11º O Comitê de Defesa da Concorrência, após analise técnica preliminar, procederá à instauração da investigação ou, ad referendum da Comissão de Comêrcio do MERCOSUL, ao arquivamento do processo.

Art. 12º O Comitê de Defesa da Concorrência encaminhará regularmente à Comissão de Comêrcio do MERCOSUL relatorios sobre o estado de tramitação dos casos em estudo.

Art. 13º Em caso de urgência ou ameaça de dano irreparável à concorrência, o Comitê de Defesa da Concorrência definirá, ad-referendum da Comissão de Comêrcio do MERCOSUL, a aplicação de medidas preventivas, inclusive a imediata cessação da prática sob investigação, a reversão à situação anterior ou outras que considere necessárias.

§1º Em caso de inobservância à medida preventiva, o Comitê de Defesa da Concorrência poderá definir, ad-referendum da Comissão de Comêrcio do MERCOSUL, a aplicação de multa à parte infratora.

§2º A aplicação de medida preventiva ou de multa será executada pelo órgão nacional de aplicação do Estado Parte em cujo território estiver domiciliado o representado.

Art 14º O Comitê de Defesa da Concorrência estabelecerá, em cada caso investigado, pautas que definirão, entre outros aspectos, a estrutura do mercado relevante, os meios de prova das condutas e os critérios de análise dos efeitos econômicos da prática sob Investigação.

Art. 15º O orgão nacional de aplicação do Estado Parte em cujo território estiver domiciliado o representado realizara a investigação da prática restritiva da concorrência, levando em conta as pautas definidas no artigo 14.

§1º O órgão nacional de aplicação que estiver procedendo à investigação divulgara relatórios periódicos sobre as suas atividades

§2º Será assegurado ao representado o exercício do direito de defesa.

Art. 16º Aos órgãos nacionaís de aplicação dos demais Estados Partes compete auxiliar o órgão nacional responsável pela investigação mediante o fornecimento de informações, documentos e outros meios considerados essenciais para a correta execução do procedimento investigatório.

Art. 17º Na hipótese de ocorrência de divergências a respeito da aplicação dos procedimentos previstos neste Protocolo, o Comitê de Defesa da Concorrência poderá solicitar à Comissão de Comércio do MERCOSUL pronunciamento sobre a matéria.

Art 18º Uma vez concluído o processo investigatório, o órgão nacional responsável pela investigação apresentará ao Comitê de Defesa da Concorrência parecer conclusivo sobre a matéria.

DEFESA NA CONCORRÊNCIA NO MERCOSUL

Art. 19º O Comitê de Defesa da Concorrência examinará o parecer emitido pelo órgão nacional de aplicação e ad *referendum* da Comissão de Comércio do MERCOSUL, definirá as práticas infrativas e estabelecerá as sanções a serem impostas ou as demais medidas cabíveis ao caso.

Parágrafo único – Se o Comitê de Defesa da Concorrência não alcançar o consenso, encaminhará suas conclusões à Comissão de Comércio do MERCOSUL, consignando as divergências existentes.

Art 20º A Comissão de Comércio do MERCOSUL, levando em consideração o parecer ou as conclusões do Comitê de Defesa da Concorrência, se pronunciará mediante a adoção de Diretiva, definindo as sanções a serem aplicadas à parte infratora ou as medidas cabíveis ao caso.

§1º As sanções serão aplicadas pelo órgão nacional de aplicação do Estado Parte em cujo territorio estiver domiciliada a parte infratora.

§2º Se não for alcançado o consenso, a Comissão de Comércio do MERCOSUL encaminhara as diferentes alternativas propostas ao Grupo Mercado Comum.

Art. 21º O Grupo Mercado Comum se pronunciará sobre a matéria mediante a adoção de Resolução.

Parágrafo Único – Se o Grupo Mercado Comum não alcançar o consenso, o Estado Parte interessado poderá recorrer diretamente ao procedimento previsto no Capitulo IV do Protocolo de Brasilia para a Solução de as Controvérsias.

CAPITULO VI – **Do compromisso de cessação**

Art. 22º Em qualquer fase do procedimento o Comitê de Defesa da Concorrência poderá homologar, ad *referendum* da Comissão de Comércio do MERCOSUL, Compromisso de Cessação da prática sob investigação, o qual não importará confissão quanto à matéria de fato, nem reconhecimento de ilicitude da conduta analisada.

Art. 23º O Compromisso de Cessação conterá, necessariamente, as seguintes cláusulas:

a. obrigações do representado, no sentido de cessar a prática investigada no prazo estabelecido;

b. valor de multa diária a ser imposta no caso de descumprimento do Compromisso de Cessação;

c. obrigação do representado de apresentar relatórios periódicos sobre a sua atuação no mercado, mantendo o órgão nacional de aplicação informado sobre eventuais mudanças em sua estrutura societária, controle, atividades e localização.

PRINCIPAIS NORMATIVOS DO MERCOSUL RELACIONADOS COM A DEFESA DA CONCORRÊNCIA

Art. 24º O processo ficará suspenso enquanto estiver sendo cumprido o Compromisso de Cessação e será arquivado ao término do prazo fixado, se atendidas todas as condições estabelecidas no Compromisso.

Art 25º O Comitê de Defesa da Concorrência, ad *referendum* da Comissão de Comércio do MERCOSUL, poderá homologar alterações no Compromisso de Cessação, se comprovada sua excessiva onerosidade para o representado e desde que não acarrete prejuízo para terceiros ou para a coletividade, e a nova situação não configure infração à concorrência.

Art 26º O Compromisso de Cessação, as alterações do Compromisso e a sanção à que se refere o presente Capítulo serão levadas a efeito pela órgão nacional de aplicação do Estado Parte em cujo território estíver domiciliado o representado.

CAPITULO VII – **Das sanções**

Art. 27º O Comitê de Defesa da Concorrência, ad *referendum* da Comissão de Comércio do MERCOSUL, determinará a cessação definitiva da prática infrativa dentro de prazo a ser especificado.

§1º Em caso de descumprimento da ordem de cessação, será aplicada multa diária a ser definida pelo Comitê de Defesa da Concorrência, ad *referendum* da Comissão de Comércio do MERCOSUL;

§ 2º A determinação de cessação, bem como a aplicação de multa, serão levadas a efeito pelo órgão nacional de aplicação do Estado Parte em cujo território estiver domiciliada a parte infratora.

Art. 28º Em caso de violação às normas do presente Protocolo, aplicar-se-ão as seguintes sanções, cumulada ou altemativamente:

I – multa, baseada nos lucros obtidos com a prática infrativa, no faturamento bruto ou nos ativos envolvidos, a qual reverterá a favor do órgão nacional de aplicação do Estado Parte em cujo território estiver domiciliada a parte infratora;

II – proibição de participar de regimes de compras públicas em quaisquer dos Estados Partes, pelo prazo que determinar,

III – proibição de contratar com instituições financeiras públicas de quaisquer dos Estados Partes, pelo prazo que determinar,

§1º O Comitê de Defesa da Concorrência, ad *referendum* da Comissão de Comércio do MERCOSUL, poderá ainda recomendar às autoridades competentes dos Estados Partes que não concedam ao infrator incentivos de qualquer natureza ou facilidades de pagamento de suas obrigações de natureza tributária.

DEFESA NA CONCORRÊNCIA NO MERCOSUL

§2º As penalidades previstas neste artigo serão levadas a efeito pelo órgão nacional de aplicação do Estado Parte em cujo território estiver domiciliada a parte infratora.

Art. 29º Para a gradação das sanções estabelecidas no presente Protocolo, considerar-se-ão a gravidade dos fatos e o nível do danos causados à concorrência no âmbito do MERCOSUL.

CAPITULO VIII – **Da cooperação**

Art. 30º Para assegurar a implementação do presente Protocolo, os Estados Partes. por meio dos respectivos órgãos nacionais de aplicação, adotarão mecanismos de cooperação e consultas no plano técnico no sentido de:

a) sistematizar e intensificar a cooperação entre os órgãos e autoridades nacionais responsáveis com vistas ao aperfeiçoamento dos sistemas nacionais e dos instrumentos comuns de defesa da concorrência, mediante um programa de intercâmbio de informações e experiências, de treinamento de técnicos e de compilação da jurisprudência relativa à defesa da concorrência, bem como da investigação conjunta das práticas lesivas à concorrência no MERCOSUL;

b) identificar e mobilizar, inclusive por meio de acordos de cooperação técnica em matéria de defesa da concorrência celebrados com outros Estados ou agrupamentos regionais, os recursos necessários à implementação do programa de cooperação à que se refere a allnea anterior.

CAPITULO IX – **Da solução de controvérsias**

Art. 31º Aplica-se o disposto no Protocolo de Brasiliá e no Procedimento Geral para Reclamações Perante a Comissão de Comércio do MERCOSUL previsto no Anexo ao Protocolo de Ouro Preto as divergências relativas a aplicação, interpretação ou descumprimento das disposições contidas no presente Protocolo.

CAPITULO X – **Das disposições finais e transitorias**

Art. 32º Os Estados Partes comprometem-se, dentro do prazo de dois anos a contar da entrada em vigência do presente Protocolo, e para fins de incorporação a este instrumento, a elaborar normas e mecanismos comuns que disciplinem as ajudas de Estado que possam limitar, restringir, falsear ou distorcer a concorrência e sejam suscetíveis de afetar o comércio entre os Estados Partes. Para este fim, serão levados em consideração os avanços relativos ao tema das políticas publicas que distorcem a concorrência e as normas pertinentes da OMC.

Art 33º O presente Protocolo, parte integrante do Tratado de Assunção, entrará em vigor trinta días após o depósito do segundo Instrumento de ratifi-

PRINCIPAIS NORMATIVOS DO MERCOSUL RELACIONADOS COM A DEFESA DA CONCORRÊNCIA

cação, com relação aos dois primeiros Estados Partes que o ratifiquem e, no caso dos demais signatários, no trigésimo dia após o depósito do respectivo instrumento de ratificação.

Art. 34º Nenhuma disposição do presente Protocolo se aplicará a qualquer prática restritiva da concorrência cujo exame tenha sido iniciado por autoridade competente de um Estado Parte antes da entrada em vigor prevista no artigo 33.

Art. 35º O presente Protocolo poderá ser revisto de comum acordo, por proposta de um dos Estados Partes.

Art 36º A adesão por parte de um Estado ao Tratado de Assunção implicará, *ípso iure*, a adesão ao presente Protocolo.

Art. 37º O Governo da República do Paraguai será o depositário do presente Protocolo e dos instrumentos de ratificação, e enviará cópias devidamente autenticadas dos mesmos aos Governos dos demais Estados Partes

Da mesma forma, o Governo da República do Paraguai notíficará os Governos dos demais Estados Partes a data de entrada em vigor do presente Protocolo, bem como a data de depósito dos instrumentos de ratificação.

Feito na cidade de Fortaleza, aos dezessete dias do mes de dezembro de 1996, em um original nos idiomas espanhol e português, sendo ambos os textos igualmente autênticos.

PELA REPUBLICA ARGENTINA
PELA REPUBLICA DO PARAGUAI
PELA REPUBLICA FEDERATIVA DO BRASIL
PELA REPUBLICA ORIENTAL DO URUGUAI

2. Mercosul/CCM/DIR. Nº 01/03

REGULAMENTO DO PROTOCOLO DE DEFESA
DA CONCORRÊNCIA DO MERCOSUL

Tendo em vista: O Tratado de Assunção, o Protocolo de Ouro Preto e a Decisão Nº 18/96 do Conselho Mercado Comum.

Considerando: A necessidade de Regulamentar o Protocolo de Defesa da Concorrência do MERCOSUL.

A COMISSÃO DE COMÉRCIO DO MERCOSUL
APROVA A SEGUINTE DIRETRIZ

Art. 1º Aprovar o "Regulamento do Protocolo de Defesa da Concorrência do MERCOSUL", que figura como Anexo e faz parte da presente Diretriz.

LX CCM – Assunção, 13/III/03

ANEXO
Regulamento do protocolo de defesa da concorrência do Mercosul

TÍTULO I – **Do comitê de defesa da concorrência – CDC**
CAPÍTULO I – **Da natureza**
Artigo 1 – O Comitê de Defesa da Concorrência (CDC) é o órgão intergovernamental da Comissão de Comércio do MERCOSUL encarregado de aplicar o Protocolo de Defesa da Concorrência do MERCOSUL (PDC).

CAPÍTULO II – DA COMPOSIÇÃO E DAS REUNIÕES

Artigo 2 – O Comitê de Defesa da Concorrência é composto pelos órgãos nacionais de aplicação (ONA) do PDC de cada Estado Parte, os quais serão representados por um membro titular e dois membros alternos.

Parágrafo único – A presença do membro titular nas reuniões do CDC não exclui a dos membros alternos.

Artigo 3 – A Coordenação do CDC será exercida pelo órgão nacional de aplicação do Estado Parte que estiver no exercício da Presidência Pro Tempore do Conselho do Mercado Comum.

Artigo 4 – Para o cumprimento de seus fins, o CDC poderá manter relações institucionais com os órgãos de defesa da concorrência de outros países, com os organismos análogos de outros sistemas de integração econômica e organizações internacionais com competência no tema.

Artigo 5 – O CDC realizará reuniões ordinárias pelo menos uma vez a cada três meses e extraordinárias por solicitação de um de seus membros. As reuniões ordinárias deverão ser marcadas com uma antecedência de pelo menos 20 (vinte) dias corridos e as reuniões extraordinárias deverão ser marcadas com uma antecedência de pelo menos 10 (dez) dias corridos.

Parágrafo único – Todas as reuniões serão registradas em Ata.

Artigo 6 – O CDC funcionará com um quorum de pelo menos três (3) dos órgãos nacionais de aplicação do PDC.

Parágrafo único – Enquanto o PDC não tenha sido ratificado por todos os Estados Partes, sempre que se cumpram as condições previstas em seu Artigo 33, bastará o quorum de dois órgãos nacionais de aplicação para funcionar.

CAPÍTULO III – **O sistema de tomada de decisões**

Artigo 7 – O CDC tomará suas decisões por consenso dos Estados Partes que tenham ratificado o PDC

Artigo 8 – No caso de que um Estado Parte que tenha ratificado o PDC esteja ausente em uma reunião, as decisões tomadas pelas delegações presentes serão adotadas *ad referendum* da aprovação do Estado Parte ausente e terão caráter definitivo se este não formular objeções totais ou parciais no prazo de 30 dias corridos a partir do término da reunião.

Parágrafo Único – A Coordenação do CDC comunicará ao Estado Parte ausente, no prazo de 48 horas, as decisões tomadas *ad referendum*.

Artigo 9 – No caso de não haver consenso sobre determinada matéria em duas reuniões consecutivas, ao término da segunda reunião será elevado à CCM um relatório circunstanciado consignando as divergências existentes.

PRINCIPAIS NORMATIVOS DO MERCOSUL RELACIONADOS COM A DEFESA DA CONCORRÊNCIA

TÍTULO II – **Da aplicação do protocolo**
CAPÍTULO I – **Do Âmbito De Aplicação**
Artigo 10 – Para efeitos de determinação do âmbito de aplicação do PDC, considerar-se-á, concomitantemente, a afetação do comércio entre os Estados Partes e a afetação dos mercados relevantes de bens ou serviços no âmbito do MERCOSUL.

Parágrafo único – Entende-se por "bens ou serviços no âmbito do MERCO-SUL" o conjunto de bens e serviços que são produzidos ou comercializados no território de um ou mais Estados Partes do MERCOSUL.

CAPÍTULO II – **Das condutas e práticas restritivas da concorrência**
Artigo 11 – A fim de estabelecer o abuso de posição dominante em um mercado relevante de bens ou serviços no âmbito do MERCOSUL, deverão ser consideradas, entre outras, as seguintes circunstâncias:

a) a participação no mercado relevante das empresas participantes;

b) o grau em que o bem ou serviço de que se trate é substituível por outros, quer seja de origem nacional, regional ou estrangeira; as condições de tal substituição e o tempo requerido para a mesma;

c) o grau em que as restrições normativas limitam o acesso de produtos ou ofertantes no mercado de que se trate; e

d) o grau em que o presumível responsável possa influir unilateralmente na formação de preços ou restringir o abastecimento ou demanda no mercado e o grau em que seus competidores possam neutralizar tal poder.

CAPÍTULO III – DOS ÓRGÃOS NACIONAIS
Artigo 12 – Compete aos órgãos nacionais a aplicação do PDC:

I – velar pelo cumprimento do PDC e deste Regulamento no território de seu país, nos termos estabelecidos em tais instrumentos;

II – executar ou fazer executar, no âmbito de sua competência, as decisões tomadas em virtude da aplicação do PDC;

III – informar ao CDC as normas em matéria de defesa da concorrência, e suas modificações, que adotem as autoridades de seu país;

IV – informar ao CDC, nas condições que este estabeleça, sobre o estado e evolução da tramitação dos casos que estiver encarregado de investigar, de conformidade com o PDC;

DEFESA NA CONCORRÊNCIA NO MERCOSUL

V – proporcionar as informações e cópias das atuações que se tenham levado a cabo, e dos casos instruídos de conformidade com o PDC, por solicitação dos órgãos nacionais de aplicação;

VI – informar ao CDC sobre o grau de cumprimento dos compromissos de cessação homologados.

CAPÍTULO IV – **O procedimento de aplicação**

Artigo 13 – Os órgãos nacionais de aplicação iniciarão o procedimento previsto no presente Protocolo de ofício ou por representação fundada de parte legitimamente interessada, que deverá ser submetida, dentro dos 60 dias após iniciada, ao Comitê de Defesa da Concorrência juntamente com uma avaliação técnica preliminar.

Artigo 14 – Considerar-se-á parte legitimamente interessada toda pessoa física ou jurídica, com ou sem fins lucrativos, que se considere direta ou indiretamente prejudicada pela conduta presumidamente infratora, incluindo as associações de usuários e consumidores devidamente constituídas e reconhecidas como tal em seus países.

Artigo 15 – A representação prevista no Artigo 13 deste Regulamento deverá realizar-se perante o órgão nacional de aplicação do Estado Parte em que tiver domicílio o denunciante.

Parágrafo 1 – A representação deverá conter, quando possível, o nome e domicílio do denunciante, a descrição do fato considerado violatório do PDC, com as circunstâncias de lugar, tempo e modo de execução, e a indicação de seus presumíveis autores e seus domicílios, danos, testemunhas e demais elementos que permitam sua comprovação e qualificação legal.

Parágrafo 2 – Para os efeitos de aplicação do PDC e do presente Regulamento, entender-se-á por domicílio o lugar onde o denunciante ou o denunciado, conforme o caso, tenha sua residência habitual ou a sede principal de seus negócios.

Artigo 16 – A avaliação técnica preliminar será realizada pelo órgão nacional de aplicação que recebe a denúncia nos termos do PDC e deste Regulamento e incluirá uma recomendação a respeito da abertura da investigação ou arquivamento do processo e, no primeiro caso, os critérios que se recomenda adotar para sua investigação.

Parágrafo único – Em caso de urgência ou ameaça de dano irreparável à concorrência, a avaliação técnica preliminar incluirá uma recomendação acerca das medidas preventivas que se considerem apropriadas.

Artigo 17 – O CDC, dentro dos 30 dias seguintes ao recebimento dos resultados da avaliação técnica preliminar efetuada pelo órgão nacional de aplicação, deverá realizar a análise técnica preliminar prevista no Artigo 11 do PDC,

PRINCIPAIS NORMATIVOS DO MERCOSUL RELACIONADOS COM A DEFESA DA CONCORRÊNCIA

decidindo pela abertura da investigação ou, *ad referendum* da CCM, pelo arquivamento das denúncias.

Parágrafo 1 – Decidida a abertura de investigação o CDC estabelecerá 1) o órgão que conduzirá a investigação, de acordo com o domicílio do denunciado; e 2) os critérios que serão adotados pelo órgão nacional de aplicação na investigação dos fatos denunciados, e poderá determinar a realização das diligências, estudos ou provas que entender necessários, de acordo com o Artigo 14 do PDC.

Parágrafo 2 – Em qualquer estágio da investigação o CDC poderá requerer ao ONA que realize determinado ato ou prova. Quando não for estabelecido um prazo para o mesmo, entender-se-á que é de 20 dias.

Artigo 18 – O órgão nacional de aplicação competente notificará imediatamente ao denunciado o início do procedimento para que, no prazo de 20 dias corridos, contado da notificação, efetue sua defesa e ofereça provas.

Parágrafo único – A notificação inicial conterá uma cópia completa da decisão do CDC e da denúncia, conforme o caso.

Artigo 19 – O denunciado que não apresentar defesa no prazo estabelecido no Artigo anterior será considerado revel. Em qualquer etapa do procedimento, o revel poderá intervir sem direito à repetição dos atos praticados.

Artigo 20 – A produção de provas, as investigações ou diligências, assim como os prazos instrutórios, reger-se-ão pela legislação vigente do país do órgão nacional de aplicação que realize a instrução.

Parágrafo único – Para a realização do previsto neste Artigo e para os efeitos do disposto no Artigo 16 do PDC, o órgão nacional de aplicação competente poderá dirigir-se diretamente aos demais órgãos nacionais de aplicação dos Estados Partes.

Artigo 21 – Os relatórios periódicos a que se refere o Artigo 15 do PDC conterão uma planilha com as informações relevantes do processo e serão apresentados a) em cada reunião do CDC; e b) a pedido de outro órgão nacional de aplicação.

Artigo 22 – Finalizada a instrução, o ONA remeterá ao CDC as denúncias e sua opinião para sua apreciação. O CDC poderá 1) declarar concluída a instrução e ordenar o arquivamento das denúncias *ad referendum* da CCM; 2) declarar concluída a instrução, especificar as acusações finais e notificar o denunciado para que apresente alegações finais no prazo de 15 dias; e 3) declarar incompleta a instrução e ordenar a realização das diligências ou medidas para a conclusão da mesma.

Parágrafo único – Com 15 dias de antecedência à reunião de que trata o previsto neste Artigo, o órgão nacional de aplicação competente enviará uma cópia certificada da totalidade das denúncias aos demais órgãos nacionais de aplicação dos Estados Partes.

Artigo 23 – Vencido o prazo para a apresentação das alegações finais, o órgão nacional de aplicação competente remeterá aos demais órgãos uma cópia certificada das mesmas.

Artigo 24 – Com 15 dias de antecedência à próxima reunião ordinária do CDC, o ONA competente enviará aos demais órgãos o parecer conclusivo previsto no Artigo 18 do PDC.

Parágrafo 1 – O parecer conclusivo do órgão nacional de aplicação competente, conforme o caso, deverá incluir uma recomendação sobre as medidas corretivas que considere pertinentes para restabelecer as condições de concorrência e as eventuais medidas de sanção que possam corresponder.

Parágrafo 2 – O CDC resolverá, *ad referendum* da CCM, em data não posterior à de sua primeira reunião ordinária seguinte ao recebimento dos autos, considerando o parecer conclusivo do ONA competente, de conformidade com o Artigo 19 do CDC.

Artigo 25 – A CCM se pronunciará nos casos previstos nos Artigos 11, 13, 19, 20, Parágrafo 1, 22, 25 e 27 do PDC, em data não posterior à de sua primeira reunião ordinária seguinte ao recebimento dos autos. Nos casos previstos nos Artigos 17, 20, Parágrafo 2, e 28 do PDC, se pronunciará em data não posterior à de sua segunda reunião ordinária seguinte ao recebimento dos autos.

Artigo 26 – Em todos os casos mencionados no Artigo precedente 1) o CDC submeterá o resultado à CCM no prazo de 10 dias após sua reunião; e b) a CCM deverá receber os autos com uma antecedência mínima de 15 dias de sua reunião.

Artigo 27 – Caso a CCM não alcance consenso, submeterá ao GMC as distintas alternativas propostas, no prazo de dez dias posteriores a sua reunião. Recebidos os autos pelo GMC, com uma antecedência mínima de dez dias de sua reunião, este se pronunciará em data não posterior à de sua primeira reunião ordinária seguinte, de acordo com o previsto no Artigo 21 do PDC.

Artigo 28 – Os prazos fixados no presente Regulamento para o GMC, a CCM e o CDC se entenderão como sendo de dias corridos.

Artigo 29 – Em todos os casos em que o CDC emitir uma instrução a um ONA e não fixar prazo para seu cumprimento, se entenderá que o mesmo é de 20 dias, de acordo com o Artigo 20 do presente Regulamento.

Artigo 30 – Para os aspectos de procedimento não previstos no presente Regulamento, aplicar-se-ão as disposições procedimentais previstas no ordenamento jurídico do ONA competente.

CAPÍTULO V – **Do compromisso de cessação**

Artigo 31 – O compromisso de cessação e suas eventuais modificações a que se refere o Capítulo VI do PDC poderão ser propostos pelo denunciado ao ONA responsável pela investigação. No caso de que o ONA competente os considere satisfatórios, os submeterá ao CDC para homologação, *ad referendum* da CCM, em sua primeira reunião ordinária posterior à recepção ou em reunião extraordinária convocada para tal fim.

Artigo 32 – Verificado, pelo CDC, o descumprimento do compromisso de cessação, o órgão nacional de aplicação competente aplicará a multa diária prevista, de acordo com o Artigo 26 do PDC.

CAPÍTULO VI – **Das sanções**

Artigo 33 – Em caso de descumprimento da ordem de cessação da prática infringente, o ONA competente proporá ao CDC a multa diária a ser aplicada à parte infratora, prevista no Artigo 27 do PDC.

Artigo 34 – As multas definidas nos Artigos 23, 27 e 28 do PDC reverterão em favor do órgão nacional da aplicação do Estado Parte em cujo território esteja domiciliada a parte infratora, como definido por sua legislação interna.

Artigo 35 – Para a graduação das sanções a serem aplicadas, previstas nos Artigos 27, 28 e 29 do PDC, deverão ser consideradas a gravidade da infração, a reincidência do infrator e a cooperação do denunciado com a investigação.

Parágrafo Único. Na determinação da gravidade da infração poderão ser consideradas, entre outras, as seguintes circunstâncias:

a) o grau de lesão ou perigo de lesão à livre concorrência;
b) os efeitos econômicos negativos produzidos no mercado;
c) a posição e situação econômica do infrator; e
d) a vantagem obtida ou pretendida pelo infrator.

TÍTULO III – **Disposições finais e transitórias**

Artigo 36 – O CDC será constituído pelos órgãos nacionais de aplicação dos Estados Partes que ratifiquem o PDC e que tenham depositado o instrumento de ratificação.

Artigo 37 – O Estado Parte que não tenha depositado o instrumento de ratificação do PDC poderá estar presente nas reuniões do CDC, sem direito a participar na tomada de decisões.

Artigo 38 – Enquanto o PDC não tenha sido ratificado por todos os Estados Partes, e sempre que se cumpram as condições previstas em seu Artigo 33, será suficiente para funcionar o quorum de dois órgãos nacionais de aplicação.

Artigo 39 – O CDC poderá elaborar um regulamento interno para seu funcionamento.

3. Mercosul/CMC/Nº 21/94

DEFESA DA CONCORRÊNCIA

Tendo em vista: O Tratado de Assunção e as Decisões Nº 13/93, Nº 3/94, Nº 9/94 e Nº 10/94, e a Decisão Nº 20/94 (Políticas Públicas) do Conselho do Mercado Comum, e

Considerando: Que é necessário contar com parâmetros comuns para a defesa da concorrência no MERCOSUL, de modo a possibilitar ação coordenada dos Estados Partes para coibir as práticas contrárias à livre concorrência;

Que vários aspectos relacionados com a defesa da concorrência estão incorporados em instrumentos já aprovados no âmbito do MERCOSUL; e

Que a Comissão de Defesa da Concorrência do Subgrupo de Trabalho Nº 10 desenvolveu critérios que viabilizam a adoção de um instrumento que cobre os demais aspectos da defesa da concorrência no MERCOSUL,

O CONSELHO DO MERCADO COMUM DECIDE

Artigo 1 – Aprovar as pautas básicas sobre defesa da concorrência no MERCOSUL, que figuram como Anexo à presente Decisão.

Artigo 2 – Até 31 de março de 1995, os Estados Partes apresentarão informação detalhada, no âmbito da Comissão de Comércio, sobre a compatibilidade de suas respectivas legislações nacionais ou projetos em tramitação com as "pautas **gerais de harmonização" aprovadas pela presente Decisão.**

Artigo 3 – Com base nessas informações, a Comissão de Comércio submeterá ao Grupo Mercado Comum, até 30 de junho de 1995, proposta de Estatuto de Defesa da Concorrência do MERCOSUL. O GMC decidirá se o Estatuto se constituirá como um instrumento de referência, ao qual deverão estar adequadas as legislações nacionais sobre a matéria, ou se se implementará como Protocolo.

Artigo 4 – Até a definição final sobre a matéria, tal como previsto no Artigo 3, aplicar-se-á o seguinte procedimento para a tramitação de denúncias vinculadas à defesa da concorrência:

a) Nos casos de violação à livre concorrência, o Estado Parte que se considere afetado poderá, no âmbito da Comissão de Comércio, apresentar, com as justificativas de que disponha, pleito em que especifique a violação, com base nas pautas gerais aprovadas pela presente Decisão.

b) O Estado Parte em cuja jurisdição se localiza o alegado praticante da violação iniciará, em não mais de 30 dias, investigação sobre a matéria, de acordo com sua legislação nacional, e aplicará, quando pertinente, as sanções correspondentes, de acordo com seu ordenamento jurídico interno. Essas investigações terão seu prazo definido, caso a caso, pela Comissão de Comércio.

c) Caso o Estado Parte afetado considere que, tendo a investigação concluído pela inexistência de violação e conseqüente inaplicabilidade de sanções, persistem os efeitos do dano alegado, ou que, mesmo tendo-se aplicado sanções, persistem igualmente tais efeitos, poderá esse Estado Parte recorrer ao procedimento previsto no Anexo ao Protocolo de Ouro Preto ou diretamente ao procedimento previsto no Capítulo IV do Protocolo de Brasília para Solução de Controvérsias.

ANEXO
Pautas gerais de harmonização

CAPÍTULO I

1 – O presente instrumento tem por objeto a defesa da concorrência e o livre acesso ao mercado no âmbito do MERCOSUL.

2 – As empresas, qualquer que seja sua natureza jurídica e tipo, que explorem atividade não monopólica, estão sujeitas às regras da concorrência.

CAPÍTULO II

Primeira seção:

3 – São proibidos os acordos e as práticas concertadas entre os agentes econômicos, e as decisões de associações de empresas que tenham por objeto ou por efeito impedir, restringir ou distorcer a concorrência e o livre acesso ao mercado na produção, processamento, distribuição e comercialização de bens e serviços, em todo ou em parte do MERCOSUL, e que possam afetar o comércio entre os Estados Partes, tais como:

I) fixar, direta ou indiretamente, os preços de compra ou de venda, bem como quaisquer outras condições para a produção ou comercialização de bens ou serviços;

PRINCIPAIS NORMATIVOS DO MERCOSUL RELACIONADOS COM A DEFESA DA CONCORRÊNCIA

II) limitar ou controlar a produção, a distribuição, o desenvolvimento tecnológico ou investimentos;

III) dividir mercados de bens ou serviços ou fontes de suprimento de matéria-prima ou insumos;

IV) acordar ou coordenar ações, que afetem ou possam afetar a concorrência, em concursos, leilões ou licitações públicas;

V) adotar, em relação a terceiros contratantes, condições desiguais, no caso de prestações equivalentes, colocando-os em desvantagem na concorrência;

VI) subordinar a celebração de contratos, escritos ou não, à aceitação de prestações suplementares que, pela própria natureza ou pelos usos comerciais, não tenham relação com o objeto desses contratos;

VII) exercer pressão sobre cliente ou fornecedor, com o propósito de dissuadi-lo de determinada conduta, aplicar-lhe represália ou obrigá-lo a agir em determinado sentido.

Segunda Seção:

4 – Fica igualmente vedado que um ou mais agentes econômicos abusem de uma posição dominante, em todo ou em parte substancial do MERCOSUL. O abuso de posição dominante poderá consistir, dentre outras, nas seguintes condutas:

a) impor, direta ou indiretamente, preços de compra ou venda ou outras condições de transação não eqüitativas;

b) restringir, de modo injustificado, a produção, a distribuição e o desenvolvimento tecnológico, em prejuízo das empresas ou dos consumidores;

c) aplicar a terceiros contratantes condições desiguais em caso de prestações equivalentes, colocando-os assim em desvantagem na concorrência;

d) subordinar a celebração de contratos à aceitação, por parte do outro contratante, de prestações suplementares que, por sua natureza, ou de acordo com os usos comerciais, não tenham relação com o objeto dos contratos;

e) recusar, injustificadamente, a venda de bens ou a prestação de serviços;

f) condicionar as transações, injustificadamente, ou de modo não fundado nos usos, costumes ou práticas comerciais, à não utilização, aquisição, venda, distribuição ou fornecimento de bens ou serviços produzidos, processados, distribuídos ou comercializados por terceiro;

g) vender bens ou prestar serviços a preços inferiores a seus preços habituais, a preço de custo ou a preços inferiores ao seu custo, sem razões fundadas nos usos, costumes e práticas comerciais, com a finalidade de eliminar a concorrência no mercado.

Terceira Seção:

5 – Os Estados Partes submeterão a controle as operações de qualquer natureza entre empresas ou grupos de empresas que impliquem uma concentração econômica, das quais resulte uma participação igual ou superior a 20% (vinte por cento) do mercado relevante e que possam produzir efeitos anticoncorrenciais em todo ou em parte do MERCOSUL.

CAPÍTULO III

6 – Os Estados Partes cooperarão entre si, diretamente e/ou no âmbito da Comissão de Comércio, no sentido de assegurar o cumprimento oportuno e adequado das normas, procedimentos e ações que forem acordados em matéria de defesa da concorrência e do livre acesso ao mercado. Os mecanismos de cooperação poderão consistir no intercâmbio de informações, consultas, assessorias, cooperação técnica e outros que sejam convenientes.

7 – Com o objetivo de prevenir eventuais causas anticompetitivas descritas nos artigos 3º e 4º, os Estados Partes estabelecerão, por intermédio da Comissão de Comércio, mecanismos de coordenação entre as respectivas autoridades de aplicação das leis nacionais de defesa da concorrência.

8 – A Comissão de Comércio zelará pela aplicação do instrumento sobre Defesa da Concorrência no MERCOSUL.

4. Anexo ao protocolo de defesa da concorrência do mercosul

A República Argentina, a República Federativa do Brasil, a República do Paraguai e a República Oriental do Uruguai;
Considerando:

Que em 7 de dezembro de 1996 foi assinado o Protocolo de Defesa da Concorrência do Mercosul entre a República Argentina, a República Federativa do Brasil, a República do Paraguai e a República Oriental do Uruguai;
Que importância de estabelecer os critérios de quantificação do valor das multas previstas no referido Protocolo torna necessário aprovar o seguinte Anexo ao Protocolo de Defesa da Concorrência do Mercosul.
Acordam:

ARTIGO 1º
As multas previstas no presente Protocolo serão equivalentes a até 150% dos lucros obtidos com a prática infrativa; até 100% do valor dos ativos envolvidos; ou até 30% do valor do faturamento bruto da empresa em seu último exercício, excluídos os impostos. As referidas multas não poderão ser inferiores à vantagem obtida, quando esta for quantificável.

ARTIGO 2º
Nos casos específicos previstos nos artigos 13.1, 23.b e 27.1 do presente Protocolo, será estabelecida uma multa diária de até 1% do faturamento bruto no último exercício.

ARTIGO 3º
O presente Anexo é parte integrante do Protocolo de Defesa da Concorrência do Mercosul, sendo-lhe aplicáveis as disposições neste previstas.

ARTIGO 4º

A República do Paraguai será depositária do presente instrumento nos termos previstos no artigo 37 do Protocolo de Defesa da Concorrência do Mercosul.

Feito na cidade do Rio de Janeiro, em 10 de dezembro de 1998, em um original, nos idiomas português e espanhol, sendo ambos os textos autênticos.

PELA REPUBLICA ARGENTINA
PELA REPUBLICA DO PARAGUAI
PELA REPUBLICA FEDERATIVA DO BRASIL
PELA REPUBLICA ORIENTAL DO URUGUAI

5. Mercosul/CMC/DEC. Nº 15/06

ENTENDIMENTO SOBRE COOPERAÇÃO ENTRE AS AUTORIDADES DE DEFESA DE CONCORRÊNCIA DOS ESTADOS PARTES DO MERCOSUL PARA O CONTROLE DE CONCENTRAÇÕES ECONÔMICAS DE ÂMBITO REGIONAL

Tendo em vista: O Tratado de Assunção, o Protocolo de Ouro Preto, as Decisões Nº 18/96 e 2/97 do Conselho do Mercado Comum.

Considerando: A necessidade de promover a troca de informações entre todas as Autoridades de Defesa da Concorrência dos Estados Partes do MERCOSUL sobre o controle de concentrações econômicas de âmbito regional, com vistas a prevenir os seus possíveis efeitos anticompetitivos na região, nos termos do disposto no artigo 7º do Protocolo de Defesa da Concorrência;

As estreitas relações econômicas entre os Estados Partes e observando que o controle de concentrações econômicas de âmbito regional pode contribuir para o funcionamento eficiente de seus mercados integrados no MERCOSUL e para o bem-estar dos cidadãos de seus respectivos países;

A importância de que a cooperação e a coordenação das atividades referentes ao controle de concentrações econômicas resulte na implementação mais efetiva e célere desse controle, bem como na redução de obstáculos e promoção de segurança jurídica para as partes envolvidas do que ocorreria caso as ações se dessem de forma isolada;

Que tais mecanismos contribuirão para melhorar e fortalecer as relações entre as autoridades da concorrência dos Estados Partes;

Que a cooperação entre todos os Estados Partes é um importante instrumento de informação, inclusive para aqueles Estados que ainda não adotam o controle de concentrações em sua legislação interna, já que este instrumento poderá fornecer elementos para a decisão sobre a adoção do referido tipo de controle;

DEFESA NA CONCORRÊNCIA NO MERCOSUL

O compromisso dos Estados Partes de levar em consideração os importantes interesses recíprocos no controle de concentrações econômicas de âmbito regional; e

A necessidade de ressaltar, em relação ao "Entendimento sobre Cooperação entre as Autoridades de Defesa da Concorrência dos Estados Partes do MERCOSUL para a Aplicação de suas Leis Nacionais de Concorrência", aspectos importantes da cooperação especificamente em relação ao controle de concentrações econômicas.

O CONSELHO DO MERCADO COMUM DECIDE

Art. 1 – Aprovar o "Entendimento sobre Cooperação entre as Autoridades de Defesa da Concorrência dos Estados Partes para o Controle de Concentrações Econômicas de Âmbito Regional", que consta como Anexo e faz parte da presente Decisão.

Art. 2 – Os Estados Partes deverão incorporar a presente Decisão a seus ordenamentos jurídicos nacionais antes de 1/I/2007.

XXX CMC – Córdoba, 20/VII/06

ANEXO

ARTIGO I
Objetivo e Definições

1. O objetivo deste Entendimento é promover a cooperação, incluindo tanto a cooperação para a aplicação dos procedimentos de controle de concentrações econômicas previstos nas legislações nacionais quanto a cooperação técnica entre as Autoridades de Concorrência, e assegurar que os Estados Partes tomem em consideração os importantes interesses recíprocos envolvidos nestas atividades.

2. Para fins deste Entendimento,

a) "Controle de concentração econômica" é um procedimento de natureza preventiva que requer a apreciação de operações, sob qualquer forma manifestada, que possam limitar ou de qualquer forma prejudicar a livre concorrência, ou resultar na domínio de mercados relevantes de bens ou serviços, por uma Autoridade de Defesa da Concorrência, a qual pode aprovar a operação em sua integralidade, aprová-la com restrições ou reprová-la;

b) "Controle de concentração econômica de âmbito regional" é o controle de concentração econômica reconhecido por duas ou mais Autoridades de Defesa da Concorrência dos Estados Partes do MERCOSUL como um controle de interesse de dois ou mais Estados Partes, por avaliar uma operação de concentração econômica que pode ter efeitos em um mercado geográfico relevante que abranja o território de mais de um Estado Parte;

c) "Autoridade(s) de Concorrência ou de Defesa da Concorrência":

i) para a Argentina, a Comissão Nacional de Defesa da Concorrência (CNDC) ou, no momento de sua conformação, o Tribunal Nacional de Defesa da Concorrência (TNDC);

ii) para o Brasil, o Conselho Administrativo de Defesa Econômica (CADE), a Secretaria de Direito Econômico (SDE) do Ministério da Justiça e a Secretaria de Acompanhamento Econômico (SEAE) do Ministério da Fazenda, em conjunto denominado Sistema Brasileiro de Defesa da Concorrência;

iii) para o Paraguai, o Vice-Ministério de Comércio do Ministério de Indústria e Comércio;

iv) para o Uruguai, a Direção-Geral de Comércio do Ministério da Economia e Finanças; e

v) qualquer outra autoridade que as complemente, substitua ou suceda, conforme a legislação de cada Estado Parte.

d) "Legislação nacional ou lei de Concorrência":

i) para a Argentina, a Lei 25.156, sua regulamentação e o Decreto 396/01;

ii) para o Brasil, as Leis 8.884/94, 9.021/95 e 10.149/00 e sua regulamentação;

iii) para o Paraguai, o artigo 107 da Constituição Nacional e, no momento de sua promulgação, a Lei de Defesa da Concorrência do Paraguai;

iv) para o Uruguai, os artigos 14, 15 e 16 da Lei 17.243, os artigos 157 e 158 da Lei 17.296, e os Decretos 86/01 e 440/02;

v) bem como qualquer alteração dos dispositivos legais acima mencionados ou dispositivos que venham substituí-los; e

e) "Atividade(s) de Aplicação(ões)", significa qualquer procedimento de aplicação da Legislação Nacional de Concorrência no tocante ao controle de concentrações econômicas conduzido por um Estado Parte no marco de sua legislação de concorrência.

ARTIGO II
Notificações

1. Cada Estado Parte deverá, com as reservas do artigo IX, notificar a outro Estado Parte, na forma prevista por este Artigo e pelo Artigo XI, sobre as Atividades de Aplicação, identificando a natureza da operação de concentração

DEFESA NA CONCORRÊNCIA NO MERCOSUL

econômica e os instrumentos legais pertinentes. As notificações deverão ser efetuadas, na medida do possível:

- no caso da Argentina, no prazo de 15 dias a partir da data em que a operação tenha sido notificada à Autoridade de Concorrência;
- no caso do Brasil, no prazo de 15 dias a partir da publicação que informa a notificação de uma operação ao Sistema Brasileiro de Defesa da Concorrência;
- no caso do Uruguai, no prazo de 15 dias a partir da data em que a operação tenha sido notificada à Autoridade de Concorrência, aplicando-se este dispositivo quando houver previsão legal de controle de atos de concentração econômica;
- no caso do Paraguai, no prazo de 15 dias a partir da data em que a operação tenha sido notificada à Autoridade de Concorrência; aplicando-se este dispositivo quando houver previsão legal de controle de atos de concentração econômica.

2. As Atividades de Aplicação que serão notificadas em conformidade com este artigo serão aquelas que: a) forem relevantes para as atividades de outro Estado Parte na aplicação de suas respectivas leis de defesa da concorrência; b) envolvam operações de concentração econômica que surtam efeitos, no todo ou em parte, no território de mais de um Estado Parte; c) envolvam operações de concentração econômica em que uma ou mais partes da transação, ou uma empresa que controle uma ou mais partes envolvidas na transação, seja uma empresa constituída ou organizada segundo as leis de outro Estado Parte, d) envolvam medidas legais que explicitamente exijam ou proíbam determinada operação de concentração econômica no território de outro Estado Parte ou sejam, de alguma maneira, aplicadas à operação de concentração econômica em território de outro Estado Parte; ou e) envolvam a busca de informações para a análise de atos de concentração econômica localizadas no território de outro Estado Parte.

3. Um Estado Parte pode autorizar aos funcionários de outro Estado Parte que visitem seu território no curso da análise da operação de concentração econômica.

ARTIGO III

Cooperação na Aplicação da Legislação de Concorrência

1. Os Estados Partes entendem que é de interesse comum cooperar para a aplicação de suas legislações de Concorrência no tocante à análise de atos de concentração econômica, compartilhando informações que facilitem a efetiva aplicação de sua legislação, com vistas a promover a melhor coordenação das políticas e atividades dos Estados Partes na aplicação da Legislação de Concor-

rência, na medida em que seja compatível com suas leis e interesses, e dentro dos recursos razoavelmente disponíveis.

2. O presente Entendimento não impedirá aos Estados Partes de requerer ou promover assistência recíproca ao amparo de outros acordos, tratados ou acertos entre eles.

ARTIGO IV

Cooperação sobre as Operações de Concentração Econômica no Território de um Estado Parte que podem afetar adversamente os interesses de outro Estado Parte

1. Os Estados Partes entendem que é de interesse recíproco assegurar o funcionamento eficiente de seus respectivos mercados mediante a aplicação de suas respectivas Legislações de Concorrência no tocante à análise e <u>apreciação</u> de atos de concentração econômica.

2. Observado o disposto no item 1, acima, os Estados Partes entendem que é de interesse recíproco resguardarem-se de operações de concentração econômica que possam ocorrer ou se manifestar no território de um Estado Parte e que afetem o funcionamento eficiente do mercado regional, bem como dos mercados de outro Estado Parte.

3. Se um Estado Parte entende que estão sendo levadas a cabo, no território de outro Estado Parte, operações de concentração econômica que afetam adversamente seus interesses fundamentais, poderá solicitar à Autoridade de Concorrência do outro Estado Parte que inicie os procedimentos de cooperação previstos neste Entendimento. A solicitação deverá especificar os possíveis efeitos adversos sobre seus interesses fundamentais e deverá incluir o oferecimento da informação e cooperação que se encontre em condições de prover.

4. As Autoridades de Concorrência do Estado Parte solicitado avaliarão se iniciam o procedimento de cooperação, e deverão prontamente informar ao Estado Parte solicitante sua decisão. O Estado Parte solicitado deverá informar ao Estado Parte solicitante tão logo profira sua decisão sobre a operação, e deverá informá-la prontamente também sobre eventuais medidas tomadas no decorrer da Atividade de Aplicação que se relacionem com o mérito da operação. O Estado Parte solicitante também deverá informar à Parte solicitada sobre o <u>andamento</u> de sua Atividade de Aplicação, se houver.

5. Este Artigo não limita a discricionariedade da Autoridade de Concorrência do Estado Parte solicitado no sentido de condicionar a condução de suas Atividades de Aplicação com respeito aos aspectos abordados na solicitação, na forma do artigo X deste Entendimento, nem impede a Autoridade de Concorrência do Estado Parte solicitante de proceder à realização de Atividades de

Aplicação no tocante a tais operações de concentração econômica conforme sua própria legislação.

ARTIGO V
Coordenação sobre Operações de Concentração Econômica Inter-relacionadas ou Conexas

Quando as Autoridades de Concorrência de dois ou mais Estados Partes estiverem realizando Atividades de Aplicação relativas a operações de concentração econômica inter-relacionadas ou conexas, considerarão a conveniência de coordená-las, levando em consideração os objetivos das Autoridades de Concorrência do(s) outro(s) Estado(s) Parte(s).

ARTIGO VI
Consideração dos interesses fundamentais de outro Estado Parte

Cada Estado Parte deverá, conforme sua legislação e na medida em que seja compatível com seus interesses fundamentais, assegurar a cuidadosa consideração dos interesses fundamentais dos outros Estados Partes, em todas as etapas de suas Atividades de Aplicação, notadamente quando da apreciação do mérito da operação.

ARTIGO VII
Atividades de Cooperação Técnica

Os Estados Partes entendem que é de interesse recíproco que suas Autoridades de Concorrência trabalhem conjuntamente em atividades de cooperação técnica relacionadas com o controle de concentrações econômicas. Essas atividades incluirão, dentro de um esquema razoável de recursos disponíveis por parte das Autoridades de Concorrência, o intercâmbio de informações conforme o Artigo III deste Entendimento; o intercâmbio de funcionários das Autoridades de Concorrência com o fim de seu treinamento na Autoridade de Concorrência de outros Estados Partes; a participação de pessoal das Autoridades de Concorrência como conferencistas ou consultores em cursos de treinamento relativos à legislação de concorrência organizados ou patrocinados por suas Autoridades de Concorrência; e qualquer outra forma de cooperação técnica que as Autoridades de Concorrência dos Estados Partes acordem que sejam apropriadas aos fins deste Entendimento.

ARTIGO VIII
Reuniões entre as Autoridades de Concorrência

Os funcionários das Autoridades de Concorrência dos Estados Partes deverão reunir-se periodicamente para trocar informações sobre seus esforços e prioridades para o aperfeiçoamento das análises das operações de concentração econômica, observado, inclusive, o disposto no Artigo VII, acima.

ARTIGO IX
Confidencialidade

1. Nenhum Estado Parte está obrigado a prover informações à outro Estado Parte, se a entrega da referida informação for proibida de acordo com suas leis ou for incompatível com seus interesses fundamentais.

2. Cada Estado Parte deve manter a confidencialidade com respeito às informações providas em confidencialidade por outro Estado Parte, nos termos do presente Entendimento, e não poderá, sem prévia autorização do Estado Parte que a forneceu, disponibilizar tal informação confidencial a um terceiro Estado Parte.

ARTIGO X
Da Não-Interferência nas Legislações Nacionais

Este Entendimento não impede que um Estado Parte adote ou se abstenha de adotar qualquer medida que esteja em conformidade com sua legislação vigente.

ARTIGO XI
Comunicações Previstas neste Entendimento

As comunicações previstas por este Entendimento poderão ser efetuadas por comunicação direta entre as Autoridades de Concorrência dos Estados Partes. Qualquer dos Estados Partes poderá requerer que as solicitações, as informações e os documentos requeridos sejam remetidos pelos canais diplomáticos habituais.

6. Mercosul/CMC/DEC. Nº 04/04

ENTENDIMENTO SOBRE COOPERAÇÃO ENTRE AS AUTORIDADES DE DEFESA DA CONCORRÊNCIA DOS ESTADOS PARTES DO MERCOSUL PARA A APLICAÇÃO DE SUAS LEIS NACIONAIS DE CONCORRÊNCIA

Tendo em vista: O Tratado de Assunção, o Protocolo de Ouro Preto e a Decisão Nº 18/96 do Conselho do Mercado Comum.

Considerando: A necessidade de promover a efetiva aplicação da legislação nacional de concorrência dos Estados Partes, por meio da cooperação entre suas autoridades de defesa da concorrência;

As estreitas relações econômicas desses Estados Partes e observando que a aplicacão de suas legislações nacionais de concorrência é de importância crucial para o funcionamento eficiente de seus mercados integrados no MERCOSUL e para o bem-estar dos cidadãos de seus respectivos países;

A importância de que a cooperação e coordenação de suas Atividades de Aplicação da Legislação Nacional de Concorrência pode resultar na atenção mais efetiva a suas respectivas preocupações do que o que ocorreria por meio de ações independentes;

Que a cooperação técnica entre suas Autoridades de Defesa da Concorrência contribuirá para melhorar e fortalecer suas relações; e

O compromisso dos Estados Partes de levar em consideração os importantes interesses recíprocos na Aplicação de sua Legislação Nacional de Concorrência.

O CONSELHO DO MERCADO COMUM DECIDE

Art. 1º Aprovar o "Entendimento sobre Cooperação entre as Autoridades de Defesa da Concorrência dos Estados Partes do MERCOSUL para a Aplicação de suas Leis Nacionais de Concorrência", que consta como Anexo e faz parte da presente Decisão.

Art. 2º Os Estados Partes do MERCOSUL deverão incorporar a presente Decisão a seus ordenamentos jurídicos nacionais antes de 1/X/04.

XXVI CMC – Puerto Iguazú, 07/VII/04

ANEXO

ARTIGO I
Objetivo e Definições

1. O objetivo deste Entendimento é promover a cooperação, incluindo tanto a cooperação na aplicação da legislação nacional de concorrência quanto a cooperação técnica entre as Autoridades de Concorrência, e assegurar que as Partes tomem em consideração os importantes interesses recíprocos nas atividades de aplicação da legislação nacional de concorrência.

2. Para fins deste Entendimento:

a) "Prática (s) Anticompetitiva(s)" significa qualquer conduta ou ato que possa estar sujeita a sanções previstas na legislação nacional de concorrência de cada Parte;

b) "Autoridade (s) de Concorrência ou de Defesa da Concorrência" são:

i) para a Argentina, la Comisión Nacional de Defensa de la Competencia (CNDC) ou, no momento de sua conformação, el Tribunal Nacional de Defensa de la Competencia (TNDC);

ii) para o Brasil, o Conselho Administrativo de Defesa Econômica (CADE), a Secretaria de Direito Econômico (SDE) do Ministério da Justiça; e a Secretaria de Acompanhamento Econômico (SEAE) do Ministério da Fazenda;

iii) para o Paraguai, la Subsecretaría de Comercio del Ministerio de Industria y Comercio e, uma vez constituída, a Secretaria Técnica de Defesa da Concorrência;

iv) para o Uruguai, la Dirección General de Comercio del Ministerio de Economía y Finanzas;

v) qualquer outra que as complemente, substitua ou suceda, conforme a legislação nacional de cada Parte.

c) "Legislação nacional ou lei de Concorrência" são:

i) para a Argentina, a Lei 25.156, sua regulamentação e o Decreto 396/01;

ii) para o Brasil, as leis 8.884/94, 9.021/95 e 10.149/00 e sua regulamentação;

iii) para o Paraguai, o Art. 107 da Constituição Nacional e, uma vez aprovada, a Lei de Defesa da Concorrência;

iv) para o Uruguai, os artigos 14, 15 e 16 da Lei 17.243, os artigos 157 e 158 da Lei 17.296, e os Decretos 86/01 e 440/02;

v) assim como qualquer emenda aos instrumentos acima mencionados.

d)"Atividade(s) de Aplicação da Legislação Nacional de Concorrência" significa qualquer investigação ou procedimento conduzido por uma Parte no marco de sua legislação nacional de concorrência.

ARTIGO II

Notificações

1. Cada Parte deverá, com as reservas do Artigo IX, notificar a outra Parte, na forma prevista por este Artigo e pelo Artigo XI, sobre as Atividades de Aplicação aqui especificadas, identificando a natureza das práticas sujeitas à investigação e os instrumentos legais pertinentes. As notificações deverão ser efetuadas, na medida do possível:

a) no caso da Argentina, no prazo de 15 dias desde a publicação da abertura de sumário relativo à investigação de condutas anticompetitivas, ou, no caso de procedimentos de análise de operações de concentração, no término de 15 dias a partir da data em que a operação tenha sido notificada à Autoridade de Concorrência;

b) no caso do Brasil, no prazo de 15 dias a partir da data de publicação da decisão do Secretário de Direito Econômico que instaure o processo administrativo ou a investigação preliminar, para o caso de condutas anticompetitivas ou, para o caso de procedimentos de análise de operações de concentração, no prazo de 15 dias a partir da publicação que informa a notificação ao Sistema Brasileiro de Defesa da Concorrência de uma operação;

c) no caso do Paraguai, no prazo de 15 dias a partir da Resolução da Subsecretaría de Estado de Comercio del Ministerio de Industria y Comercio ou, depois de sua constituição, da Secretaria Técnica de Defesa da Concorrência que inicie a prosecução dos procedimentos de investigação presumivelmente puníveis previstas e tipificadas, e

d) no caso do Uruguai, no prazo de 15 dias a partir da Resolução da Dirección General de Comercio que dá início à prosecução dos procedimentos de investigação dos fatos presumivelmente ilícitos.

2. As Atividades de Aplicação que serão notificadas em conformidade com este Artigo serão aquelas que: a) forem relevantes para as atividades de outra

Parte na aplicação de suas respectivas leis; b) envolvam Práticas Anticompetitivas, diferentes de fusões e aquisições, realizadas em todo ou em parte substancial do território de outra Parte; c) envolvam fusões ou aquisições em que uma ou mais partes da transação, ou uma empresa que controle uma ou mais partes da transação, seja uma empresa constituída ou organizada segundo as leis de outra Parte; d) envolvam condutas supostamente exigidas, recomendadas ou aprovadas por outra Parte; e) envolvam medidas legais que explicitamente exijam ou proíbam determinada conduta no território de outra Parte ou sejam, de alguma maneira, aplicadas à conduta em território de outra Parte; ou f) envolvam a busca de informações localizadas no território de outra Parte.

3.Uma Parte pode autorizar aos funcionários de outra Parte para que visitem seu território no curso de investigações.

ARTIGO III
Cooperação na Aplicação da Legislação de Concorrência

1. As Partes entendem que é de comum interesse cooperar para a identificação de Práticas Anticompetitivas, e para a aplicação de suas legislações de Concorrência, compartir informações que facilitem a efetiva aplicação de suas legislações de Concorrência, e promover o melhor entendimento das políticas e atividades das Partes na aplicação da Legislação de Concorrência, na medida em que seja compatível com suas leis e interesses, e dentro dos recursos razoavelmente disponíveis.

2.O presente Entendimento não impedirá às Partes requerer ou promover assistência recíproca ao amparo de outros acordos, tratados ou acertos entre elas.

ARTIGO IV
Cooperação relativa a Práticas Anticompetitivas no Território de uma Parte que podem afetar adversamente os interesses de outra Parte

1. As Partes entendem que é de interesse recíproco assegurar o funcionamento eficiente de seus respectivos mercados mediante a aplicação de suas respectivas Legislações de Concorrência.

2. As Partes entendem também que é de interesse recíproco resguardarem-se das Práticas Anticompetitivas que possam ocorrer ou se manifestar no território de uma Parte e que afetem o funcionamento eficiente dos mercados de outra Parte.

3. Se uma Parte entende que estão sendo levadas a cabo, no território de outra Parte, Práticas Anticompetitivas que afetam adversamente seus interesses fundamentais, poderá solicitar às Autoridades de Concorrência da outra Parte que iniciem os procedimentos de cooperação previstos neste Entendimento. Sua soli-

citação deverá especificar a natureza das Práticas Anticompetitivas identificadas e os efeitos adversos sobre seus interesses fundamentais, e deverá incluir o oferecimento da informação e cooperação que se encontre em condições de prover.

4. As Autoridades de Concorrência da Parte solicitada avaliarão se iniciam o procedimento de cooperação ou se iniciam ou ampliam as Atividades de Aplicação, segundo corresponda, e deverão prontamente informar à Parte solicitante sua decisão. A Parte solicitada deverá comunicar à Parte solicitante os resultados da investigação e, na medida do possível, seus progressos parciais, quando forem significativos. A Parte solicitante informará à Parte solicitada os resultados de sua investigação.

5. Este Artigo não limita a discricionariedade das Autoridades de Concorrência da Parte solicitada no sentido de condicionar a condução de suas Atividades de Aplicação com respeito às Práticas Anticompetitivas identificadas na solicitação, nem impede as autoridades da Parte solicitante de levar a cabo Atividades de Aplicação com respeito a tais Práticas Anticompetitivas conforme sua própria legislação.

ARTIGO V
Coordenação sobre Matérias Inter-relacionadas ou Conexas

Quando as Autoridades de Concorrência de duas ou mais Partes estiverem levando a cabo Atividades de Aplicação com respeito a matérias inter-relacionadas ou conexas, considerarão a conveniência de coordenar as mesmas, levando em consideração os objetivos das Autoridades de Concorrência da(s) outra(s) Parte(s).

ARTIGO VI
Consideração dos interesses fundamentais da outra Parte

Cada Parte deverá, conforme sua legislação e na medida em que seja compatível com seus interesses fundamentais, assegurar a cuidadosa consideração dos interesses fundamentais das outras Partes, em todas as etapas de suas Atividades de Aplicação, incluindo as decisões relacionadas com o início de uma investigação ou procedimento, a ampliação de uma investigação ou procedimento e a natureza das medidas legais ou penalidades propostas em cada caso.

ARTIGO VII
Atividades de Cooperação Técnica

As Partes entendem que é de interesse recíproco que suas Autoridades de Concorrência trabalhem conjuntamente em atividades de cooperação técnica relacionadas com a Aplicação de sua Legislação de Concorrência. Essas atividades incluirão, dentro de um esquema razoável, recursos disponíveis por parte das Autoridades de Concorrência, o intercâmbio de informações conforme o Artigo III deste Entendimento; o intercâmbio de funcionários das Autoridades de Concorrência para fins de seu treinamento na Autoridade de Concorrência de outras Partes; a participação de pessoal das Autoridades de Concorrência como conferencistas ou consultores em cursos de treinamento relativos à legislação de concorrência organizados ou patrocinados por suas Autoridades de Concorrência; e qualquer outra forma de cooperação técnica que a Autoridade de Concorrência das Partes acorde que sejam apropriadas aos fins deste Entendimento.

ARTIGO VIII
Reuniões entre as Autoridades de Concorrência

Os funcionários das Autoridades de Concorrência das Partes deverão se reunir periodicamente para intercambiar informações sobre seus esforços e prioridades na aplicação de sua Legislação de Concorrência.

ARTIGO IX
Confidencialidade

1. Nenhuma Parte está obrigada a prover de informações a outra Parte, se a provisão da referida informação for proibida de acordo com suas leis ou for incompatível com seus interesses fundamentais.

2. Cada Parte deve manter a confidencialidade com respeito às informações fornecidas em confidencialidade por outra Parte, nos termos do presente Entendimento, e não poderá, sem prévia autorização da Parte que a proporcionou, fornecer tal informação confidencial a uma terceira parte.

ARTIGO X
Legislação Vigente

Este Entendimento não impede que uma Parte adote ou se abstenha de adotar qualquer medida que esteja em conformidade com sua legislação vigente, nem exige modificação de qualquer legislação.

ARTIGO XI
Comunicações Previstas neste Entendimento

As comunicações previstas por este Entendimento poderão ser efetuadas por comunicação direta entre as Autoridades de Concorrência das Partes. Qualquer das Partes poderá requerer que as solicitações, as informações e os documentos requeridos sejam remetidos pelos canais diplomáticos habituais.

7. Mercosul-CCM-DIR. Nº 15-11 – Revoga o regulamento do protocolo de defesa da concorrência do Mercosul

MERCOSUL/CCM/DIR. Nº 15/11

REGULAMENTO DO PROTOCOLO DE DEFESA DA CONCORRÊNCIA
DO MERCOSUL (REVOGAÇÃO DA DIRETRIZ CCM Nº 01/03)

Tendo em vista: O Tratado de Assunção, o Protocolo de Ouro Preto, a Decisão Nº 43/10 do Conselho do Mercado Comum e a Diretriz Nº 01/03 da Comissão de Comércio do MERCOSUL.

Considerando: Que o Protocolo de Defesa da Concorrência do ano 1996 foi revogado pelo Acordo de Defesa da Concorrência do MERCOSUL subscrito no ano 2010.

Que resulta necessário adequar a normativa do MERCOSUL para assegurar a efetividade dos compromissos assumidos no âmbito do Tratado de Assunção.

A COMISSÃO DE COMÉRCIO DO MERCOSUL
APROVA A SEGUINTE DIRETRIZ

Art. 1º Revogar a Diretriz CCM Nº 01/03 "Regulamento do Protocolo de Defesa da Concorrência do MERCOSUL".

Art. 2º Esta Diretriz não necessita ser incorporada ao ordenamento jurídico dos Estados Partes, por regulamentar aspectos da organização ou do funcionamento do MERCOSUL.

CXX CCM – Montevidéu, 19/V/11

8. Mercosul-CMC-DEC. Nº 43-10 – Acordo de defesa da concorrência do Mercosul

MERCOSUL/CMC/DEC. Nº 43/10

ACORDO DE DEFESA DA CONCORRÊNCIA DO MERCOSUL

Tendo em vista: O Tratado de Assunção, o Protocolo de Ouro Preto, o Protocolo de Defesa da Concorrência do MERCOSUL, a Decisão Nº 21/94 do Conselho do Mercado Comum, a Resolução Nº 129/94 do Grupo Mercado Comum e a Diretriz Nº 01/95 da Comissão de Comércio do MERCOSUL.

Considerando: Que a livre circulação de bens e serviços entre os Estados Partes requer um instrumento comum que preserve e promova a livre concorrência no âmbito do MERCOSUL.

Que a cooperação entre os Estados Partes em matéria de concorrência contribui para o cumprimento dos objetivos de livre comércio estabelecidos no Tratado de Assunção.

Que é importante institucionalizar e aprofundar os mecanismos de consultas e intercâmbio de informações já empregados pelas autoridades de concorrência dos Estados Partes.

O CONSELHO DO MERCADO COMUM DECIDE

Art. 1º Aprovar o texto do "Acordo de Defesa da Concorrência do MERCO-SUL", que consta como Anexo e faz parte da presente Decisão.

Art. 2º A vigência do Acordo anexo será regida segundo o estabelecido em seu Artigo 30.

Art. 3º Revogar as Decisões CMC Nº 18/96 e 02/97.

Art. 4º Esta Decisão não necessita ser incorporada ao ordenamento jurídico dos Estados Partes, por regulamentar aspectos da organização ou do funcionamento do MERCOSUL.

XL CMC – Foz do Iguaçu, 16/XII/10

ACORDO DE DEFESA DA CONCORRÊNCIA DO MERCOSUL

A República Argentina, a República Federativa do Brasil, a República do Paraguai e a República Oriental do Uruguai, doravante denominados Estados Partes ou Partes;

Considerando que a livre circulação de bens e serviços entre os Estados Partes torna imprescindível assegurar condições adequadas de concorrência capazes de contribuir para a consolidação da União Aduaneira;

Observando ser a firme e efetiva aplicação de suas leis nacionais de concorrência matéria de importância crucial para o funcionamento eficiente dos mercados e para o bem-estar econômico dos cidadãos dos seus respectivos países;

Reconhecendo que a cooperação e a coordenação nas atividades de aplicação das leis de concorrência podem resultar em um atendimento mais efetivo das respectivas preocupações das Partes,

Acordam:

CAPÍTULO I – **Objetivos e definições**

Art. 1º O presente Acordo tem por objetivos:

(a) Promover a cooperação e a coordenação entre os Estados Partes no tocante à aplicação das leis nacionais de concorrência no âmbito do MERCOSUL;

(b) Prover assistência mútua em qualquer matéria relativa à política de concorrência que considerem necessária;

(c) Assegurar a consideração cuidadosa pelos Estados Partes de seus relevantes interesses recíprocos, na aplicação das respectivas leis de concorrência;

(d) Eliminar práticas anticompetitivas por meio da aplicação das respectivas leis de concorrência.

Art. 2º Para fins deste Acordo:

"Lei ou Leis de concorrência" incluem:

(i) para a Argentina, Lei nº 25.156, de 20 de setembro de 1999 e suas normas modificativas, complementares e regulamentares.

(ii) para o Brasil, Lei nº 8.884, de 11 de junho de 1994, Lei nº 9.021, de 30 de março 1995, e Lei nº 10.149, de 21 de dezembro de 2000, suas modificativas e complementares.

(iii) para o Paraguai, Art. 107 "Da Liberdade de Concorrência" da Constituição Nacional, suas regulamentações ou emendas.

(iv) para o Uruguai, Lei nº 18.159, de 20 de julho de 2007, suas modificativas e complementares.

"Autoridade de Concorrência" significa:

(i) para a Argentina, a Secretaria de Comércio Interior do Ministério da Economia e Finanças Públicas, a Comissão Nacional de Defesa da Concorrência e o Tribunal Nacional de Defesa da Concorrência ou os órgãos que no futuro os substituam.

(ii) para o Brasil, o Conselho Administrativo de Defesa Econômica (CADE), a Secretaria de Direito Econômico (SDE) do Ministério da Justiça e a Secretaria de Acompanhamento Econômico (SEAE) do Ministério da Fazenda;

(iii) para o Paraguai, o Ministério da Indústria e Comércio.

(iv) para o Uruguai, a Comissão de Defesa da Concorrência e para os setores regulados de energia e água, a Unidade Reguladora de Serviços de Energia e Água (URSEA), de telecomunicações, a Unidade Reguladora de Serviços de Comunicações (URSEC) e para o setor financeiro, o Banco Central do Uruguai (BCU).

"Prática Anticompetitiva" significa qualquer conduta ou ato definido nas leis de concorrência de um Estado Parte e que, em função destas, esteja sujeito à imposição de sanções;

"Concentração Econômica" significa qualquer transação econômica ou ato tal como definidos na legislação de concorrência dos Estados Partes;

(e) "Atividade (ou ação ou medida) de aplicação ou execução" significa qualquer investigação ou procedimento conduzido pelas autoridades de concorrência de um Estado Parte, nos termos de suas respectivas leis de concorrência;

(f) "interesse relevante ou importante" significa qualquer tema considerado de destaque por um Estado Parte em matéria de concorrência prevista neste Acordo.

CAPÍTULO II – **Competência no mercosul**

Art. 3º É da competência exclusiva de cada Estado Parte a regulação dos atos praticados, total ou parcialmente, no respectivo território ou daqueles que sejam originados em outros Estados Partes e que naquele produzam ou possam produzir efeitos sobre a concorrência.

Parágrafo Único. As autoridades de concorrência de cada Estado Parte são competentes para julgar atos que produzam efeitos no respectivo território nacional.

Art. 4. No MERCOSUL, o órgão competente em matéria de concorrência é o Comitê Técnico de Defesa da Concorrência – CT Nº 5, instituído no âmbito da Comissão de Comércio do MERCOSUL, nos termos do Artigo 8º, da Decisão CMC Nº 59/00 do Conselho do Mercado Comum.

Parágrafo Único. O disposto neste artigo poderá sofrer alteração em virtude de disposição ulterior.

Art. 5º A interlocução do CT Nº 5 nas matérias de sua competência se fará por intermédio do membro representante do Estado Parte (Coordenador Nacional), nos termos estabelecidos no Regulamento Interno da Comissão de Comércio do MERCOSUL, que detiver a Presidência Pro-Tempore do MERCOSUL.

CAPÍTULO III – **Consulta**

Art. 6º Qualquer autoridade de concorrência poderá solicitar consultas a respeito de qualquer matéria relacionada a este Acordo, independentemente de notificação prévia.

§ 1º A solicitação de consultas deverá seguir o roteiro estabelecido no Anexo deste Acordo, ressalvadas as trocas de informações posteriores em reuniões presenciais entre os Estados Partes, ou por outro meio tecnológico (teleconferência, videoconferência);

§ 2º A solicitação de consultas deverá indicar as razões para o requerimento, bem como quaisquer outras informações consideradas relevantes;

§ 3º Cada autoridade de concorrência envidará seus maiores esforços no intuito de responder consultas em um prazo de noventa dias, com vistas a alcançar conclusão consistente com os objetivos do presente Acordo.

§ 4º Caso haja prazo limite ou urgência para uso da informação, a autoridade requerente deverá informá-lo à autoridade de concorrência do Estado requerido, com a devida fundamentação, para consideração tempestiva da autoridade requerida.

Art. 7º Sem prejuízo de outras situações relacionadas à matéria prevista neste Acordo, a solicitação de consultas entre autoridades de concorrência poderá ocorrer quando:

(a) Um Estado Parte considerar de maneira fundamentada que uma investigação ou procedimento relacionados a uma prática anticompetitiva ou concentração econômica, conduzido na jurisdição de outro Estado Parte, afeta seus interesses;

(b) Um Estado Parte considerar de maneira fundamentada que práticas anticompetitivas ou concentrações econômicas, que sejam ou tenham sido realizadas por uma ou mais pessoas naturais e/ou pessoas jurídicas situadas na jurisdição de outro Estado Parte, afetam substancial e adversamente os interesses da primeira Parte.

Art. 8º A consulta não prejudica qualquer ação praticada ao abrigo das leis de concorrência e a plena liberdade de decisão final da autoridade de concorrência consultada.

PRINCIPAIS NORMATIVOS DO MERCOSUL RELACIONADOS COM A DEFESA DA CONCORRÊNCIA

Art. 9º Sem prejuízo do disposto Artigo 8 e da compatibilidade com seus interesses relevantes, a autoridade de concorrência consultada deve considerar cuidadosamente as opiniões manifestadas pela autoridade de concorrência remetente, tendo em conta os objetivos deste Acordo.

Art. 10º A autoridade de concorrência consultada pode iniciar ou ampliar medidas de execução que considere apropriadas, em conformidade com suas leis, e sem prejuízo da aplicação integral de seu poder discricionário, o que inclui considerações acerca da natureza das medidas legais ou penalidades propostas no caso em análise.

Art. 11º Qualquer que seja a decisão sobre o assunto em discussão, a Parte solicitada deverá prontamente informar a Parte solicitante, acompanhada das razões técnicas que a embasaram, ressalvado o previsto no Capítulo VII.

Parágrafo Único. Se atividades de execução forem iniciadas ou ampliadas, as autoridades de concorrência da Parte solicitada deverão comunicar à Parte solicitante os seus resultados e, na medida do possível, seus progressos parciais, quando significativos.

Art. 12º As disposições do presente Acordo não obstarão a que a Parte solicitante conduza, no âmbito de sua jurisdição, atividades de aplicação referentes às práticas anticompetitivas ou concentrações econômicas consultadas, ou, ainda, retire a sua solicitação.

Art. 13º O oferecimento ou solicitação de consultas se fará por intermédio do CT Nº 5, que procederá ao encaminhamento à Parte destinatária, nos termos estabelecidos no Artigo 5 do Capítulo II deste Acordo.

CAPÍTULO IV – **Atividades de coordenação**

Art. 14º A autoridade de concorrência de uma das Partes poderá manifestar interesse à autoridade de concorrência da outra parte em coordenar as atividades de aplicação no que diz respeito a um caso específico, sujeito às respectivas leis de concorrência de cada jurisdição.

§ 1º Sempre que os Estados Partes identificarem que as atividades de execução podem gerar decisões contraditórias, envidarão seus maiores esforços para resolver eventuais problemas daí decorrentes;

§ 2º Esta coordenação não impedirá as Partes de tomarem decisões autônomas.

Art. 15º Ao determinar a extensão de qualquer coordenação, as autoridades de concorrência poderão considerar, entre outros fatores:

(a) os resultados que a coordenação poderia produzir;

DEFESA NA CONCORRÊNCIA NO MERCOSUL

(b) a possibilidade de obtenção de informação adicional decorrente da coordenação;

(c) qualquer redução de custos para as autoridades de concorrência e/ou para os agentes econômicos envolvidos; e

(d) os prazos aplicáveis nos termos das respectivas leis de concorrência.

CAPÍTULO V – **Atividades de cooperação técnica e intercâmbio de informações**

Art. 16º Os Estados Partes concordam que é do seu interesse trabalhar conjuntamente em atividades de assistência técnica para o desenvolvimento, adoção, implementação e cumprimento das leis e políticas de concorrência, inclusive por meio do compartilhamento de conhecimentos e informação, capacitação de funcionários, participação de pessoal como conferencistas e consultores em eventos relacionados com questões de concorrência e intercâmbio de pessoal, quando necessário.

Art. 17º Sem prejuízo do disposto nos Capítulos III e VII, a autoridade de concorrência de uma Parte deve envidar seus maiores esforços no sentido de fornecer à autoridade de concorrência da outra Parte, a seu pedido, informações e dados sobre casos concretos de seu interesse.

Art. 18º Com vistas a facilitar a aplicação eficaz das respectivas leis de concorrência e promover uma melhor compreensão de seus respectivos ordenamentos jurídicos, as autoridades de concorrência de cada um dos Estados Partes se comprometem, na medida do possível, a intercambiar:

(a) textos de doutrina, jurisprudência ou estudos públicos de mercado, ou, na ausência de tais documentos, dados não confidenciais ou resumos;

(b) informações relativas à aplicação das leis de concorrência;

(c) informações sobre a eventual reforma dos respectivos sistemas jurídicos, com o objetivo de melhorar a aplicação do direito da concorrência; e

(d) outras informações relacionadas à disciplina da concorrência.

Art. 19º As autoridades de concorrência dos Estados Partes devem procurar, na medida do possível, trocar experiências sobre os respectivos direitos e políticas da concorrência e avaliar os resultados dos mecanismos de cooperação nesta área.

CAPÍTULO VI – **Notificação**

Art. 20º Considerando as disposições previstas no Capítulo VII e os recursos administrativos disponíveis, as autoridades de concorrência de cada Estado Parte envidarão seus maiores esforços no sentido de notificar os demais Estados Partes acerca de uma ação de aplicação ou execução se esta:

(a) for relevante para a atividade de aplicação ou execução de outra Parte;

PRINCIPAIS NORMATIVOS DO MERCOSUL RELACIONADOS COM A DEFESA DA CONCORRÊNCIA

(b) for suscetível de afetar interesse relevante de outra Parte;

(c) referir-se a restrição de concorrência suscetível de ter efeitos diretos e substanciais no território de outra Parte; ou

(d) relacionar-se a práticas anticompetitivas ou concentrações econômicas ocorridas principalmente no território de outra Parte.

Art. 21º Na medida do possível e desde que não seja contrária às leis da concorrência dos Estados Partes e não prejudique qualquer investigação em curso, a notificação deve ser realizada durante a fase inicial do processo, a fim de permitir que a autoridade de concorrência notificada expresse o seu parecer.

Art. 22º As notificações previstas no presente Capítulo apresentarão as informações necessárias e a descrição das circunstâncias das atividades de execução suficientemente detalhadas para permitir uma avaliação à luz dos interesses da outra Parte, além de identificar a natureza das práticas sob investigação e os dispositivos legais pertinentes.

Art. 23º A notificação se fará por intermédio do CT Nº 5, que procederá ao encaminhamento à Parte destinatária, nos termos estabelecidos no Artigo 5 do Capítulo II deste Acordo.

CAPÍTULO VII – **Confidencialidade**

Art. 24º Não obstante qualquer outra provisão deste Acordo, nenhum Estado Parte estará obrigado ao fornecimento de informações e dados confidenciais, se assim for proibido por sua legislação ou incompatível com seus interesses relevantes ou políticas governamentais, incluindo as relacionadas à divulgação de informação, confidencialidade, sigilo profissional ou interesses nacionais.

Art. 25º Salvo disposição em contrário, todas as opiniões apresentadas pelas Partes devem ser consideradas confidenciais.

Art. 26º Todas as informações devem ser utilizadas apenas para o propósito das atividades de aplicação das leis de concorrência que fundamentou sua comunicação, admitido o consentimento expresso da Parte provedora das informações para utilização em fim diverso.

CAPÍTULO VIII – **Disposições finais**

Art. 27º Qualquer referência neste Acordo a uma disposição específica do direito das partes em matéria de concorrência deve ser interpretada como referindo-se à disposição alterada ao longo do tempo e a quaisquer disposições sucedâneas.

Parágrafo Único. Este artigo contempla as autoridades e legislações de concorrência referidas no Capítulo I.

Art. 28º Todas as divergências quanto à interpretação ou execução deste Acordo serão solucionadas por meio de negociações no âmbito do CT Nº 5, elevando-se os casos não solucionados à Comissão de Comércio do MERCOSUL.

Art. 29º Nada neste Acordo impedirá os Estados Partes de requerer ou prover assistência recíproca, ao amparo de outros acordos, tratados, arranjos ou práticas entre eles, ou entre eles e outros Estados ou agrupamentos regionais.

Art. 30º O presente Acordo entrará em vigor trinta dias depois da última comunicação do cumprimento dos trâmites internos necessários para sua entrada em vigência.

Art. 31º O Governo do Paraguai será o depositário do presente Acordo e dos instrumentos de ratificação, e enviará cópias devidamente autenticadas dos mesmos aos Governos dos demais Estados Partes.

Art. 32º O presente Acordo revoga o Protocolo de Defesa da Concorrência do MERCOSUL.

Feito na cidade de Foz do Iguaçu, aos dezesseis dias do mês de dezembro de dois mil e dez, em um original nos idiomas espanhol e português, sendo ambos os textos igualmente autênticos.

ANEXO
Roteiro consulta

1) DADOS DA CONSULTA

1.1. Estado Parte consulente	Remetente
1.2. Estado Parte consultado	Destinatário
1.3. Tipo de consulta	Informação ou opinião

2) JUSTIFICATIVA DA CONSULTA

2.1. Razões	
2.2. Urgência ou prazo limite (se aplicável)	
2.3. Outras justificativas	

3) OBJETO DA CONSULTA

3.1. Matéria a ser consultada	
3.2. Descrição detalhada da informação requerida	
3.3. Outras informações relevantes	

4) OUTRAS CONSIDERAÇÕES DO ESTADO PARTE SOLICITANTE

Quadros
Adicionais

1. Composição geográfica e econômica dos grupos – dados estatísticos da OMC[728]

QUADRO 5

Composition of regions anda other ecoomic groupings	Regions				
North America					
Bermuda					
Canada*					
Mexico*					
United States of America*					
Other territories in the region not elsewhere specified					
South and Central America and the Caribbean					
Antigua and Barbuda*	Brasil*	Ecuador*	Jamaica*	Saint Lucia*	
Argentina*	Chile*	El Salvador*	Netherlands Antilles	Saint Vincent and the Grenadines*	
Bahamas**	Colombia*	Grenada*	Nicaragua*	Suriname*	
Barbados*	Costa Rica*	Guatemala*	Panama*	Trinidad and Tobago*	
Belize*	Cuba*	Guyana*	Paraguay*	Uruguay*	
Bolivarian Rep. Of venezuela*	Dominica*	Haiti*	Peru*		

[727] ORGANIZAÇÃO MUNDIAL DO COMÉRCIO – OMC. *Estatísticas do Comércio Internacional 2009*. Disponível em: http://www.wto.org/english/res_e/statis_e/its2009_e/its09_metadata_e.pdf. Acesso em 08/12/2009.

Bolivia*	Dominican Republic*	Honduras*	Saint Kitts and Nevis*	
Other territories in the region not elsewhere specified				
Europe				
Andorra**	Denmark*	Iceland*	Montenegro**	Slovenia*
Austria*	Estonia*	Ireland*	Netherlands*	Spain*
Belgium*	Finland*	Italy*	Norway	Sweden*
Bosnia and Herzegovina**	France*	Lativa*	Poland*	Switzerland*
Bulgaria*	FYR Macedonia*	Liechtenstein	Portugal*	Turkey*
Croatia*	Germany*	Lithuania*	Romania*	United Kingdom*
Cyprus*	Greece*	Luxembourg*	Serbia**	
Czech Republic*	Hungary*	Malta*	Slovak Republic*	
Other territories in the region not elsewhere specified				
Commonwealth of Independent States (CIS)				
Armenia*	Georgia*	Moldova*	Turkmenistan	
Azerbaijan**	Kazakhstan**	Russian Federation**	Ukraine*	
Belarus**	Kyrgyz Republic*	Tajikistan**	Uzbekistan**	
Other territories in the region not elsewhere specifi ed				
Africa				
Algeria**	Congo*	Guinea*	Morocco*	South Africa*
Angola*	Congo, Dem. Rep. of*	Guinea-Bissau*	Mozambique*	Sudan**

PRINCIPAIS NORMATIVOS DO MERCOSUL RELACIONADOS COM A DEFESA DA CONCORRÊNCIA

Benin*	Côte d'Ivoire*	Kenya*	Namibia*	Swaziland*
Botswana*	Djibouti*	Lesotho*	Niger*	Tanzania*
Burkina Faso*	Egypt*	Liberia	Nigeria*	Togo*
Burundi*	Equatorial Guinea**	Libyan Arab Jamahiriya**	Rwanda*	Tunisia*
Cameroon*	Eritrea	Madagascar*	Sao Tome and Principe**	Uganda*
Cape Verde*	Ethiopia**	Malawi*	Senegal*	Zambia*
Central African Republic*	Gabon*	Mali*	Seychelles**	Zimbabwe*
Chad*	Gambia*	Mauritania*	Sierra Leone*	
Comoros	Ghana*	Mauritius*	Somalia	
Other territories in the region not elsewhere specified				
Middle East				
Bahrain*	Israel*	Lebanon**	Saudi Arabia*	Yemen**
Iran, Islamic Rep. of**	Jordan*	Oman*	Syrian Arab Republic	
Iraq**	Kuwait*	Qatar*	United Arab Emirates*	
Other territories in the region not elsewhere specified				
Asia				
Afghanistan**	Hong Kong, China*	Malaysia*	Papua New Guinea*	Tonga*
Australia*	India*	Maldives*	Philippines*	Tuvalu
Bangladesh*	Indonesia*	Mongolia*	Samoa**	Vanuatu**
Bhutan**	Japan*	Myanmar*	Singapore*	Viet Nam*
Brunei Darussalam*	Kiribati	Nepal*	Solomon Islands*	

Cambodia*	Korea, Republic of*	New Zealand*	Sri Lanka*	
China*	Lao People's Dem. Rep.**	Pakistan*	Taipei, Chinese*	
Fiji*	Macao, China*	Palau	Thailand*	
Other territories in the region not elsewhere specified				
* WTO members				
** Observer governments				
Regional integration agreements				
Andean Community (CAN)				
Bolivia				
Colombia				
Ecuador				
Peru				
ASEAN (Association of South East Asian Nations) / AFTA (ASEAN Free Trade Area)				
Brunei Darussalam	Indonesia	Malaysia	Philippines	Thailand
Cambodia	Lao People's Dem. Rep.	Myanmar	Singapore	Viet Nam
CACM (Central American Common market)				
Costa Rica	El Salvador	Guatemala	Honduras	
Nicaragua				
CARICOM (Caribbean Community and Common Market)				
Antigua and Barbuda	Belize	Guyana	Montserrat	Saint Vincent and the Grenadines

Bahamas	Dominica	Haiti	Saint Kitts and Nevis	Suriname
Barbados	Grenada	Jamaica	Saint Lucia	Trinidad and Tobago
CEMAC (Economic and Monetary Community of Central Africa)				
Cameroon	Chad	Congo	Equatorial Guinea	Gabon
Central African Republic				
COMESA (Common Market for Eastern and Southern Africa)				
Burundi	Egypt	Libyan Arab Jamahiriya	Rwanda	Uganda
Comoros	Eritrea	Madagascar	Seychelles	Zambia
Congo, Dem. Rep. of	Ethiopia	Malawi	Sudan	Zimbabwe
Djibouti	Kenya	Mauritius	Swaziland	
ECCAS (Economic Community of Central African States)				
Angola	Central African Republic	Congo, Dem. Rep. of	Gabon	Sao Tome and Principe
Burundi	Chad	Equatorial Guinea	Rwanda	
Cameroon	Congo			
ECOWAS (Economic Community of West African States)				
Benin	Côte d'Ivoire	Guinea	Mali	Senegal
Burkina Faso	Gambia	Guinea- Bissau	Niger	Sierra Leone
Cape Verde	Ghana	Liberia	Nigeria	Togo
EFTA (European Free Trade Association)				

Iceland	Liechtenstein	Norway	Switzerland	
European Union (27)				
Austria	Estonia	Ireland	Netherlands	Spain
Belgium	Finland	Italy	Poland	Sweden
Bulgaria	France	Latvia	Portugal	United Kingdom
Cyprus	Germany	Lithuania	Romania	
Czech Republic	Greece	Luxembourg	Slovak	Republic
Denmark	Hungary	Malta	Slovenia	
GCC (Gulf Cooperation Council)				
Bahrain	Oman	Qatar	Saudi Arabia	United Arab Emirates
Kuwait				
MERCOSUR (Southern Common Market)				
Argentina	Brazil	Paraguay	Uruguay	
NAFTA (North American Free Trade Agreement)				
Canada	Mexico	United States		
SAPTA (South Asian Preferential Trade Arrangement)				
Bangladesh	India	Nepal	Pakistan	Sri Lanka
Bhutan	Maldives			
SADC (Southern African Development Community)				
Angola	Lesotho	Mauritius	South Africa	Zambia
Botswana	Madagascar	Mozambique	Swaziland	Zimbabwe

Congo, Dem. Rep. of	Malawi	Namibia	United Republic of Tanzania
WAEMU (West African Economic and Monetary Union)			
Benin	Côte d'Ivoire	Mali	Senegal	Togo
Burkina Faso	Guinea- Bissau Niger		

Other groups

ACP (African, Caribbean and Pacific countries)

Angola	Côte d'Ivoire	Haiti	Niger	South Africa
Antigua and Barbuda	Cuba	Jamaica	Nigeria	Sudan
Bahamas	Djibouti	Kenya	Niue	Suriname
Barbados	Dominica	Kiribati	Palau	Swaziland
Belize	Dominican Republic	Lesotho	Papua New Guinea	Timor Leste
Benin	Equatorial Guinea	Liberia	Rwanda	Togo
Botswana	Eritrea	Madagascar	Saint Kitts and Nevis	Tonga
Burkina Faso	Ethiopia	Malawi	Saint Lucia	Trinidad and Tobago
Burundi	Fiji	Mali	Saint Vincent and theGrenadines	Tuvalu
Cameroon	Gabon	Marshall Islands	Samoa	Uganda
Central African Republic	Gambia	Mauritania	Sao Tome and Principe	United Republic of Tanzania
Chad	Ghana	Mauritius	Senegal	Vanuatu
Comoros	Grenada	Micronesia	Seychelles	Zambia
Congo	Guinea	Mozambique	Sierra Leone	Zimbabwe
Dem. Rep. of the Congo	Guinea-Bissau	Namibia	Solomon Islands	
Cook Islands	Guyana	Nauru	Somalia	

Africa

North Africa

Algeria	Egypt	Libyan Arab Jamahiriya	Morocco	Tunisia

Sub- Saharan Africa

Western Africa

Benin	Gambia	Guinea-Bissau	Mauritania	Senegal
Burkina Faso	Ghana	Liberia	Niger	Sierra Leone
Cape Verde	Guinea	Mali	Nigeria	Togo
Côte d'Ivoire				

Central Africa

Burundi	Central African Republic	Congo	Equatorial Guinea	Rwanda
Cameroon	Chad	Dem. Rep. of the Congo	Gabon	Sao Tome and Principe

Eastern Africa

Comoros	Ethiopia	Mauritius	Somalia	United Republic of Tanzania
Djibouti	Kenya	Seychelles	Sudan	Uganda
Eritrea	Madagascar			

Southern Africa

Angola	Lesotho	Mozambique	South Africa	Zambia
Botswana	Malawi	Namibia	Swaziland	Zimbabwe

Territories in Africa not elsewhere specifi ed

Asia

East Asia (including Oceania):

Australia	Indonesia	Mongolia	Samoa	Tuvalu
Brunei Darussalam	Japan	Myanmar	Singapore	Vanuatu
Cambodia	Kiribati	New Zealand	Solomon Islands	Viet Nam
China	Lao People's Dem. Rep.	Papua New Guinea	Taipei, Chinese	

Fiji	Macao, China	Philippines	Thailand	
Hong Kong, China	Malaysia	Republic of Korea	Tonga	
West Asia:				
Afghanistan	Bhutan	Maldives	Pakistan	Sri Lanka
Bangladesh India Nepal				
Other countries and territories in Asia and the Pacifi c not elsewhere specified				
LDCs (Least-developed countries)				
Afghanistan	Comoros	Kiribati	Myanmar	Sudan
Angola	Congo, Dem. Rep. of	Lao People's Dem. Rep.	Nepal	Timor Leste
Bangladesh	Djibouti	Lesotho	Niger	Togo
Benin	Equatorial Guinea	Liberia	Rwanda	Tuvalu
Bhutan	Eritrea	Madagascar	Samoa	Uganda
Burkina Faso	Ethiopia	Malawi	Sao Tome and Principe	United Republic of Tanzania
Burundi	Gambia	Maldives	Senegal	Vanuatu
Cambodia	Guinea	Mali	Sierra Leone	Yemen
Central African Republic	Guinea-Bissau	Mauritania	Solomon Islands	Zambia
Chad	Haiti	Mozambique	Somalia	
Six East Asian traders				
Hong Kong, China	Republic of Korea	Singapore	Taipei, Chinese	Thailand
Malaysia				

PRINCIPAIS NORMATIVOS DO MERCOSUL RELACIONADOS COM A DEFESA DA CONCORRÊNCIA

2. Estrutura institucional do Mercosul

QUADRO 6
Estrutura Institucional do MERCOSUL

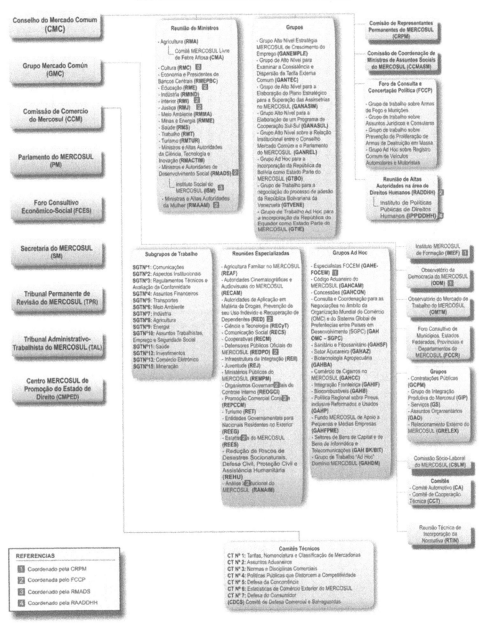

QUADRO 7

Procedimento de aplicação de acordo de defesa da concorrência do MERCOSUL[727]

- Nos termos da MERCOSUL-CMC-DEC. N° 43-10 -

Análise por parte da *Autoridade de Concorrência nacional* de atos praticados, total ou parcialmente, no respectivo território ou daqueles que sejam originados em outros Estados Partes e que naquele produzam ou possam produzir efeitos sobre a concorrência – **Competência Privativa**

Consulta – Decisão da *Autoridade de Concorrência nacional* de iniciar procedimento de Consulta, considerando as matérias fixadas nas alíneas (a) e (b) do art. 7° – A consulta se fará por intermédio do CT N° 5, que procederá ao encaminhamento à Parte destinatária.

Atividade de Coordenação – Decisão da *Autoridade de Concorrência nacional* de solicitar coordenação em atividades de aplicação de normas em um caso específico, sujeito às respectivas leis de concorrência de cada jurisdição. Norma omissa quanto à comunicação e intermediação do CT N° 5. (Art.14)

A Autoridade de Concorrência consultada, *envidará seus maiores esforços* no intuito de *responder* consultas em *um prazo de noventa dias*, com vistas a

Aceita e Inicia.

Autoridade de Concorrência solicitada avalia e decide sobre a aceitação ou não da coordenação

Não aceita.

Autoridade de Concorrência consultada avalia e decide sobre o assunto em discussão

Simples Resposta

Decisões coordenadas e no mesmo sentido. Encerrada a coordenação.

Procedimento finalizado.

Decisões decisões contraditórias, envidarão seus maiores esforços para resolver eventuais problemas daí decorrentes Encerrada a coordenação.

A *Autoridade de Concorrência* pode iniciar ou ampliar medidas de execução, em seu território, que considere apropriadas, em conformidade com suas leis, incluindo aplicação de medidas legais ou penalidades propostas no caso em análise (Art. 10)

Comunicação com as razões técnicas que embasam a resposta (Art. 11)

Atividade de Cooperação Técnica e Intercâmbio de Informações –trabalho conjunto em atividades de assistência técnica para o desenvolvimento, adoção, implementação e cumprimento das leis e políticas de concorrência. (Art. 16) Troca permanente, sem um procedimento determinado ou preestabelecido

Se iniciadas atividades de execução, a *Autoridade de Concorrência* consultada deve comunicar à Parte solicitante os seus resultados e, na medida do possível, seus progressos parciais

Simples Comunicação

Notificação – Decisão da *Autoridade de Concorrência nacional* de notificar os demais Estados Partes acerca de uma ação de aplicação ou execução nas hipóteses fixadas nas alíneas de (a) a (d) do art. 20° – A notificação se fará por intermédio do CT N° 5, que procederá ao encaminhamento à Parte destinatária.

Procedimento finalizado.

Quando possível, na fase inicial do processo. (Art. 21)

Deve conter informações necessárias e descrição detalhada para permitir uma avaliação dos interesses da outra Parte, além de identificar a natureza das práticas sob investigação e os dispositivos legais pertinentes

[727] Quadro elaborado por – 2011.

NOTA BIOGRÁFICA DO AUTOR

LUÍS RODOLFO CRUZ E CREUZ

- Nascido em São Paulo, Brasil. Advogado e Consultor em São Paulo – SP, Brasil.
- Sócio de Creuz e Villarreal Advogados Associados (www.cv.adv.br).
- Formação: Bacharel em Direito pela Pontifícia Universidade Católica de São Paulo (PUC-SP); Pós-graduado em Direito Societário – LLM – Master of Laws (INSPER/Ibmec – SP); Mestre em Relações Internacionais pelo Programa Santiago Dantas, do con sórcio das Universidades UNESP/UNICAMP/PUC – SP; e Mestre em Direito e Integração da América Latina pelo PROLAM – Programa de Pós-Graduação em Integração da América Latina da Universidade de São Paulo – USP.
- Professor universitário e palestrante contratado por empresas de treinamento corporativo e educacional.
- Membro da Ordem dos Advogados do Brasil, Secção de São Paulo, da Associação dos Advogados de São Paulo, da Associação Brasileira de Franchising, Associação Nacional de Gestores de Contratações – ANGC, e da International Association of Jewish Lawyers and Jurists.
- Autor de diversos artigos em jornais e publicações em revistas especializadas.
- Autor do livro Acordo de Quo tistas – Análise do instituto do Acordo de Acionistas previsto na Lei 6.404/1976 e sua aplicabilidade nas Sociedades Limitadas à Luz do Novo Código Civil bra sileiro, com contribuições da Teoria dos Jogos. São Paulo : IOB-Thomson, 2007.
- Autor da monografia "Commercial and Economic Law – Brasil" da International Encyclopedia of Laws, editada por Dr Jules Stuyck. Holanda: Kluwer Law Inter national, 2010 (ISBN 978-90-654-4942-9).
- Autor do livro "Commercial and Economic Law in Brasil". Holanda: Wolters Kluwer – Law & Business, 2012 (ISBN 978-90-411-4088-3).
- Co-Autor do livro "Organizações Internacionais e Questões da Atualidade", organizada por Jahyr-Philippe Bichara. Natal, RN : EDUFRN, 2011 (ISBN 978-85-7273-722-7) – Autor do Capítulo *Organizações Internacionais e a Integração Econômica*: Revisões de Uma Teoria Geral, págs. 67 à 101.

ÍNDICE

I. PRIMEIRA PARTE – RELAÇÕES INTERNACIONAIS –
A CONSTRUÇÃO DA DEFESA DA CONCORRÊNCIA NO MERCOSUL   23

CAPÍTULO 1. Introdução à construção da regulação   25

CAPÍTULO 2. A integração e cooperação regional nas relações internacionais   39
2.1. Elementos Introdutórios   40
2.2. O Pós-Guerra Fria e o Livre Comércio   42
2.3. A Perspectiva Construtivista   46
2.4. A Integração Regional, o Marco Teórico e as Relações Internacionais   54
2.5. Processos de Integração Regional e Políticas Regionais   60
2.6. Processos de Integração Regional e as Organizações Internacionais
     de Integração e Cooperação Regional   67
2.7. Notas conclusivas do capítulo   70

CAPÍTULO 3. Organizações internacionais de integração
e cooperação regional econômica   75
3.1. Notas Introdutórias   75
3.2. Processos de Integração Econômica Regional   78
3.3. Organizações Internacionais de Integração Econômica
     – características e elementos   83
3.4. Compatibilidade do GATT/OMC com as Organizações Internacionais
     de Integração e Cooperação Econômica   91
3.5. O conceito de Organização Internacional de Integração
     e Cooperação Econômica e sua aplicação ao Mercosul   96
3.6. A importância da Defesa da Concorrência no Mercosul   98

DEFESA NA CONCORRÊNCIA NO MERCOSUL

CAPÍTULO 4. A construção da defesa da concorrência no Mercosul 107
4.1. Histórico da Regulação e o "Estado da Arte" do Antitruste no Mercosul 108
4.2. A questão da harmonização legislativa 118
4.3. Experiências Nacionais de Regulação da Defesa da Concorrência 123
    4.3.1. Brasil 130
    4.3.2. Argentina 137
    4.3.3. Uruguai 140
    4.3.4. Paraguai 142
    4.3.5. Venezuela 144
4.4. A Cooperação entre Argentina e Brasil 147
4.5. A Cooperação e os Avanços da Regulação do Protocolo de Fortaleza 148
4.6. O Acordo de Defesa da Concorrência do MERCOSUL 152
4.7. Notas conclusivas sobre a construção da regulação 157

CAPÍTULO 5. Considerações finais da primeira parte 161

II . SEGUNDA PARTE – DIREITO – A GEOGRAFIA DA DEFESA
DA CONCORRÊNCIA NO MERCOSUL 165

CAPÍTULO 6. Introdução à geografia da defesa da concorrência 167

CAPÍTULO 7. A integração e cooperação econômica
e implicações concorrenciais 177
7.1. As Organizações Internacionais de Integração Econômica 178
    7.1.1. Distinção entre Organizações Internacionais de Coordenação,
    Cooperação e de Integração Econômica 188
7.2. Regionalismo ou Integração Mundial pelo Comércio 193
7.3. O Mercosul como Organização Internacional de Integração e Cooperação
Econômica e sua Importância para o Comércio Internacional e a Defesa
da Concorrência 195
7.4. Implicações Concorrenciais em um Processo de Integração Regional 201
7.5. Considerações sobre a Aplicação Regional da Defesa da Concorrência 203
7.6. Possíveis Razões para a Estagnação da Regulação do Antitruste
no Mercosul 206

CAPÍTULO 8. A defesa da concorrência 211
8.1. Premissas, Justificativas e Objetivos da Defesa da Concorrência 211
8.2. Aspectos Econômicos, Jurídicos e Regulatórios 221
8.3. Políticas Industriais 240
8.4. Mercados Internacionais e a Defesa da Concorrência 244

ÍNDICE

8.4.1. O Papel da Organização Internacional de Integração
e Cooperação Econômica frente aos Mercados Internacionais
e a Concorrência   246
8.5. Regulação e o "Estado da Arte" do Antitruste no Mercosul   249
8.6. O Acordo de Defesa da Concorrência do Mercosul   253

CAPÍTULO 9. Mercado relevante   265
9.1. A Defesa da Concorrência e o Mercado Relevante   265
9.2. O Mercado Relevante   269
9.3. Relevância e Importância do Conceito de Mercado Relevante
para a Análise Antitruste   276
9.4. A Tríade das Bases Analíticas   280
   9.4.1. A Base de Bens e Produtos – Mercado Relevante Material   280
   9.4.2. A Base Geográfica – Mercado Relevante Geográfico   283
   9.4.3. A Base Temporal – Mercado Relevante Temporal   285
9.5. A Metodologia de Definição do Mercado Relevante   287
9.6. Mercado Relevante no âmbito interno/nacional dos países do Mercosul   295
   9.6.1. Brasil   296
   9.6.2. Argentina   297
   9.6.3. Uruguai   299
   9.6.4. Paraguai   300
   9.6.5. Venezuela   301
9.7. O Mercado Relevante na Regulação do Protocolo de Fortaleza   301
9.6. A Diretriz MERCOSUL/CCM/DIR. Nº 15/11   303
9.10. O Acordo de Defesa da Concorrência do MERCOSUL   303

CAPÍTULO 10. Considerações finais da segunda parte   307

Referências bibliográficas   313

Anexos   327

CAPÍTULO 11. Principais normativos do Mercosul relacionados
com a Defesa da Concorrência   329